珞珈管理评论
Luojia Management Review

2011 年卷　第 2 辑（总第 9 辑）

武汉大学经济与管理学院主办

Accredited by
**Association
of MBAs**

武 汉 大 学 出 版 社

图书在版编目(CIP)数据

珞珈管理评论.2011年卷.第2辑(总第9辑)/武汉大学经济与管理学院主办.
—武汉:武汉大学出版社,2011.12
ISBN 978-7-307-09323-2

Ⅰ.珞… Ⅱ.武… Ⅲ.企业管理—文集 Ⅳ.F270-53

中国版本图书馆 CIP 数据核字(2011)第 229052 号

责任编辑:辛 凯　　　责任校对:黄添生　　　版式设计:詹锦玲

出版发行:武汉大学出版社　(430072　武昌　珞珈山)
　　　　　(电子邮件:cbs22@ whu. edu. cn 网址:www. wdp. com. cn)
印刷:军事经济学院印刷厂
开本:880×1230　1/16　印张:16.25　字数:469 千字
版次:2011 年 12 月第 1 版　　2011 年 12 月第 1 次印刷
ISBN 978-7-307-09323-2/F·1608　　　定价:30.00 元

《珞珈管理评论》
顾问及编委名单

目　录

CONTENTS

5 System Management and Electronic Commerce
（Column Host： Gao Baojun）

6 Others

中国文化背景下消费者还礼行为研究：基于收礼者视角

● 周南[1]　周元元[2]　王殿文[3]

（1 香港城市大学商学院　香港 999077；2，3 武汉大学经济与管理学院 武汉 430072　）

【摘　要】 已有关于消费者送礼行为研究基于收礼者视角，主要探究时间点上消费者的行为，而忽视了行为的延续性。在中国，礼品消费具有"礼尚往来"的特性。本研究基于中国人际互动的理论（"关系—人情—报—面子"），采用深度访谈和内容分析的方法，从收礼者视角在时间序列上来解读消费者还礼的心理和行为机制，希望为礼品市场的营销管理及决策作出指导。

【关键词】 还礼行为　收礼者　关系　人情　报　面子

1. 问题提出

研究消费者的还礼行为具有重要的实践和理论意义。几千年的传统文化铸就了中国人"往而不来非礼也"、"来而不往亦非礼也"的性格。中国人注重礼品流动的互动性、延续性。一般而言，消费者的收礼行为会影响到后续的送礼行为，具有"礼尚往来"的特性。同时，在中国，礼品业成为最具有规模的产业行列之一，占全球礼品市场近 60% 的份额，传统节日、生日婚宴等礼品消费在中国零售业非常活跃[①]，具有巨大的市场潜力，因此，理清这一文化背景下消费者还礼的行为机制对企业开发礼品市场就变得尤为重要。

在营销学领域，礼品消费和消费者的行为研究相结合。但是既有研究大部分基于 Sherry 于 1983 年提出的框架，从送礼者视角研究消费者在特定情境和事件的时间点上的行为及相关的影响因素（如圣诞的送礼行为），无法解释基于跨越时间的行为——还礼行为（Gift-reciprocating），即消费者收到礼物后进行礼物回赠的行为。虽然也有相关研究考虑到送礼行为的延续性，但也仅仅局限于一次送礼事件中，送礼者和收礼者对礼物、行为、关系的看法，没有深入探究消费者收到礼物后续的行为[②]。

同时，从行为主体来看，在西方社会送礼被视为是一种个体有选择的（selective）和直接交换（direct exchange）的行为。送礼行为涉及精神和价值的传递，个体通过礼物体现"自我"，构建与维护社会关系，可以称之为基于情景的礼仪性的行为[③]。而基于个体层面的这些因素在解释还礼行为存在局限性，如何解

---

① 蒋廉雄，卢泰宏，邹璐. 消费者礼品购买决策：关系取向抑或动机驱动[J]. 中山大学学报，2007，5（47）：117-128.

② Otnes, C., Lowrey, T. M., and Kim, Y. C.. Gift selection for easy and difficult' recipients：A social roles interpretation [J]. Journal of Consumer Research, 1993, 20（September）：229-244.

③ Giesler, M.. Consumer gift systems[J]. Journal of Consumer Research, 2006, 33（September）：283-290.

释和应用于礼品流动"礼尚往来"的特性不是很清楚。因为在中国有基于血缘和姻缘以家庭为单位延续性的送礼和还礼的行为，即使个人的收礼情况也会影响到家庭的送礼情况，会基于上一次的送礼行为形成跨时间和跨事件的互动性，这必然与西方文化背景下消费者的送礼行为存在差异。

基于此，本研究在中国文化背景下，从收礼者的视角来研究消费者的还礼行为。中国人的意义单位是家，关系的建立和维持是中国人际互动最基本的命题，人情、报、面子成为人与人之间交往重要的机制。同时，随着市场经济的发展，当前中国社会正经历着有史以来最为重大的社会转型，与这种社会转型同步，中国人的人际交往方式也在发生巨大的变化。在传统文化和市场机制的双重作用下，(1)消费者还礼的心理机制是什么；(2)消费者还礼呈现为怎样的模式；(3)相关的潜在因素成为本研究的重点。

为了保证基于文化研究的效度，本研究主要采用访谈和内容分析的方法。访谈包括焦点小组和深度访谈，主要是为了营造一种"自然"的氛围，而不会偏离研究者自己的观点①。通过内容分析的方法，使消费者还礼的心理及行为机制逐渐呈现出来。

在接下来的部分中，首先会对相关的问题进行一定的文献数理。然后描述如何通过焦点小组和深度访谈获得文本数据，并采用内容分析的方法从文本数据得出研究结果。在第四部分报告研究结果。最后是结论讨论，阐述本研究的理论贡献和管理意义。

2. 文献综述与理论背景

2.1 送礼行为和还礼行为

2.1.1 从行为的方式来看

送礼行为的研究大部分是基于 Sherry 于 1983 年提出的框架，从送礼者视角研究消费者在特定情境和事件的时间点上的行为及相关的影响因素（如圣诞的送礼行为）。Sherry(1983)将送礼划分为构思阶段(Gestation Stage)、送收阶段(Prestation Stage)、关系再修订阶段(Reformulation Stage)，并对这三个阶段中的过程和行为下潜在的结构性和动机性因素进行了梳理。在后续的研究中，学者们分别从这三个阶段入手，分析各个阶段中送礼者和收礼者的行为（见表1）。送礼的构思阶段主要是研究实际送礼的前期行为，包括信息的搜寻、产品类别的选择、金钱和时间资源的配置、决策方案及选择。相关的研究如 Fischer 和 Arnold(1990)检验了性别的差异对送礼者选择圣诞礼物的影响。送收阶段是实际的送礼过程，包括礼物的实际转移，收礼者的回应，送礼者如何评价这种回应等。如 Wooten(2000)基于社会焦虑模型，探究送礼者焦虑的心理机制。关系再修订阶段是实际送礼的后续行为，包括礼物的处理，如礼物是被消费，展示出来，收藏起来，再交易，还是拒绝接受和送礼的实际行为对送礼者和收礼者关系的影响。如 Ruth, Otnes 和 Brunel (1999)从收礼者的角度出发，研究一次送礼行为会对送礼者和收礼者关系的影响。

虽然也有相关研究考虑到送礼行为的延续性，但是也仅仅局限于一次送礼事件中，送礼者和收礼者对礼物、行为、关系的看法，没有探究消费者收到礼物后续的行为(Otnes, Lowrey, and Kim, 1993；Belk and Coon, 1993)。如 Otnes, Lowrey 和 Kim (1993)从收礼者的视角研究礼物选择行为时将收礼者的影响纳入其中，探索送礼者是如何看待收礼者，并且检验这些收礼者如何影响到礼物选择。Ruth, Otnes 和 Brunel (1999)在研究中探索了收礼者是如何看待既有的关系、礼物、仪式背景和他们的情感反应，如何影响到关系的变动，并识别出六种不同的收礼经验的关系影响。

---

① Sherry, J. F., Jr. Gift-giving in anthropological perspective[J]. Journal of Consumer Research, 1983, 10 (September): 157-168.

表1   各个阶段的相关研究

阶段	相关研究
构思阶段	Fischer and Arnold, 1990；Garner and Wagener, 1991；Otnes, Lowrey, and Kim, 1993；蒋廉雄，卢泰宏和邹璐, 2007
送收阶段	Mick and Demoss, 1990；Belk and Coon, 1993；Wooten, 2000；Joy, 2001；Giesler, 2006
关系再修订阶段	Ruth, Otnes and Brunel, 1999；Lowrey, Otnes and Ruth, 2004

从中可以看出，既有的关于消费者送礼行为模式的研究具有共同的假设，将送礼行为理解为独立的事件，无法解释基于跨越时间的行为——还礼行为（Gift-reciprocity），即消费者收到礼物后进行礼物回赠的行为。送礼者不仅仅要考虑本次送礼的情景（如生日、婚礼等），而且还要考虑以往收礼的事件，对以往"人情"的偿还及关系的延续。

2.1.2　从行为的主体来看

在西方社会送礼被视为是一种个体有选择的（selective）和直接交换（direct exchange）的行为。个体通过礼物，体现"自我"，构建与维护社会关系，可以称之为基于情景的礼仪性的行为①。

送礼行为涉及精神和价值的传递。在社会维度上，因为礼物被视为是一种对关系的解读，礼物的价值在某种程度上可以体现出关系的分量，关系的变化会部分的体现在礼物价值的变化上，在礼物的传递中体现了精神的传递。在个人维度上，送礼是送礼者和收礼者对自己和他人的认同，这种自我认同可以通过给他人送一份物化的礼物或通过送礼过程得到印证，同时，对礼物的接受或拒绝也会对自我进行有意识的肯定。因此，送礼、收礼、拒绝礼物这些行为都可以体现出是对自己还是别人的认同，这使得礼物具有独一无二，不能在送礼者和收礼者之外进行传递②。

基于个体层面这些因素在解释还礼行为存在局限性，如何解释和应用于礼品流动"礼尚往来"的特性不是很清楚。因为在中国有基于血缘和姻缘以家庭为单位延续性的送礼和还礼的行为，即使个人的收礼情况也会影响到家庭的送礼情况，会基于上一次的送礼行为形成跨时间和跨事件的互动性，这必然与西方文化背景下消费者的送礼行为存在差异。Yan(2000)在对乡村送礼行为"民族志"研究曾指出亲戚、邻里之间的互访是礼物流通的重要模式，具有不同的礼物交换规则和运作逻辑，然而该研究只是呈现出了一种独特的乡村文化，并没有揭示出送礼背后的作用机制，如动机及行为策略。

从广义上讲，完整的送礼行为包括送、收和还，从以上相关文献的梳理可以发现，既有的研究一般基于送礼行为，原因有二：（1）研究的视角，基于送礼者视角，并不能透视行为的延续性；（2）在西方背景下，这种个人性的送比较常见，是为了表达情感，而在中国更多的是以家庭为中心的行为。中国讲究平衡，收到礼物后需要"还"，那么还礼的行为就变得尤为重要了。这也使得研究消费者还礼行为的紧迫性。从本质上讲，礼物的流动是为了建立和维持关系③。在中国，人际交往呈现了不同的形态，其中人情、报、面子是影响人际交往重要的机制。

---

① Mick, D. G., and DeMoss, M.. Self-gifts：Phenomenological insight from four contexts［J］. Journal of Consumer Research，1990，17（December）：322-332.

② Garner, T. I., and Wagner, J. Economic dimensions of household gift giving［J］. Journal of Consumer Research，1991，18（December）：368-379.

③ Lowrey, T. M., Otnes, C. C., and Ruth, J. A.. Social influences on dyadic giving over time：a taxonomy from the giver's perspective［J］. Journal of Consumer Research，2004，30（March）：547-558.

2.2 中国文化背景下人际交往模式

在中国传统文化背景下，人际交往主要沿着"关系—情—报—礼"的脉络延续和发展，人与人之间的交往注重礼尚往来，相关研究见表2。

表2   中国文化背景下人际交往明细表

类别			相关研究
关系	差序格局	情感性关系、混合性关系、工具性关系	黄光国，1988
		自己人、外人	杨国枢，1993；杨宜音，2009
		既有成分、交往成分	杨中芳，1997
交互的机制	情感因素	人情	金耀基，1981；黄光国，1985
	道德因素	报	黄光国，1985；杨宜音，2008
礼	社会规范	面子	黄光国，1985；翟学伟，2006

在西方社会，个体是一个独立的决策者，人与人之间的关系具有理性、短暂性、非持续性的特征，在中国，个体需要与他人相联系，形成关系，关系具有情感、长期和持续的特性。关于关系比较代表性的研究有：黄光国（1988）从情感性到工具性对关系的划分；杨国枢（1993）、杨宜音（2000）从自己人和外人对关系的划分；杨中芳（1997）从既有成分和交往成分对关系的解读。无论学者们从何种视角，均有一个共同的认知，那就是中国人的关系呈现出以自我为中心而伸缩延展的差序格局模式（费孝通，1985）。

在中国，人与人之间会受到情感因素和道德因素的影响。在情感因素中，比较重要的变量就是人情，人情是要记录的。正如金耀基（1981）所指出中国人均有两份平衡表，一份是钱财的平衡表，另一份是人情的平衡表。对于人情通常有三种解释，（1）人情是指个人遭遇各种不同生活情境时可能产生的情绪反应；（2）人与人在进行社会交易时，可以用来馈赠对方的一种资源。（3）人与人应该如何相处的社会规范。在本研究中，主要是指第三点，人与人之间相处的社会规范。在道德因素中，报是推进关系发展的重要交往规则，具有往还性、情感性、增量性、延迟性、区别性、角色差异及规范（杨宜音，2009）。

在黄光国（1985）和翟学伟（2006）的研究中礼被视为一种社会行为的规范、倡导人与人之间的交往。其中面子问题在中国社会极为重要。个体为了迎合某一社会圈的认同的形象，经过印象整饰后所现出的认同性的心理与行为，而这业已形成的心理及其行为在他人心目中产生的序列地位，也就是心理地位称之为面子。在礼物的流动中个体会有争面子和失掉面子的情况①。

3. 理论框架和基本命题

本研究在中国文化背景下，基于收礼者的视角来研究消费者的还礼行为，一种基于收到礼物后的时间序列的研究。值得指出的是，从收礼者视角一方面可以理解送礼者的行为，另一方面也可以观测收礼者的行为，同时，过渡到下一次的送礼行为（还礼行为），这样可以从时间序列上观察送礼行为下关系的延续性及变动性，并从还礼行为中了解中国消费者特殊的心理和行为机制。

---

① Joy, A.. Gift giving in Hong Kong and the continuum of social ties [J]. Journal of Consumer Research, 2001, 28 (September)：239-256.

不同于西方的文化背景，差序格局、人情、报、面子成为人际交往的重要影响因素，另外，随着市场经济的发展，当前中国社会正经历着有史以来最为重大的社会转型，与这种社会转型同步，中国人的人际交往方式也在发生巨大的变化。在非经济性因素和经济性因素双重影响下，消费者还礼行为的本土研究面临着新的特征。

基于此，本研究提出以下框架（见图 1），试图研究以下的问题：

(1)消费者还礼的心理机制是什么。如消费者的还礼行为基于何种动机。

(2)消费者还礼呈现为怎样的模式。以往的研究将特殊事件，如圣诞节作为引起送礼行为的特殊情景①，而忽视了以往的收礼行为对消费者送礼行为的影响。

(3)及潜在的影响因素。影响消费者还礼行为的相关因素是什么？

本研究不研究家庭内部成员的送礼行为，同时，也不涉及商务中的送礼文化。

4. 方法

4.1 访问对象和过程

本文主要基于现场研究(field study)的定性研究。因为现场研究可以营造一种"自然"(Naturalistic)的氛围，而不会偏离于研究者自己的观点，这样可以深入理解消费者还礼的心理和行为的各个方面。采用了焦点小组法和深度访谈法。

本次数据主要通过两个阶段获得。

第一阶段采用的是焦点小组的方法。该焦点小组由 7 名博士生组成，其中，3 人为男性，4 人为女性，年龄集中在 25～40 岁，历时 45 分钟。

第二阶段采用的是深度访谈。深度访谈的样本来自街坊的陌生人。共有 23 人接受了访问，其中，14人为男性，9 人为女性，年龄集中在 20～80 岁。

在访谈前，我们制作了一个提纲。每次访谈都是半开放式的，历时 10～80 分钟不等。我们均是在受测者允许的条件下，对每次访谈进行匿名录音(除两个样本外)，然后形成文本式的数据。

数据说明：如果是学生，我们则会追问关于其父母的收礼和还礼行为。

4.2 分析

本研究采用内容分析法对所获得的文本数据进行分析。内容分析法，是一种对于文本内容进行客观、系统和定量的描述的研究方法。其实质是对文本内容所含信息量及其变化的分析。其分析的过程就是层层推理的过程(Strauss and Corbin, 1990)。

本研究通过开放编码、主轴编码和选择编码等方法来构建出消费者还礼的心理和行为机制的理论模型(见图 1)。基于相关采用的理论进行编码。当在编码出现不一致的观点时，通过充分的讨论，使不一致的观点变为一致的观点。然后逐步概念化，形成类别和次类别。通过类别之间的关系，构建出关于消费者还礼的心理和行为机制的理论模型，并对模型进行分析和演绎。

---

① Fischer, E., and Arnold, S. J.. More than a labor of love: Gender roles and Christmas gift shopping[J]. Journal of Consumer Research, 1990, 17 (December): 333-345.

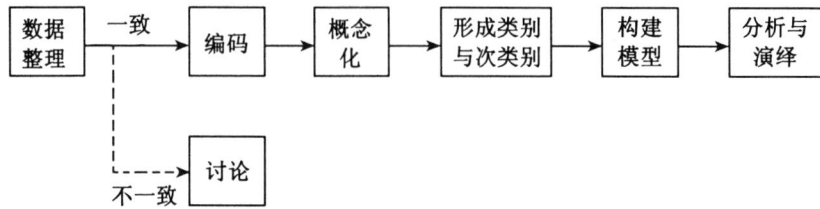

图 1　数据分析过程

5. 结果

本研究主要涉及是以"家"为中心的关系单位，聚焦于消费者还礼的模式，是对消费者收到礼物后心理层面和行为层面基于时间序列的一种探究（见图 2）。心理层面，是消费者收到礼物后的一种心理上的反应，主要涉及情感和动机这两个维度。行为层面是消费者还礼的行为，涉及场合、方式、量值的因素。其中，关系会调节消费者的行为，中国人的行为模式具有差序格局的特性，不同的关系会使其采用不同的行为法则。

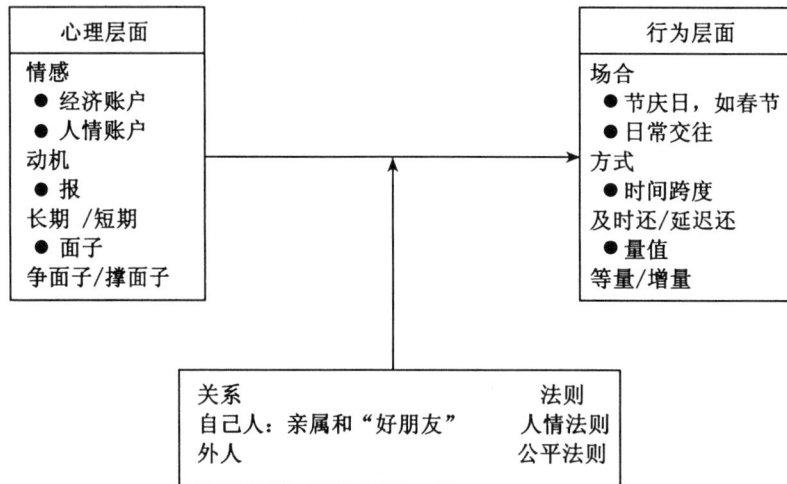

图 2　消费者还礼模式：心理层面和行为层面

5.1　心理层面

5.1.1　情感层面

在西方社会，存在比较多的个人性的送礼行为，传递一种精神和情感①。收礼者在收到礼物后，有着丰富的情感因素，正面的情感（如开心）和负面的情感（如伤心）（Ruth，Otnes，and Brunel，1999）。对于中国人而言，即便是个人收到礼物也会影响到整个家庭，作为家庭而言收到礼物后很少人提及收到礼物是什么样的心情，认为"整个社会都是这样运作的"。正如下面 A 受访者所提到的，当他收到姑妈送的鞋子后，父母并没有特别的反应，因为中国人的情感要含蓄一些。

"一般是以家庭往来，没有什么特别的感情……中国人会含蓄一点吧"（男，A，1983）

---

① Belk，R. W.，and Coon，G. S.. Gift giving as agapic love：An alternative to the exchange paradigm based on dating experiences［J］. Journal of Consumer Research，1993，20（December）：393-417.

情感层面会更多的体现在人情账户和经济账户上。正如金耀基（1981）所指出中国人，均有两份平衡表，一份是钱财的平衡表，另一份是人情的平衡表。那么收礼者和送礼者都有经济账户和人情账户的收支表，从这个角度来看送礼模式在某种程度上就是经济账户和人情账户的流动模式。

对于收礼者而言，收到礼物意味着经济账户的增加，在人情账户上处在负债的地位，存在一定的精神负担。一般而言，收礼者均会在人情账户上记上一笔，以希望在一定的时机将此笔人情账给平衡。而这种人情的平衡表需要通过经济的平衡表来完成。正如在 B 受访者的案例，虽然并没有感知到自己将人情债给记下，但是这种人情债的运作已经潜移默化的深入到其生活中，心里已经清楚别人给自己的孩子所送的礼物处于什么样的价位。

"I：那别人给你孩子送了什么东西，你自己会不会记个账呢？

T：……心里都知道。有的东西根本就不用记，心里就很清楚的。怎么说了，每天都购物啊，这呀那呀的，大概的价位都知道……别人送的东西，我知道送什么东西"（女，B，1971）

5.1.2 动机层面

在西方社会，礼物回赠基于经济交换模型和社会交换模型。经济交换模型建立在经济人的假设之上，送礼的相互性主要是害怕依赖于对方，使自己陷入困境，因此送礼者和收礼者在礼物的相互中会尽量的使两者的关系商品化、经济化。社会交换模型主要基于广泛意义上的相互性，注重象征价值和送礼如何增加和维系送礼者和收礼者双方的关系，行为的相互性在于精神价值和象征意义。

在中国产生还礼行为最基本、核心的动机是"报"与"面子"。报是中国传统文化中，公认的道德规范，是社会制度的道德规范所约束的。因为欠下人情债，需要通过还礼的行为，一种经济的行为来减轻精神的负担和压力。这是与西方社会中所提及的经济交换规则和社会规则不同的。对于收礼者而言，采取还礼行为是收礼者对得到恩惠后一种积极的响应。其中，具有短期的报和长期的报。在 C 受访者和 D 受访者的案例中，均体现了一种报的动机。认为在收到礼物后，均需要进行还礼的这样一种行为。中国文化传统中，报的延续性的思想在 D 所讲述的例子中得到凸显，是家族中——家与家之间报的最典型的模式。

"像别人一般送我女儿一个什么东西，她有小孩的，我就会想到下一次给她小孩买个什么东西。"（女，C，1976）

"我家一个表叔，家里很穷，我爷爷在银行，帮他贷了一笔款，他现在发家了，有了几百万。当时我读大学的时候，就硬塞了一万，这是一种回应啊。"（男，D，1983）

收礼者进行还礼的另一个重要的动机是面子，又称为"印象整饰"。本研究中，受访者对于面子的运作主要体现在两个方面：（1）争面子，提升本家庭在其他家庭的地位，使得感知得到其他家庭的尊重、赞美、重视等，得到印象整饰，是积极维护面子的一种方式。像 E 受访者，如果收到亲戚所送的礼物，则一定不会让对方"吃亏"、"要比送的好"；（2）不丢面子，保护自己，避免尴尬和窘迫，消极维护面子的一种方式。如果不采取行为的话，则被认为不懂"人情世故"，不会受到尊重，面临中止关系的风险。所以通过礼尚往来，来维系彼此的关系。这是 F 受访者对为什么进行还礼行为的解读。

"亲戚大老远的送些蔬菜过来，我收你东西吧，你肯定不会吃亏的，然后就是会给你带回去一些东西。肯定送的要比那蔬菜好啦。有时是红枣啊，有时是桂圆、水果，还有酒啊。不能让你亏着走啊。因为这是我们做事的原则。"（女，E，1976）

"不还礼是不尊重别人。(需要)你尊重我，我尊重你。"(女，F，1975)

5.2 行为层面

在中国人际互动理论中，不同的关系意味着不同的处事原则。虽然不同的学者对关系有不同的定义，但是本研究依据差序格局理论将关系分为家人和外人。受访者对于家人的理解包括亲戚和好朋友。亲戚是基于血缘和姻亲之间的关系，又可以称之为亲属，主要属于"应有之情"，即涉及义务关系。而好朋友是由于长期的交往，建立起来的情感和信任，而形成的比较稳定的关系，主要属于"真有之情"，即涉及情感关系。外人在这里主要指的是一般的泛泛之交的人。对于不同的关系和场景的组合，受访者会采取不同的行为模式，在还礼的时间跨度(及时、延迟)和量值上(等量、增量)体现出来。

5.2.1 自己人

5.2.1.1 延迟还礼

在自己人这个圈子内，一般来说及时的还礼会被认为是对关系的冒犯，因此在时间上具有延迟性，会在恰当的时机进行还礼行为。主要是由于受访者对未来继续交往的期许，希望与送礼者保持长期的关系。如 G 受访者和 H 受访者所指出，如果刻意地进行还礼，则会给关系造成一定的压力，不利于关系的循序渐进和长期发展，而是在一定的时机，巧妙地采取相应的行为。

"回礼不会太刻意的，既然大家是血统关系的，大家礼尚往来是有关系的，日久天长嘛，总会有机会的。刻意的还了就会让人觉得很不开心吧，有一点心理的影响，太见外了。后来用很含蓄的方式去表达，别人会觉得你很知恩，很懂得回报。"(男，G，1980)

"同事到我们家去，她老公出差去了，她给我们带一些茶叶啊，土特产，那什么时候我们到她家去玩，肯定会买一些东西啊，比如说大家要吃饭，买点红酒，买点饮料，买点牛奶啊送过去"(女，H，1975)

同时在亲密的关系中，还礼均回报更多的礼物，这样不但使人情账户平衡，同时，还会使开始的送礼者处于"负债"的地位，如是反复，使得关系在礼物的流动中进一步地延续。I 所讲到自己与亲戚家礼物的流动就体现了这一点。

"我们家里要送的比他们多些。本来乡下的家庭环境就没有我们的好啊。看家境吧，我们家要比他们好，就会多送一些的。有的家庭环境差不多的，也绝对不会少于别人送的。这是我爸爸的一种价值观。"(女，I，1984)

5.2.1.2 及时还礼

在中国，春节同西方的圣诞节一样具有重要的地位。这个时候，家庭之间的"礼尚往来"最为凸显，具有及时回报和对等回报的特性。而不受到关系的调节，这很大一部分是受到礼仪的影响。此时，礼物的回赠更多是具有社会规范的特性，如烟、酒、保健品等，同时，在这些物品的选择上也是品牌化，一方面是价值好计算，便于"往来"；另一方面"拿得出手"，会很有面子。

"因为现在过年送礼大家也都知道，我等着别人到我这里送点礼，然后送给另外一家，另外一家再还给这边。……都属于形式上的。"(男，J，1981)

5.2.1.3 人情规避

随着经济的发展和城市化的进程，礼物中的这种人情越来越淡化，比如，K 和 L 所提到朋友、亲戚同辈之间免除了之间礼物的交换，进行人情规避。因为欠了人情，会使得在社会交往中失去平衡，失去自己在人际交往上的独立性（金耀基，1985）。家庭与家庭之间会理性地看待礼物之间的流动，对送礼行为进行协调，避免陷入人情困境和繁文缛节中，形成圈子内的一种规则，与圈子之外的无礼物的交往不同的是，这种是凸显亲密性的一种方式，一旦遇到婚嫁、生日宴请等人情、报、面子的机制再次起作用。

> "朋友之间好像没有经常送礼。有的时候过年，小孩之间，连红包都免了。反正送过来送过去的，都是一样的。好玩的话，你给我一个，我再换你一个。我们的生活很普通，所以，这个送礼不是摆在一个很重要的位置。都是关系很好的。"（女，K，1970）

> "像我们亲戚现在慢慢的都形成一种那样的观念，就觉得如果是平辈之间的话，就不再送东西了，就互相到一起，去吃个饭这样子的，觉得这样挺好的，觉得那样送东西挺没意思的，一般都演化成不再送东西了"（女，L，1988）

5.2.2 外人

对于外人，很少会有礼物之间的流动，主要是基于经济性的目的，遵循市场的公平原则，使礼物之间的交换具有"等量性"。

> "像我爸爸妈妈生意上的伙伴，有时候会送点鱼翅之类的东西，希望合作愉快……我们家也会等价的，从长远来看"（女，M，1984）

值得指出的是，在整个送礼的过程中，不是像西方社会那样，礼物承载了送礼者的感情和精神，而更多的只是遵从整个社会规范，礼物本生的内容和属性在人与人的交往中逐渐的淡化，礼物的重要性只在于完成社交礼仪的那一刹那（杨中芳，1985）。还礼的行为是一种理性的计算过程。这亦与西方社会的相关研究指出"礼物具有不可传递性"①的假设违背。这点在 N 和 O 受访者所讲到的例子得到很好的体现。

> "我生小孩的那一年，他们送了很多礼物来，服装啊、纸尿片这一类的东西，他长得很快的，刚刚出生给他送的那种新生儿纸尿片来的，过了几个月就不能用了，我就给他留着，等我的朋友啊，或者是同事，生了小孩，我就给他送过去。"（女，N，1977）

> "一般在这种情况下不会考虑跟这个朋友的关系好不好，主要还是考虑适不适合。因为有时候转送的东西也是很好的东西。我也会把它转送给我很好的朋友，这样也是有可能的。"（女，O，1970）。

6. 讨论

本研究基于收礼者视角，探索中国文化背景下消费者还礼的心理和行为模式。通过采用内容分析的

---

① Lowrey, T. M., Otnes, C. C., and Ruth, J. A.. Social influences on dyadic giving over time: A taxonomy from the giver's perspective[J]. Journal of Consumer Research, 2004, 30 (March): 547-558.

方法对焦点小组和深度访谈获得的文本数据进行分析,发现:(1)在心理层面,收礼者会记录人情债,报和面子成为还礼的重要动机;(2)在行为层面,不同的关系类型会引起消费者不同的还礼行为。对于自家人而言,包括亲属和好朋友,日常交往中还礼具有延迟性和增量性,但在春节期间却具有及时性和等量性;同时,也存在人情规避的现象,即互相之间不送礼物,被视为是亲密关系的一种表现。对于外人而言,以家庭为中心的关系单位很少与之有礼物流动的现象,遵守公平原则,礼物交换具有等量性。

本研究的理论贡献在于:(1)研究的视角。本研究从收礼者的视角出发,探索消费者时间序列上的心理和行为模式,这样会对送礼行为的模式有了更加全面的认知;(2)文化的视角。现有的关于消费者送礼行为的研究主要基于西方文化背景,尤其是美国社会。从本质上讲,送礼是一种仪式行为,不可避免的会随着文化的改变而改变。西方文化背景下的送礼行为模式在解读东方文化背景下的送礼行为存在一定的偏差。通过在中国文化背景下对该问题的研究,可以深入了解中国市场消费者的还礼行为模式;(3)传统和市场经济的影响机制。一方面由于传统文化的因素,另一方面市场的发展和社会结构的变化,如工作的需要,远离自己的亲戚圈,人与人的交往越来越规避人情,一些人认为送礼是一种负担和麻烦,这给本土消费者行为模式研究带来新的变化和挑战。

管理贡献。正如杨中芳(1981)所指出,"在购买礼物的过程中,许多通常在购买商品时所常用的标准,如价钱及品质等,往往变得不重要了。许多维持社会人际关系的规范,反而变得更重要起来,也比较具有约束力"。从一定程度来讲,消费者送礼行为的研究最终会反映到礼品的消费上,只有对本土消费者行为模式理清,才能采取针对性的营销手段,如广告宣传、礼品促销等手段。

(作者电子邮箱:nan. zhou@ cityu. edu. hk;zhouyuanyuanmkt@ 126. com;wangdianweng@ 163. com)

参 考 文 献

[1] 黄光国. 面子:中国人的权利游戏(第2版)[M]. 北京:中国人民大学出版社,2004.

[2] 杨国枢. 中国人的心理[M]. 南京:江苏教育出版社,2006.

[3] 杨宜英,张曙光. 社会心理学[M]. 北京:首都经济贸易大学出版社,2009.

[4] 翟学伟. 人情,面子与再生产(第2版)[M]. 北京:北京大学出版社,2006.

[5] 费孝通. 乡土中国[M]. 上海:三联书店,1985.

[6] Sherry, J. F., and Jr.. Gift-giving in anthropological perspective[J]. Journal of Consumer Research, 1983, 10 (September).

[7] Wooten, D. B.. Qualitative steps toward and expanded model of anxiety in gift giving[J]. Journal of Consumer Research, 2000, 27 (June).

[8] Ruth, J. A., Otnes, C. C., and Brunel, F. F.. Gift receipt and the reformulation of interpersonal relationships[J]. Journal of Consumer Research, 1999, 25 (December).

[9] Otnes, C., Lowrey, T. M., and Kim, Y. C.. Gift selection for easy and difficult' recipients: A social roles interpretation[J]. Journal of Consumer Research, 1993, 20 (September).

[10] Yan, Y.. The flow of gifts: Reciprocity and social networks in a Chinese village[M]. Stanford, CA: Stanford University Press, 1996.

[11] Strauss, A., and Corbin, J.. Basics of qualitative research: Grounded theory procedures and techniques [M]. Newbury Park, CA: Sage, 1990.

How consumers reciprocate gifts in China? From the perspective of recipient

Zhou Nan[1] Zhou Yuanyuan [2] Wang Dianwen[3]

(1 Business College of City University of Hong Kong, Hong Kong, 999077;

2, 3 Economics and Management School of Wuhan University, Wuhan, 430072)

Abstract: Most research about gift giving focuses on consumers' behavior in special situation and event from giver's perspective, ignoring gift giving at cross-events. In China, gift reciprocate in "Gift Comes and Gift Returns" Culture. This research was conducted though interview from recipient's perspective and content-analysis. A theoretical model of "psychology-behavior" was proposed to interpret how consumers reciprocate gifts in China. Chinese interpersonal interaction theory, Guanxi, faovor, bao, and mianzi, were also applied to explain the mechanism underlying the model. This research provides insights into marketing management in gift field.

Key words: Gift-reciprocating; Recipient; *Guanxi*; Favor; Bao; *Mianzi*

中国用户使用盗版软件的影响因素研究

● 刘茂红

（武汉科技大学管理学院　武汉　430074）

【摘　要】本文以计划行为理论为基础，研究发现不同类型用户的盗版行为意向受不同因素影响。普通个人用户的盗版行为意向受主观规范影响；技术员用户的盗版行为意向受行为控制认知影响；企业用户的盗版行为受惩罚因素和行为控制认知影响；三类用户的盗版行为意向受到态度影响，不受正版软件价格影响，中国用户不关心正版软件的具体价格。

【关键词】中国用户　盗版行为意向　影响因素

1. 引言

软件产业这一朝阳产业正以飞快的速度迅速发展，我国软件产业也蓬勃发展，产业规模持续增长。报告指出，我国软件产业收入规模从2001年的751亿元扩展到2010年的13364亿元，年复合增长率高达36%。我国软件业在国民经济中的地位不断提升，从2003年软件行业收入占GDP比重的1.41%上升到2010年的3.36%，年占比增幅高达13%。但是，伴随着软件产业的迅速发展，软件的盗版问题依然很严重，根据《2010中国软件盗版率调查报告》显示我国软件产品的价值盗版率仍然高达24%，这给国家和软件产业带来了巨大的经济损失，它已经成为威胁软件产业的主要问题。

软件盗版问题是目前政府和学术界都非常关注的一个问题，盗版会同时影响国家财政收入和正版软件公司的利润，很多学者直接在其文章里列举了盗版在不同时期对不同国家造成的经济损失（Peace, 2003; Moores and Dhillon, 2000; Husted, 2000）。首先，对我国来说，软件盗版问题显得更为突出，根据美国商业软件联盟（BSA）发布的"全球PC软件盗版研究报告"，我国的软件盗版率高达86%，与此同时我国的有关机构也对此问题进行研究指出，我国的软件盗版率不过66%左右，而且企业的盗版率还要低，只有48%。如何解释这两个数据存在巨大的差别呢？是不是说企业的盗版行为与个人行为存在很大差异，这需要从理论上进行探讨。其次，无论国内数据还是国外数据，盗版率都是很高的，因此盗版问题对于中国来说是一个严重问题，对于软件盗版问题国外学者也结合同国家和地区进行了数据调查和理论分析，试图探讨出用户软件盗版行为模式，但对结合中国大陆的研究还很少，国内学者也只有比较少的探索性研究。最后，中国是一个发展中国家，中国的盗版软件问题应该与其他国家和地区存在很大不同，如果要有效解决中国的盗版软件问题，则需要从多角度如社会因素、法律因素、经济因素、个人因素等来探索。基于这三点考虑，本文力图结合中国大陆的现有环境特点，在借鉴已有研究的理论基础上，试图整合性研究中国用户的软件盗版行为模式，为解决盗版问题提供建议；同时，比较研究企业用户与个人用户模式的差异性，力图解释盗版调查数据差异的存在原因。

2. 文献回顾

2.1 软件盗版的后果及其影响

盗版问题引起了国内外学者的关注，不同的学者曾从不同的角度分析和解释盗版问题。本文将分别从经济视角、法律视角、伦理视角和社会视角等几个角度对他们的研究结论进行回顾。

从经济角度看盗版问题。 盗版软件会给国家和正版公司带来了巨大的经济损失。Givon，Mahajan and Muller(1995)利用英国的数据，建立了一个软件扩散模型，对比分析了用户使用盗版和正版的情况，通过数据分析，他们发现盗版用户不但自己使用盗版软件，还会影响其他软件使用者也购买盗版，使得盗版范围不断扩大，因此盗版的损失不仅仅包括已经造成的损失，而且还包括一些潜在损失，如影响其他人使用盗版等。他们通过理论研究，再一次证明盗版会给国家和企业带来巨大的经济损失。Taylor 和 Shim(1993)对这种损失进行了统计，明确指出，盗版软件将会使软件行业每年经济损失 8000 万美元到 20 亿美元。

从法律角度看盗版问题。 软件有其特殊属性，不同于一般产品，软件盗版涉及知识产权的侵犯(Barton and Mallhotra，1993)。盗版行为如此猖獗就是人们对知识产权法的了解不够，法律意识淡薄(Moores and Dhillon，2000)。使用盗版软件的法律风险低，这加大了人们盗版软件的可能性(Simpson et al.，1994)。

从伦理角度看盗版问题。(Hinduja，2003)盗版软件这种行为是不道德的。Al-Rafee 和 Cronan(2006)将道德水平与盗版意向联系起来研究，认为道德水平高的人，使用盗版软件的意向低于道德水平低的人。但也有学者得出了不同结论，(Simpson et al.，1994)人们的道德水平与盗版行为之间没有显著关系。(Cheng et al.，1997)人们会认为盗窃一颗糖是不道德的，但人们不会认为盗版软件是不道德的。

从社会视角看盗版问题。 很多学者的研究都指出人们的盗版行为受到了别人行为，或口传或社会规范的影响(Givon，Mahajam and Muller，2001)。对于盗版问题，尤其是盗版软件，人们没有树立正确的认知，大多数被调查者都不认为盗版软件是不正确的，没有意识到盗版的危害性，当需要使用盗版软件的时候，都倾向于使用盗版。

2.2 软件盗版的动因及其影响因素研究

从盗版动因来探究。 盗版既然是一种有悖伦理道德、违反法律规定的消费行为，为什么有这么多用户还使用盗版软件呢？从已有的国外学者的研究发现，导致人们盗版的根本原因是价格，Bloch(1993) 和 Tom(1998)在研究假冒产品时，发现价格是导致人们使用假冒产品的主要原因。Moores 和 Dhillion(2000)以香港软件消费者为调查对象，结果发现由于正版软件超过了人们可以承受的范围，因此消费者普遍承认倾向于使用盗版。Albert-Miller (1999)在研究了影响人们盗版的诸多因素后发现，价格是主要因素。

从影响盗版的因素研究。 盗版作为一个非法行为，许多学者从制约盗版行为角度来研究哪些因素可能影响盗版行为，有关文献梳理如表 1 所示。

盗版问题研究集中在个人用户。 从已有的研究文献来看，学者的研究都集中在个人用户，没有研究企业用户的行为。对于个人用户没有进行细分研究，而 Christensen and Eining(1991) 的研究发现，将美国的软件消费者以计算机水平进行分类，结果发现对计算机熟悉的人使用盗版软件的可能性高于对计算机不熟悉的人。因此，非常有必要区分企业用户与个人用户，以及个人用户中的熟悉计算机的(如计算机技术员)和一般用户。

表1 影响盗版行为的因素

影响因素	研究变量	相关文献
法律因素	对侵权法的了解(负相关) 惩罚的严厉性(负相关) 惩罚的确定性(负相关) 惩罚的感知(负相关)	Swinyard(1990); Eining and Christensen(1991); Simpson et al. (1994); Moores and Dhillo(2000);Peace(2003)
产品因素	正版软件的易获得性(负相关) 正版软件的价格(负相关)	Bloch(1993);Tom(1998);Moores and Dhillon(2000); Moores and Dhillon (2000);Lau(2003);
个人因素	性别, 年龄, 道德水平(负相关) 感知行为控制(正相关)	Eining and Christensen(1991); Simpson et al. (1994); Al-Rafee and Cronan(2006); 张红霞(2003);Peace(2003)
社会因素	主观规范(正相关)	Lau(2003);Christensen and Eining(1991)

3. 研究假设

由于盗版行为的测量比较困难,本文通过用盗版行为意向来代替实际盗版行为的测量,基于前面的文献述评,整合四个方面因素来研究这些因素对盗版行为的影响。

3.1 个人因素

影响人们盗版行为的个人因素主要有态度和行为控制认知。

态度。态度是指个体对特定行为正向或负向的评价。如盗版软件的功能很好,使用盗版软件可以节约成本等。Peace(2003)发现态度会影响人们的盗版行为意向。当个体对盗版行为的评价为正时,个体就倾向于盗版;当个体对盗版行为的评价为负时,个体对盗版行为的态度比较消极,其盗版的可能性也较小。Ajzen(1977)认为态度是行为意向的首要决定因素,个体对某一行为所持的态度越好,则从事该行为的意向就越强。Al-Rafee 和 Cronan(2006)也发现意向会受到态度的影响。基于以上讨论,我们假设:

假设1A:普通个人用户盗版行为意向会受到其对盗版行为态度的影响。

假设1B:技术员用户的盗版行为意向会受到其对盗版行为态度的影响。

假设1C:企业用户的盗版行为意向会受到其对盗版行为态度的影响。

行为控制认知。行为控制认知是指个体感知到完成某一行为容易或者困难的程度,它反映个人对某一行为过去的经验和预期的障碍,当个人认为自己所拥有的资源与机会越多时,预期的障碍就越小,对行为的控制也就越强,进而行为意向就越强。Peace(2003)的研究发现,美国用户的盗版行为意向会受到行为控制认知影响。基于以上讨论,我们假设:

假设2A:普通个人用户的盗版行为意向受到行为控制认知的影响。

假设2B:技术员用户的盗版行为意向受到行为控制认知的影响。

假设2C:企业用户的盗版行为意向受到行为控制认知的影响。

14

3.2 社会因素

影响人们盗版行为的社会因素主要是主观规范。主观规范是指个人对于是否采取某个特性行为所感受到的社会压力，可以理解为个体感知重要的人认为该个体应该或者不应该执行某行为。Ferrell 和 Gresham(1985)发现相关群体，尤其是同事或同学会对人们的行为决策产生影响，也就是说，如果别人使用盗版，则他也会倾向于使用盗版。Givon，Mahajan 和 Muller(1995)指出尽管人们知道使用盗版软件是不对的，但还是会使用，因为使用盗版软件得到了别人的认同。Lau(2003)认为他人越认同使用盗版软件，该个体对盗版软件的态度越积极，如果他人都在使用盗版软件，那么该个体使用盗版软件的可能性就大。基于以上讨论，我们假设：

假设3A：普通个人用户的盗版行为意向会受到主观规范的影响。

假设3B：技术员用户的盗版行为意向会受到主观规范的影响。

假设3C：企业用户的盗版行为意向会受到主观规范的影响。

3.3 法律因素

法律因素是指人们对于由于盗版而可能受到惩罚的感知。各国政府都制定法律来打击盗版，但是不同国家打击力度是不同的，人们对于惩罚的感知也是不同的。Eining 和 Christensen(1991)试图研究法律因素是否会约束人们的盗版行为，结果发现，人们在盗版时，完全没有考虑法律因素，二者不相关，造成这种结果的可能原因是人们的法律意识薄弱，没有使用盗版会受到法律惩罚的意识。Moores 和 Dhillon(2000)对香港用户作为研究对象，研究结果发现，人们购买盗版软件的原因之一是感知惩罚水平比较低。Marron 和 Steel(2000)通过分析 1994—1997 年期间 60 个国家的数据发现知识产权保护法的实施和盗版水平之间有显著关系：知识产权保护的措施越多，盗版水平越低。在中国，政府也制定了相关法律来打击盗版，所以我们认为中国用户的盗版行为会受到法律的约束和惩罚的制约。基于以上讨论，我们假设：

假设4A：普通个人用户的盗版行为意向会受到惩罚因素的影响。

假设4B：技术员用户的盗版行为意向会受到惩罚因素的影响。

假设4C：企业用户的盗版行为意向会受到惩罚因素的影响。

3.4 产品因素

产品因素主要是指正版软件的价格。Lau (2003)的研究证明正版软件的价格越高，用户盗版的可能性越大。Peace(2003)指出若正版软件的价格越高，则消费者购买正版软件的成本就越高；若是盗版软件的话，则获得的利益就越大，那其对盗版软件的态度就越积极。Moores 和 Dhillion(2000)发现由于正版软件超过了人们可以承受的范围，因此消费者普遍承认倾向于使用盗版。Albert-Miller(1999)在研究了影响人们盗版的诸多因素后发现，价格是主要因素。在中国也是这种情况，正版软件的价格高昂，比如，一套操作系统，正版要上千元，但从网上下载却是免费的，街边的盗版软件也只要几元钱而已，我们认为这种巨大的价格差异会诱使人们的盗版行为。基于此，我们认为中国用户的盗版行为也会受到软件价格的影响。

假设5A：普通个人用户的盗版行为意向会受到软件价格的影响。

假设5B：技术员用户的盗版行为意向会受到软件价格的影响。

假设5C：企业用户的盗版行为意向会受到软件价格的影响。

基于前面的分析，本文的研究模型如图 1 所示。

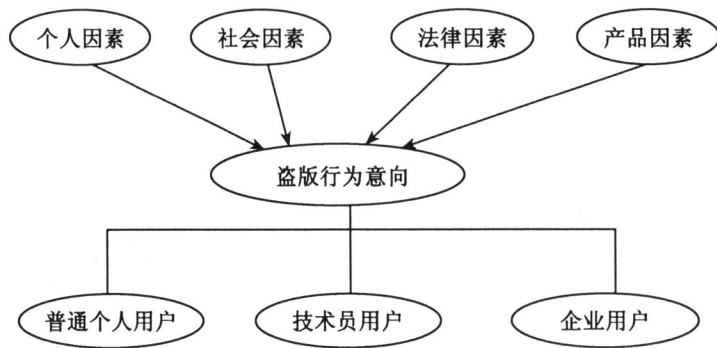

图 1 研究框架图

4. 实验设计与数据分析

4.1 样本选择

我们的调查对象分为三类：普通个人用户，技术员用户和企业用户。我们随机抽取在校学生作为普通个人用户。因为在校学生一般都有电脑使用的经历，并且大部分都使用过盗版软件，对盗版行为也有明确的认知。我们选取公司 IT 部门的计算机相关工作人员代表技术员用户，因为这类人群的日常工作与电脑密切相关，对电脑和软件使用的了解程度多于普通个人用户。我们选取公司的中层经理代表企业用户，因为企业的软件购买决策一般都是由这类人群决定，所以他们的观点可以代表企业用户的观点。

问卷分为 A 卷，B 卷和 C 卷三个版本，A 卷的调查对象是企业用户，B 卷的调查对象是技术员用户，C 卷的调查对象是一般个人用户。三个版本问卷的内容相同，主要测量的是调查对象对盗版行为的一些看法。问卷分为以下几个部分：

第一部分：测量调查对象对使用盗版软件的态度，主要测量调查对象对盗版行为的评价是否积极。主要包括 2 条语句，测量项目包括均采用的是李克特的 7 点量表，1 表示完全不同意，7 表示完全同意。

第二部分：测量主观规范。主要测量调查调查对象周围的人是否支持其使用盗版软件。包括 3 条语句。均采用的是李克特的 7 点量表，1 表示完全不同意，7 表示完全同意。

第三部分：测量感知行为控制，主要是测量调查对象对于使用盗版软件的能力和信心。

第四部分：测量对软件价格的认知，即价格因素对盗版行为意向的影响程度。

第五部分：测量对惩罚的感知，即惩罚因素对盗版行为意向的影响程度。

第六部分：主要是被调查者的个人资料，包括性别、年龄、受教育程度等。

我们发放问卷 220 份，最终回收有效问卷 199 份。其中，普通个人用户 95 份，技术员用户 62 份，企业用户 42 份。

4.2 变量测量

我们的测量量表主要是借鉴 Peace，Galletta 和 Thong（2003），经过翻译使用后，各个变量的测量内部一致性都在 0.8 以上。变量的测量和相关信度如表 2 所示：

表 2   变量测量与信度

构念	测量问题	负载因子	信度系数
态度	盗版行为是明智的。	0.799	0.7821
	盗版行为是有吸引力的。	0.839	
主观规范	对我重要的人不会认同我盗版软件。	0.857	0.8796
	如果我盗版软件，则对我重要的人会看不起我。	0.840	
	我重要的人认为我不可以使用盗版软件。	0.860	
知觉行控制	如果我想使用盗版软件，则我就可以使用。	0.861	0.8187
	从技术上来说，使用盗版软件对我来说是容易的。	0.878	
意向	我在将来某些情况下可能会使用盗版软件。	0.806	0.8230
	如果有机会，则我或许会使用盗版软件。	0.747	
	我将不会使用盗版软件。*	-0.212	
惩罚因素	如果我盗版软件，则被抓到的可能性低。*	-0.251	0.9018
	如果我盗版软件，则很有可能被抓到。	0.843	
	如果我盗版软件，则可能会受到高处罚。	0.888	
	如果我盗版软件，则可能会受到严重的处罚。	0.866	
价格因素	正版软件的价格合理。	0.728	0.8826
	正版软件的价格公平。	0.788	
	我对正版软件的价格满意。	0.912	

4.3 数据分析

下面以态度，主观规范，行为控制认知，惩罚因素和软件价格作为自变量，盗版行为意向作为因变量，利用 SPSS11.5，对普通个人用户、技术员用户和企业用户的三类数据分别进行回归分析，结果如表 3 所示：

表 3   分析结果

构念	模型一：普通个人用户 盗版行为意向		模型二：技术员用户 盗版行为意向		模型三：企业用户 盗版行为意向	
态度	0.652	(***)	0.358	(***)	0.461	(**)
行为控制认知			0.378	(***)	0.619	(**)
主观规范	0.144	(*)				
惩罚因素					-0.394	(**)
软件价格						
R^2	0.516		0.441		0.659	

其中：*** $p<0.001$，** $p<0.01$，* $p<0.05$，表示相关系数达到显著水平。

从表 4 可以看出：

模型一：普通个人用户的盗版行为意向受到态度和主观规范的影响。

模型二：技术员用户的盗版行为意向受到态度和行为控制认知的影响。

模型三：企业用户的盗版行为意向受到态度、行为控制认知和惩罚因素的影响。

表4   假设验证表

假 设	结 果
假设1A：普通个人用户的盗版行为意向受到态度的影响。	成立
假设1B：技术员用户的盗版行为意向受到态度的影响。	成立
假设1C：企业用户的盗版行为意向受到态度的影响。	成立
假设2A：普通个人用户的盗版行为意向受到行为控制认知的影响。	不成立
假设2B：技术员用户的盗版行为意向受到行为控制认知的影响。	成立
假设2C：企业用户的盗版行为意向受到行为控制认知的影响。	成立
假设3A：普通个人用户的盗版行为意向会受到主观规范的影响。	成立
假设3B：技术员用户的盗版行为意向会受到主观规范的影响。	不成立
假设3C：企业用户的盗版行为意向会受到主观规范的影响。	不成立
假设4A：普通个人用户的盗版行为意向会受到惩罚因素的影响。	不成立
假设4B：技术员用户的盗版行为意向会受到惩罚因素的影响。	不成立
假设4C：企业用户的盗版行为意向会受到惩罚因素的影响。	成立
假设5A：普通个人用户的盗版行为意向会受到软件价格的影响。	不成立
假设5B：技术员用户的盗版行为意向会受到软件价格的影响。	不成立
假设5C：企业用户的盗版行为意向会受到软件价格的影响。	不成立

5. 结论与启示

5.1 结论与讨论

从以上结果，我们得出以下结论：

(1)三类用户的盗版行为意向与软件价格无关。大多数用户不了解正版软件的价格。造成这种结果的可能原因是中国用户已经养成了盗版的习惯，已经习惯从互联网上下载或者直接购买盗版软件，而正版的价格则不是他们关心的问题。

(2)惩罚手段对于个人用户不起作用，对企业用户起作用。造成这种结果的可能原因是：尽管国家已经制定了相关法律来打击盗版行为，但是个人用户对于这些惩罚手段没有感知，很多个人用户认为如果要惩罚，则应受惩罚的是那些制作或者出售盗版软件的人，而不是自己。而对于企业用户而言，由于近几年来，正版软件公司不断向发生盗版行为的企业用户追加法律责任，因此，企业用户的盗版行为意向会受到惩罚因素的影响。

(3)三类用户对盗版行为的态度都是积极的，其盗版意向都受态度影响。态度积极可能源于两个方面的原因：一方面，盗版软件有着无法比拟的价格优势；另一方面，现在盗版的技术越来越高，网上提供的资源越来越多，盗版软件的质量也越来越好，除了升级和售后服务，盗版软件与正版软件基本上没什么差别，盗版软件具有正版软件的功能。正是基于这些原因，所以大多数消费者都认为使用盗版软件是明智的选择。

（4）主观规范只对普通个人用户起作用，而对于技术员和企业用户则不起作用，也就是说普通个人用户的盗版行为会受到他人的影响，类似于从众行为。

（5）技术员和企业用户则受到行为控制认知的影响，而不受别人的影响，属于自主行为。造成这种结果的可能原因是，对于技术员而言，由于其对软件使用有更多更深的了解，他们有能力完全根据自己的经验和能力来决定行为意向，而不受别人的影响。而对于企业用户而言，由于使用盗版软件会招到别人的反对，企业会从自身利益考虑来决定是否使用盗版软件，同样不考虑别人的看法。

5.2 营销启示

由于企业用户，普通个人用户和技术员用户受到的影响因素各不相同，因此应该分别对其采用不同的策略。我们认为打击盗版，应该从企业抓起，以打击企业为主，劝说技术员和引导普通个人用户为辅。首先，由于企业用户的盗版行为意向会受到惩罚因素的影响，所以应该进一步加大惩罚力度，加大企业盗版行为的风险和成本。其次，对于技术员用户，由于其使用盗版软件的意向主要受到态度和行为控制认知的影响，即受内部因素影响，因此对这类用户，应该采用劝说和教育的方法，采用激励或其他方法引导其带头使用正版软件。最后，对于普通个人用户，由于其对惩罚因素没有感知，因此用惩罚的方式来控制个人用户的盗版行为，可能作用不大。由于其会受到外部环境，即主观规范的影响，因此，对这类用户应该采用广告或宣传方法。另外，由于社会上对盗版软件没有树立正确的认知，大家都不认为使用盗版软件违法或者不道德，所以才使得盗版人群越来越多，因此，可借助于树立正确的认知，树立使用盗版可耻的社会规范来约束人们的盗版行为。

5.3 研究局限性

研究样本的选取可能存在一些问题，本文以企业 IT 部门的技术人员作为技术员用户的代表，这种抽样方法可能会忽略那些计算机水平很高，但却不是从事技术员工作的人群，抽样方法不够科学。然而，由于企业用户样本的获取难度比较大，企业样本数目较少，可能会对研究结果有一定影响。

（作者电子邮箱：Lmh_ hml@ 126. com）

参 考 文 献

[1] 张红霞，臧恒佳. 消费者对盗版软件态度及影响因素[J]. 经济科学，2003，3.

[2] Ajzen. I.. The theory of planned behavior: Organizational behavior and human decision process[J]. Journal of Applied Social Psychology，1991.

[3] Al-jabri, I. M., and Abdul-Gader, A. H.. Software copyright infringement: An exploratory study of the effect of individual and peer beliefs[J]. Omega, 1997, 25.

[4] Barton, L., and Mallhotra, Y.. International infringement of software sa intellectual property[J]. Industrial Management and Data System, 1993, 93(8).

[5] Bloch, P. H., Bush, R. F., and Canpbell, L.. Consumer accomplices in product counterfeiting: Demand-Side investigation[J]. Journal of Consumer Research, 1993, 15(March).

[6] Christensen, A. L., and Eining, M. M.. Factors influencing software piracy: Implications for accountants [J]. Journal of Information Systems, 1991, 5 (Spring).

[7] Ferrell, O. C., and Gresham, L. G··· A contingency framework for understanding ethical decision making

[J]. Journal of marketing, 1985, 49.

[8]Givon, M. Mahajan, and Muller. Software piracy: Estimation of lost sales and the inpact on software diffusion [J]. Journal of Marketing, 1995, 59.

[9]Gopal, R. D. , and Sanders, G. L. . Preventive and deterrent controls for software piracy[J]. Journal of Management Information Systems, 1997, 13(4).

[10]Gopal, R. D. , and Sanders, G. L. . Global software piracy: You can't get blood out of a tunip. Communications of the ACM, 2000, 43, 9.

[11]Husted, Bryan W. The impact of national culture on software piracy[J]. Journal of Business Ethics, 2000, 26.

[12]Lau, E. K. W. . An empirical study of software piracy[R]. Business Ethics: A European Review, 2003.

[13]Logsdon, Jeanne, M. , Thompson, Judith Kenner, and Reid, Richard A. . Software piracy: Is it related to level of moral judgment[J]. Journal of Business Ethics, 1994, 13(11).

[14]Marron, D. B. , and Steel, D. G. . Which countries protect intellectual property? The case of software piracy [J]. Economic Inquiry, 2000, 38.

[15]Moores, Trevor, and Dhillon, Gurpreet . Software piracy: A view from Hong Kong. Communications of the ACM, 2000, 43(12).

[16] Parthasarathy, M. , and Mittellstaedt, R. . Ill adoption of a new prroduct: A model of software piracy behavior[J]. Advanced in Consumer Research, 1995, 22.

[17]Peace, A. Graham, Galletta, E. F. , and Thong, James Y. L. . Software piracy in the workplace: A model and empirical test[J]. Journal of Management Information Systems, 2003, 20(1).

[18] Simpson, P. M. , Banerjee, D. , and Simpson, C. L. . Softlifting: A model of motivating factors [J]. Journal of Bussiness Ethics, 1994, 13.

[19] Sims, R. , Cheng, H. K. , and Teegen. Toward a profile of student software pirates [J]. Journal of Business Ethics, 1996, 15.

[20]Swinyard, W. R. , Rinne, H. , and Kau. A. K. . The morality of software piracy: A Cross-cultural analysis [J]. Journal of Business Ethics, 1990, 9.

[21]Tang, Jih-Hsin, and Farn, Cheng-Kiang . The effect of interpersonal influence on softlifting intention and behaviour[J]. Journal of Business Ethics, 2005, 56.

The Influencing Factors of Chinese Users' Using Pirated Software

Liu Maohong

(Wuhan University of Science and Technology Wuhan 430081)

Abstract: Based on TPB, this study finds that piratical behavior intention of different groups of users is influenced by different factors in China. Common users' piratical behavior intention is subjected to subject norm, while that of professional users is affected by perceive behavior control, and corporations users are mostly influenced by both punish factors and perceive behavior control. It also finds that the intention of these three groups can all be influenced by attitude, but does not respond to the price of the legal software, which means Chinese uses would never care about the price of legal software.

Key words: Chinese user; Piratical behavior; Influencing factors; Behavior mode

消费者内疚研究文献述评*

● 费显政[1]　丁奕峰[2]

（1，2 中南财经政法大学工商管理学院　武汉　430074）

【摘　要】消费者内疚是一种普遍存在的消费者情感，其对于消费者购买行为的影响逐渐成为学术界和实践界共同关注的话题。本文对相关文献进行了回顾，包括对内疚和消费者内疚概念的界定、分类和维度的研究，消费者内疚的前置变量和结果变量的研究，以及营销者对消费者内疚进行相关应用的研究。最后，本文总结了现有研究的不足，并提出了未来的研究展望。

【关键词】内疚　消费者内疚　消费者情感

消费者内疚是一种普遍存在的消费者情感。随着营销竞争的加剧，消费者情感因素日益受到重视。营销者发现：有效、适度地把握消费者的内疚心理，可以帮助营销者提高营销的效果（Kivetz 和 Simonson，2002）。消费者内疚同样引起了营销学者的关注，并在这一领域取得了很多成果。本文试图对相关文献进行回顾，厘清目前学术界对消费者内疚概念、分类、作用机理，以及营销者如何运用的研究状况，并总结现有研究的不足，为该领域的深入研究提供借鉴。

1. 内疚和消费者内疚

本部分将简要回顾内疚的定义以及营销学者对消费者内疚概念的引入。

1.1 内疚的定义

内疚的话题由来已久，三国时魏末诗人嵇康在《幽愤诗》中有云："惩难思复，心焉内疚。"现代的学术研究也表明，在一天中超过 13% 的时间人们会感到内疚（Baumeister et al.，1995）。在某种程度上，内疚影响着人们的社会经济生活。

奥地利心理学家弗洛伊德（Freud）是最早详细描述内疚概念的学者。他将内疚感（sense of guilt）解释为严厉的超我与受制于它的自我之间矛盾冲突的结果，它表明了一种对惩罚的需要（弗洛伊德，1996）。随着心理学的发展，20 世纪 60 年代，霍夫曼（Hoffman）提出了一种基于移情基础上的人际间的内疚理论。他认为，内疚是对他人痛苦的移情性悲伤与认知归因相结合的产物，并将内疚定义为通常伴有迫切、紧张和后悔的一种轻视、厌恶自己的痛苦体验。个体通常会采取相应的事后补偿措施来减轻伤害行为和内疚感（Hoffman，1967；1982）。霍夫曼的"移情说"因其理论强调了内疚是在移情基础上产生的，并指出内疚包括情绪和认知归因成分，同时，阐明了内疚产生的心理机制，受到学术界的广泛认可。

＊ 本文是国家自然科学基金"基于营销效应的消费者内疚研究：分类、测量及效应模型"（项目批准号：70902079）的阶段性成果。

尽管内疚问题经常在多个领域被讨论，但是由于各个研究领域研究重点的差异，至今对内疚仍没有一个明确一致的定义。本文通过对国内外相关研究文献的回顾，将具有代表性的内疚定义梳理如表1所示：

表1　　　　　　　　　　　　　　　　　不同学者对内疚的界定

学　者	内疚的定义
Freedman(1967)	内疚是个人的行为违反自己的道德和民族准则所导致的情感。
Stein(1968)	内疚是由于自己的内在准则与行为发生冲突时所产生的情感。
English & Macker (1976)	肯定了内疚是由于自己内在的准则与行为发生冲突时所产生的情感的观点，同时，他们还指出这种后悔的情绪会导致贬低个人价值。
Roseman(1984)	内疚是个人对自己所经历的(1)有利但不配得到的，或(2)不利但应该承担的事件的消极反应。
Smith & Ellsworth(1985)	内疚一般与责任和控制联系在一起。
Tangney，Wanger & Granzou(1989)	内疚是针对一种具体行为而作出的自我批评，它集中于具体行为和该行为可能对其他人带来的伤害。
Mauro et al. (1992)；Campos & Barrett (1995)；	内疚是指标志着违背已制定的标准、社会结构和思想道德力量的事件或情形。
Burnett & Lunsford(1994)	内疚意味着存在下面两种情形： (1)个人的行为与其内部的准则发生冲突，并由此导致； (2)个人自尊降低(lowering of self esteem)
Tangney，Miller，Flicker & Barlow (1996)	尽管内疚具有消极的作用，但是内疚仍被视为一种功能性情绪，因为它告知个体行为与个人或社会准则发生冲突，并激发相应的补偿行动。
Keltner & Busswell (1996)	最常见的内疚情形有：失职(学习不够刻苦)，没能自我调节(打破节食或者瘦身计划)，不诚实(考试作弊)，和对别人不好(长期不联系朋友)。
Sarah Steenhaut & Patrik Van Kenhove (2006)	内疚指的是可能由于一个人自己的行为、迟钝、环境或者意图引起的个体不高兴的情绪状态。
Soscia(2007)	当结果与预期不一致而且该结果是个体可控原因导致时，就会出现内疚情绪。

资料来源：本文作者根据相关文献汇总整理。

综上所述，我们认为内疚是个人的行为与自己、他人或者社会的准则和道德规范发生冲突时，所产生的人类负面情感中的一种，它可以抑制此类行为的发生也可以促进采取相应的补偿措施来减少内疚感。

1.2　营销学界对消费者内疚概念的引入

消费者内疚(consumer guilt)是指与消费有关的内疚(Bei et al.，2007)。消费者内疚也是一种普遍存在的消费者情感。对消费者内疚的研究，从20世纪80年代以后就进入了营销研究者的视野，其后很多学者的研究都表明消费者内疚是一个不同于其他消费者情感的、独立的、可测量的变量。

Bozinoff 和 Ghingold 在 1983 年就通过一项实验研究表明：可以通过广告引发内疚的情绪。不过，他们也指出：这种引发的内疚还不足以导致态度的改变，或产生行为意图的变化①。这是较早地在营销沟通领域里进行内疚探讨的文献了。

为了明确消费者内疚的独立地位，不断有学者用不同的方法证实消费者内疚是一个不同于其他消费者情感的、独立的、可测量的变量。前述 Bozinoff 和 Ghingold(1983)的研究中，就增加了对与内疚相关的其他概念，如疲乏(fatigue)、喜悦(joy)、烦恼(annoyance)的测量，通过判别效度的检验，证实了内疚是与其他概念不同的变量。

Lascu 在对之前文献进行回顾后，也提出下列命题②：

消费者内疚是可测量的、独特的、与其他情感变量相区别的。

当然，Lascu 的命题是建立在理论推导的基础之上的，他没有进行实证研究予以检验。正是鉴于在营销领域中对消费者情感类型的测量和检验的不足，Richins(1997)通过六个相关的研究，检验了与消费相关的消费者情感变量，如愤怒、不满、悲哀、害怕、孤独、兴奋、惊喜等，内疚也被作为消费者情感的一种进行单独的测量和分析。之后别莲蒂、林育则和于昌民(我国台湾学者，英文名分为 Bei, Lien-Ti；Lin, Yu-Tse；Yu, Chang-Min；下同)等人(Bei et al.，2007)的研究进一步验证了消费者内疚的独立性。他们以消费者为自己购买礼物的行为为样本，通过因子分析证实：消费者内疚这一概念并不能简单地被视为是消费者满意和幸福的负面项目，而是一种独立的消费者情感类型。

上述研究都为消费者内疚在营销领域内的独立地位进行了正名。

2. 消费者内疚的分类/维度研究

和消费者内疚的概念一样，它的分类研究同样呈现出差异化的视角和结论，从总体上来看，消费者内疚的分类研究有三种视角：第一种视角从纵向出发，将消费者内疚按照消费前、消费中和消费后三个阶段(有些研究只涉及其中两个阶段)进行分类研究；第二种视角从横向出发，探讨消费者内疚包含哪些不同的要素种类/维度；第三种视角从触发消费者内疚的客体出发，研究消费者内疚究竟是为谁而内疚。以下分别进行介绍分析。

2.1 对消费者内疚的纵向分类研究

对消费者内疚进行纵向分类研究是把一个消费过程按照动态顺序划分为不同阶段，研究不同阶段消费者内疚的差异性。

Rawlings 早在 1970 年就提出了先行内疚(anticipatory guilt)和反应性内疚(reactive guilt)的概念(Rawlings，1970)。Burnett 和 Lunsford(1994)按照这一思路，对消费者内疚区分为以下两类：

(1)事前内疚(pre-decision guilt)或先行内疚(anticipatory guilt)③，指在消费决策作出之前产生的内疚，这既可能是因为即将作出一项购买决定(比如购买含高热量的糖果)造成的，也可能是因为不做出一项购买决定(如放弃购买民族品牌)所造成的。

---

① Bozinoff, Lorne, and Morry Ghingold. Evaluating guilt arousing marketing communications [J]. Journal of Business Research, 1983, 11：243-255.

② Lascu, Dana-Nicoleta. Consumer guilt：Examining the potential of a new marketing construct[J]. Advances in Consumer Research, 1991, 18：290-295.

③ 有些学者使用 anticipated guilt 这一术语来表达同样的意思，如 Chun et. al. (2007)、Steenhaut 和 Kenhove(2006)。

（2）事后内疚（post-decision guilt）或反应性内疚（reactive guilt），指在消费者的行为与自身的价值准则相冲突后产生的内疚。

在此基础上，别莲蒂、林育则和于昌民（Bei et al.，2007）进一步提出，还有一种在购买当下的进行性（proceeding guilt）内疚，或者事中内疚。

2.2 消费者内疚的横向分类研究

消费者内疚的横向分类研究侧重于考察消费者内疚有哪些不同的要素种类/维度。

Burnett 和 Lunsford（1994）在分析消费者决策过程的基础上提出了消费者内疚的四个维度：财务内疚（financial guilt）、健康内疚（health guilt）、道德内疚（moral guilt）与社会责任内疚（social responsibility guilt）。

（1）财务内疚（financial guilt）当消费者购买不需要或者奢侈的产品/服务时，会导致消费者产生内疚情绪，冲动型消费和缺乏讨价还价的购物往往也会是消费者感觉到财务内疚。

（2）健康内疚（health guilt）。当个人认为自己没有顾及到自身或者他人的健康时，消费者健康内疚的情绪就会出现。例如，购买高脂肪的食物或者抽烟。

（3）道德内疚（moral guilt）。如果消费者的购买决策或者预期的购买决策与个人的道德准则发生冲突时，则将会诱发道德内疚。例如，抽烟、酗酒、赌博和其他不道德的行为。

（4）社会责任内疚（social responsibility guilt）。由于购买决策而违背个人感知的社会责任所导致的内疚。例如，对于慈善捐赠，环境保护问题，家庭义务的作为或不作为。

别莲蒂等人（Bei et al.，2007）通过对消费者给自己购买礼物的分析，认为消费者内疚可分为三个维度：犹豫感（hesitation）、金钱疼惜感（pain of paying）和自责感（self-blame）。

（1）犹豫感（hesitation）。由于购买这些礼物与消费者自身的价值观或者社会准则相违背，所以消费者认为自己应该放弃购买。

（2）金钱疼惜感（pain of paying）。意味着消费者需要支付大量的金钱来获取礼物。

（3）自责感（self-blame）。消费者不明白自己为何做出购买决策，也不赞成自己购买的原因，而产生的自责情绪。

值得一提的事，在该项研究中，他们还提出了对消费者内疚按纵向角度进行事前、事中、事后的阶段分类（详见前文"（一）对消费者内疚的纵向分类"的相关部分），并指出：虽然在每个阶段都包含了上述三个维度，但预期性/事前内疚最主要的维度为犹豫感，进行性/事中内疚感最主要的维度为疼惜感，反应性/时候内疚感最主要的维度为自责感。这样，为消费者内疚的纵向分类和横向分类建立了内在的关联。

这两项研究结论不同，各有千秋。Burnett 和 Lunsford 的研究试图包含所有可能涉及消费者内疚的消费行为，然而他们的研究属于理论归纳的范畴，尚未获得实证的检验。而别莲蒂等人的结论虽得到了实证研究的支持，其样本选择却仅仅包含消费者给自己购买礼物这一单一行为，显得说服力不足。这都意味着进一步的研究依然是必要的。

2.3 消费者内疚的客体分类研究

消费者内疚的客体分类从消费者内疚所指向的对象出发，进行分类。

比如，在 Burnett 和 Lunsford（1994）的研究中，把这种视野称为消费者内疚的焦点（focus of the guilt），即消费者决策导致谁的利益受到影响，消费者的内疚指向谁。他们归纳为对自己内疚（如因购买香烟导致对自己内疚）和对他人内疚（如因吸烟导致对他人内疚）两种情况。

Dahl、Honea 和 Manchanda 的研究（2003）采用了关键事件法，分析了 286 个消费者内疚事件，除了证实上述两种消费者内疚以外，还提出了对社会标准内疚（guilt related to social standard）的新类型。

3. 消费者内疚的作用机理研究

具体包括以下两个方面的内容：一是对消费者内疚的前置变量或原因的研究；二是对消费者内疚的后果变量的研究。

3.1 对消费者内疚的前置变量的研究

从总体上来看，消费者主体的作为与否（action 或 inaction）都可能带来消费者内疚。这一点，在 Burnett 和 Lunsford（1994）与 Dahl 等人（2003）的论文中，都进行了提及。

具体来看，以消费者主体的作为（action）为例。前期的研究指出：冲动性购买（Rook，1987），强迫性消费（O'Guinn 和 Faber，1989）和过度消费（Pirisi，1995）都可能造成消费者内疚。此外，对享乐产品（hedonic product）的购买也是消费者内疚的重要原因。所谓享乐产品，是从消费的功能的角度来谈的，指那些多感官的、具有幻想的和情感性的体验消费（Hirschman 和 Holbrook，1982）。相对于享乐产品的，就是偏重于工具性和功能性的实用消费（utilitarian consumption）（Dhar 和 Wertenbroch，2000）。享乐型消费是情感愉快的，但容易导致消费者内疚，而实用型消费虽缺乏情感愉悦，但不会导致内疚感。

再来看看消费者主体的不作为（inaction）。比如，如果消费者放弃购买低热量食物，或者没有进行慈善捐赠都可能产生消费者内疚（Burnett 和 Lunsford，1994）。Dahl 等人（2005）的另一项研究则表明，如果消费者在与企业销售人员建立了深入的联系后，如果他们在自己权限范围内作出不购买的决定的话，也会对企业销售人员产生心理亏欠，从而造成消费者内疚。

3.2 对消费者内疚的后果变量的研究

对消费者内疚后果变量的研究大致可以分为两大类型。

第一种类型的研究主要关注消费者如何采取措施减少自身内疚感，其结果侧重于对消费者自己的影响。比如，Dahl 等人在 2003 年的研究中，总结出三种消费者减轻内疚感的策略。第一种策略是通过修补和承诺来减少内疚感，如退还昂贵的产品；进行一定的慈善捐赠让自己好过些；在未来一周内省吃俭用；发誓以后再不这样了，等等。第二种策略是承认这种行为或试图从理性角度证明其合理性，比如，向家人承认自己购买了享乐产品，并思考自己为什么会这样做；找其他朋友"证实"自己买的产品是恰当的，从而让自己心安；不断告诉自己的确需要这件产品；努力说服自己这件产品买得划算等。第三种策略是否认和逃避。比如，把买的东西放到不易看到的地方，努力让自己忘记它们的存在；甚至包括暴饮暴食、喝酒等方式麻醉自己等。

同样是关注消费者如何采取措施减少自身内疚感，Dai 等人（2008）的研究视角比较独特，他们指出：一些富有远见的消费者可能通过主动寻找内疚感，从而更好地激励自己完成一项重要的工作。比如，通过购买昂贵的器材，激励自己努力完成具有挑战性的工作。

第二种类型的研究主要关心消费者内疚所产生的，对营销者有直接影响的后果变量。

对营销者的影响又可以进一步区分为积极方面和消极方面。

从消极方面来看，在享乐产品的消费中，消费者内疚心理会对产品的购买和消费产生消极影响（Okada，2005；Chun et al.，2007），这是营销者所不愿意看到的。

从积极的方面来看，消费者内疚也可能给营销者带来很多有利结果。比如，Dahl 等人在 2005 年的一项研究中证实，如果消费者在与企业销售人员建立了深入的联系后又没有购买的话，会产生对企业销售人员的内疚心理，这将带来消费者未来的弥补性购买行为。Steenhaut 和 Van Kenhove（2006）的研究则将消费者内疚作为消费者的道德信念的产物，他们认为消费者内疚会给销售者带来正面的影响，它会防止消费者占销售者的便宜，如退还销售者多找的零钱。Soscia（2007）的研究则指出，消费者内疚会抑制消费者抱怨和负面口碑的出现。

4. 营销实践者对消费者内疚理论进行应用的研究

我们发现，很多营销实践者常常通过适度地调整和把握消费者内疚，大大地提高营销的效果，这一点同样引起了营销学术界的兴趣。

通过对这类文献的回顾，我们可以把现有研究划分为两大类型：第一类文献的主题是：营销实践者通过减少和降低消费者内疚，来促进消费者的购买行为，或者带来其他有利于营销者的结果；第二类文献的主题是：营销者通过促进和增加消费者内疚水平，来促进消费者的购买，或其他有利于营销者的结果。以下分别加以介绍：

4.1 营销实践者减少和降低消费者内疚

由于享乐产品的购买和消费行为往往会带来消费者内疚，所以，如何减少和降低消费者内疚，从而增加消费者的购买和消费，是这个领域的一个重要话题。

首先，如何通过产品设计来减少和降低消费者内疚。比如，Saldanha 和 Williams（2008）研究指出，在现实生活中，很多商品并不是纯粹的享乐型或者实用型，更多的情况下是两种类型的混合体。在享乐型产品中融入实用性的元素，将会导致消费者对其不利的评价。然而，在实用型产品中融入享乐型的元素却能带来比原产品更有利的评价，能够减少单一享乐元素所导致的内疚。随着体验经济时代的到来，人们更加注重情感性的体验消费，如果营销者能够在给消费者提供功能利益的同时，给消费者带来情感享乐价值的消费者剩余，那么企业将在产品同质化的今天实现差异化营销。

其次，如何通过价格和促销设计来减少和降低消费者内疚。比如，Khan 和 Dhar（2008）基于"心理账户"（mental accounting）理论分析了在产品组合中不同的折扣所产生的效果不一样。研究指出，当折扣是针对产品组合中的享乐型产品时，消费者购买整个产品组合的可能性将远远高于对整个产品组合或者实用型产品打折时；对于消费者事先未打算购买的产品，如果消费者将其看成享乐型消费，那么在打折的情况下，消费者购买的可能性将高于将其看成功能型消费；消费者在送礼时，与享乐型产品相联系的内疚并不起作用。当对享乐型产品进行打折时，消费者为自己购买的可能性将增大，而作为送礼的购买可能性不受影响。这意味着营销者在制定价格和促销策略的过程中，可以利用心理账户对个体购买决策行为的影响机制，根据不同的情况采取不同的折扣，有效地降低消费者内疚，从而来增加销售量。

4.2 营销实践者促进和增加消费者内疚

研究者还发现，有时营销者可以通过促进和增加消费者内疚的方式引发带来积极的正面效果。比如，Burnett 和 Lunsford（1994）就指出，营销者可以把（提高）消费者内疚作为一种劝说策略来促进消费者购买他们的产品。此外，内疚不仅可以作为私营企业一个有价值的劝说工具，而且可以应用于社会营销领域，增加消费者的内疚感来达到阻止其行为的发生，从而达到规劝的效果（Burnett，1994）。这给营销者带来的启示是：通过公益广告宣扬酗酒、吸烟和毒品这些不仅伤及个人的身体健康而且会对整个家庭乃至社会造成巨大的危害，可以使潜在消费者产生预期内疚，从而减少这些有害行为，起到规劝作用。

Coulter 和 Pinto 的研究（1995）则进一步表明：适度的内疚诉求能够最有效地平衡消费者的注意力和恰

好的内疚感水平,较高和较低的内疚诉求都会抑制内疚感的出现。之后,Huhmann 和 Brotherton(1997)还使用内容分析法证实了内疚诉求在杂志广告中的普遍应用。他们还发现,内疚诉求大多用于慈善事业和健康产品类别的广告。

其他相关的研究还包括:营销者如何利用消费者内疚来实施销售促进(Strahilevitz 和 Myers,1998);营销者如何利用消费者内疚来进行直销(Sugarman,1999);营销者如何利用消费者内疚来增强会员计划项目的吸引力(Kivetz 和 Simonson,2002)等。

此外,国内学者(顾安朋、朱翊敏、林升栋,2008;陈正辉、刘慧磊,2008)也认为,利用内疚诉求(Guilt appeals)或虚拟内疚是影响消费者购买决策的一个重要方法。营销实践中有很多这样的例子,如民族品牌奇瑞汽车,给消费者传达不购买国货就是不爱国的观念,从而使消费者认为如果没有购买该产品,就代表不支持民族企业,导致产生不爱国的内疚感,以此来提高企业的营销效果;或者在亲情广告中提升消费者的虚拟内疚,来增加其对特定营销产品的消费。

5. 现有研究的不足和下一步研究方向

国内外学者虽然已经对消费者内疚进行了一定的研究,然而,迄今为止,很多营销者对于"消费者内疚"一词仍然比较生疏,对于消费者内疚的研究仍然处于起步阶段,这也给未来的研究创造了很大的空间。

首先,正如很多学者所指出的,与对其他消费者情感的研究相比,目前对消费者内疚的研究相对滞后(Dahl et al.,2003;Bei et al.,2007)。其中,最关键的问题是,目前学术界对消费者内疚的界定并不统一,有些研究者在使用这一概念时,并没有给予确切的定义。不同研究者在研究中,关注了不同类型的消费者内疚,选择了不同的研究视角,使得消费者内疚的内涵和外延并不一致,影响了不同研究结论直接的比较和讨论。比如,以下三 篇论文(Chun et al.,2007;Steenhaut 和 Kenhove,2006;Dahl et al.,2005)中,前两篇的消费者内疚属于先行内疚;而第三篇则属于反应性内疚。此外,同样是先行内疚,Chun 等人(Chun et al.,2007)的研究是消费者自发产生的财务内疚;而 Steenhaut 与 Kenhove 的论文(2006)则属于消费者对营销者的内疚。

其次,尚缺乏被学术界广为接受的消费者内疚测量量表。目前存在很多成熟的个人内疚倾向测量量表,如 TOSCA 量表(Test of Self-Conscious Affect)就包含对内疚进行测量的模块,但是该类量表专注于作为个人特质的内疚倾向,这种内疚倾向一般比较稳定;而对消费者内疚展开研究则需要测量消费者在某具体消费过程中的内疚状态,这种内疚状态会因具体情境而有所变化。缺乏成熟的消费者内疚量表也成为进一步开展深入研究的重要障碍。

再次,正因为概念上的分歧尚未统一,成熟量表的缺乏,以消费者内疚为核心变量的实证研究相对较少,很多实证研究是把消费者内疚作为一个影响因素引入到对其他营销变量(如享乐产品消费)的研究模型中。而把消费者内疚作为核心变量的实证研究大多以探索性研究为主,且研究结论差异较大,远未达成广泛的共识。这也从另一个侧面说明对消费者内疚的研究尚有待进一步深入。

最后,消费者内疚是一个与消费者所属文化/亚文化类型相关的概念。在不同文化背景下,消费者内疚的维度、成因和效应都应有所差异,这也提出了在中国文化情境下如何探讨消费者内疚的新课题。

(作者电子邮箱:feitairan@163.com)

参 考 文 献

[1] 陈正辉,刘慧磊."虚拟内疚"理论在亲情广告诉求中的应用[J]. 广告大观(理论版),2008,1.

[2] 顾安朋,朱翊敏,林升栋. 消费者内疚与羞愧倾向对其道德决策的影响——基于跨文化背景的初步研究[J]. 2008 年 JMS 年会论文.

[3] (奥)弗洛伊德著. 文明与缺憾[M]. 傅雅芳,译. 合肥:安徽文艺出版社,1996.

[4] Kivetz Ran, and Itamar Simonson. Earning the right to indulge:Effort as a determinant of customer preferences toward frequency program rewards[J]. Journal of Marketing Research, 2002, 39(2).

[5] Baumeister, R. F., Reis, H. T., and Delespaul, P.. Subjective and experiential correlates of guilt in daily life[J]. Personality and Social Psychology Bulletin, 1995, 21(12).

[6] Hoffman, M. L., and Saltzstein, H. D.. Parent discipline and the child's moral development[J]. Journal of Personality and Social Psychology, 1967, 5(1).

[7] Hoffman, and Martin, L.. Development of prosocial motivation:Empathy and guilt, in development of prosocial behavior[M]. Nancy Eisenberg ed.. New York:Academic Press, 1982.

[8] Freedman, J. L., Wallington, S. A., and Bless, E.. Compliance without pressure:The effects of guilt [J]. Journal of Personality and Social Psychology, 1967, 7(2).

[9] Stein, E. V.. Guilt:Theory and therapy[M]. Philadelphia:The Westminster Press, 1968.

[10] English, H. B., and Macker, A. C.. A comprehensive dictionary of psychology and psychoanalytical terms [M]. New York:David McKay Company, 1976.

[11] Roseman, I. J.. Cognitive determinants of emotion:A structural theory. In review of personality and social psychology[M]. Shaver, P. (Ed.). Beverly Hills, CA:Sage, 1984, 5.

[12] Smith, Craig, A., and Phoebe C. Ellsworth. Patterns of cognitive appraisal in emotion [J]. Journal of Personality and Social Psychology, 1985, 48.

[13] Tangney, J. P., Wagner, P., and Gramzow, R.. The test of Self-Conscious affect (TOSCA)[M]. Fairfax, VA:George Mason University, 1989.

[14] Mauro, Robert, Kaori Sato, and John Tucker. The role of appraisal in human emotions:A Cross-Cultural study[J]. Journal of Personal and Social Psychology, 1992.

[15] Campos, Joseph, J., and Karen C. Barrett. Toward a new understanding of emotions and their development. In Carroll E. Izard and Jerome Kagan (eds.), Emotions, Cognition, and Behavior[M]. New York, NY:Cambridge University Press, 1985.

[16] Burnett, Melissa, S., and Dale A. Lunsford. Conceptualizing guilt in the consumer Decision-making process [J]. Journal of Consumer Marketing, 1994, 11(3).

[17] Tangney, J. P., Miller, R. S., Flicker, L., and Barlow, D. H.. Are shame, Guilt and embarrassment distinct emotions? [J]. Journal of Personality and Social Psychology, 1996, 70.

[18] Keltner, Dacher, and Barbara N. Buswell. Embarrassment:Its distinct form of appeasement functions[J]. Psychological Bulletin, 1996, 122.

[19] Steenhaut, Sarah, and Patrick Van Kenhove. The mediating role of anticipated guilt in consumers' Ethical Decision-Making[J]. Journal of Business Ethics, 2006, 69.

[20] Soscia, and Isabella. Gratitude, Delight, or guilt:The role of consumers' emotions in predicting

postconsumption behaviors[J]. Psychology & Marketing, 2007, 24(10).

[21] Bei, Lien-Ti, Yu-Tse Lin, and Chang-Min Yu. The relationship between consumer guilt and shopping behavior (abstract)[J]. Advances in Consumer Research, 2007, 34.

[22] Bozinoff, Lorne, and Morry Ghingold. Evaluating guilt arousing marketing communications[J]. Journal of Business Research, 1983, 11.

[23] Lascu, and Dana-Nicoleta. Consumer guilt: Examining the potential of a new marketing construct [J]. Advances in Consumer Research, 1991, 18.

[24] Richins, and Marsha, L.. Measuring emotions in the consumption experience[J]. Journal of Consumer Research, 1997, 24(2).

[25] Rawlings, and Edna, I.. Reactive guilt and anticipatory guilt in altruistic behavior. In altruism and helping behavior[M]. J. Macaulay and L. Berkowitz, eds. , New York: Academic Press, 1970: 163-177.

[26] Chun, HaeEun, Vanessa M. Patrick, and Deborah J. MacInnis. Making prudent vs. Impulsive choices: The role of anticipated shame and guilt on consumer Self-Control (abstract) [J]. Advances in Consumer Research, 2007, 34.

[27] Dahl, Darren, W., Heather Honea, and Rajesh V. Manchanda. The nature of Self-Reported guilt in consumption contexts[J]. Marketing Letters, 2003, 14(3).

[28] Rook, and Dennis, W.. The buying impulse[J]. Journal of Consumer Research, 1987, 14.

[29] O'Guinn, Thomas, C. , and Ronald J. Faber. Compulsive buying: A phenomenological exploration [J]. Journal of Consumer Research, 1989, 16(2).

[30] Pirisi, and Angela. Addicted to the urge to splurge[J]. Maclean's, 1995, 108.

[31] Hirschman, Elizabeth, C. , and Morris B. Holbrook. Hedonic consumption: Emerging concepts, Methods and propositions[J]. Journal of Marketing, 1982, 46.

[32] Dhar, Ravi, and Wertenbroch Klaus. Consumer choice between hedonic and utilitarian goods[J]. Journal of Marketing Research, 2000, 37.

[33] Dahl, Darren, W. , Heather Honea, and Rajesh V. Manchanda. Three Rs of interpersonal consumer guilt: Relationship, Reciprocity, Reparation[J]. Journal of Consumer Psychology, 2005, 15(4).

[34] Dai, Xianchi, and Klaus Wertenbroch. Strategic motivation maintenance: The case of Guilt-seeking (abstract)[J]. Advances in Consumer Research, 2008, 35.

[35] Okada, and Erica Mina. Justification effects on consumer choice of hedonic and utilitarian goods[J]. Journal of Marketing Research, 2005, 42(1).

[36] Saldanha, Neela, and Patti Williams. Mixed indulgences: When removing sin may backfire (abstract)[J]. Advances in Consumer Research, 2008, 35.

[37] Khan, Uzma, and Ravi Dhar. Differential effectiveness of discounts in product bundles (abstract) [J]. Advances in Consumer Research. 2008, 35.

[38] Coulter, Robin Higie and Mary Beth Pinto. Guilt appeals in advertising: What are their effects? [J]. Journal of Applied Psychology, 1995, 80(6).

[39] Huhmann, Bruce, A. , and Timothy P. A. Brotherton. Content analysis of guilt appeals in popular magazine advertisements[J]. Journal of Advertising, 1997, 26(2).

[40] Strahilevitz, Michal and John Myers. Donations to charity as purchase incentives: How well they work may

depend on what you are trying to sell[J]. Journal of Consumer Research, 1998, 24.

[41] Sugarman, and Joseph. Triggers: 30 Sales Tools You Can Use to Control the Mind of Your Prospect to Motivate. Influence and Persuade, New York, NY: Delstar. 1999.

The Review of Research on Consumer Guilt

Fei Xianzheng[1]   Ding Yifeng[2]

(1, 2 Zhongnan University of Economics and Law   Wuhan   430074)

Abstract: As a kind of important and prevailing consumer emotion, consumer guilt has aroused a lot of topics about its effects on customer's shopping behavior in both academic and practical communities. This paper reviewed extant researches on consumer guilt, which including studies on the definition, classification and dimensions, antecedent variables and outcome variables, and how marketers apply it in practices and so on. The limitations of extant researches and future avenues are discussed in the end.

Key words: Guilt; Consumer guilt; Consumer emotion

珞珈管理评论［2011 年卷 第 2 辑（总第 9 辑）］ Luojia Management Review No. 2，2011（Sum. 9）

战略治理对企业价值生成的作用机理研究*
——基于资源基础观的视角

● 尹翠芳[1] 周建[2] 金媛媛[3] 王鹏飞[4]

（1，2，3，4 南开大学公司治理研究中心，南开大学商学院 天津 300071）

【摘 要】公司董事会的运作实践表明，在企业外部环境复杂性和动态性不断加深的情况下，董事会在监督控制的职能之外，需要对企业的战略决策提供强大的支持和指导。本文基于资源基础观，从董事会信息、董事会知识、董事会认知角度，对企业战略治理影响战略决策绩效，从而影响企业价值生成的机制进行了探讨和研究。研究结果表明，董事会应尽可能地积极主动地搜寻企业内外部信息，掌握决策所需的更高质量的信息。董事会成员应不断拓宽视野，增强知识的互补性，充分地利用信息，提升董事会的决策技能。董事会成员之间应加强人际互动，强化成员之间的沟通交流，提高团队内部的凝聚力，建立良好的冲突规范，从而有利于战略决策绩效的改进和提高。

【关键词】企业战略治理 董事会信息 董事会认知 战略任务绩效

在现代公司制企业中，所有权与经营权的两权分离使得出资者与管理层两者之间的利益取向存在矛盾（Shleifer and Vishny，1997）。因此，身兼出资者代理人和将决策权委托给高管层实施的委托人双重身份的董事会，需要且有必要承担监督者和指导者的任务，一方面对管理层可能作出的危害所有者利益的决策行为进行有效的控制，而另一方面又要帮助管理层作出更加正确有利的战略方针。在企业的战略决策过程中，董事会是重要的参与者之一，是将企业战略管理与公司治理联系起来的纽带。这就涉及董事会如何介入战略决策过程来促进企业价值的生成，即企业战略治理的价值生成机制问题。

Kriger 和 Rich（1987）在对跨国公司海外子公司的研究中，最早使用了"战略治理"（Strategic Governance）这一名称，认为国外子公司的董事会能够为母公司提供当地环境的战略参考。他们分析了跨国公司子公司中董事会的不同使用模式，指出子公司董事会在给当地子公司提供治理和建议的过程中发挥着一定的作用，并认为子公司董事会可以增加跨国公司整个公司愿景，通过提供更多的方法监督当地治理和关注更多的全球价值和母公司的战略。子公司董事会应该作为"战略窗口"在战略上试图尽快理解东道国的变化；从理论上保证子公司应该包括关键的当地杰出的人员，帮助在东道国和外国子公司之间创造"理解窗口"；作为"影响窗口"，子公司董事可以影响东道国各利益相关者集团，为增加公司的利益

* 本文是国家自然科学基金项目"中国企业国际化进程中制度转型、战略选择与竞争优势源泉研究"（项目批准号：70872048）；教育部新世纪优秀人才支持计划项目"国际化战略背景下中国国有企业公司治理评价与竞争优势研究"（项目批准号：NCET-08-0302）；教育部人文社科重点研究基地重大项目"基于董事会能力的企业投融资战略治理研究"（项目批准号：11JJD630005）；南开大学"985 工程"中国企业管理与制度创新基地资助项目（项目批准号：1050821210）的阶段性成果。

而行动，同时，影响母国和本地公司决策制定，以增加当地利益相关者集团的利益。Schmidt 和 Brauer（2006）认为，董事会在履行他们的战略角色中的有效性即战略治理。他们认为董事会主要通过指导战略实施来履行他们的战略角色。战略治理问题的核心就是董事会如何定位其在战略管理过程中的战略角色及介入程度（周建和陈晓燕，2010）。

1. 企业战略治理与企业价值的关系研究回顾

过去 40 年来，董事会与战略之间的关系的研究日益增加。20 世纪 70 年代早期学术界开始对董事会与战略进行讨论。主要讨论董事会是不是应该积极参与战略领域，存在两种不同的观点。一些学者认为尽管董事会并不起草战略，但却是战略决策制定过程的主要行动者。另一些学者认为董事会不应该积极地参与战略。20 世纪 90 年代以来，全球化和金融市场自由化，公司治理丑闻，对位于公司治理争论中心的董事会的职能和责任提出了更高的要求（Hendry 和 Kiel，2004；Ingley 和 Van Der Walt，2005）。Ingley 和 Walt（2001）提出经济、政治和社会变化的动态性和全球化都需要董事会承担企业的战略导向作用。董事会具有实现股东期望和治理的责任，因而董事会要感知战略与公司治理联系的程度，研究其中可以实现价值创造的机制。Carlsson（2002）提出要用所有者、董事会和管理者之间的关系让战略的公司治理发挥作用，创造可持续的价值，使公司在创造价值中有效率。Judge 和 Zeithaml（1992）提出董事会参与战略决策的程度可以被视为外部对于更大的董事会参与的压力作出的制度反应或战略适应。公司董事会的运作实践及相关实证结论表明，在企业外部环境复杂性和动态性不断加深的情况下，董事会在监督控制的职能之外，需要对企业的战略决策提供强大的支持和指导（Stiles，2001），从对高管层的战略建议职能，转移到设定战略方向、确保战略决策成功的执行职能上（McNulty 和 Pettigrew，1990）。董事会的战略工作反映"以实现长期绩效和生存为目的的公司核心竞争力的发展、保持和监督。战略决策涉及处理不确定性、复杂性和冲突"（Huse，2007）。换言之，董事会的战略工作是竞争力的来源，可以保护公司的长期健康，防止管理层的短期计划。在一般情况下，董事会战略工作涵盖了一系列活动，例如，公司使命和愿景的发展、经营理念的形成、战略提案的评价和控制、获批准的战略的实施等。董事会对企业战略决策的介入覆盖了战略目标的制定、实施控制与评价的全过程。因此，董事会有必要介入企业的战略决策过程，以制约和引导公司高层的战略决策行为（Barney et al.，2001；Lockett 和 Thompson，2001），从而保证战略决策的科学化（李维安，2005）。

在对董事会与战略关系的实证研究方面，"投入—产出"方法盛行，主要考察董事会战略参与的影响因素，集中在董事会的结构、特征和构成方面。Judge 和 Zeithaml（1992）通过对美国四个行业的 114 名董事会成员的个人采访和二手数据，发现董事会规模、多元化程度和内部董事比例与董事会参与负相关，组织年龄与董事会参与正相关。Ruigrok 等（2006）对瑞士企业的研究发现，董事长与 CEO 两职兼任会降低董事会对公司战略决策的参与程度；但董事会规模、独立董事所占比例与董事会战略决策参与程度不相关。Ogbechie 等（2009）以问卷调查的方式调查了尼日利亚 138 家上市公司的董事长，考察了董事会规模、CEO 两职性、董事会构成与董事会战略参与之间的关系。结果发现，尼日利亚上市公司已经采用了上市公司最佳实践准则，董事会参与战略决策制定过程的水平较高，但是董事会参与和许多治理变量如董事会规模、董事会独立性和 CEO 两职性不相关。此外，学者们把董事会特征和结构（如董事会规模、CEO 两职性、董事会多元化、外部董事比例、任期和董事持股）与战略结果，如并购（Haunschild，1993；Hayward 和 Hambrick，1997；Haunschild 和 Beckman，1998）、战略变革（Goodstein 和 Boeker，1992；Goodstein et al.，1994；Bergh，1995）、公司重组（Sheppard，1994；Daily，1995）、企业家精神（Zahra，1996）、国际化（Sanders 和 Carpenter，1998）、研发支出（Baysinger et al.，1991）联系起来。这些研究提供了董事会特征与战略之间关系的不同结论。

董事会的战略参与不仅影响高管团队的绩效（Kim，Burn 和 Prescott，2009），而且也会影响公司的绩效（Andrews，1981a，1981b；Charan，1998，2005；Huse，2007；Judge 和 Zeithaml，1992；Stiles 和 Taylor，1996；Zahra，1990；Zahra 和 Pearce，1990）。一般认为，董事会的战略参与会提高公司绩效。Judge 和 Zeithaml（1992）通过对美国四个行业的 114 名董事会成员的个人采访和二手数据，发现在控制了行业和规模影响之后，董事会参与与财务绩效正相关。Pearce 和 Zahra（1992）对财富 500 强中 139 家公司的研究发现，用每股收益来衡量，董事会战略决策参与程度与公司绩效正相关。龚红（2004）实证研究发现，董事会战略决策参与程度与公司财务业绩正相关。何卫东（1999）也认为董事会对公司战略决策更多的参与将最终提高公司业绩。汪丽等（2006）的研究显示，董事会职能与决策质量之间存在显著的正相关关系，并且决策承诺在董事会职能和决策质量的关系中起中介作用。

近几年来，学者们开始挖掘董事会与战略之间更深层次的关系，董事会凭借什么来参与企业的战略决策成为新的热点问题。董事会资本（Hillman 和 Dalziel，2003；Lin 和 Wei，2006；Wincent et al.，2010；Haynes 和 Hillman，2010；周建等，2010）、董事会信息（Davis 和 Thompson，1994；Westphal 和 Zajac，1995；Zhang，2010）、董事会认知资源（Nadkarni 和 Barr，2008；唐清泉，2002）等新的视角为我们打开董事会运作的黑箱提供了更好的洞察力。

2. 战略治理影响企业价值生成的要素

资源基础观（Resources Based View）认为每一家企业都是资源和能力的独特组合，这些资源和能力决定了企业的战略，是组织战略的基础，也是利润的重要来源。当企业运用了它的有价值的、稀有的、难以模仿的并无法替代的资源和能力，即核心竞争力去获取相对于竞争对手的战略优势时，便可获得超额利润（Bayner，1991，1995）。根据资源基础观，企业在创造价值方面表现出来的差异根源于企业的资源和能力差异。

根据资源依赖理论，资源能够降低企业对外部环境的依赖、面临的不确定性和交易成本，从而有利于企业的存续和发展。董事会提供资源的具体行为包括提供合法性保障、塑造良好的公共形象、提供专业知识（Baysinger 和 Hoskisson，1990）、帮助企业管理层与重要股东以及其他重要角色建立和保持关系（Hillman et al.，2001）、增加企业获取有价值资源的机会（Mizruchi 和 Stearns，1988）、构建外部联系、推广创新（Haunschild 和 Beckman，1998）、帮助企业制定重大战略决策（Judge 和 Zeithaml，1992）等。董事会采取这些具体行为的前提是在于拥有战略决策所需的资源和能力。董事会所拥有的资源和能力，以及他们审视内外部环境后所作出判断和决策，对于任何企业而言，都是极有价值的管理资源。董事会是把握新增长机会的创新性思维的最佳源泉（Charan，1998）。企业的股东、董事以及 CEO 们在寻求优化治理的过程中认识到，董事会的真正潜力蕴藏于其帮助管理层预防问题、把握机会、使企业的整体运作更加优化的能力之中。

2.1 董事会拥有的信息质量与获取信息的能力

信息被认为是一个特殊的企业资源，关系到"经验、判断、智力、关系以及公司的管理人员和工人的个人见解"（Barney，1991）。在公司董事会中，董事们被预期激发出战略的不同见解，提出有洞察力的问题（Carter 和 Lorsch，2004；Lorsch 和 Maclver，1989；Mace，1971），甚至有学者建议董事会应该进行与工作有关的"战斗"而不是达成共识（Eisenhardt，Kahwajy 和 Bourgeois，1997a）。从这点来看，公司从能够激发个体不同观点的董事会，比从专注达成一致的董事会中受益更多。因此，有效地利用多样化的信息是实现竞争力的关键。

Pettigrew 和 McNulty（1995）发现，外部董事的专业知识在决定董事会权力中是重要的，但是当他们能收集公司的相关信息时，他们的专业知识是最有用的。此外，作者还发现董事必须同时具备利用这些信息以有效地发挥其影响力的意愿和技能。同样，McNulty 和 Pettigrew（1999）发现，董事收集信息的程度在决定董事会的战略参与程度中发挥着至关重要的作用。这些研究提供了一致的证据表明与董事会信息相关的行为在决定董事会是否有可能有效的过程中发挥关键的作用。

当考虑董事会减少信息不对称的能力时，信息质量尤为重要。当他们试图保护股东利益时，并非所有的信息对董事会都同样有用。以前的研究将信息质量与信息有用性和决策准确性联系起来（O'Reilly，1982；Low 和 Mohr，2001），这两者在考虑董事会减少信息不对称的努力时可能都是重要的。

董事会可以减少信息不对称的第二种方法是积极搜寻信息。收集新的信息来代替仅仅依赖于提供给他们的信息（Morrison，1993）。积极的信息搜寻与董事会特别相关，因为 CEO 投机行为的一种方式是通过控制提交给董事会的信息来进行（Levinthal，1988；Eisenhardt，1989；Ashford，1986；Morrison，1993；Wanberg 和 Kammeyer-Mueller，2000）。Roberts 等人（2005）发现，有效的，或者他们所说的"负责的"董事会一直进行如挑战、质疑、探究、讨论和探索的行为。这一发现表明，这些董事会在收集信息中是积极的，而不是被动的。因此，那些为了更好地履行其职能的董事会有可能进行主动的信息搜寻。董事会通过增加其成员与公司和成员之间的互动频率（Eisenhardt，1989；Lorsch 和 MacIver，1989），来寻求更多的信息，从而减少相对于 CEO 的信息不对称。

2.2 董事会具有独特的决策技能和知识

董事会构成的相关研究表明董事会成员有非常重要的解决战略决策的专业技术知识，董事会是一个由具备不同专门能力的成员组成的团队组织，这些专门能力构成了监管企业运营的必要条件，例如，一家金融服务企业的董事会必须了解如何管理风险，而一家制造行业的企业则需要董事会中有了解该行业专门技术的成员存在，同时，财务、法律和管理等这些经营企业所必备的专门知识，董事会都需要有成员掌握。

根据研究，高层次知识结构的个体之间易于达成一致性意见；低层次知识结构的个体之间易于陷入僵局。因为高层次知识结构的个体可以在面临不完全信息时，获得更多的信息，可以利用不同信息推理出使用相同的手段或者使用不同的手段能达到相同目的的结论。即高层次知识结构的个体具有高效率的信息使用，高的推理灵活性，高的价值或偏好结构相容性（徐光国和王重鸣，1997）。因此，董事会成员作为高层次知识结构的个体，具有足够的知识、技能和决策经验，即使在未获得有关公司的完全信息的情况下，仍能有效地分析出相关的信息并作出有效的决策。

有学者（Forbes 和 Milliken，1999）指出，与董事会最为相关的知识和技能可以归纳为两个方面：（1）职能领域的知识和技能；（2）公司特有的知识和技能。职能领域的知识和技能跨越了传统的业务范围，包括会计、财务、营销以及其他公司与其环境关系的有关领域，如法律。董事会作为处理战略问题的核心群体，其成员必须拥有在这些领域的知识和技能或者可以获得帮助信息收集与解决问题的外部网络（Ancona 和 Caldwell，1988）。公司特有的知识和技能包括有关公司的详细信息，对其运作及内部管理问题的深入理解。董事会常常需要这类"默示"知识（Nonaka，1994）以有效处理战略问题。为了作出多样化或并购方面的明智决策，董事会可能需要对新的和现有的业务有详细的理解，这些业务彼此补充（Farjoun，1994；Sirower，1997）。这些研究都表明，董事会成员的知识和技能在董事会履行战略职能的过程中发挥着重要的作用。

2.3 董事会认知冲突与团队凝聚力

认知指人们用来交流、整理、简化、感知复杂问题的心智模式或信念系统。专家们把这些心智模式表示为认知图式、认知文本、认知框架、认知模式。心智模式是建立在过去经验基础之上、代表观念以及观念之间的关系，个人能用此来解释新事物。解释能力很重要，因为决策者处理信息的能力是有限的。当处理诸如战略、变革这样的复杂问题时，他们很少能处理所有相关信息。这些心智模式就帮助决策者选择信息，决定什么行动合适（Weick，1979）。个人的认知因此可能影响组织决策。Rindova（1999）从认知的视角提出董事有助于处理战略决策相关的复杂性和不确定性。

从认知的角度来看，董事会作为企业内战略决策的主要群体之一，其成员之间的沟通（Vafeas，1999）、辩论（Eisenhardt el al.，1997）、冲突（Forbes 和 Milliken，1999）、合作（Goodstein et al.，1994）等也会影响董事会内部的人际互动行为。例如，董事会内部的辩论是"董事会成员就不同的决策方法和与工作有关的问题进行的公开讨论"（Simons et al.，1999），能够激发不同思想的产生，也能为评价各种方案和质疑错误假设提供平台（Eisenhardt et al.，1997）。

由于董事会工作的复杂性超越了个体的知识和能力范围，因此，通过沟通、辩论或者其他形式的互动，董事会可以分享每个董事的经验或者观点（Schweiger et al.，1989）。由不同角度提出的意见的综合一般比单个人的看法要好（Amason，1996）。Schweiger 等人（1986）发现有计划的冲突，通过利用不同角度的质询和激烈的辩论，明显比意见一致的决策过程更能产生高质量的决策。董事会必须面对和正视复杂、动荡的外部环境，因此必须及时掌握充分的信息以便作出正确的决策。但是，不同的董事掌握企业信息的程度并不相同。例如，独立董事对企业情况的了解往往不如执行董事（Nadler et al.，2006），董事之间也存在信息不对称问题。外部董事能够增加董事会的认知差异，他们会鼓励公开的讨论、质询和辩驳，能够促进董事会了解更多战略决策的情况（Westphal，1999）。通过开展沟通、辩论等人际互动活动来降低董事会内部的信息不对称性，有利于提高董事会的决策质量，从而提升董事会的有效性（Edmondson et al.，2002）。由于董事会构成的多样性，他们可以更有效地发现市场机会，对总经理的决策提出多样性的解释，这样可以弥补单一的、简单的，甚至是带有偏见的个人解释。通过解释，董事会成员可以将自己的知识、观念与相关的信息联系起来，以鉴别出问题和找到问题的解决办法。由于董事会成员大多有在不同行业和不同公司的决策经历、经验和相关知识，他们可以把这些不同的决策方式、方法和对信息的不同解释带入到公司的决策过程中。由于现实世界的复杂性，董事会通过多样的、复杂的解释来反映现实世界，有助于提高公司战略决策对环境的适应性，降低公司内部决策的偏见，推动公司作出更有创造性的决策。这实际上就反映了董事会的认知功能，它在很大程度上会影响公司战略决策的制定和实施。

但是团队研究表明，团队成员总倾向于讨论他们共享的信息，而忽视那些非共享的信息，而且很可能重复讨论那些共享的信息（Larson et al.，1994；Stasser，1999）。因此，团队有可能忽视某些信息共享程度低的备选方案，低估实施某些方案的风险，从而影响团队成员对履行团队决策的承诺。

在董事会战略职能履行过程中，董事们的心理还会受到内部凝聚力（cohesiveness）、冲突规范（conflict norm）等的影响。团队的内部凝聚力是指团队成员相互吸引、相互激励留在团队内的强度（Shaw，1976）。作为企业内部的一个特殊团队，董事会面临着多变、复杂而不明确的任务，董事会成员需要相互协调、互通信息、共享资源以共同作出决策。因此，在董事会内部必须形成一定的内部凝聚力。内部凝聚力有助于增强董事会内部的协作和沟通，并且影响董事会的绩效产出。冲突规范是指一种鼓励开放和接纳不同意见的准则（Jehn，1995）。冲突规范是开展辩论的一个必要条件（Faulk，1982），只有在董事会内部营造一种可自由表达不同观点的氛围，才能够开展开放的讨论。关于高管团队的研究表明，开放会对工作冲突产生正面的影响（Amason 和 Sapienza，1997）。而且，开放的董事会有利于其内部开展积极的辩论（Huse，2005）。

2.4　董事会战略决策绩效

Amason（1996）指出，决策质量、一致性（consensus）和情感接受（affective acceptance）对于组织的高绩效是十分必要的。一致性包括理解（understang）和承诺（commitment）。理解是对决策根本原理的透彻认识，它提供了团队成员共同的方向。承诺是指决策小组成员接受并同意决策的实施。理解与承诺有一定关联，对一个决策的共同理解能够促进团队成员的决策承诺，它们两者并不是独立的。情感接受指的是团队成员对其他成员或整个团队的情感联系，当这种联系是消极的时（即情感上不接受时），他们就不会全力地参与到决策过程中，对决策及组织的绩效有不利影响。因此，情感接受与决策质量和一致性存在一定联系，情感接受在一定程度上能够保证决策质量和一致性。

决策的实施需要高管团队的参与，Child（1972）指出，一个战略决策的有效实施需要团队成员的积极合作。团队成员并不仅仅是简单的同意或顺从这个决策，他们必须理解决策并作出承诺（wooldridge 和 Floyd，1989，1990）。一个战略决策在实施过程中可能会遇到一些阻力和反对意见，同时要花费一定的时间，因此它很有可能会被终止，而决策者的决策承诺减少了决策夭折的可能性。承诺在心理学上是一种个人对与其有联系的组织的态度或定位。交易理论认为，承诺是与某种行为相联系的一种语言形式。企业管理者对战略决策的承诺意味着管理者同意已经制定的战略决策，并将为战略决策的实施尽最大努力。企业的高层管理者对企业战略决策的承诺非常重要，因为高层管理者是企业的主要决策者和决策实施者，决策者制定决策的质量和决策实施的效果会影响企业最终的业绩表现。

决策质量是指一个决策对达成组织目标的贡献，能否积极实施决策依赖于决策制定小组对执行决策的承诺。决策承诺是指决策小组成员接受并同意战略决策的实施。决策质量和决策承诺结合在一起反映了决策制定的质量（Korsgaard et al.，1995）。在企业战略决策制定过程中，决策者的决策承诺就是指决策小组成员接受并同意战略决策的实施。Trull 在影响决策成功的研究中提出，总体的决策成功取决于决策的制定质量和决策者对决策的执行。由于决策制定的环境存在较大的不确定性，所以影响决策质量的因素有很多，包括决策的信息、决策者的兴趣及决策的被接受程度等。

3. 战略治理对企业价值的作用机理

董事会通过积极搜寻决策所需的信息，拥有并使用高质量的信息，为企业的经营决策提供建议和指导，从而提高企业的战略决策的质量和决策承诺，改善企业的战略决策绩效，从而为企业创造价值。更进一步，董事会通过成员的知识和技能，对获取的信息进行加工，从而影响战略决策。此外，董事会成员之间的认知冲突、董事会内部的凝聚力以及冲突规范对董事会信息与战略决策绩效之间的关系产生影响。由此，我们提出企业战略治理对企业价值的作用机理图，如图1所示。

3.1　董事会信息与战略决策绩效

决策者使用的信息质量与决策绩效之间的直接关系已经得到很好的考察和验证。例如，大量的实验研究表明相关信息的可得性会显著改善决策的准确性（Porat 和 Haas，1969；Streufert，1973），但是无关的信号可能会使得相关信息的识别变得更困难，会降低决策绩效（Halpin et al.，1971；Manis et al.，1978）。似乎是"好的"信息会带来"好的"决策。已有研究表明，信息来源的使用和交流与绩效有关（O'Reilly，1977；O'Reilly 和 Roberts，1977）。大量调查表明个体偏好的信息类别不同（Borgida 和 Nisbett，1977；

```
                    ┌─────────────┐
                    │  董事会认知  │
                    └─────────────┘
                            │
                            ↓
┌─────────────┐      ┌─────────────┐      ┌─────────────┐
│  董事会信息  │─────→│ 战略决策绩效 │─────→│  企业价值    │
└─────────────┘      └─────────────┘      └─────────────┘
        │                   ↑
        ↓                   │
    ┌─────────────┐
    │  董事会知识  │
    └─────────────┘
```

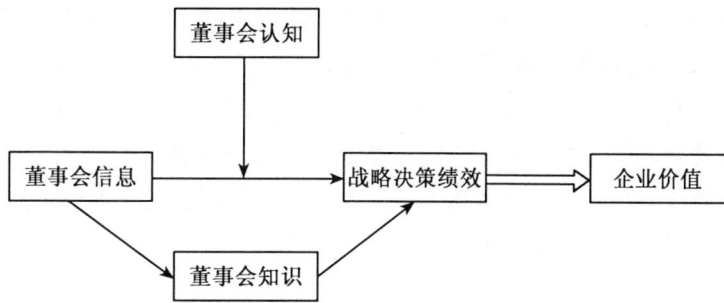

图1　企业战略治理对企业价值生成的作用机理图

Dermer，1973），在认知上处理信号的能力也不同（Slovic et al.，1977；Taylor，1975；Taylor 和 Dunnette，1974）。有研究表明，在高度不确定性的条件下，个体更偏好口头信息而非书面媒体（Randolph，1978；Randolph 和 Finch，1977；Tushman 和 Nadler，1978）。一系列任务带来的不确定性和复杂性而非单一的任务类型会影响信息来源的偏好（Gifford et al.，1979；Randolph，1978；Randolph 和 Finch，1977；Tushman，1978）。O'Reilly（1982）考察了决策者在多大程度上选择用以决策的信息来源的可得性或质量。结果发现，信息的可得性而非信息质量，与使用信息的频率更相关。信息的可得性决定着信息的使用，并且不受可能影响信息使用的因素如工作任期、教育等的影响。

　　Leifer 认为，高质量的决策需要大量的信息，信息的质量和数量需求与问题的复杂性相关。如果一个战略决策非常复杂，那么就需要大量的信息。从信息获取和传递的角度看，分享信任或信任的缺乏与管理者解决问题的效率是密切相关的。高度信任能增强决策小组成员间的合作，使得决策小组成员对交换信息充满信心，从而为整个决策带来丰富、及时和正确的信息。低水平的信任会减少决策制定过程中的信息分享，因为信任的缺乏可能导致在决策小组内部政治团体的出现，从而阻碍了信息的流通。

　　Zhang（2010）利用 2003 年和 2005 年收集的来自挪威的调查收据，分析了董事会如何通过利用他们的信息优势来提高他们的战略任务绩效。作者以信息多样性来衡量董事会拥有的信息，以公开讨论、有效的领导和积极的搜寻来测度利用多样化信息。研究发现利用多样信息和拥有多样信息之间存在差异。利用多样的信息比拥有多样的信息对董事会当前的战略任务绩效有更大的影响。然而，拥有多样的信息比利用多样的信息，更可能改善董事会当前和未来的战略任务绩效。

3.2　董事会信息、董事会知识与战略决策绩效

　　已有研究表明，知识结构的复杂性对组织进行信息认知、处理起着重要的影响，无论是在个体还是团队层面，知识结构越复杂，就意味着元素知识的分类数目多，在每一分类中包含的信息量多，架构知识中所形成的解决问题模式多，这有助于个体或团队注意到更多、更有价值的信息，更有效地对信息进行编码和恢复，获得更精确的译码，从而更迅速、更有效地解决问题（古家军等，2008）。Anand 和 Clark（2003）认为团队的知识结构对团队的知识处理能力影响显著。团队成员的教育专业背景差异越大，就越能获得多元化的信息、技能和观念，产生更多可供选择的战略方案。梁能（2000）认为如果每位董事都从不同的领域来贡献其知识，就能增强董事会的知识互补性，提高董事会的效能。因为知识的异质性有利于拓宽董事会的视野，识别出更多的机会，提升董事会解决问题的能力。随着经济与科技的发展，企业将越来越需要跨越多个知识领域的董事会来识别外部环境中的机会和威胁，帮助企业制定出科学的战略决策，从而提升企业战略决策绩效。

高管团队在财务、生产、法律、营销和技术等领域的职业经验一直被视为影响高层管理者战略决策的重要因素。团队成员的职业经验影响到他们的社会心理和认知模式，具有多种职业经验的团队可以从不同的角度分析同一个复杂的问题，从而有利于改善决策质量（Amason 和 Sapienza，1997）。Bantel 和 Jackson（1989）研究了小型银行的高管团队异质性与战略的关系，发现高管团队成员在职业背景方面异质性越强，战略决策质量就会越好。董事会是企业战略决策的重要主体，他们的职业背景结构对于决策质量也具有类似的影响。职业经历的不同使董事会成员在决策中会体现出不同的认知模式，从多个角度来分析问题，有助于提高董事会的战略决策质量。

3.3 董事会信息、董事会认知与战略决策绩效

基于西蒙 1976 年提出的有限理性，战略学者一般认可人类认知有限会影响战略决策（Steiner 和 Miner，1977）。目前，现有研究主要集中在管理者认知对战略决策的影响上。企业的战略行为受到高层管理者管理认知的影响。罗珉（2009）通过理论综述以"心理囚室"的表述，形容了管理认知对企业战略行为的影响：管理认知中的无意识假设制约了企业战略决策者"看什么、想什么和做什么"，进而决定了战略如何制定、战略如何实施。因此，管理认知的特征影响着企业战略行为的特征。也正是由于管理认知的存在，企业的战略行为表现出一种路径依赖和惯性。特别是在动态环境下，管理认知由于其难以改变的特性表现出"凝滞"的特征，制约着企业战略行为对环境变化的动态适应。

学者普遍认同管理认知在企业战略问题构建中的信息搜集、处理和应用等信息功能（Huff，1990；Walsh，1995；Gavetti 和 Levinthal，2000）。（1）管理认知反映战略决策者心目中对概念或目标重要性的认识；（2）管理认知反映战略决策者内心持有的概念或目标之间各种复杂的因果关系。概念隐含着战略决策者可能追求的目标，因果逻辑隐含着战略决策者追求目标的潜在逻辑（Huff，1982；Huff，1990；Porac 和 Thomas，1990；Reger 和 Huff，1993；Walsh，1995）。

在强调管理认知信息功能的理论逻辑下，学者倾向于分析管理认知的构成与结构特征对企业战略行为的影响（Nadkarni 和 Narayanan，2007；Nadkarni 和 Barr，2008；Eggers 和 Kaplan，2009；Marcel et al.，2010）。此类研究可以划分为两种：（1）管理认知的构成对企业战略行为的影响，以 Nadkarni 和 Barr（2008）、Eggers 和 Kaplan（2009）、Marcel 等（2010）为代表的学者关注战略决策者管理认知知识结构对哪个具体的概念较为关注、概念与概念间是什么样的关系。并由此将管理认知划分为关注焦点和因果逻辑两个维度。关注焦点即在战略决策者管理认知的知识结构中，哪个或哪类概念占据知识结构的中心位置。以关注焦点来衡量管理认知知识结构中某个概念，如果所得数值较高，就说明这个概念在战略决策者管理认知知识结构中占据较为中心的位置，战略决策者在日常运营中较为关注此类概念。（2）管理认知的结构特征对企业战略行为的影响，以 Nadkarni 和 Narayanan（2007）为代表的学者倾向于关注战略决策者管理认知知识结构的整体特征，如管理认知的知识结构是简单的还是复杂的，是集中的还是分散的。并由此用"管理认知的知识结构集中性"和"管理认知的知识结构复杂性"来衡量战略决策者管理认知的特性。他们认为管理认知的知识结构如果较为复杂，那么将会有助于企业培养战略柔性，进而推动企业进行战略变革以适应环境变化。

但是，学者逐渐认识到战略管理中管理认知的概念和认知心理学中认知的概念存在较大的区别，集中体现在管理认知以"模式"的形式存在，具有强烈的稳定性和情境依赖性（Lamberg 和 Tikkanen，2006；Gavetti，2005；周晓东，2006；罗珉，2008；尚航标，2010），在管理认知的形成过程中，企业所处的环境、战略决策者的个人信念，特别是企业绩效的持续不断反馈使管理认知具有环境嵌入性的特征。也就是说，管理认知的知识结构是根植于企业所处环境和企业成长的各个阶段环境，因此管理认知的形成和变革会受到企业所处环境的影响。由于管理认知的稳定性和情境依赖性，管理认知总是落后于环境的改

变，以嵌入过去情景的认知来解决企业现在和未来的问题(Gavetti，2005)。此外，管理认知的形成是一种社会过程(罗珉，2008)，是企业在发展过程中以反馈、刺激、沟通、内化等社会过程将企业所处的环境、战略决策者的个人信念、企业发展路径内化成企业隐喻的过程(罗珉，2009)。这是我们在研究管理认知对战略决策影响时需要注意的。

由以上分析可知，董事会信息、董事会知识与董事会认知在企业战略治理的价值生成机制中扮演着重要的角色。这对于企业经营决策实践有以下启示：(1)从决策投入的角度来看，董事会应尽可能地积极主动地搜寻企业内外部信息，减少与CEO之间的信息不对称，掌握决策所需的更高质量的信息，从而提高决策的质量。(2)从决策支持的角度来看，董事会成员应不断拓宽视野，增强知识的互补性，充分地利用信息，提升董事会的决策技能，从而提高决策的质量。(3)董事会成员之间应加强人际互动，强化成员之间的沟通交流，激发以任务为导向的辩论，分享每个成员的见解和观点，提高团队内部的凝聚力，建立良好的冲突规范，在董事会内部营造自由表达不同观点的氛围，从而有利于战略决策绩效的改进和提高。

(作者电子邮箱：yincuifang@yahoo. com. cn)

参 考 文 献

[1] 陈昀，贺远琼. 基于团队过程视角的董事会与企业绩效关系研究述评[J]. 外国经济与管理，2007，8.

[2] 龚红，宁向东. 董事会战略信息的获取：传递路径、两难困境与方式选择[J]. 湖南大学学报(社会科学版)，2008，6.

[3] 龚红. 董事会结构、战略决策参与程度与公司绩效[J]. 财经理论与实践，2004，3.

[4] 古家军，胡蓓. TMT知识结构、职业背景的异质性与企业技术创新绩效关系——基于产业集群内企业的实证研究[J]. 研究与发展管理，2008，2.

[5] 霍国庆. 企业战略信息管理的理论模型[J]. 南开管理评论，2002，1.

[6] 郎淳刚，席酉民，郭士伊. 团队内冲突对团队决策质量和满意度影响的实证研究[J]. 管理评论，2007，7.

[7] 李新春，刘莉. 家族型影响因素、战略决策质量与竞争优势关系探析[J]. 外国经济与管理，2008，1.

[8] 罗珉. 基于哲学视角的组织隐喻研究前沿探析[J]. 外国经济与管理，2009，4.

[9] 尚航标，黄培伦. 管理认知与动态环境下企业竞争优势：万和集团案例研究[J]. 南开管理评论，2010，3.

[10] 唐清泉. 如何看待公司董事会的认知资源[J]. 南开管理评论，2002，2.

[11] 汪丽，茅宁，潘小燕，经朝明. 董事会职能、决策质量和决策承诺在中国情境下的实证研究[J]. 管理世界，2006，7.

[12] 王国锋，李懋，井润田. 高管团队冲突、凝聚力与决策质量的实证研究[J]. 南开管理评论，2007，5.

[13] 徐光国，王重鸣. 群体决策知识结构的动态网络[J]. 心理科学，1997，4.

[14] 尹翠芳，崔胜朝，周建. 董事会与公司战略关系：战略治理研究的焦点[J]. 中国社会科学报，2011，4(7).

[15] 张志学，张文慧. 认知需要与战略决策过程之间的关系[J]. 心理科学，2004，2.

[16] 周建，陈晓燕. 战略治理：企业可持续竞争优势新源泉[J]. 中国社会科学报，2010，10(8).

［17］周建，金媛媛，刘小元．董事会资本研究综述［J］．外国经济与管理，2010，12.

［18］周建，方刚，刘小元．制度环境、公司治理对企业竞争优势的影响研究——基于中国上市公司的经验证据［J］．南开管理评论，2009，5.

［19］Barney, J.. Firm resources and sustained competitive advantage［J］. Journal of Management, 1991, 17(1).

［20］Barney, J. B. , Wright, Mike, Ketchen, J. r. , and David. The resource-based view of the firm: Ten years after 1991［J］. Journal of Management, 2001, 27(6).

［21］Carlsson, and Rolf, H.. Strategic governance: Creating value from the Owner-board-management relationship［J］. Ivey Business Journal, 2002, September/October.

［22］Goodstein, J. , and Boeker, W.. Turbulence at the top: A new perspective on governance structure changes and strategic change［J］. Academy of Management Journal, 1992, 34.

［23］Goodstein, J. , Gautam, K. , and Boeker, W.. The effects of board size and diversity on strategic change ［J］. Strategic Management Journal, 1994, 15.

［24］Haunschild, P. R.. Interorganizational imitations: The impact of interlocks on corporate acquisitions activity ［J］. Administrative Science Quarterly, 1993, 38.

［25］Haunschild, P. R. , and Beckman, C. M.. When do interlocks matter? Alternate sources of information and interlock influence［J］. Administrative Science Quarterly, 1998, 43.

［26］Hayward, M. , and Hambrick, D. C.. Explaining the premiums paid for large acquisitions: Evidence of CEO hubris［J］. Administrative Science Quarterly, 1997, 42.

［27］Hendry, K. , Kiel, and Geoffrey, C.. The role of the board in firm strategy: Integrating agency and organizational control perspectives［J］. Corporate Governance, 2004, 12(4).

［28］Hillman, Amy, J. , and Dalziel, T.. Boards of directors and firm performance: Integrating agency and resource dependence perspectives［J］. Academy of Management Review, 2003, 28(3).

［29］Huse, M.. Accountability and creating accountability: A framework for exploring behavioral perspectives of corporate governance［J］. British Journal of Management, 2005, 16(1).

［30］Huse, M.. Boards, Governance and value creation: The human side of corporate governance［M］. Cambridge: Cambridge University Press, 2007.

［31］Ingley, C. B. , and Vander Walt, N. T.. The strategic board: The changing role of directors in developing and maintaining corporate capability［J］. Corporate Governance, 2001, 9(3).

［32］Ingley, C. , Van, D. N.. Do board processes influence director and board performance? Statutory and performance implications［J］. Corporate Governance: An International Review, 2005, 13(5).

［33］Judge, William, Q. , Zeithaml, and Carl, P.. Institutional and strategic choice perspectives on board involvement in the strategic decision process［J］. Academy of Management Journal, 1992, 35(4).

［34］Kriger, M. P. , and Rich, P. J. J.. Strategic governance: Why and how MNCs are using boards of directors in foreign subsidiaries［J］. Columbia Journal of World Business, 1987, 22(4).

［35］Lockett, A. , and Thompson, S.. The Resource-based view and economics［J］. Journal of Management, 2001, 6.

［36］McNulty, T. , and Pettigrew, A.. Strategists on the board［J］. Organization Studies, 1990, 20.

［37］Ruigrok, W. , Peck, S. I. , and Keller, H.. Board characteristics and involvement in the strategic decision making: Evidence from Swiss companies［J］. Journal of Management Studies, 2006, 43(5).

[38]Schmidt, Sascha, L. , and Brauer, M. . Strategic governance: How to assess board effectiveness in guiding strategy execution[R]. Corporate Governance: An International Review, 2006, 14(1).

[39]Shleifer, A. , Vishny, R. . Large shareholders and corporate control[J]. Journal of Political Economy, 1986, 94(3).

[40]Stiles, P. , and Taylor, B. . The strategic role of the board[R]. Corporate Governance: An International Review, 1996, 4.

[41]Stiles, P. . The impact of the board on strategy: An empirical examination[J]. Journal of Management Studies, 2001, 38.

[42] Westphal, James, D. , Zajac, and Edward, J. . Who shall govern? CEO/board power, Demographic similarity, And new director selection[J]. Administrative Science Quarterly, 1995, 40.

[43] Zhang Pingying. Board information and strategic tasks performance [R]. Corporate Governance: An International Review, 2010, 18(5).

Research on Value Creation Mechanism of Strategic Governance
——Based on Resources Based View

Yin Cuifang[1]   Zhou Jian [2]   Jin Yuanyuan [3]   Wang Pengfei[4]

(1, 2, 3, 4 Research Center of Corporate Governance,

Business School of Nankai University   Tianjin   300071)

Abstract: The operation practice of Boardroom shows that, as the increasing external environment complexity and dynamic nature, board of directors need to provide strong support and suggestion to the strategic decision-making in addition to the supervision and control functions. Based on the resource-based view, we discussed how the strategic governance affects strategic task performance, thus affects the corporate value creation mechanism from board information, board knowledge and board cognition perspectives. The results suggest that board should actively search for internal and external information as far as possible and possess higher quality decision information. Additionally, board members should broaden their knowledge, make full use of information, and improve the decision-making skills. The interpersonal interaction between members should be also strengthen, thus improve the team cohesion. Furthermore, establishing good conflict rules is good for improving strategic task performance and corporate value creation.

Key words: Strategic governance; Board information; Board cognition; Strategic task performance

中国企业有"闲钱"就多元化吗？
兼谈第一大股东的治理作用[*]

● 贾良定[1]　周婕妤[2]　陈永霞[3]　万国光[4]　鲁倩[5]

（1，2，3，4，5 南京大学管理学院　南京　210093）

【摘　要】 中国企业真的有"闲钱"（即资源冗余）就多元化吗？第一大股东真的能够起到治理作用吗？整合企业成长理论和委托代理理论，本文探讨企业资源冗余与多元化水平之间的关系，以及第一大股东的调节作用。采用 221 家来自中国 6 个省份的制造业上市公司的三年数据，研究表明，中国企业并非有"闲钱"就多元化：如果闲钱是不可分割的、嵌入在生产过程中的资源（即可恢复冗余），那么企业会多元化扩张；如果闲钱是可分割的、可能从利益相关者那里获得的未来资源（即潜在冗余）或立即可用的现金（即可用冗余），那么企业会再投资于原有业务领域，或者至少不进行多元化扩张。第一大股东能够在公司治理中起到监督作用：对于前一种闲钱，作为第一大股东的法人股持股比例的提高会进一步促进企业多元化扩张；对于后两种闲钱，作为第一大股东的法人股及其持股比例的提高会抑制企业进行多元化扩张。

【关键词】 资源冗余　多元化　第一大股东　公司治理

1. 引言

多元化作为企业扩张的一种重要方式，20 多年来得到了中国企业经营管理者的追捧（黄山、蓝海林，2007；郭朝阳等，2008；程立，2008）。与发达国家和其他发展中国家的上市公司相比，中国上市企业的多元化水平一直处于最高的水平（Fan，Huang，Oberholzer-Gee，Smith 和 Zhao，2007）：从 2001 年至 2005 年，中国上市企业平均经营的产业数在 2.7 至 2.8 个之间，而且逐年稍有上升，印度上市企业平均经营产业数从 2.51 个逐年下降至 1.62 个，美国上市企业平均经营产业数也从 1.57 个逐年下降至 1.38 个。中国经济高速增长，似乎只要有多余的资源（即资源冗余，俗称"闲钱"），企业便多元化扩张。因此，我们要回答的第一个问题是：中国企业真的有闲钱就多元化吗？

然而，企业不仅是资源的集合，而且是一个管理框架；其资源的使用及其随时间的发展是由管理框架所决定的（Penrose，1959）。企业所拥有的资源和知识被完全充分利用仅仅是偶然的事，多余的资源和知识存在，使企业控制者在追求利润的驱使下，去发现新的服务（Penrose，1959）。因此，如果说闲钱提供企业成长的资源基础，那么企业的管理框架影响着企业闲钱的使用方向，从而影响着企业的成长方向（Penrose，1959；Amihud 和 Lev，1981；Hambrick 和 Mason，1984）。中国企业改革进程的一个重要内容

---

　　* 国家自然科学基金资助项目"多元化动机、战略与绩效的关系：中国企业的实证研究"（项目标准号：70572049）；南京大学商学院科研基金资助。作者感谢南京大学管理学院午餐会和青年学者论坛参会师生的有益建议。

是：从"行政型治理"转变为"经济型治理"；其管理框架中的治理主体从改革开放以前及初期的"政府"，演进到目前的"股东为主的利益相关者"（李维安，2009）。显然，股东，尤其是第一大股东在治理框架中的作用日益凸显。应该说，企业资源冗余的使用方向最能反映治理框架中不同利益主体的作用。因此，我们的第二个问题是：第一大股东真的能够起到治理作用吗？

引起我们思考的不仅源于上述两个重要的实践现象，而且启发于理论发展中的一些不足。第一，Penrose(1959)把企业既看做管理单位，又看做资源的集合；企业成长源于企业所拥有的资源及其判断"生产性机会"的管理能力。在 Penrose(1959)的分析框架下，与专业化成长相对应，多元化（包括并购和一体化）是企业成长的另一方式。然而，鲜有研究把资源和管理框架整合在一起，而是把两者分开沿着独立路径去探究企业成长。如 Teece(1982)的多元化理论（他自称为"多产品企业"）仅建立在 Penrose 的"企业是资源集合"视角上；资源基础观着重从企业拥有的资源特征来探讨企业成长、战略及其持续竞争优势的基础（Wernerfelt，1984；Barney，1991；Peteraf，1993）；另外，委托代理理论则把企业看做"契约的纽带"（Jensen 和 Meckling，1976；Fama，1980），从管理框架中的治理结构来探讨企业成长和战略（Amihud 和 Lev，1981；Shleifer 和 Vishny，1986；Denis，Denis 和 Sarin，1997；Brickley，Lease 和 Smith，1988；Ramaswamy，Li 和 Veliyath，2002）；高阶理论则认为，企业高层管理团队的认知和心理特征（实证中大量用人口统计指标来表征认知和心理特征）是一过滤器，由此高层团队选择性地感知企业内部资源条件和外部环境，制定企业战略，从而影响企业绩效（Hambrick 和 Mason，1984；详见 Carpenter，Geletkanycz 和 Sanders，2004 的综述）。因此，本文试图在 Penrose(1959)的框架下，整合性地检验冗余资源和治理结构对企业成长方式之一的多元化战略的影响。理论模型请见图 1：主效应把企业看做资源集合，调节效应把企业看做管理单位。

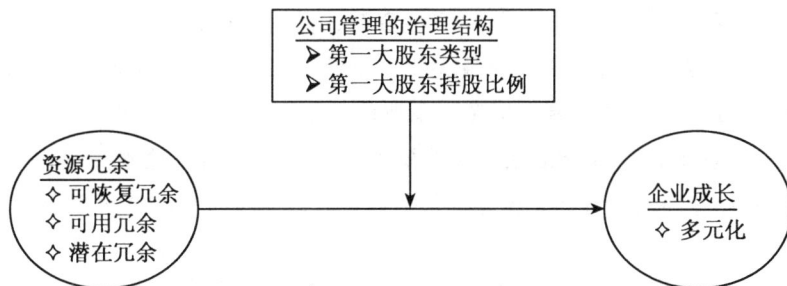

图 1　资源冗余与企业多元化：第一大股东的治理作用

第二，自从 March 和 Simon (1958)把"冗余"引入管理学研究中以来，学者们研究资源冗余的多方面作用：它起到调整绩效的作用(March，1979)；可以成为技术缓冲器(Cheng 和 Kesner，1997)；可以作为吸引和留住组织成员的诱因机制(Barnard，1938；Cyert 和 March，1992)；可以成为解决冲突的资源(Bourgeois，1981；Bourgeois 和 Singh，1983)；或者可以促进企业的战略行为(Thompson，1967；Bourgeois，1981)。在 Penrose 的企业成长理论中，一方面，在发现生产性机会，产生生产性服务的过程中，企业不断地产生新的生产性资源；另一方面，企业生产性资源被充分利用仅仅偶然的事。在利益趋使下（追求利润最大化是 Penrose 的基本假设），为了充分利用资源冗余（在 Penrose 的语言中叫"过剩资源(excess resources)"），企业寻求新的机会，从而不断成长（包括多元化发展）。Teece(1982)认为，成长与多元化是两个不同的概念，因此，在 Penrose(1959)的基础上，他运用三个概念——过剩资源、市场缺陷和组织知识——发展自己的多元化理论。他认为，过剩资源是企业多元化的基础，其到底是用于——(1)继续投资本业务，或(2)通过合约来交易由该资源产生的生产性服务，或(3)作为红利返还给股东，或(4)多元化发展——这取决于市场状况,以及资源和知识的特性。然而,关于资源冗余的实证研究均集中于冗余与绩效的关系(如 Singh,1986;Bromiley,1991;Miller 和 Leiblein,1996;Cheng 和 Kesner,1997;Tan 和 Peng,2003;蒋春燕和赵曙明,2004),以及冗余与创新的关系(如 Nohria 和 Gulati,1996;Geiger 和 Cashen,2002),鲜有文献探讨资源冗余与企业多元化之间的关系。因此,本文试图在 Penrose(1959),尤其是 Teece(1982)的多元化理论指导下,探究资源冗余与企业多元化的关系。

第三,委托代理理论认为,股东倾向于企业专业化经营,而管理者倾向于多元化尤其是无关多元化经营(Amihud 和 Lev,1981;Denis et al.,1997)。其原因是,股东可以通过资本市场将资产进行多样化组合投资,而不需要企业多元化经营;而管理者在一段时间内只能效力于某一企业,不能通过经理市场对自己的人力资本进行多样化组合投资,所以其尽可能把自己所效力的企业进行多元化经营,以达到人力资本多样化组合投资的效果。应当指出,这个推论的基本假设是:股东可以在资本市场进行多样化组合投资。事实上,除现金外,企业诸多类型的资源冗余,如费用、过剩的生产能力和管理能力、存货和应收账款等,都发生于并嵌入于企业生产经营过程之中,是不可分割的(Teece,1982;Bourgeois 和 Singh,1983)。即使股东有能力控制这些资源冗余,其也不可能在资本市场上对它们进行组合投资。因此,本文试图拓扑委托代理理论的基本假设,探究第一大股东在不同类型的资源冗余与多元化关系中的调节作用。

2. 理论与假设

2.1 企业多元化理论

最早以资源为工具对多元化进行解释的是 Penrose (1959)。她认为,一方面,在发现生产性机会,产生生产性服务的过程中,企业不断地产生新的生产性资源;另一方面,企业生产性资源被充分利用仅仅偶然的事,所以产生出过剩资源。为追求利润最大化,企业不断寻求新的生产性机会以充分利用过剩资源;多元化便是企业为了充分利用这些剩余资源而采取的扩张行动之一。虽然 Penrose 也重视外部机会和市场"需求"对企业成长的影响,但她非常强调过剩资源所能产生的生产性服务决定了企业成长的选择。她认为,"无论是回答何种外部机会对某一企业扩张是重要的这一问题,还是回答企业对既有的外部机会作出何种反应这一问题,我们都必须考察企业内部的生产性服务(引用者注:生产性服务指"企业资源所能提供的"(1959)。很显然,未使用的生产性服务是决定企业扩张方向的力量"(1959)。在 Penrose 强调企业"未使用的生产性服务"(即过剩资源所提供的(Teece,1982:))的基础上,Teece(1982)更加强调外部市场和需求状况,以及交易成本,从而建立多元化理论。Montgomery 和 Wernerfelt(1988)也认为,多元化使具有多种用途的关键性资源出现超额剩余能力,且与市场机会集合相匹配的结果。

Teece (1982)认为,过剩资源是企业生产经营过程中产生的,他称为"Penrose 效应"。过剩资源为企业多元化提供了基础。他所构建的企业多元化理论指出:当企业拥有过剩资源时,如果市场需求充足,那么对企业而言最好的选择是把过剩资源继续投资在原有业务上。如果市场需求不足或有限,那么企业有三种选择:一是通过合约把由该过剩资源产生的生产性服务交易给其他企业;二是进行多元化;三是如果过剩资源是现金,那么可以通过股利形式把它返还给股东。除了市场需求的影响外,由资源特性所决定的市场交易成本也影响过剩资源利用方式的选择。当市场交易成本较高时,通过市场把剩余资源销售出去是不可取的;当过剩资源是不可分割的专有资源时,上述第一种和第三种选择同样也是不可取的,特别是企业组织在学习过程中所形成的具有隐性特征的知识诀窍、人力资本,以及嵌入于生产过程中存货、应收账款和费用等资源,在此情形下,企业会进行多元化。

2.2 资源冗余与多元化

上文所谈的过剩资源与资源冗余相似，前者包含于后者。当资源冗余超过企业所必需的水平时，其就是过剩资源；如果企业所必需冗余为零的话，那么所有冗余都是过剩资源。如果相同地区相同产业的企业在同年份所必需的冗余为常数的话，那么本文所作的关系讨论的结论对于过剩资源和资源冗余而言是一致的。

资源冗余是企业中实际的或潜在的闲置资源（Bourgeois，1981；Teece，1982）。Bourgeois 和 Singh（1983）将资源冗余分成了三种类型：可恢复冗余（recoverable slack）、可用冗余（available slack）以及潜在冗余（potential slack）。可恢复冗余是已经被吸收到生产系统中、运行成本较高的、但可以通过组织的重新设计恢复到正常成本的资源，一般作为多余的成本或费用形式出现；可用冗余是指没有被投入组织生产系统或专用支出的资源，如多余的流动资产；潜在冗余是指利用企业的声誉或信用等可以从利益相关者那里产生的未来资源，如可能增加的额外债务。可用冗余可以立即为企业所使用，而可恢复冗余和潜在冗余不能立即、需要一定时间才能为企业所使用。

对于可恢复冗余而言，无论是赊销所形成的应收账款，由"三角债"引发的存货，超过市场需求的产品库存，还是过高的销售费用或管理费用，这些都是已经被吸收到企业生产系统中的资源，对于企业来说是不可分割的专有资源，其市场交易成本是非常高的。对于这类资源冗余，企业内交易该代替市场交换（Teece，1982）。同时，可恢复冗余的产生，如应收账款和产品库存，很大程度上反映了企业原有业务市场需求有限、不足或趋于饱和，在这种情况下与继续投资原有业务相比，向其他业务进行多元化扩张是更好的选择。而企业投入的过多的管理费用和销售费用等，其产生的是更多的管理诀窍、更高的品牌知名度、顾客忠诚度等，它们具有人力资本或组织知识的隐性特征，很难通过外部市场进行转移（Teece，1982），企业内部使用这些资源是更优的选择。由此，我们提出假设：

假设 1a：企业可恢复冗余与多元化程度正相关。

可用冗余尚未被吸入到组织生产系统中，以货币形式存在，企业可以立即使用。对于企业来说这是可分割的资源（Bourgeois，1981；Teece，1982；Bourgeois 和 Singh，1983）。如果可用冗余较多，即企业具有较多的流动性很强的货币资本，则这说明企业产品在市场上销售良好，能够很快地被消费者所接受，从而产生利润；这说明企业原有的业务经营得较好、市场需求充足，有继续发展的空间。在这种情况下，相对于多元化，对企业而言更好的选择是继续投资原有的业务，即进行专业化经营；在对原有业务进行足够的再投资之外，企业还可以把这些可分割的资源分割出来在资本市场上进行证券投资组合从而追求资金回报。如果还有过剩的可用冗余，市场又不存在良好的投资机会，则企业还可能以红利形式返还给股东（Teece，1982）。这些行为都导致企业专业化水平提高，而多元化水平降低。如果可用冗余较少，则这在很大程度上说明企业原有业务的市场需求不足、市场容量有限或已到达饱和状态；此时，企业要发展就只有去开拓新的业务，即进行多元化经营。由此我们提出假设：

假设 1b：企业可用冗余与多元化程度负相关。

潜在冗余是尚未被吸入组织生产系统中的、反映企业能够从利益相关者那里获得的资源（Bourgeois，1981；Bourgeois 和 Singh，1983）。如果企业潜在冗余较多，则反映企业具有良好的举债能力，即企业资本金和/或留存利润充足。如果企业资本金和/或留存利润充足，则企业原有业务的市场需求充足、业务利润良好的可能性就较大；因而，在这种情况下，相对于多元化发展，企业更倾向于继续投资原有业务领域，从而提高专业化经营程度（Teece，1982）。反之，如果企业潜在冗余较少，即表现为企业资本金和/或留存利润较低，企业举债能力较弱，则企业原有业务的市场需求不足、业务经营不善的可能性就较大；因此，企业倾向于发展新业务，开展多元化经营。由此我们提出假设：

假设 1c：企业潜在冗余与多元化程度负相关。

2.3 第一大股东类型的调节作用

在委托代理理论的学者看来，资源冗余仅仅是对作为代理人的管理者有好处。因为管理者有追求工作的稳定性、金钱、权力、声望等目标，与作为委托人的所有者的目标并不总是一致（Jensen 和 Meckling，1976；Fama，1980；Amihud 和 Lev，1981；Denis et al.，1997）。在这种不一致的情况下，管理者就有可能利用资源冗余来进行过度的分散投资和多元化以及各种各样的"面子"工程（Tan 和 Peng，2003）。委托代理理论的学者认为，由管理者控制的企业将更倾向于进行多元化。其一，管理者从唯一的渠道获得他们的财富和收益，而且对其所处的企业投入了大量的人力资本，他们希望通过使企业进入多种行业来降低收益的波动性从而分散他们的职业风险（Amihud 和 Lev，1981）。这些多元化的行为可能损害股东价值（Berger 和 Ofek，1995）。其二，管理者的报酬在很大程度上和企业规模而不是企业绩效联系在一起（Jensen 和 Murphy，1990），而多元化是一种扩大企业规模的非常有效的方式。多元化也使管理者不再依赖于组织（Shleifer 和 Vishny，1986），并且增加了管理者的权力和声望（Jensen，1986）。因此，管理者有很大的动机去实施多元化战略即使该战略对股东可能不利。

因此，在两权分离的情况下，通过安排治理机制来保证契约的有效性是必要的。股权结构是公司治理的一种重要安排，股东通过对管理者的监督和控制，能最大限度地减少损害股东利益的管理行为的发生（Jensen 和 Meckling，1976；程立，2008）。传统的委托代理理论把股东（即所有者）假设为同质的。但是，近 20 年的研究认为，所有者并非同质的；不同类型的所有者，以及股份持有份额不同的所有者具有不同的目标取向（Brickley et al.，1988；Ramaswamy et al.，2002）。根据所有者与管理者间的关系，Brickley 等（1988）将所有者类型分成三种：压力敏感型、压力抵制型和压力不确定型。压力敏感型所有者易被管理者施加的影响所左右；压力抵制型所有者是纯粹的投资者，拥有清晰的盈利和增长目标并且不被管理者左右；压力不确定型所有者与管理者的关系没有一个清晰的界定，某些情况下表现很被动而另一些情况下却略有积极的作用。

第一大股东的类型是股权结构中非常重要的构成，不同类型的股东对管理者的监控能力是不一样的。根据第一大股东对管理者战略决策的不同影响力，本文把第一大股东类型分为法人股和非法人股。法人股的产权主体多为盈利性企业或机构，其进行股权投资是为了获得各种形式的投资收益及其他兼并协同效应。还有一部分法人股为上市公司发起人所持有，这些发起人或是上市公司的奠基人，或是被上市公司创始人所控股。这些法人股具有清晰的盈利目标，属于压力抵制型所有者，它们对于监控机会主义管理行为很警觉（Ramaswamy et al.，2002）。非法人股主要包括国有股和流通股。其中，国有股虽然较集中，但其委托人是分散的选民，很难去监督公司管理层；并且在发展中国家，政府更多关注的是社会福利目标，而对利润的追求相对较弱，对自己在所投资的企业中的监控角色不够警觉，它与企业管理者的关系很难轻易界定，可以被看做压力不确定型所有者（Ramaswamy et al.，2002）。流通股属于压力敏感型所有者，因为绝大多数流通股股东所持有的股份很有限而很容易被管理者所左右。因此，包括国有股和流通股在内的非法人股对管理者的控制力较弱，对管理者的决策行为的影响非常有限；而法人股对管理者的监督比较有力，能在很大程度上影响管理者的决策。

对于可恢复冗余而言，可恢复冗余越多，则企业运行成本越高、流动资金被占用过多、企业财务风险增加，严重的甚至会导致企业破产。由于可恢复冗余是不可分割的资源，股东无法将其放到资本市场上进行其他投资，在此情况下，股东只得将其在企业内部进行投资。如上文所分析的，在可恢复冗余的情况下，多元化经营是比投资于原有业务更好的选择，因为继续投资原有业务进行专业化经营势必会由于市场需求不足、容量有限或市场饱和而产生更多的应收账款和存货；并且企业专有的知识和人力资本在企业各业务之间的转移和应用能够产生重要的范围经济性(Teece, 1982)。所以此时股东与管理者的利益是一致的，倾向于多元化经营，希望企业通过多元化经营将可恢复冗余转变为流动资金，维持企业的生存和发展。因为通过多元化战略的实施，企业得以将那些表现为过高的运行成本的可恢复冗余"恢复"出来，使其从多余的成本变为能够盈利的资源。由于此时股东和管理者的目标是一致的，因此无论是压力抵制型的法人股所有者还是压力敏感或不定型的非法人股所有者，其与管理者之间的关系并无差异。由此，我们提出假设：

假设2a：第一大股东无论是法人股还是非法人股，均可恢复冗余与多元化的关系均正相关，且在两种情况下，其正相关关系无显著差异。

可用冗余表现为直接可用的、闲置的货币资源，更易于被企业管理者识别和加以利用。根据代理理论，管理者将主动进行多元化以最大化自己的利益。而对于股东来说，由于可用冗余是可分割的资源，在对原有业务进行足够的再投资之外，股东可以将其在资本市场上进行证券投资组合从而追求资金回报。这时，管理者与股东利益出现了分歧。股东更希望企业降低多元化经营的程度，尽可能进行专业化经营，至多是相关多元化，因为在代理理论看来多元化特别是无关多元化毕竟主要是管理者用来追求自身利益的，是与股东利益相悖的。因此，作为第一大股东，压力抵制型的法人股会积极行使自己的权利对管理者进行控制，使得管理者自由决策和自由处置的程度受到制约，从而限制或减弱管理层进行多元化的努力，降低企业多元化的程度；而当第一大股东为非法人股时，由于其对管理层进行监督和控制的动机和能力弱，实际上还是管理者控制企业决策，管理者进行多元化的努力几乎不会受到限制。由此，我们提出假设：

假设2b：第一大股东类型对可用冗余与多元化的关系起调节作用：与非法人股相比，在第一大股东为法人股的情况下，可用冗余与多元化的负相关关系更强。

潜在冗余表现为潜在的、能够从利益相关者那里获得的债务资源。虽然这种资源不如可用冗余那样直接可用，也并非像可恢复冗余那样嵌入在企业生产经营过程之中，但是，其一，与可用冗余相似，它具有可分割性，一旦企业使用这种举债能力，其表现为货币资源；其二，与可用冗余和可恢复冗余不同的是，其没有闲置成本。企业可以使用这种举债能力也可以不使用这种举债能力；从某种意义上来说，由于没有闲置成本，企业对其具有更高的自由处置权。是否使用这种举债能力，以及如何使用举债所获得的货币资源，所有者和管理者均会发生分歧。对于管理者，企业破产风险最终由所有者承担，而经营收益两者享有(Jensen 和 Meckling, 1976)。在这种情况下，管理者更倾向于行使这种举债能力。此时，第一大股东为法人股或非法人股，其对管理者行为的影响就大相径庭。作为压力抵制型的法人股，其更多地独立表达自己的意见，而使企业更少使用这种举债能力。另外，如何使用这些举债而来的货币资源，除了债权人的限制之外，管理者更加倾向于投资其他业务，而所有者更倾向于投资原有业务。一方面，如果原有业务需求不足或经营不善，则企业可能就没有充足的资本金或留存利润，从而举债能力就可能弱；另一方面，如果原有业务需求充足或经营业务良好，企业为了扩大再生产而举债，或者利用良好的举债能力获得资金兼并原业务行业的其他企业，则可以获取更大的发展。这些都导致企业专业化程度提高，而不太可能导致多元化程度提高。与压力敏感型或压力不确定型的所有者相比，当第一大股东为法人股时，其不仅更保守地使用这种举债能力，而且对于举债获得的资源更倾向于投资原有业务领域。由此，我们提出假设：

假设2c：当第一大股东类型对潜在冗余与多元化的关系起调节作用：与非法人股相比，在第一大股东为法人股的情况下，潜在冗余与多元化的负相关关系更强。

2.4 第一大股东持股比例的调节作用

从所有者受管理者影响的程度，我们分析了第一大股东类型对冗余与多元化关系的调节作用(Brickley

et al. ，1988；Ramaswamy et al. ，2002）。与此逻辑不同的是，第一大股东持股比例反映的是其对管理层的监督动机和监督权力（Jensen 和 Meckling，1976；Shleifer 和 Vishny，1986）。当监督带来的收益大于监督所花费的成本时，第一大股东有着强烈的动机去行使监督权。第一大股东这种监督动机随着其持股比例的增加而增大；并且第一大股东的监督权力也随着其持股比例的增加而增大。第一大股东持股比例很低时，公司股权高度分散，管理者有足够的自由决定权来按照自己的利益制定企业战略决策。因为公司股权高度分散条件下对管理者监督成本的不可分性和监督收益的可分性使股东总想"搭便车"（Berle 和 Means，1932）。只有当第一大股东持股比例的上升使其监督投入逐渐变得有利可图时，才能在一定程度上纠正和影响管理者的决策行为，阻止管理层对股东利益的损害。Shleifer 和 Vishney（1986）也认为股权的集中会减少管理者的机会主义倾向，因为随着大股东持股比例的增加，其经济利益、投票权和影响力也增大，使大股东更有能力控制管理层的机会主义行为。当第一大股东为法人股时，若其持股比例高，则企业决策实际上是处在较强的所有者控制中；若其持股比例低，则企业决策实际上是处在较弱的所有者控制下（Amihud 和 Lev，1981；Denis et al. ，1997）。

在可恢复冗余的情况下，如上文所分析的，符合股东利益最大化的选择是进行多元化，管理者和股东的目标此时是一致的。当第一大股东为法人股时，随着其持股比例的增加，他们会更积极地把这一利益诉求传递给管理者，更大程度上控制管理者的决策，从而使得企业的多元化程度进一步加深。由此我们假设：

假设 3a：当第一大股东为法人股时，其持股比例对可恢复冗余与多元化的关系起调节作用：持股比例越大，可恢复冗余与多元化的正相关关系越强。

在可用冗余的情况下，管理者与股东的目标不一致：管理者倾向于更加多元化，而股东倾向于更加专业化经营。作为第一大股东的法人股会运用自己的控制权力来减弱管理者进行多元化的努力。当第一大股东为法人股时，随着其持股比例的增加，其监管优势得以进一步显现，对管理者的监管权力也进一步增强，从而能更大力度地抑制管理者多元化投资的倾向。由此，我们假设：

假设 3b：当第一大股东为法人股时，其持股比例对可用冗余与多元化的关系起调节作用：持股比例越大，可用冗余与多元化的负相关关系更强。

在潜在冗余的情况下，管理者与股东的目标也不一致：管理者倾向举债并进行多元化投资，而股东对举债持保守态度，即使举债也倾向于投资原有业务领域。相比于非法人股而言，作为法人股的第一大股东会运用自己的控制权力来减弱管理者进行多元化的努力。当第一大股东为法人股时，随着其持股比例的增加，其监督动机和监督权力都不断增强，因此其更有可能控制管理者多元化投资的倾向。由此，我们假设：

假设 3c：当第一大股东为法人股时，其持股比例对潜在冗余与多元化的关系起调节作用：持股比例越大，潜在冗余与多元化的负相关关系更强。

3. 研究方法

3.1 样本

为了克服产业差异对结果的影响，本文把样本范围限制在从事制造业的中国上市公司。同时，根据生产要素和制度要素的发展水平，我们选取了6个典型省份所有的制造业公司：江苏和山东为生产要素和制度要素均相对丰裕的地区；山西和云南为制度要素相对丰裕而生产要素相对缺乏的地区；湖北为制度要素相对匮乏而生产要素相对丰裕的地区；安徽为两者均相对匮乏的地区（肖红叶，2004）。本文使用的是混合数据（pool data），2002 年、2003 年、2004 年的自变量分别对应 2004 年、2005 年、2006 年的因变量。最终用于数据分析的企业的年样本点为 662 个。本研究的数据来源于 Wind、CCER 数据库和上市公司年报。

3.2 变量测量

3.2.1 资源冗余

根据 Bourgeois 和 Singh(1983)的方法,我们把资源冗余分成可恢复冗余(RS)、可用冗余(AS)和潜在冗余(PS)。可恢复冗余由应收账款/销售收入、存货/销售收入、(销售费用+管理费用+一般费用)/销售收入这三个指标分别标准化后再平均得到;可用冗余由(净利润−分红)/销售收入、(现金和有价证券−流动负债)/销售收入这两个指标分别标准化后再平均得到;潜在冗余指标为所有者权益/总负债。所有资源冗余指标取用样本 2002—2004 年的数据。

3.2.2 第一大股东类型和持股比例

样本的第一大股东持股比例由 CCER 数据库得到,时间为 2002—2004 年。第一大股东是否为法人股也由 CCER 数据库给出的第一大股东名称判断得出。在 662 个总体样本点中,未缺失任何数据的样本点为 535 个,其中,第一大股东为法人股的为 469 个,第一大股东为非法人股的为 66 个。

3.2.3 多元化

目前,关于多元化的测量方法主要有两类:一种是基于"标准行业分类(SIC)"编码的连续测量方法,连续测量方法中最常见的是熵指法和赫芬达尔指数法;另一种是战略分类测量法。样本的多元化数据所处的时间分别为 2004 年、2005 年、2006 年。

3.2.3.1 Rumelt 战略分类法

根据 Rumelt(1974)、Palepu(1985)、Hall 和 John(1994)的方法,三位研究人员同步独立地计算出每个样本的专业化率(SR)、垂直化率(VR)和相关化率(RR),完成后再由另一位研究人员对结果进行汇总。其中,三人结果一致率达 70% 以上,两人结果一致性达 90% 以上。四人讨论达成一致意见的结果。三位研究人员同步独立地把公司归为五类:单一业务型、主导业务型、限制相关型、关联相关型和无关业务型。完成后由另一位研究人员进行数据汇总,其中,三人一致率达 90% 以上。四人讨论后达到一致的 R5 归类。

3.2.3.2 基于 SIC 的连续测量方法

熵指数法和赫芬达尔指数法源于产业组织理论。它们主要基于 SIC 编码,根据企业各业务单元的行业分布来测定多元化。Jacquemin 和 Berry(1979)提出了熵指数法,并把企业总体多元化分解为无关和相关多元化程度。计算公式为 $EDI = \sum_{i=1}^{n} p_i \lg(1/p_i)$。其中,$p_i$ 表示某个 2 位数或 4 位数行业的业务在企业内的销售份额,n 表示企业的 2 位数或 4 位数行业数。当 p_i 和 n 表示属于 4 位数行业的业务指标时,熵指数计算的是 DT;当 p_i 和 n 表示属于 2 位数行业的业务指标时,熵指数计算的是 DU。相关多元化程度(DR)等于 DT 与 DU 之差。

Berry(1971)和 Montgomery(1982)提出测量多元化的赫芬达尔指数法。计算公式为 $EDI = 1 - \sum p_i^2$。其中,p_i 表示某个 2 位数、3 位数或 4 位数 SIC 行业内业务的在企业内的销售份额或资产份额,n 表示企业的 2 位数、3 位数或 4 位数 SIC 行业数目。类似于熵指数法的 DU 和 DR,Acar and Sankaran(1999)也计算出 HU(无关多元化程度)和 HR(相关多元化程度),并且 HU+HR=HT(总体多元化程度)。

同 Rumelt 分类的编码过程一样,首先,三位研究人员独立同步地完成每家公司的 3 位数、2 位数产业分类及其销售份额计算。完成后由另一位研究者汇总,三人一致率达 70% 以上,两人一致率在 90% 以上,对于归类和份额计算不一致的公司经过讨论和研究最终达成一致意见。然后,分别计算每家公司的 DT、DU、DR,以及两位数产业的 H 指数和三位数产业的 H 指数。

3.2.3.3 基于技能的熵指数的测量方法

SIC 编码体系反映了各个行业在原材料和产品—市场关联等方面的物质相关性，但是无法反映业务间的技能相关性。为了有效反映企业内部各业务之间的相关性，必须综合物质相关性和技能相关性。按照技能为基础的测量法的原理，每一个产业都以其所需的潜在专业技能为特征，而这种专业技能又由产业所需要的人力技能的类型和程度进行定义。职位特征正好代表了产业所需要的人力技能的类型和程度，所以，本文仿照 Farjoun（1998）的方法，在原有 SIC 分类的基础上，根据每个行业的人力技能需求和职位特征将原来的 SIC 三位数行业进行重新分组。并根据上面连续测量方法，重新计算各样本的熵指数和赫芬达尔指数。分析基于 2000 年"第五次全国人口普查"长表中"R19"（行业）和"R20"（职业）数据（详细分析过程见贾良定、鲁倩、万国光、周婕好，2009）。

3.2.3.4 构造多元化测量的潜构念

本研究先将基于 SIC 的熵指数指标、基于技能的熵指标和基于 SIC 的 H 指数指标进行聚类分析，构造出三个类似于 Rumelt 分类的指标。按照 Baysinger 和 Hoskisson（1989）、Hall 和 John（1994）的方法，本文分别用基于 SIC 的 DR 和 DU、基于技能的 DR 和 DU，以及 HR 和 HU 通过聚类分析得到与 Rumelt 分类法类似的五个类别：单一业务型、主导业务型、限制相关型、关联相关型和无关业务型。表 1 给出聚类及其与 Rumelt 分类对应的结果，并给出各类别的 SR 均值。由表 1 可知，分类结果的专业化率指标，除单一业务型均低于 Rumelt 分类所要求的 0.95 以外，其他类别的专业化率指标与 Rumelt 分类法的要求较一致，并且从单一业务型到无关业务型，SR 单调下降。这也说明，随着战略类型从单一型到无关型转变，企业的多元化程度在不断提高。

表 1 企业多元化测量熵指数指标的聚类分析得到的类似于 Rumelt 的战略分类

战略分类	基于 SIC 熵指数的聚类分析[a]				基于技能熵指数的聚类分析[b]				基于 SIC 的 H 指数的聚类分析[c]			
	N	专业化率	相关多元化熵指数	无关多元化熵指数	N	专业化率	相关多元化熵指数	无关多元化熵指数	N	专业化率	相关多元化 H 指数	无关多元化 H 指数
1. 单一业务型	211	0.86 (0.19)	0.01 (0.04)	0.03 (0.06)	231	0.86 (0.18)	0.01 (0.04)	0.05 (0.09)	191	0.86 (0.19)	0.02 (0.08)	0.02 (0.03)
2. 主导业务型	82	0.77 (0.19)	0.20 (0.28)	0.26 (0.15)	118	0.71 (0.17)	0.08 (0.16)	0.53 (0.16)	78	0.79 (0.15)	0.02 (0.06)	0.23 (0.07)
3. 限制相关型	65	0.63 (0.19)	0.66 (0.23)	0.14 (0.16)	98	0.63 (0.20)	0.64 (0.25)	0.10 (0.13)	82	0.62 (0.20)	0.33 (0.17)	0.07 (0.08)
4. 关联相关型	171	0.65 (0.15)	0.08 (0.14)	0.63 (0.14)	103	0.60 (0.17)	0.12 (0.19)	0.67 (0.14)	127	0.60 (0.13)	0.05 (0.10)	0.45 (0.05)
5. 无关业务型	73	0.45 (0.17)	0.05 (0.11)	1.11 (0.24)	52	0.45 (0.16)	0.05 (0.09)	1.13 (0.22)	57	0.41 (0.12)	0.01 (0.05)	0.65 (0.08)
总体	602	0.71 (0.22)	0.13 (0.25)	0.37 (0.39)	602	0.71 (0.22)	0.15 (0.27)	0.35 (0.37)	535	0.70 (0.22)	0.07 (0.15)	0.23 (0.23)

注：表中数字为聚类后的组均值，括号内数字是标准差。

（a）根据 Palepu（1985）的方法计算；（b）根据 Farjoun（1998）的方法，利用职业分布特征对 SIC 的 3 位数产业重新聚类，再根据 Palepu（1985）的方法计算；（c）根据 Montgomery（1982）的方法计算出 Herfindahl 指数；根据 Acar 和 Sankaran（1999），HU 是指 2 位数产业的 Herfindahl 值，HR＝HT-HU。在本研究 HT 是指 3 位数产业的 Herfindahl 值。

在最后模型估计中，我们把 Rumelt 的五分类与这三个通过聚类分析得到的五分类作为四个显变量，来共同反映企业多元化这一潜构念。为什么要采取这种方法，原因有三（贾良定等，2009）：首先，多元化本身是一个复合的概念，既反映了产业间的关联性，又反映各业务间的战略相关性，因此需要从多方面来刻画它。其次，熵指数和赫芬达尔指数本身也是由两个指数来共同刻画多元化水平。如熵指数用 DU 和 DR 共同表达企业多元化的程度以及产品类别间的相关性程度。最后，由于我国《上市公司行业分类指引》中用来表示产业分类的产业 4 位数实际上是《国民经济行业分类》的产业 3 位数，所以公司报告的为《国民经济行业分类》的 3 位数产业数据，因此根据我国上市公司数据来计算多元化熵指数时可能会导致 DT 值系统性地变小，从而可能导致很多企业的 DR 很小甚至为零。因此，为了保证多元化战略概念反映的完整性和减少数据某些系统性缺陷的影响，本研究用四种测量多元化的指标构成一个多元化潜变量，进行最后的模型估计与分析。

3.2.4 控制变量

Boyd，Gove 和 Hitt（2005）的研究表明，企业规模、企业绩效、企业年龄等对企业的多元化程度有影响。同时，企业所处的行业、省份和年份也会影响企业多元化的程度。另外，控制变量的选择也考虑到企业所必需的冗余水平。我们假设，相同行业、年份、地区，以及相似规模、年龄和绩效的企业所必需的冗余水平相同。按定义，超过所必需水平的冗余即为过剩资源。如果控制住所必需的冗余，那么资源冗余与多元化的关系和过剩资源与多元化的关系完全相同。

（1）公司规模。为了使规模反映的数值比较准确，本文用样本 2002—2004 年资产总额、销售额和雇员数共同反映。

（2）企业年龄。企业历史越久，企业积累的经营管理经验和内部资源越多，企业越可能进行多元化扩张，因此在多元化研究中要控制企业经营的时间。

（3）企业绩效。有关多元化战略的实证研究发现，不仅多元化战略会影响企业绩效，企业前一期绩效也会影响企业多元化战略选择（Park，2003），原因之一就是企业经营绩效好坏会影响企业后期的投资能力和风险规避倾向。本研究采用的是净资产收益率（ROE）。

（4）所在年份。控制的年份分别为 2002 年、2003 年、2004 年。

（5）所在行业。我们利用 2000 年第五次全国人口普查江苏省数据，对 29 个 2 位数 SIC 制造业行业中 64 个职业的分布进行聚类，得到四类行业分类（Farjoun，1998；贾良定等，2009）。行业 1 包括食品加工业、食品制造业、饮料制造业、纺织业、造纸及纸制品业、印刷业、化学原料及化学制品制造业、化学纤维制造业、塑料制品业和非金属矿物制品业；行业 2 包括石油加工及炼焦业、黑色金属冶炼及压延加工业、有色金属冶炼及压延加工业、金属制品业、普通机械制造业、专用设备制造业、交通运输设备制造业、电气机械及器材制造业、电子及通信设备制造业等；行业 3 包括服装及其他纤维制品制造业、皮革、毛皮、羽绒及其制品业和其他制造业；行业 4 为医药制造业。

（6）所在省份。样本所属的省份分别为安徽、江苏、山东、山西、云南、湖北。

3.3 分析方法

结构方程模型可以把测量模型和路径模型同时估计，非常适合本文对多元化构造的研究设计。另外，当变量不满足标准正态分布时，稳健性标准误差的最大似然估计法（MLR）比最大似然估计法（ML）具有更稳健的系数和误差估计。因此，本文采用 MLR 估计法的结构方程模型分析方法，使用 Muthén 和 Muthén 的 Mplus5.0 软件。

4. 分析结果

4.1 描述性统计分析

资源冗余、多元化和第一大股东类型及持股比例等变量之间的相关系数矩阵（见表2）共分为两部分，其中，对角线的下半部分为总体样本（$N=535$）各变量的相关系数，上半部分为第一大股东为法人股的子样本（$N=469$）的相关系数。对于两个样本来说，四种测量企业多元化的指标显著相关（介于0.56和0.90之间），这就为之后的四类指标共同形成一个潜变量提供了依据。共同反映企业规模的三个变量（销售额、雇员数和总资产）间高度相关（介于0.65和0.87之间），这也为三者构造一个企业规模的潜变量提供了依据。同时，我们可以看到，可恢复冗余和可用冗余高度负相关（$r=-0.61$），与潜在冗余几乎无关（$r=0.01$），可用冗余与潜在冗余正相关（$r=0.32$）。这说明此三个概念有一定关系但又相互独立。

4.2 模型分析与假设检验

表3不仅反映了不同资源冗余与多元化的关系，而且反映了第一大股东类型对不同资源冗余与企业多元化关系的调节作用。根据Baron和Kenny（1986）的建议，每三个模型，如M1至M3，构成一组嵌套模型，以检验调节效应。

在第一组嵌套模型中，模型2和3显著优于模型1，并且模型1的CFI和TLI指数都低于理论临界值0.90。从卡方值下降来看，虽然模型3优于模型2（$\Delta\chi^2=55.05$，$p<0.01$），但是，一方面，CFI和TLI改进不大，并且RMSEA却反而上升（从0.052上升为0.055），调节作用的系数与0并非显著差异（$\beta=-0.01$，$p=0.78$）；另一方面，模型2的拟合指数CFI、TLI和RMSEA均满足理论临界条件。因此我们可以接受模型2和3。在模型2和3中，可恢复冗余与企业多元化均显著正相关（$\beta=0.14$和0.13，$p<0.05$），并且第一大股东类型不存在显著的调节作用。由于假设2a是零假设，可能会犯统计检验中的第二类错误，即零假设为伪，我们却接受了零假设。根据MacCallum，Browne和Sugawara（1996）的方法，在自由度为92，样本量为535，并且RMSEA为0.055条件下，模型3的统计功效大于0.95。换言之，在给定RMSEA为0.055条件下，如果真实的RMSEA为0.08，则我们没能拒绝它小于0.08的可能性小于5%。因此，假设1a和2a均得到支持。

在第二组的嵌套模型中，最可接受的是模型5。由模型5，可用冗余与企业多元化无显著关系（$\beta=-0.03$，$p=0.62$）；同时拟合优度劣于模型5的模型6显示，第一大股东类型对可用冗余与多元化之间关系没有显著调节作用（$\beta=-0.03$，$p=0.56$）。因此，假设1b和2b均没有得到支持。

在第三组的嵌套模型中，最可接受的是模型9，其不仅拟合指数CFI、TLI和RMSEA均满足理论临界条件，而且显著优于模型8（$\Delta\chi^2$分别为213.81，在0.01水平上显著）。模型9显示，潜在冗余与企业多元化显著负相关（$\beta=-0.08$，$p<0.05$），因此，假设1c得到支持。并且，第一大股东类型对潜在冗余与企业多元化之间的关系存在显著的调节作用（$\beta=-0.10$，$p<0.05$），即与第一大股东是非法人股相比，当第一大股东为法人股时，潜在冗余与企业多元化之间的关系更加显著负相关。因此，假设2c得到支持。

图2非常直接地反映了第一大股东类型对可恢复冗余、可用冗余和潜在冗余与多元化之间关系的调节作用。在图2a中，无论第一大股东是法人股还是非法人股，可恢复冗余与多元化之间关系均显著正相关，且两线的斜率无显著差异。在图2b中，无论第一大股东是法人股还是非法人股，可用冗余与多元化均无显著相关，两线的斜率也无显著差异。在图2c中，第一大股东为法人股时，潜在冗余与多元化之间关系的变化十分明显，法人股使得潜在冗余与多元化之间的负向关系显著地增强。当第一大股东为法人股时，

表4进一步检验了第一大股东的持股比例对不同冗余与企业多元化关系的调节作用。分析方法如上，我们可以接受模型11和12、15和18。因此，我们得到：第一，由模型11和12可知，可恢复冗余与企业多元化显著正相关(模型11：$\beta = 0.14$，$p < 0.05$；模型12：$\beta = 0.14$，$p < 0.05$)，假设1a得到支持。第二，由模型12可知，第一大股东持股比例对可恢复冗余与企业多元化之间的关系存在显著的调节作用($\beta = 0.08$，$p < 0.05$)，即在第一大股东为法人时，第一大股东持股比例越高，可恢复冗余与企业多元化之间的关系更加显著正相关。图3a显示，当第一大股东持股比例高时，直线明显陡峭。假设3a得到支持。第三，由模型15和18可知，当第一大股东为法人股时，第一大股东的持股比例对可用冗余、潜在冗余与企业多元化之间的关系均存在显著的调节作用($\beta = -0.23$，$p < 0.05$；$\beta = -0.17$，$p < 0.05$)，即第一大股东持股比例越高，可用冗余、潜在冗余与企业多元化之间的关系更加显著负相关。图3b和3c也清晰地显示，当第一大股东持股比例高时，直线更加陡峭。因此，假设3b和3c得到支持。

表3和表4还给出了有关控制变量与企业多元化关系的一些一致性结论。企业规模与企业多元化显著负相关；与其他行业类别相比，包括石油加工及炼焦业、黑色金属冶炼及压延加工业、有色金属冶炼及压延加工业、金属制品业、普通机械制造业、专用设备制造业、交通运输设备制造业、电气机械及器材制造业、电子及通信设备制造业等的行业类别的企业多元化水平显著高些。另外，在第一大股东为法人股的样本中，位于云南地区的企业多元化水平显著高些。

表2	描述性统计与 Pearson 相关矩阵[1,2]								
		总体样本 ($N=535$)		子样本(第一大股东为法人股,$N=469$)						
		均值	标准差	均值	标准差	1	2	3	4	5
因变量 (t_2)	1. Rumelt 五种分类(R5)	3.00	1.57	3.02	1.54		0.58**	0.56**	0.65**	
	2. 基于 SIC 熵值的五类	2.77	1.49	2.76	1.49	0.59**		0.80**	0.90**	
	3. 基于技能熵值的五类	2.45	1.38	2.45	1.39	0.57**	0.80**		0.84**	
	4. 基于 SIC 的 H 值五类	2.59	1.44	2.59	1.44	0.66**	0.90**	0.84**		
自变量 (t_0)	5. 第一大股东类型(INS: 1=法人股; 0=其他)	0.88	0.33	1.00	0.00	0.04	-0.01	0.00	-0.01	
	6. 第一大股东持股比例(BIG:%)	0.45	0.16	0.46	0.16	0.06	-0.03	-0.03	-0.03	0.17**
	7. 可恢复冗余(RS)	0.00	0.76	-0.03	0.73	-0.05	0.10*	0.09*	0.11*	-0.09*
	8. 可用冗余(AS)	0.00	0.85	-0.01	0.85	0.06	0.01	0.00	0.02	-0.03
	9. 潜在冗余(PS)	1.95	3.02	1.81	2.44	-0.05	-0.01	-0.02	0.01	-0.12**
交互项	10. INS × RS	-0.07	0.93			0.02	-0.03	-0.05	-0.02	0.17**
	11. INS × AS	-0.03	1.01			-0.03	-0.02	0.02	-0.04	0.08†
	12. INS × PS	-0.37	5.32			-0.02	-0.07	-0.06	-0.08†	0.16**
	13. BIG × RS			-0.02	0.12					
	14. BIG × AS			0.02	0.17					
	15. BIG × PS			-0.04	0.41					

		总体样本 (N=535)		子样本(第一大股东为法人股,N=469)		1	2	3	4	5
		均值	标准差	均值	标准差					
协方差 (t₀)	16. 销售额(10亿元人民币)	1.62	2.95	1.67	3.07	-0.07	-0.08†	-0.06	-0.13**	0.05
	17. 雇员数(千人)	3.21	4.28	3.20	4.27	-0.07	-0.02	-0.03	-0.08†	-0.01
	18. 总资产(10亿元人民币)	2.23	2.98	2.26	3.01	-0.07	-0.07	-0.07	-0.12**	0.03
	19. 企业年龄	7.67	3.76	7.51	3.78	-0.06	0.08†	0.05	0.00	-0.11*
	20. 企业绩效(ROE:%)	0.06	0.11	0.06	0.11	0.07	0.00	0.00	0.02	-0.04
	21. 行业1	0.44	0.50	0.44	0.50	0.10*	0.05	0.07	0.08†	-0.02
	22. 行业2	0.43	0.50	0.45	0.50	-0.06	-0.07	-0.07†	-0.11*	0.09†
	23. 行业3	0.05	0.22	0.04	0.21	-0.03	-0.02	-0.05	-0.02	-0.09*
	24. 行业4	0.08	0.27	0.07	0.26	-0.03	0.05	0.05	0.07	-0.04
	25. 安徽	0.15	0.36	0.17	0.37	-0.05	-0.08†	-0.06	-0.05	0.16**
	26. 湖北	0.20	0.40	0.20	0.40	-0.03	-0.04	-0.02	-0.05	0.00
	27. 江苏	0.29	0.45	0.29	0.45	0.01	0.07	0.00	0.05	0.01
	28. 山东	0.24	0.43	0.22	0.41	0.00	0.00	-0.02	-0.02	-0.13**
	29. 山西	0.07	0.25	0.07	0.25	0.11*	0.04	0.07†	0.05	-0.01
	30. 云南	0.07	0.25	0.06	0.24	0.01	0.01	0.06	0.04	-0.02
	31. 2003年	0.33	0.47	0.33	0.47	0.02	-0.02	-0.11**	0.02	0.00
	32. 2004年	0.37	0.48	0.37	0.48	-0.01	0.03	0.08†	-0.03	-0.01

		6	7	8	9	10	11	12	13	14
因变量 (t₂)	1. Rumelt 五种分类(R5)	0.07	-0.04	0.05	-0.08†				0.03	-0.09*
	2. 基于 SIC 熵值的五类	0.01	0.09†	0.00	-0.06				0.08†	-10*
	3. 基于技能熵值的五类	0.00	0.06	0.01	-0.07				0.07	-0.09*
	4. 基于 SIC 的 H 值五类	0.01	0.10*	0.01	-0.05				0.07	-0.09†
自变量 (t₀)	5. 第一大股东类型(INS)									
	6. 第一大股东持股比例(BIG)		-0.14**	0.11*	-0.10*				0.02	-0.07
	7. 可恢复冗余(RS)	-0.15**		-0.62**	0.00				-0.07	0.36**
	8. 可用冗余(AS)	0.07	-0.61**		0.27**				0.38**	-0.74**
	9. 潜在冗余(PS)	-0.17**	0.01	0.32**					0.02	-0.13**
交互项	10. INS × RS	0.01	-0.18**	0.05	-0.01					
	11. INS × AS	0.11*	0.06	-0.01	-0.27**	-0.61**				
	12. INS × PS	0.12**	-0.01	-0.16**	-0.53**	0.02	0.53**			
	13. BIG × RS									-0.61**
	14. BIG × AS									
	15. BIG × PS									

		总体样本 (N=535)		子样本(第一大股东为法人股,N=469)						
		6	7	8	9	10	11	12	13	14
协方差 (t_0)	16. 销售额(10亿元人民币)	0.17**	-0.26**	0.04	-0.08†	-0.02	0.03	0.04	-0.12**	0.01
	17. 雇员数(千人)	0.08†	-0.15**	-0.03	-0.11*	-0.01	0.04	0.05	-0.06	0.03
	18. 总资产(10亿元人民币)	0.14**	-0.21**	0.00	-0.10*	-0.02	0.04	0.05	-0.08†	0.02
	19. 企业年龄	-0.32**	0.03	-0.15**	0.01	-0.09*	0.05	0.01	-0.06	0.08†
	20. 企业绩效(ROE:%)	0.14**	-0.44**	0.49**	0.01	0.07	0.00	0.00	0.20**	-0.32**
	21. 行业1	0.01	-0.19**	0.03	0.02	-0.05	0.05	-0.04	0.07	-0.04
	22. 行业2	0.16**	0.11*	0.00	-0.09*	-0.01	-0.02	0.04	0.01	-0.02
	23. 行业3	-0.14**	0.05	-0.17**	0.09*	0.11*	-0.09*	0.03	-0.10*	0.18**
	24. 行业4	-0.22**	0.11*	0.08†	0.06	0.02	0.02	-0.02	-0.07	-0.04
	25. 安徽	0.09*	-0.04	-0.01	-0.04	0.02	0.01	0.02	0.02	-0.01
	26. 湖北	-0.18**	0.17**	-0.11**	0.02	-0.01	-0.09*	0.00	-0.06	0.16**
	27. 江苏	-0.02	-0.06	0.07	0.00	0.09*	-0.02	0.02	0.08†	-0.09*
	28. 山东	-0.01	-0.04	-0.02	-0.06	-0.13**	0.11**	0.04	-0.01	0.01
	29. 山西	0.11*	0.01	0.00	-0.05	0.04	0.03	0.03	0.04	-0.01
	30. 云南	0.11**	-0.04	0.10*	0.20**	0.00	-0.06	-0.17**	-0.13**	-0.08†
	31. 2003年	0.01	0.00	0.03	0.00	0.01	-0.01	-0.02	0.03	-0.04
	32. 2004年	-0.05	-0.05	-0.05	-0.04	-0.03	0.06	0.05	-0.05	0.05

		15	16	17	18	19	20	21	22	23
因变量 (t_2)	1. Rumelt五种分类(R5)	-0.01	-0.06	-0.06	-0.06	-0.05	0.06	0.11*	-0.08†	-0.04
	2. 基于SIC熵值的五类	-0.03	-0.07	-0.01	-0.06	0.08†	-0.01	0.09†	-0.09*	-0.03
	3. 基于技能熵值的五类	-0.02	-0.05	-0.01	-0.05	0.04	0.00	0.09*	-0.09†	-0.06
	4. 基于SIC的H值五类	-0.04	-0.12*	-0.06	-0.104*	0.01	0.02	0.11*	-0.13**	-0.02
自变量 (t_0)	5. 第一大股东类型(INS)									
	6. 第一大股东持股比例(BIG)	-0.07	0.17**	0.09*	0.15**	-0.34**	0.16**	0.00	0.15**	-0.10*
	7. 可恢复冗余(RS)	0.02	-0.27**	-0.16**	-0.23**	-0.01	-0.43**	-0.22**	0.11*	0.11*
	8. 可用冗余(AS)	-0.15**	0.05	-0.01	0.01	-0.13**	0.49**	0.05	-0.01	-0.22**
	9. 潜在冗余(PS)	-0.73**	-0.06	-0.09*	-0.08†	0.02	0.01	-0.01	-0.08†	0.14**
交互项	10. INS × RS									
	11. INS × AS									
	12. INS × PS									
	13. BIG × RS	0.05	-0.15**	-0.08†	-0.11*	-0.03	0.17**	0.09†	0.02	-0.17**
	14. BIG × AS	0.24**	0.00	0.01	0.01	0.07	-0.32**	-0.05	-0.02	0.23**
	15. BIG × PS		-0.04	0.03	0.00	0.01	-0.05	0.02	0.06	-0.22**

		总体样本 (N=535)	子样本(第一大股东 为法人股, N=469)						
		15	16	17	18	19	20	21	22	23
协方差 (t₀)	16. 销售额(10亿元人民币)	0.01		0.65**	0.87**	0.03	0.23**	-0.11*	0.16**	-0.01
	17. 雇员数(千人)	0.06	0.66**		0.80**	0.13**	0.12**	0.00	0.05	-0.04
	18. 总资产(10亿元人民币)	0.04	0.87**	0.81**		0.06	0.19**	-0.05	0.13**	-0.06
	19. 企业年龄	0.00	0.02	0.133**	0.05		-0.11*	0.02	-0.01	0.04
	20. 企业绩效(ROE;%)	-0.03	0.22**	0.11**	0.17**	-0.12**		0.01	-0.01	-0.08†
	21. 行业1	-0.03	-0.09*	0.05	-0.01	0.04	0.00		-0.79**	-0.19**
	22. 行业2	0.07	0.13**	0.02	0.094*	-0.03	-0.02	-0.77**		-0.19**
	23. 行业3	-0.10*	0.00	-0.05	-0.05	0.02	-0.02	-0.21**	-0.20**	
	24. 行业4	0.01	-0.08†	-0.07†	-0.11*	-0.03	0.06	-0.26**	-0.25**	-0.07
	25. 安徽	0.04	0.01	0.07	0.02	-0.16**	-0.03	-0.01	0.05	-0.03
	26. 湖北	0.07	-0.03	-0.04	0.01	0.17**	-0.17**	-0.08†	0.07	0.07†
	27. 江苏	0.00	-0.07†	-0.12**	-0.09*	-0.08†	0.00	-0.05	0.02	0.09*
	28. 山东	0.04	0.07	0.12**	0.07	0.15**	0.10*	0.15**	-0.14**	-0.07
	29. 山西	0.03	0.06	0.03	0.02	-0.10*	0.03	0.03	-0.01	-0.06
	30. 云南	-0.27**	-0.02	-0.04	-0.03	-0.05	0.106*	-0.05	0.03	-0.06
	31. 2003年	0.00	-0.03	-0.03	-0.03	-0.04	0.05	0.00	0.00	-0.01
	32. 2004年	0.02	0.11**	0.03	0.09*	0.14**	-0.01	-0.01	0.00	0.01

		24	25	26	27	28	29	30	31	32
因变量 (t₂)	1. Rumelt 五种分类(R5)	-0.03	-0.06	-0.03	0.00	0.04	0.06	0.02	0.02	-0.02
	2. 基于 SIC 熵值的五类	0.03	-0.08†	-0.06	0.09†	0.00	0.02	0.05	0.00	0.01
	3. 基于技能熵值的五类	0.04	-0.07	-0.03		-0.02	0.05	0.09†	-0.09*	0.06
	4. 基于 SIC 的 H 值五类	0.05	-0.06	-0.08†	0.07	-0.01	0.03	0.08†	0.04	-0.04
自变量 (t₀)	5. 第一大股东类型(INS)									
	6. 第一大股东持股比例(BIG)	-0.20**	0.06	-0.15**	-0.02	-0.01	0.11*	0.10*	0.01	-0.04
	7. 可恢复冗余(RS)	0.12**	-0.03	0.17**	-0.02	-0.11*	0.03	-0.05	0.01	-0.06
	8. 可用冗余(AS)	0.09*	0.00	-0.15**	0.06	0.02	0.01	0.08†	0.03	-0.03
	9. 潜在冗余(PS)	0.06	-0.03	0.02	0.02	-0.05	-0.04	0.11*	-0.02	-0.01
交互项	10. INS × RS									
	11. INS × AS									
	12. INS × PS									
	13. BIG × RS	-0.07	0.02	-0.02	0.05	0.01	0.04	-0.14**	0.03	-0.06
	14. BIG × AS	-0.05	-0.03	0.19**	-0.10*	-0.02	-0.02	-0.03	-0.04	0.04
	15. BIG × PS	0.03	0.02	0.11*	-0.05	0.01	0.03	-0.18**	0.02	-0.03

协方差 (t₀)		总体样本(N=535)		子样本(第一大股东为法人股,N=469)						
		24	25	26	27	28	29	30	31	32
	16. 销售额(10亿元人民币)	-0.08†	0.00	-0.02	-0.07	0.07	0.06	-0.01	-0.04	0.12**
	17. 雇员数(千人)	-0.06	0.07	-0.01	-0.12**	0.08†	0.02	-0.03	-0.03	0.02
	18. 总资产(10亿元人民币)	-0.10*	0.02	0.03	-0.08†	0.04	0.02	-0.02	-0.02	0.09*
	19. 企业年龄	-0.06	-0.15**	0.21**	-0.07	0.10*	-0.10*	-0.05	-0.01	0.13**
	20. 企业绩效(ROE:%)	0.07	-0.02	-0.19**	0.01	0.12*	0.03	0.09*	0.04	-0.01
	21. 行业1	-0.25**	-0.01	-0.02	-0.06	0.14**	0.03	-0.11*	0.00	-0.01
	22. 行业2	-0.25**	0.04	0.05	0.02	-0.14**	-0.01	0.06	0.00	0.00
	23. 行业3	-0.06	-0.02	0.05	0.07	-0.04	-0.06	-0.06	0.00	0.01
	24. 行业4		-0.06	-0.10*	0.02	0.03	0.03	0.13**	-0.01	0.01
	25. 安徽	-0.06		-0.22**	-0.29**	-0.24**	-0.12**	-0.12*	-0.02	0.02
	26. 湖北	-0.04	-0.21**		-0.31**	-0.26**	-0.13**	-0.13**	-0.01	-0.01
	27. 江苏	-0.01	-0.26**	-0.31**		-0.34**	-0.17**	-0.17**	0.03	0.01
	28. 山东	0.04	-0.23**	-0.28**	-0.35**		-0.14**	-0.14**	-0.01	-0.02
	29. 山西	0.01	-0.11**	-0.13**	-0.17**	-0.15**		-0.07	-0.01	-0.01
	30. 云南	0.09*	-0.11*	-0.13**	-0.17**	-0.15**	-0.07		0.00	0.00
	31. 2003年	-0.01	-0.01	-0.01	0.03	-0.01	0.00	0.01		-0.54**
	32. 2004年	0.01	0.02	-0.01	0.02	-0.02	-0.01	-0.02	-0.54**	

注释:

† p < 0.10, * p < 0.05, ** p < 0.01 (双尾检验)。

[1] 行业类别请见正文控制变量部分的讨论。

[2] 第一大股东类型为法人股的子样本(N=469)才估计第一大股东持股比例的调节作用。

表3　第一大股东类型对资源冗余和多元化的调节作用(总体样本:N=535)[1,2]

	因变量:多元化(潜变量)[3]								
	模型1	模型2	模型3	模型4	模型5	模型6	模型7	模型8	模型9
控制变量									
企业规模[4]	-0.17*	-0.10**	-0.10**	-0.16**	-0.13*	-0.13*	-0.13*	-0.16**	-0.17**
	(0.05)	(0.03)	(0.03)	(0.06)	(0.06)	(0.06)	(0.05)	(0.05)	(0.05)
企业年龄(ln)	0.02	0.03	0.03	0.03	0.02	0.02	0.02	0.03	0.03
	(0.05)	(0.05)	(0.05)	(0.05)	(0.05)	(0.05)	(0.05)	(0.05)	(0.05)
企业绩效(ROE)	0.04	0.09*	0.09*	0.04	0.06	0.05	0.04	0.06	0.06
	(0.05)	(0.05)	(0.05)	(0.05)	(0.06)	(0.06)	(0.05)	(0.05)	(0.05)
第一大股东比例(%)	-0.01	-0.00	-0.00	-0.00	-0.01	-0.01	-0.01	-0.01	-0.01
	(0.05)	(0.05)	(0.05)	(0.05)	(0.05)	(0.05)	(0.05)	(0.05)	(0.05)

	因变量:多元化（潜变量）[3]								
	模型 1	模型 2	模型 3	模型 4	模型 5	模型 6	模型 7	模型 8	模型 9
行业 1 [5]	0.09[†]	0.12[*]	0.12[*]	0.09[*]	0.09[†]	0.09[†]	0.09[†]	0.09[†]	0.09[†]
	(0.05)	(0.05)	(0.05)	(0.05)	(0.05)	(0.05)	(0.05)	(0.05)	(0.05)
行业 3	0.00	0.00	0.01	0.00	-0.00	-0.01	0.00	0.00	0.01
	(0.05)	(0.05)	(0.05)	(0.04)	(0.05)	(0.05)	(0.05)	(0.05)	(0.05)
行业 4	0.08[†]	0.07	0.07	0.07	0.08[†]	0.08[†]	0.08[†]	0.07	0.08
	(0.05)	(0.05)	(0.05)	(0.05)	(0.05)	(0.05)	(0.05)	(0.05)	(0.05)
安徽 [6]	-0.02	-0.02	-0.02	-0.03	-0.03	-0.03	-0.02	-0.03	-0.03
	(0.05)	(0.05)	(0.05)	(0.05)	(0.05)	(0.05)	(0.05)	(0.05)	(0.05)
湖北	-0.02	-0.02	-0.02	-0.02	-0.02	-0.02	-0.02	-0.02	-0.03
	(0.05)	(0.05)	(0.06)	(0.06)	(0.06)	(0.06)	(0.05)	(0.05)	(0.05)
江苏	0.08	0.08	0.08	0.07	0.08	0.07	0.08	0.07	0.07
	(0.06)	(0.06)	(0.06)	(0.06)	(0.06)	(0.06)	(0.06)	(0.06)	(0.06)
山西	0.07	0.06	0.07	0.06	0.06	0.06	0.07	0.06	0.06
	(0.04)	(0.05)	(0.05)	(0.05)	(0.04)	(0.05)	(0.04)	(0.05)	(0.05)
云南	0.05	0.05	0.05	0.05	0.05	0.05	0.05	0.05	0.05
	(0.04)	(0.04)	(0.04)	(0.05)	(0.04)	(0.04)	(0.04)	(0.04)	(0.04)
2003 年 [7]	-0.00	-0.00	-0.00	0.00	-0.00	-0.00	-0.00	-0.00	-0.00
	(0.05)	(0.05)	(0.05)	(0.05)	(0.05)	(0.05)	(0.05)	(0.05)	(0.05)
2004 年	-0.00	0.00	0.00	0.01	-0.00	0.00	-0.00	0.00	0.01
	(0.05)	(0.05)	(0.05)	(0.05)	(0.05)	(0.05)	(0.05)	(0.05)	(0.05)
主效应									
第一大股东类型（INS:1 = 法人股；0 = 其他）		0.03	0.03		0.01	0.02		0.02	0.03
		(0.05)	(0.05)		(0.05)	(0.05)		(0.05)	(0.05)
可恢复冗余（RS）		0.14[*]	0.13[*]						
		(0.06)	(0.06)						
可用冗余（AS）					-0.03	-0.03			
					(0.06)	(0.06)			
潜在冗余（PS）								-0.03	-0.08[*]
								(0.05)	(0.05)

	因变量:多元化（潜变量）[3]								
	模型 1	模型 2	模型 3	模型 4	模型 5	模型 6	模型 7	模型 8	模型 9
调节作用									
INS × RS			−0.01 (0.04)						
INS ×AS						−0.03 (0.06)			
INS × PS									−0.10* (0.05)
模型拟合指数									
Chi-square	562.79	268.25	242.91	389.13	193.86	242.36	442.26	340.02	263.59
Degree of freedom	140	109	92	139	108	91	140	109	92
Chi-square change[8]		294.97**	55.05**		171.90**	30.52*		80.19**	213.81**
CFI	0.87	0.95	0.95	0.91	0.97	0.95	0.89	0.91	0.95
TLI	0.84	0.93	0.93	0.88	0.95	0.93	0.87	0.88	0.92
RMSEA	0.075	0.052	0.055	0.058	0.039	0.056	0.06	0.063	0.059

注释:

[1] $\dagger p < 0.10$，$^* p < 0.05$，$^{**} p < 0.01$，假设为单尾检验，其他为双尾检验。

[2] 我们使用 Muthén 和 Muthén 开发的 Mplus5.0 软件进行分析，采取稳健性标准误差的最大似然(MLR)估计方法。表格中的系数为标准化 β 系数，括号内的数值为其标准误差。因此，t 值为两者的商。

[3] 企业多元化为潜变量，由以下四个变量所反映，包括:Rumelt 五种分类(R5)、基于 SIC 熵值的五类、基于技能熵值的五类和基于 SIC 的 H 指数的五类。

[4] 企业规模为潜变量，由雇员数(ln)，总资产数(ln)和销售额(ln)共同反映。

[5] 行业 2 为参考行业。

[6] 山东省作为参考省份。

[7] 2002 年作为参考年份。

[8] 由于 MLR 估计所得的各模型间卡方差值不能直接用于模型间比较，我们进行了 Loglikelihood 转换。此处所示的差值可以进行模型间比较(Muthén and Muthén,2007)。

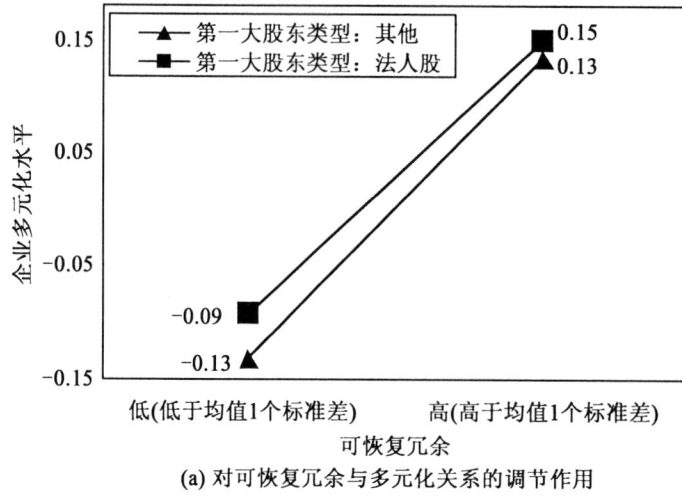

(a) 对可恢复冗余与多元化关系的调节作用

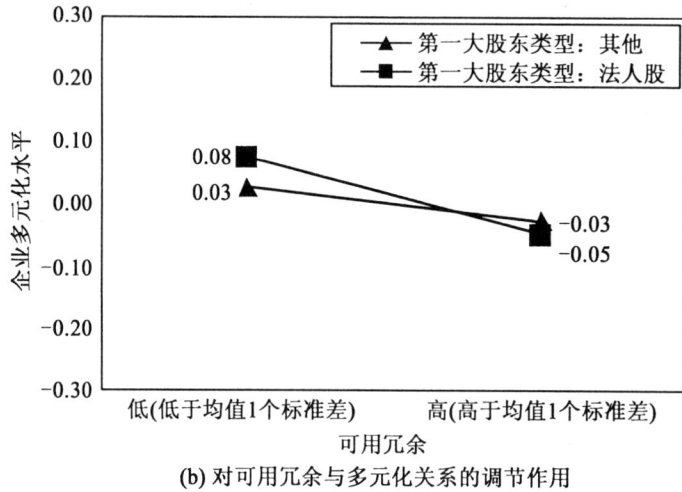

(b) 对可用冗余与多元化关系的调节作用

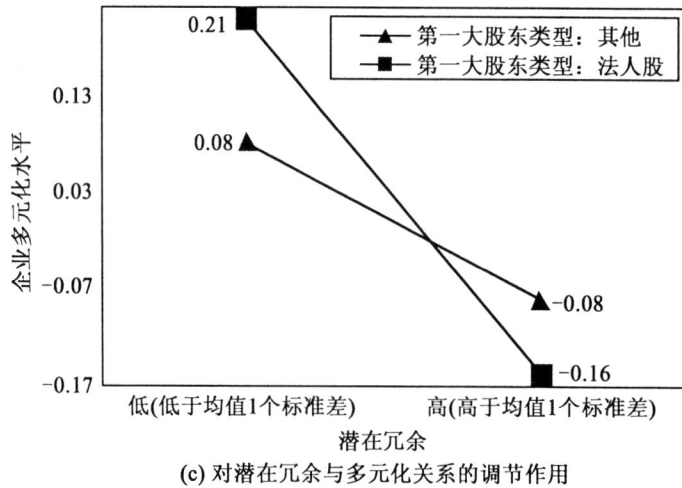

(c) 对潜在冗余与多元化关系的调节作用

图 2　第一大股东类型的调节作用

表4　　　　　　　第一大股东持股比例对资源冗余和多元化的调节作用（子样本：$N=469$）[1,2]

	因变量：多元化（潜变量）[3]								
	模型 10	模型 11	模型 12	模型 13	模型 14	模型 15	模型 16	模型 17	模型 18
控制变量									
企业规模[4]	-0.13** (0.04)	-0.10** (0.04)	-0.10** (0.04)	-0.14** (0.04)	-0.14** (0.04)	-0.14** (0.05)	-0.13** (0.04)	-0.16** (0.04)	-0.17** (0.05)
企业年龄（ln）	0.05 (0.05)	0.08 (0.05)	0.08 (0.05)	0.05 (0.05)	0.06 (0.05)	0.05 (0.05)	0.05 (0.05)	0.07 (0.05)	0.07 (0.05)
企业绩效（ROE）	0.03 (0.05)	0.08 (0.05)	0.06 (0.05)	0.03 (0.05)	0.05 (0.06)	0.06 (0.06)	0.03 (0.05)	0.04 (0.05)	0.04 (0.05)
行业 1[5]	0.13* (0.05)	0.16** (0.05)	0.16** (0.05)	0.12* (0.05)	0.13** (0.05)	0.13** (0.05)	0.13* (0.05)	0.13* (0.05)	0.13* (0.05)
行业 3	-0.01 (0.05)	-0.01 (0.05)	0.01 (0.05)	-0.01 (0.05)	-0.01 (0.05)	0.01 (0.05)	-0.01 (0.05)	0.00 (0.05)	-0.02 (0.05)
行业 4	0.06 (0.05)	0.06 (0.05)	0.06 (0.05)	0.05 (0.05)	0.07 (0.05)	0.08 (0.05)	0.06 (0.05)	0.06 (0.05)	0.07 (0.05)
安徽[6]	-0.03 (0.06)	-0.03 (0.06)	-0.03 (0.06)	-0.04 (0.06)	-0.03 (0.06)	-0.04 (0.06)	-0.03 (0.06)	-0.04 (0.06)	-0.03 (0.06)
湖北	-0.05 (0.06)	-0.06 (0.06)	-0.06 (0.06)	-0.05 (0.06)	-0.05 (0.06)	-0.03 (0.06)	-0.05 (0.06)	-0.05 (0.06)	-0.03 (0.06)
江苏	0.08 (0.06)	0.08 (0.06)	0.07 (0.06)	0.07 (0.06)	0.08 (0.06)	0.07 (0.06)	0.08 (0.06)	0.08 (0.06)	0.07 (0.06)
山西	0.04 (0.05)	0.03 (0.05)	0.03 (0.05)	0.04 (0.05)	0.03 (0.05)	0.03 (0.05)	0.04 (0.05)	0.03 (0.05)	0.04 (0.05)
云南	0.09* (0.04)	0.09* (0.04)	0.10* (0.04)	0.09* (0.04)	0.09* (0.04)	0.09* (0.04)	0.09* (0.04)	0.10* (0.04)	0.08* (0.04)
2003 年[7]	0.00 (0.06)	0.00 (0.06)	0.00 (0.06)	0.00 (0.06)	0.00 (0.06)	0.00 (0.06)	0.00 (0.06)	-0.00 (0.06)	-0.00 (0.06)
2004 年	-0.01 (0.06)	-0.01 (0.06)	-0.00 (0.06)	-0.01 (0.06)	-0.01 (0.06)	-0.00 (0.06)	-0.01 (0.06)	-0.01 (0.06)	-0.01 (0.06)
主效应									
第一大股东持股比例（BIG：%）		0.05 (0.05)	0.05 (0.05)		0.04 (0.05)	0.04 (0.05)		0.04 (0.05)	0.02 (0.05)

	因变量:多元化(潜变量)[3]								
	模型10	模型11	模型12	模型13	模型14	模型15	模型16	模型17	模型18
主效应									
可恢复冗余(RS)		0.14* (0.07)	0.14* (0.06)						
可用冗余(AS)					-0.05 (0.06)	-0.21* (0.08)			
潜在冗余(PS)								-0.09* (0.05)	-0.22* (0.10)
调节作用									
BIG × RS			0.08* (0.05)						
BIG ×AS						-0.23* (0.099)			
BIG × PS									-0.17* (0.09)
模型拟合指数									
Chi-square	563.58	225.15	203.16	1479.88	1174.61	199.85	1230.20	1190.87	221.57
Degree of freedom	132	103	87	131	102	86	132	103	87
Chi-square change[8]		336.29**	49.82**		596.98**	424.25**		320.36**	463.26**
CFI	0.84	0.95	0.96	0.71	0.76	0.96	0.75	0.76	0.95
TLI	0.81	0.94	0.94	0.63	0.68	0.94	0.69	0.68	0.93
RMSEA	0.083	0.050	0.053	0.148	0.150	0.053	0.133	0.150	0.057

注释:

[1] † $p<0.10$, * $p<0.05$, ** $p<0.01$,假设为单尾检验,其他为双尾检验。子样本仅包括第一大股东为法人股的企业。

[2] 我们使用 Muthén 和 Muthén 开发的 Mplus5.0 软件进行分析,采取稳健性标准误差的最大似然(MLR)估计方法。表格重的系数为标准化 β 系数,括号内的数值为其标准误差。因此,t 值为两者的商。

[3] 企业多元化为潜变量,由以下四个变量所反映,包括:Rumelt 五种分类(R5)、基于 SIC 熵值的五类、基于技能熵值的五类和基于 SIC 的 H 指数的五类。

[4] 企业规模为潜变量,由雇员数(ln),总资产数(ln)和销售额(ln)共同反映。

[5] 行业 2 为参考行业。

[6] 山东省作为参考省份。

[7] 2002 年作为参考年份。

[8] 由于 MLR 估计所得的各模型间卡方差值不能直接用于模型间比较,我们进行了 Loglikelihood 转换。此处所示的差值可以进行模型间比较(Muthén and Muthén,2007)。

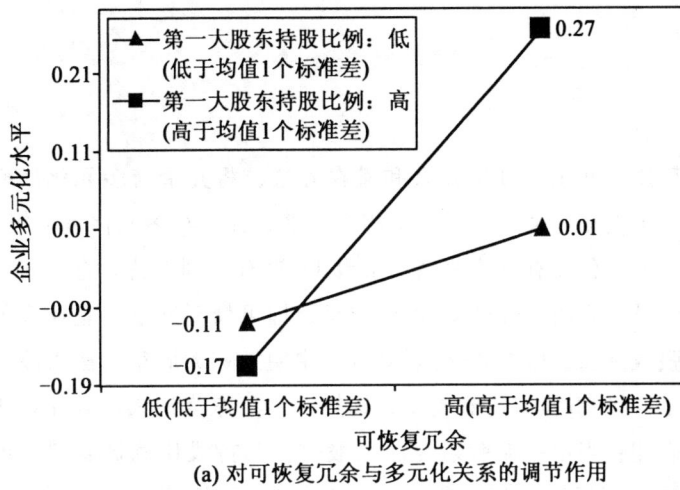

(a) 对可恢复冗余与多元化关系的调节作用

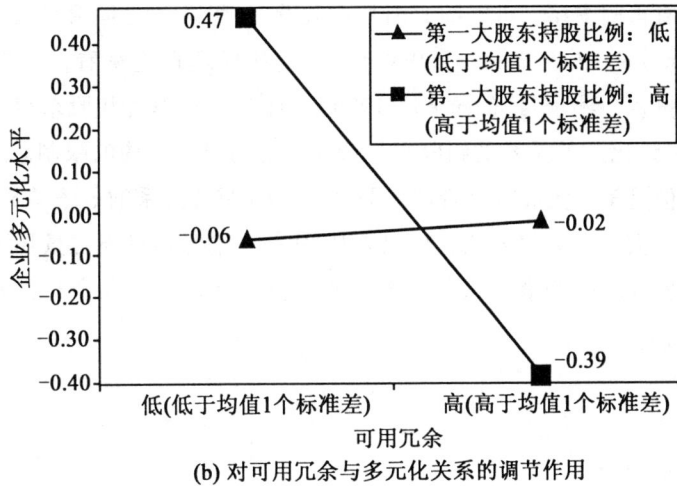

(b) 对可用冗余与多元化关系的调节作用

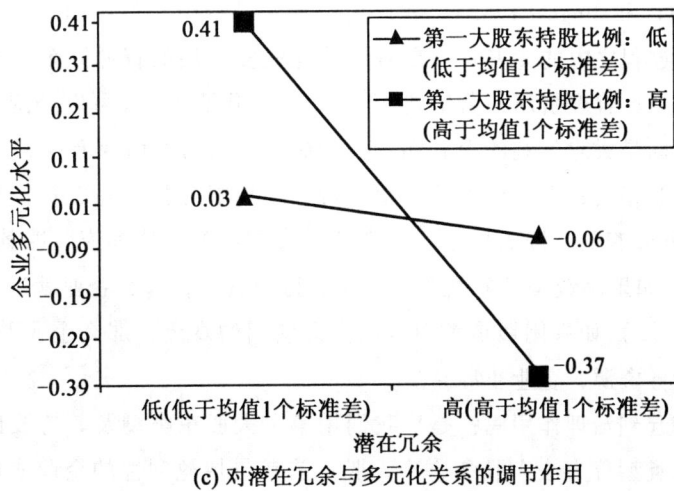

(c) 对潜在冗余与多元化关系的调节作用

图3　第一大股东为法人股时，第一大股东持股比例的调节作用

5. 结论与讨论

5.1 实证分析结论

本文将资源冗余分为可恢复冗余、可用冗余和潜在冗余，将冗余与多元化战略联系起来。实证研究结果显示，与假设相一致，可恢复冗余与多元化正相关，潜在冗余与多元化呈负相关，即假设1a和1c得到支持；但是，可用冗余与多元化没有显著关系，假设1b没有得到支持。进一步，本研究加入了第一大股东这个调节变量的影响。结果表明：假设2a得到支持，即可恢复冗余与企业多元化的正向关系不会因为第一大股东的类型而增强或减弱；假设2c得到支持，说明第一大股东为法人股时会显著增强潜在冗余与多元化的负向关系；但是假设2b没有得到支持，即第一大股东为法人股并非显著增强可用冗余与多元化间的关系。同时，结果表明：当第一大股东为法人股时，其持股比例显著加强可恢复冗余与多元化的正向关系；当第一大股东为法人股时，其持股比例显著加强可用冗余和潜在冗余与多元化的负向关系。假设3a、3b和3c均得到了支持。

对于假设1b和2b没有得到支持，可能的原因是：假设1b所说的"可用冗余与多元化负相关"完全基于企业资源的视角（Penrose，1959；Teece，1982）；从委托代理理论来看，如果企业有剩余现金流的话，管理者就可能用钱来投资一些项目（Jensen，1986），此时，管理者和股东很可能有尖锐的矛盾和分歧。因此，"可用冗余与多元化"的关系受到股东与管理者之间权力结构的限制。为此，我们加入第一大股东类型作为调节变量。但是第一大股东是否法人股并非导致两者关系的显著差异，即假设2b没有得到支持。这可能由于虽然第一大股东为法人股，但其对管理者的监督动机与力量还不够强。当把第一大股东控制为法人股时，我们发现，随着第一大股东的持股比例增加，可用冗余与多元化的关系显著更加负相关（即假设3b得到支持）。

5.2 结论的现实价值

让我们回到篇首的两个问题。

中国企业真的有闲钱就多元化吗？不一定！这要看是什么样的闲钱。根据资源冗余的研究（Bourgeois，1981；Bourgeois和Singh，1983），我们把"闲钱"分为三类：（1）可恢复冗余，即不可分割的、嵌入在企业生产活动过程之中的，需要一定时间才能恢复使用的资源冗余，主要财务指标是应收账款、存货、发生的一般费用、管理费用和营销费用；（2）可用冗余，即可以分割的、企业可以立即使用的货币冗余，主要财务指标是去除红利的净利润、去除流动负债的可用现金；（3）潜在冗余，即可以分割的、需要时间可能从利益相关者那里获得的货币资源，主要财务指标是净资产负债率。我们的研究表明：（1）如果闲钱是不可分割的、嵌入在企业生产活动过程中的，诸如应收账款、存货和发生的费用，那么企业就多元化；（2）如果闲钱是可分割的、可能获得的资金，那么企业就进一步投资于企业原有的业务，而非多元化扩张；（3）如果闲钱是手中可以立即使用的现金，那么企业并非一定要多元化扩张。可以看出，对于潜在的债务资源，企业非常谨慎。

第一大股东真的能够起到治理作用吗？是！我们用第一大股东类型及其持股比例来检验第一大股东的治理作用。第一大股东类型分为法人股和非法人股，前者包括盈利性的企业或机构投资者，后者包括流通股和国有股。法人股具有自己的投资目标，其行为与决策不易受管理者影响；而非法人股或没有明确的目标，或监控不够警觉，其行为和决策易受管理者影响或自身不确定。根据Brickley（1988）的分类，前者属于压力抵制型所有者，后者属于压力敏感或不确定性所有者。我们的研究表明：（1）当闲钱是不可分割的、嵌入在企业生产流程中的资源时，所有者无法在资本市场上对此进行多元化投资，此时，与管理者目标一致，两者都鼓励企业进行多元化投资，所以法人股与非法人股监督没有区别；（2）当闲钱是可分割的，可能从利益相关者那里获得的债务资源时，第一大股东为法人股使得潜在冗余与多元化关系更加负相关，因此，第一大股东起到了应有的监督治理作用。进一步地，当第一大股东为法人股时，我们讨论第一大股东持股比例的调节作用。第一大股东的持股比例反映了所有者监督治理管理者的动力与权力：随着持股比例的增加，其监督的动力和权力都增大。我们的研究表明：（1）当闲钱是不可分割的、嵌入在企业生产流程中的资源时，作为第一大股东的法人股的持股比例越高，企业就更加倾向于多元化经营；（2）当闲钱是可分割的、立即可用的现金时，作为第一大股东的法人股的持股比例越高，企业就更加不倾向于多元化经营；（3）当闲钱是可分割的、可能从利益相关者那里获得的债务资源时，作为第一大股东的法人股的持股比例越高，企业多元化程度越低。因此，法人股的第一大股东起到了应有的监督治理作用。

对这两个问题的回答，首先，表明中国企业对"闲钱"（资源冗余）的使用是理性的。虽然可能由于历史的原因（康荣平和柯银斌，1999）或经济发展的原因（Khanna 和 Palepu，1997），中国企业多元化程度高居不下（Fan et al.，2007），但是我们的研究表明，流动性很强的现金类闲置资源并不导致中国企业多元化水平提高，而是嵌入在经营流程中的不可分割的闲置资源促进了中国企业多元化水平提高。这类不可分割的冗余可能是经营中产生的，如生产不能适销对路的产品；也可能是非经营性产生的，如政府要求企业开发一条道路。对于前者，可以通过改善管理水平，从而降低库存、应收账款以及费用；对于后者，体制改革是必需的。其次，研究表明第一大股东能够在公司治理中起到监督作用。股东对公司战略和管理决策的影响取决于股东和管理者利益的比较。当股东和管理者的利益趋同时，他们会强化管理层的某项决策；反之，他们将限制或阻碍管理层的行为。因此，在本研究中，我们发现对于不同的资源冗余，第一大股东对资源冗余与多元化关系的影响不同。因此，当中国企业内部的股东利益和管理层利益存在分歧时，一定要做好股权结构的安排特别是第一大股东类型及其持股比例的安排，以防止管理层损害股东利益，减少代理成本，实现股东价值最大化。

5.3 可能的缺陷与未来方向

本研究由于研究设计和研究样本的二手数据来源的限制，不可避免地存在一些缺陷和不足，如样本时期上的不足。本文因变量只比自变量滞后两年，但资源冗余和第一大股东对企业多元化的影响可能是长期的，因此，未来研究可以进行更长时间序列的研究。第一大股东在我国是一种重要的股权结构安排。但股东对管理层的监督不仅仅通过第一大股东来实现（程立，2008），其他股权结构，如股权集中度、股东之间的制衡等对资源冗余与多元化关系的影响与第一大股东的影响有何不同，是未来研究可以努力的方向。最后，本文将资源冗余作为自变量，认为资源冗余会影响企业多元化战略，有着重要的理论依据。但资源冗余是经营过程中产生的（Penrose，1959），即资源冗余与多元化之间的关系是相互的，未来研究可以探讨两者之间存在的深层次关系。

（作者电子邮箱：jldyxlzs@ nju. edu. cn）

参 考 文 献

[1] 程立. 公司治理、多元化与企业绩效 [M]. 上海：复旦大学出版社，2008.

[2] 郭朝阳等. 多元化公司的战略与控制 [M]. 北京：经济管理出版社，2008.

[3] 黄山，蓝海林. 中国行业机会诱导下企业集团的多元化行为研究 [M]. 北京：经济科学出版社，2007.

［4］ 贾良定, 鲁倩, 万国光, 周婕好. 国外多元化测量方法适于本土研究吗? 中国上市公司的证据 ［J］. 战略管理, 2009, 1 (1).

［5］ 蒋春燕, 赵曙明. 组织冗余与绩效的关系: 中国上市公司的时间序列实证研究 ［J］. 管理世界, 2004, 5.

［6］ 康荣平, 柯银斌. 企业多元化经营 ［M］. 北京: 经济科学出版社, 1999.

［7］ 李维安. 演进中的中国公司治理: 从行政型治理到经济型治理 ［J］. 南开管理评论, 2009, 1.

［8］ 肖红叶. 中国区域竞争力发展报告1985—2004 ［M］. 北京: 中国统计出版社, 2004.

［9］ Acar, W., and Sankara, K.. The myth of the unique decomposability: Specializing the herfindahl and entropy measures? ［J］. Strategic Management Journal, 1999, 20 (10).

［10］ Amihud, Y., and Lev, B.. Risk reduction as a managerial motive for conglomerate mergers ［J］. Bell Journal of Economics, 1981, 12 (2).

［11］ Barnard, C. I.. The functions of the executive ［M］. Cambridge, MA: Harvard University Press, 1938.

［12］ Barney, J. B.. Firm resources and sustained competitive advantage ［J］. Journal of Management, 1991, 17 (3).

［13］ Baron, R. M., and Kenny, D. A.. The Moderator-mediator variable distinction in social psychological research: Conceptual, strategic and statistical considerations ［J］. Journal of Personality and Social Psychology, 1986, 51 (6).

［14］ Baysinger, B. D., and Hoskisson, R. E.. Diversification strategy and R&D strategy in multi-product firms ［J］. Academy of Management Journal, 1989, 32 (2).

［15］ Berger, P., and Ofek, E.. Diversification's effect on firm value ［J］. Journal of Financial Economics, 1995, 37 (1).

［16］ Berle, A., and Means, G..The modern corporation and private property ［M］. New York: MacMillan, 1932.

［17］ Berry, C. H.. 1971 Corporate growth and diversification ［J］. Journal of Law and Economics, 14 (2).

［18］ Bourgeois, L. J.. On the measurement of organizational slack ［J］. Academy of Management Review, 1981, 6 (1).

［19］ Bourgeois, L. J., and Singh, J. V.. Organizational slack and political behavior among top management teams ［J］. Academy of Management Proceedings, 1983, 43.

［20］ Boyd, B. K., Gove, S., and Hitt, M. A.. Consequences of measurement problems in strategic management research: the case of Amihud and Lev ［J］. Strategic Management Journal, 2005, 26 (4).

［21］ Brickley, J. A., Lease, R. C., and Smith, C. W.. Ownership structure and voting on antitakeover amendments ［J］. Journal of Financial Economics, 1988, 20 (1).

［22］ Bromiley, P.. Testing a causal model of corporate risk taking and performance ［J］. Academy of Management Journal, 1991, 34 (1).

［23］ Carpenter, M. A., Geletkanycz, M. A., and Sanders, W. G.. The upper echelons revisited: Antecedents, elements, and consequences of top management team composition ［J］. Journal of Management, 2004, 30 (6).

［24］ Cheng, J. L., and Kesner, I. F.. Organizational slack and response to environmental shifts: The impact of resource allocation patterns ［J］. Journal of Management, 1997, 23 (1).

［25］ Cyert, R. M., and March, J. G.. A behavioral theory of the firm ［M］. MA: Blackwell Publishing, 1992.

[26] Denis, D. J., Denis, D. K., and Sarin, A.. Agency problems, equity ownership, and corporate diversification [J]. Journal of Finance, 1997, 52 (1).

[27] Fama, E.. Agency problems and the theory of the firm [J]. Journal of Political Economy, 1980, 88 (2).

[28] Fan, J. P. H., Huang, J., Oberholzer-Gee, F., Smith, T. D., and Zhao, M.. Diversification of Chinese companies: An international comparison [J]. HBS Working Paper, 2007, 08-007.

[29] Farjoun, M.. The independent and joint effects of the skill and physical bases of relatedness in diversification [J]. Strategic Management Journal, 1998, 19 (7).

[30] Geiger, S. W., and Cashen, L. H.. A multinational examination of slack and its impact on innovation [J]. Journal of Managerial Issues, 2002, 14 (1).

[31] Hall, E. H., and John, C. H.. A methodological note on diversity measurement [J]. Strategic Management Journal, 1994, 15 (2).

[32] Hambrick, D. C., and Mason, P. A.. Upper echelons: The organization as a reflection of its top managers [R]. Academy of Management Review, 1984, 9 (2).

[33] Jacquemin, A., and Berry, C.. Entropy measure of diversification and corporate growth [J]. Journal of Industrial Economics, 1979, 27 (4).

[34] Jensen, M. C.. Agency costs and free cash flow, corporate finance, and takeovers [R]. American Economic Review, 1986, 76 (2).

[35] Jensen, M. C., and Murphy, K. J.. Performance pay and top-management incentives [J]. Journal of Political Economy, 1990, 98 (2).

[36] Jensen, M., and Meckling, W.. Theory of the firm: Managerial behavior, agency costs and ownership structure [J]. Journal of Financial Economics, 1976, 3 (4).

[37] Khanna, T., and Palepu, K. G.. Why focused strategies may be wrong for emerging markets [R]. Harvard Business Review, 1997, 75 (4).

[38] MacCallum, R. C., Browne, M. W., and Sugawara, H. M.. Power analysis and determination of sample size for covariance structure modeling [J]. Psychological Methods, 1996, 1 (2).

[39] March, J.. Interview in Stanford GSB (Graduate School of Business, Stanford University, Stanford, CA), 1979.

[40] March, J. G., and Simon, H. A.. Organizations [M]. New York: Wiley, 1958.

[41] Miller, K., and Leiblein, M.. Corporate risk-return relations: Returns variability versus downside risk [J]. Academy of Management Journal, 1996, 39 (1).

[42] Montgomery, C. A.. The measurement of firm diversification: Some more empirical evidence [J]. Academy of Management Journal, 1982, 25 (2).

[43] Montgomery, C. A., and Wernerfelt, B.. Diversification, Ricardian rents, and Tobin's q [J]. Rand Journal of Economics, 1988, 19 (4).

[44] Muthén, L. K., and Muthén, B. O.. Mplus User's Guide, Fifth Edition [M]. CA: Los Angeles, 2007.

[45] Nohria, N., and Gulati, R.. Is slack good or bad for innovation? [J]. Academy of Management Journal, 1996, 39 (5).

[46] Palepu, K. G.. Diversification strategy, profit performance, and the entropy measures [J]. Strategic

Management Journal, 1985, 6 (3) .

[47] Park, C.. Prior performance characteristics of related and unrelated acquires. Strategic Management Journal, 2003, 24 (5) .

[48] Penrose, E. T.. The theory of the growth of the firm (3rd edition) [M]. New York: Wiley & Sons, 1959.

[49] Peteraf, M. A.. The cornerstones of competitive advantage: A resource – based view [J]. Strategic Management Journal, 1993, 14 (3) .

[50] Ramaswamy, K., Li, M. F., and Veliyath, R.. Variations in ownership behavior and propensity to diversify: A study of the Indian corporate context [J]. Strategic Management Journal, 2002, 23 (4) .

[51] Rumelt, R. P.. Strategy, structure and economic performance [M]. MA: Cambridge, Harvard University Press, 1974.

[52] Sharfman, M. P., Wolf, G., Chase, R. B., and Tansik, D. A.. Antecedents of organizational slack [R]. Academy of Management Review, 1998, 13 (4) .

[53] Shleifer, A. R., and Vishny, R. W.. Large shareholders and corporate control [J]. Journal of Political Economy, 1986, 94 (3) .

[54] Singh, J. V.. Performance, slack, and risk taking in organizational decision making [J]. Academy of Management Journal, 1986, 29 (3) .

[55] Tan, J., and Peng, M. W.. Organizational slack and firm performance during economic transitions: Two studies from an emerging economy [J]. Strategic Management Journal, 2003, 24 (13) .

[56] Teece, D.. Towards an economic theory of the multiproduct firm [J]. Journal of Economic Behavior and Organization, 1982, 3 (2) .

[57] Thompson, J. D.. Organizations in Action [M]. New York: McGraw-Hill, 1967.

[58] Wernerfelt, B.. A resource based view of the firm [J]. Strategic Management Journal, 1984, 5 (2) .

Do Chinese Firms Prefer Diversification When They Have Organizational Slack?
The Governance Role of the Biggest Shareholder

Jia Liangding[1]   Zhou Jieyu[2]   Chen Yongxia[3]   Wan Guoguang[4]   Lu Qian[5]

(1, 2, 3, 4, 5   Management School of Nanjing University   Nanjing   210093)

Abstract: Do Chinese firms prefer diversification when they have organizational slack? Does the biggest shareholder really matter in the corporate governance? Integrating the theory of firm growth with the principal – agency theory, we inquire the relationship between organizational slack and firm diversification, and the moderating role of the biggest shareholder. Using three year data of 221 listed manufacturing companies from 6 provinces of China, the analysis results show that whether Chinese companies prefer diversification depends upon the kind of organizational slack. The companies are prone to diversifying when they have recoverable slack which is indivisible and embedded in the production process of the companies; while the companies tend to reinvest their traditional business area if they have the potential slack which can be borrowed from their stakeholders or the available slack which is can been immediately used. The biggest shareholder really matters in the corporate governance. For the first kind of the slack, the biggest shareholder who holds institutional share will put the company into more diversification than the biggest one who holds non-institutional share does, while for the other two kinds of the slack, the biggest shareholder who holds institutional share will restrict the company within less diversification than the biggest one who holds non-institutional share does, and the more percentage of institutional share the biggest one holds, the stronger negative relationship between the slack and diversification.

Key words: Organizational slack; Diversification; The biggest shareholder; Corporate governance

服务外包对中国企业的财务绩效影响研究[*]

——以银行业为例

● 田毕飞[1] 任桉[2]

(1, 2 中南财经政法大学工商管理学院 武汉 430073)

【摘 要】本文在梳理国内外服务外包文献的基础上，结合中国服务外包的特点与现状，以中国银行业为例，选取14家中国上市银行的数据，将ROA作为银行财务绩效的衡量标准，将银行ITO相关数据用于测算外包，构建了服务外包对中国银行业财务绩效影响的面板模型，探讨了服务外包对中国企业财务绩效的作用并提出了相关管理建议。

【关键词】服务外包 企业绩效 面板模型

1. 引言

近年来，企业出于战略规划、成本控制、增强核心竞争力等原因纷纷扩大了服务外包的范围，服务外包发展迅猛。毕马威会计师事务所更预测，2010年仅就金融服务领域而言，知识流程外包的市场规模将达到50亿美元。外包这种经营方式，从开始只是降低成本的手段，到现在已经被许多企业运用为一种重要的达到优化自身商业模式的方式。

企业采取服务外包这种经营模式最终是为了使企业提高其竞争力和整体绩效。但现实情况是，一些企业进行服务外包后竞争力得到提高，整体绩效有所改善；而另一些企业进行服务外包后不但没有提高绩效，还影响到企业的生存前景。Information Week于2006年对420家公司IT专家的调研结果显示，50%的IT专家认为公司的外包是有效的，有1/3的专家保持中立态度，而有17%的专家认为公司的外包没有任何作用。

基于上述现象，有必要就中国企业服务外包对企业绩效的影响效果作进一步的分析，在测定中国发包企业绩效的基础上，提供相应的改进政策和建议，使中国的发包企业能更有效地监管和利用外包。

2. 概念阐述与文献回顾

外包的概念最早出现在《哈佛商业评论》中的《企业核心竞争力》一文中，由美国管理学家Prahalad和Hamel提出。随着外包活动的发展，外包根据转移对象的差异又可分为制造业外包和服务外

---

* 本文是教育部人文社科青年项目"创业者的性格特质对创业机会识别的影响：中美两国的比较研究"（项目批准号：09YJC630226）；中南财经政法大学青年教师基本科研项目"中国中小企业国际创业研究"（项目批准号：31541010801）的阶段性成果。

包。转移对象属于零部件组装活动或制造加工的称为制造业外包；转移对象属于投入的服务性活动则为服务外包。从广义上讲，服务外包指根据服务协议，将一项或多项服务的开发或持续管理授权给第三者实施。

企业绩效即企业的成绩与效益。Lee H. 和 Lee J.、Krishnan 和 Mayer 指出大多数文献从企业的经济表现来测量企业绩效。White 和 Liu 将财务绩效指标分为两类：一类是规模，主要包括产量、销售额、利润等；另一类是效率，主要有投资回报率、留存利润率及销售额收益率。

服务外包对企业绩效产生的影响在西方学术界并未形成一致看法①。西方学者的研究成果主要有三种观点：第一，服务外包能够提高企业绩效或者服务外包与企业绩效呈正相关关系。如果将公司业务分为核心业务和外围业务，那么外包外围业务将提高企业绩效。Bettis、Quinn、D'Aveni 和 Rafenscraft 都支持此观点。外围业务外包有助于企业提高核心业务能力、降低企业成本和提高外包业务服务质量，这些因素都推动了企业绩效的提升。第二，服务外包会降低企业绩效或者服务外包与企业绩效呈负相关。Kotabe 认为核心业务外包使企业创新能力下降进而导致绩效下降；Prahalad 和 Hamel、Quinn 则认为外包商的竞争是绩效下降的原因。Lowson 通过对零售业的调查，得出外包不能够使企业达到预期目标。第三，服务外包与企业绩效并无明显关系。Gilley 和 Rasheed 认为，企业在稳定的环境下运作时或者实行低成本战略时，外包与企业绩效呈正相关；企业实行差异化战略时，外包与企业绩效为负相关。虽然企业战略与环境动态对外包与企业绩效的关系有影响作用，但外包对企业整体绩效却无显著影响。Gorg 和 Hanley 也表示，实物外包与企业绩效呈正相关，而服务外包与企业绩效呈负相关，但这种负相关关系不显著。

随着服务外包在中国的发展，不少国内学者也对服务外包与企业绩效的关系进行了分析研究，但采用实证方法研究服务外包的文献较少，其中有代表性的是李静、宋丽丽、王万山和胡晓等。与这些文献不同的是，本文力求通过对金融业中的银行业的实证分析，运用中国上市银行年报中的相关数据对企业服务外包和财务绩效进行计量，从发包方的角度衡量服务外包对金融企业的绩效影响，进而为其他行业的企业进行外包提供措施建议。

3. 服务外包对企业财务绩效的影响——基于中国银行业的实证分析

目前，中国参与服务外包发包的企业相对较少，而且企业所处的行业主要集中在 IT 和金融业。并且中国 IT 业进行服务外包的多为接包方，不能作为研究企业绩效的对象。因此，本文拟选择作为发包方的中国银行业为研究对象，分析服务外包对银行业财务绩效的影响。

3.1 变量的选取

首先，本文选取资产收益率（ROA）作为回归模型中的被解释变量。资产收益率越高，说明银行的盈利能力越强，也就说明银行的财务绩效越好。

其次，服务外包的测量。以往大多文献都采取外包强度来测量外包②。这种方法需要掌握企业外包的精确数据，然而，包括银行在内的绝大部分企业由于安全性和竞争力等方面的考虑，不会向外界公布本企业外包的数据，这为相关研究带来了不少障碍。由于 ITO 在中国银行业发展较快，而银行业 ITO 中，系统和设备的运营维护外包在各个银行都较为普及，能够进行横向比较。因此，本文拟将中国上市银行年

---

① 徐姝. 西方业务外包研究成果评介 [J]. 外国经济与管理，2003，12：15.

② Gilley, K. M., and Rasheed, A.. Making more by doing less: An analysis of outsourcing and its effects on firm performance [J]. Journal of Management, 2000, 26：56.

报中的设备运转费等反映系统设备运营外包金额的会计项目，再将外包金额除以总资产，得到外包金额在总资产中所占比重，并将这一比率作为测度外包的指标。

最后，关于控制变量的选取。本文选取了存贷比等作为控制变量（见表1），研究在这些控制变量的作用下，服务外包和银行绩效之间的关系会发生怎样的变化。

表1　　　　　　　　　　　　　　　　　本文面板模型控制变量

变量名	计算方式
存贷比 LD	（期末发放贷款总额÷期末吸收存款余额）×100%
手续费及佣金净收入对营业收入比率 CR	（手续费及佣金净收入÷营业收入比率）×100%
核心资本充足率 CC	根据中国银监会《商业银行资本充足率管理办法》计算
不良贷款率 BL	（期末不良贷款余额÷期末发放贷款总额）×100%
股东权益比 EA	（总权益÷总资产）×100%
GDP 增长率 GDP	GDP 增长率

资料来源：作者整理

3.2　数据收集

本文选取了 2000—2008 年在中国大陆上市的 14 家银行作为研究对象。这些银行包括：中国建设银行、中国工商银行、中国银行、交通银行等四家国有商业银行；招商、华夏、民生、深发、浦发、兴业、中信等七家股份制商业银行；北京银行、南京银行、宁波银行等三家城市商业银行。所有变量的数值均从各家银行在上交所或深交所发布的年报中提取。GDP 增长率来源于国际货币基金组织数据库和世界银行数据库。

需要说明的是，由于各家银行在中国大陆上市的时间不同，本文所建立的面板模型存在部分数据缺失的现象，因而获得的数据只能建立非平衡面板模型。

3.3　模型的建立

本文通过搜集各家银行 2000—2008 年年报中的相关会计科目得到外包数据，并由此计算模型的控制变量和被解释变量。本文统一使用中国大陆会计准则计算，各项数据均使用减除损失准备、计提等之后的账面价值，使其具有可比性。本文所建立的模型如下：

$$Z_{i,t} = \alpha + \beta O_{i,t} + \gamma \mathrm{BKCTRL} + \varepsilon_{i,t} \tag{1}$$

其中，$Z_{i,t}$ 表示被解释变量，指 i 银行第 t 年的财务绩效，即资产收益率（ROA）。α 为非平衡面板模型的截距项，也是待估系数。$O_{i,t}$ 指 i 银行第 t 年的系统设备运营维护外包合同金额。BKCTRL 指表1中的所有控制变量。$\varepsilon_{i,t}$ 是随机误差项，假定它们之间满足互相独立、零均值和同方差的条件。

3.4　实证结果分析

首先，为了避免伪回归的情况出现，本文运用单位根检验法对面板数据模型做平稳性检验，结果如表2所示：

表2　　　　　　　　　　　　　　　　　　　面板模型单位根检验结果

变量	Levin，Lin and Chu t 检验	Breitung t 检验	Im，Pesaran and Shin W 检验	ADF Fisher Chi-square 检验	PP Fisher Chi-square 检验	Hadri Z 检验	结论
D（ROA）	0.0047	0.2396	0.3434	0.1754	0.1067	0.0001	平稳
D（OA）	0.0015	0.3213	0.3175	0.3766	0.2362	0.0006	平稳
D（LD）	0.0001	0.0656	0.0001	0.0001	0.0001	0.0001	平稳
D（CR）	1.4251	3.9154	3.2863	1.8372	1.3957	0.5722	非平稳
D（CC）	0.0017	0.3817	0.2288	0.1550	0.0198	0.0001	平稳
D（BL）	0.0001	0.3830	0.0001	0.0001	0.0015	0.0061	平稳
D（EA）	0.0001	0.2325	0.0928	0.0530	0.0001	0.0001	平稳
D（GDP）	1.2721	2.8473	2.7365	1.7045	1.4705	0.3890	非平稳

资料来源：作者从 eviews5.0 中整理得出。

由于表 2 中的所有变量都在水平序列上存在单位根，因此对所有变量进行一阶差分。一阶差分后，除了 CR 和 GDP，其他变量都拒绝了原假设，即存在单位根。因此，需要对 CR 和 GDP 进行二阶差分。由于二阶差分后 D（CR）和 D（GDP）这两个变量的经济意义将难以解释，因此，需要修正模型（1），去除 CR 和 GDP 这两个变量。修正后的面板模型将符合 ROA、OA、LD、CC、BL 和 EA 均为一阶单整的同阶单整状态。

其次，对模型进行协方差检验以确定模型使用不变参数模型、变截距模型还是变参数模型。该检验主要有以下两个假设：

H_1：$\beta_1 = \beta_2 = \cdots = \beta_N$

H_2：$\alpha_1 = \alpha_2 = \cdots = \alpha_N$

$\beta_1 = \beta_2 = \cdots = \beta_N$

给定假设 H_2 和 H_1 下分别的 F 统计量（S_1 为变参数模型的残差平方和；S_2 为变截距模型的残差平方和；S_3 为不变参数模型的残差平方和；N 为个体数，T 为时间截面数，k 为解释变量个数）：

$$F_2 = \frac{(S_3 - S_1)/[(N-1)(k+1)]}{S_1/(NT - N(k+1))} \sim F[(N-1)(k+1), N(T-k-1)] \tag{2}$$

$$F_1 = \frac{(S_2 - S_1)/[(N-1)k]}{S_1/(NT - N(k+1))} \sim F[(N-1)k, N(T-k-1)] \tag{3}$$

如果得到的 F_2 的值不小于给定置信水平下的相应临界值，则拒绝假设 H_2，继续检验假设 H_1。相反，接受 H_2 则表示模型为不变参数模型。如果 F_1 的值不小于给定置信水平下的相应临界值，则拒绝假设 H_1。如果接受 H_1，则表示模型是变截距模型。如果拒绝 H_1，则表示模型是变参数模型。通过 eviews5.0 我们得到三种模型的残差平方和：$S_1 = 1.189250$，$S_2 = 1.356357$，$S_3 = 1.939947$。

根据公式（2）和公式（3）计算出来的 F 统计量分别为：

$F_1 = 1.06$　　　$F_2 = 2.38$

在给定 5% 的显著性水平下，得出相应的临界值为：

$F_{\alpha1}(13, 98) = 1.875$　　　$F_{\alpha2}(26, 98) = 1.655$

由于 $F_2 > 1.655$，因此拒绝 H_1；又由于 $F_1 < 1.875$，因此接受 H_0，该模型为变截距模型。

最后，选择面板数据模型的形式，即在混合估计模型、固定效应模型和随机效应模型三种形式中作出选择。为此，本文分别用上述三种形式的模型对被解释变量做回归。回归结果如表3所示：

表3   **面板数据模型回归结果**

变量名称	模型		
	混合估计模型	固定效应模型	随机效应模型
	资本回报率 D（ROA）		
截距项		0.107046 （2.832308）	0.111803 （3.225342）
外包变量			
外包/资产 D（OA）	−1.329738 （−3.838057）	−1.035751 （−2.646895）	−0.552960 （−2.504143）
控制变量			
存贷比 D（LD）	0.010822 （3.188631）	0.011426 （3.058016）	0.009225 （2.718912）
核心资本充足率 D（CC）	−0.066597 （−5.926932）	−0.035032 （−2.418351）	−0.033493 （−2.492185）
不良贷款率 D（BL）	0.017522 （2.750042）	0.056668 （3.360775）	0.056324 （3.663651）
股东权益比 D（EA）	0.148653 （5.643467）	0.077392 （2.362233）	0.081858 （2.666735）
总观测值数	73	73	73
银行数	14	14	14
调整 R^2	0.777472	0.892245	0.786360
P 值	0.008547	0.018471	0.015738

资料来源：作者从 eviews5.0 中整理得出；括号中为 t 值。

从表3三种模型的回归结果中可以看出，外包资产比 D（OA）对因变量资产回报率 D（ROA）的解释（R^2 = 0.78 ~ 0.89，P = 0.009 ~ 0.02）都显著为负（D（OA）= −0.55 ~ −1.33），并且都通过了显著性水平为5%下的 t 检验。这说明，外包对银行绩效有负作用，不利于银行盈利。如果将三种模型的结果相互比较，则会发现虽然混合估计模型和固定效应模型中 D（OA）的系数都小于−1。但混合估计模型假定个体间从时间和截面上看都不存在显著差异，而模型中的各家银行间发展规模和体制都有显著差异，所以该种模型仍然有缺陷。固定效应模型对于宽而短的面板数据模型会损失较多的自由度。因此，随机效应模型中估计出的系数应该较为准确。

根据上述分析，本文认为系统设备运营维护外包对中国银行业的财务绩效产生了负面影响。但这种负面影响是基于部分ITO的，因此，不能由此推断出服务外包整体也会对中国银行业的财务绩效产生负面影响。

事实上，服务外包与银行业绩效负相关有可能是由银行业的特殊性质决定的。首先，银行业是一个系统安全和业务实时性非常重要的行业，系统安全与业务中断给银行业带来的风险远大于其投入，这就决定了银行即使投入再多的成本也要确保系统安全和业务实时性。由于受银行业自身人员技术能力及设备备品备件限制，不得已将一些系统设备的营运维护服务保障业务外包给服务供应商，而目前实力较强的系统级服务供应商（如IBM、HP、CISCO）还是稀缺资源，服务费用较高，从而导致财务绩效产生了负面影响。如果服务费用降低，则上述三种模型的回归结果对财务绩效产生的也许就是正面影响。此外，银行为保障数据的安全性，在需要进行系统维护时，不仅需要外包服务商的工程师到场，而且还需要银行相关人员到场协调、监督。因此，效率下降和成本上升也就随之而来。其次，由于银行业务种类繁多，千变万化，服务供应商有可能在接到外包合同之后并没有全面理解银行业务，从而导致外包业务的交付成果不能按期完成或交付成果的使用效果不能达到预期水平，如业务系统开发常常会遇到这类的问题。

4. 中国企业发展服务外包的建议

目前，中国银行业进行的外包主要集中在ITO方面①。这种情况存在两个问题：一方面，银行业由于其特殊性，对信息技术的要求较高，因此，信息技术不仅仅是银行的支持业务，而且更是未来发展的核心竞争力。将这种业务外包，银行有可能要承受丧失核心能力和创新能力的风险。另一方面，对于银行业中已经进行的外包活动，大部分外包合同都存在着管理方面的缺陷。有鉴于此，本文认为，以中国银行业为代表的中国发包方企业可以从以下几个方面改善服务外包对企业绩效的影响：

4.1 完善人员培训

目前，企业外包活动中的参与者大多是即将外包出去的职能部门的人员，这些人员大部分缺乏对外包活动的调研、谈判、监督和评估等环节的知识和管理能力。这种知识上的欠缺表现在：对外包的认识处于初级阶段，不能清楚地区分到底什么业务能够外包；对企业自身和外包活动比较了解，但对外包市场环境没有准确的认识。

因此，企业需要从各个层次培养企业相关人员的外包知识和能力。首先是对企业高级管理人员的培训。企业的高层管理人士要能够从战略高度认识外包为企业带来的价值，并能够制定业务活动外包与否的标准。其次是对企业中层管理干部的培训。中层管理干部一般负责具体外包项目的管理，因而需要掌握外包管理的方法。培训的重点应放在外包管理体系的介绍和应用。最后就是对基层人员的培训。基层人员因为和外包接包商接触较多，应该侧重对其外包活动的执行力的培训。这包括外包合同的谈判能力、合同执行时监管和评估的能力以及外包合同结束后总结经验反馈到上级进而订立更完善的外包制度的能力。

4.2 建立立项机制

一项外包活动是否能给企业提升绩效需要从外包项目初始规划时就做出评估。错误的评估不仅使外包偏离了企业的整体发展规划，更会对企业绩效带来负面影响。大多数企业在进行外包活动初始时，并

① 李哲．银行软件系统外包原因和现状［J］．科技信息，2009，3：30.

没有明确的机制决定外包项目是否应该立项，这就在根源上为外包活动造成了隐患。

立项机制应该从定性和定量两方面建立。定性方面指从企业战略角度和自身能力方面衡量哪些业务应该外包，从项目的可行性与必要性评价研究，建立评价模型，在开发立项环节事前考虑成本管理内容及要求。由于各个企业的性质和外包的内容都不尽相同，因此这类机制需要符合企业个体的特性。定量方面以成本管理为主。成本管理主要是对外包活动进行投入产出分析，投入部分包括管理费用、财务费用、人员费用等方面。银行业目前进行外包计算成本时，往往只包含了外包支付金额，而没有包含银行相关人员的管理费用、谈判费用等投入。因此，需要建立相关定量评价模型，对成本核算做全面的分析，变事后财务管理监督为事前源头战略成本管理，完善外包的激励约束机制、成本分担和项目启动联动机制。

由于一些企业本身在成本控制和制度建设等专业领域缺乏相应技能，建立立项机制这一措施实际上也可以外包给咨询公司等接包商完成。这一外包活动的可行性还表现在建立立项机制是一次性完成后具有长期效应的，因此这种长期效应可以减免企业外包立项机制消耗的费用。

4.3 加强过程管理

一些外包活动常常在合同签署之后没有继续跟进，从而使得发包方丧失了外包业务的控制权，导致外包效率低下。因此，对外包活动的过程管理是提升外包效率、完善外包质量的关键。过程管理的主要内容是风险控制和绩效考核。

银行业由于其经营货币和负债经营的特点，需要强化风险控制，这就决定了银行业对接包商的信任程度与外包活动能否顺利开展有直接关系。因此，银行业需要从两个方面控制这类风险：首先是前期的调查工作。外包接包方要拥有相关的外包经验、良好的信誉口碑、专业的外包项目团队以及可接受的报价和先进的管理体系。其次是在外包合作的过程中，银行应尽量与接包商建立一致的目标，加强外包过程中的沟通和协商。

绩效考核应该从内部发包方和外部接包方两个方面去考核。内部发包方的考核主要是对外包相关人员的绩效考核。这包括两个层次：第一层是对外包活动的内部执行人员进行考核，包括外包合同执行情况、监督效果、有无重大差错等。这样可以使内部执行人员受到监管，进而监督外包接包商的服务质量。第二层是对外包活动的内部管理人员进行考核。这些管理人员一般负责外包合同的管理和评估，这就需要第三方来鉴定外包管理的成效。对外部接包方的考核分为三个阶段：第一个阶段是在外包合同谈判时考核外包接包方的能力、报价、合同签署条件等方面。第二个阶段是合同执行期间外包接包商的服务质量。第三个阶段是外包合同结束后，对外包合同实施的效果进行评定，从而对内部相关人员实施绩效奖惩措施。

4.4 改善关系管理

发包方与接包方在外包合作过程中，能够从最初的合作关系逐渐演进为战略伙伴关系。就理论而言，双方进展为战略伙伴关系后，外包的服务质量、协商机制等各方面都会日益成熟。但实际上，一些接包方在与发包方培养了长期稳定关系之后，发包方就对其产生了一定程度的依赖性。而接包方有时会利用这种依赖性，懈怠服务质量的改进和管理水平的提高。因为发包方往往不会在这个时期更换其他接包方。因此，发包方应该从合同建立初始时就引进两个或多个接包方，使它们形成相互竞争的局面。同时，在合同中规定如果某一接包方达不到考核指标，就需退出外包合同并将自己的部分转交其他接包方，或者承接的外包金额相应缩减，从而提高接包方的竞争意识和服务意识。

由于银行业的数据安全非常重要，严格保密的外包合同以及专利的注册便成为不可或缺的风险控制手段。这类特点要求银行与接包方签署合同时清晰地明确双方的责任、义务以及违背合同保密原则应接受的惩罚。同时，在外包合同执行过程中严密监控接包商提供的服务的质量，制定动态的考核标准。在接包方和银行共同开发某个项目后，银行需要及时注册项目中归属于银行的专利。这对于发包方和接包方建立持久的外包关系十分重要。

（作者电子邮箱：tianbifei@ foxmail. com；melanie. renan@ gmail. com）

参 考 文 献

［1］李静. 资源外包与企业竞争能力、企业绩效关系研究［D］. 浙江大学硕士学位论文，2006.

［2］宋丽丽. 跨国公司服务外包研究：东道国和承接方视角［D］. 复旦大学博士学位论文，2008.

［3］王万山，胡晓. 中国商业银行服务外包对财务绩效的影响——基于面板数据模型的实证分析［J］. 山西财经大学学报，2008，8.

［4］李哲. 银行软件系统外包原因和现状［J］. 科技信息，2009，3.

［5］徐姝. 西方业务外包研究成果评介［J］. 外国经济与管理，2003，12.

［6］Prahalad, C. K., and Hamel, G.. The core competence of the corporation［J］. Harvard Business Review, 1990, 4.

［7］Lee, H., and Lee, J.. Managing user performance for a corporate network［J］. Information and Management, 1995, 3.

［8］Krishnan, V. S., and Mayer, R. C.. Performance, Capital structure and home country: An analysis of Asia corporations［J］. Journal of Management, 1997, 6.

［9］White, S., and Liu, X.. Organization processes to meet new performance criteria: Chinese pharmaceutical firms in transition［J］. Research Policy, 1998.

［10］Bettis, R., Bradley, S., and Hanel, G.. Outsourcing and industrial decline［J］. Academy of Management Executive, 1992, 4.

［11］Quinn, J. B.. Intelligent enterprise: A knowledge and service based paradigm for industry［M］. New York: Free Press, 1992.

［12］D' Aveni, R., and Ravenscraft, D.. Economies of integration versus bureaucracy costs: Does vertical integration improve performance?［J］. Academy of Management Journal, 1994, 2.

［13］Kotabe, M.. The relationship between offshore sourcing and innovativeness of U. S. multinational firms: An empirical investigation［J］. Journal of International Business Studies, 1990, 7.

［14］Lowson, H.. Offshore sourcing: An optimal operational strategy?［J］. Business Horizons, 2001, 6.

［15］Gilley, K. M., and Rasheed, A.. Making more by doing less: An analysis of outsourcing and its effects on firm performance［J］. Journal of Management, 2000, 26.

［16］Gorg Holger, and Aoife Hanley. International outsourcing and productivity: Evidence from plant level data［J］. Research Paper, University of Nottingham, 2003, 12.

Study of Outsourcing Effect on Chinese Firm Financial Performance
——Based on Bank Industry

Tian Bifei[1]　Ren An[2]

(1, 2 Business Administration School of Zhongnan University of Economics and Law　Wuhan　430073)

Abstract：This paper first summarizes relevant outsourcing theories that put forward by western and China scholars, then constructs a panel modal based on banking industry which combined Chinese outsourcing features. The panel modal uses 14 domestic public banks' data in annual report as raw data. ROA stands for bank performance, system and application maintenance in ITO divided by asset stands for outsourcing. Finally, the paper provides some suggestions for future outsourcing decision considering the panel modal result and also the actual situation of China.

Key words: Outsourcing; Firm performance; Panel model

珞珈管理评论［2011 年卷 第 2 辑（总第 9 辑）］ Luojia Management Review No. 2，2011（Sum. 9）

制造业与物流业联动发展的模式及关系研究
——基于 VAR 模型的脉冲响应函数及方差分解的分析

● 王珍珍[1] 陈功玉[2]

（1 福建师范大学经济学院 福州 350108； 2 中山大学岭南学院 广州 510275）

【摘 要】本文在产业共生理论的基础上探讨了制造业与物流业联动发展的模式，包括非对称性互惠共生模式、对称性互惠共生模式及二者的中间组织形态。进而引入 VAR 模型，对我国制造业与物流业联动发展的模式及二者的关系进行实证检验，得出以下结论：（1）ADF 检验发现，制造业与物流业均属于一阶单整序列，制造业与物流业的发展存在着长期协整的关系；（2）脉冲响应函数分析结果显示，制造业发展对物流业的拉动响应大于物流业发展对制造业的拉动响应；（3）方差分解结果显示，制造业发展对物流业的贡献程度大于物流业发展对制造业的贡献程度，双方对彼此的贡献程度均处于上升的趋势；（4）当前我国制造业发展对物流业的贡献程度大于物流业发展对制造业的贡献程度，二者之间在利益分配上属于非对称形式，制造业在利益分配中处于核心地位，获得主要的利润；（5）当前我国制造业与物流业的联动发展属于制造业推动型增长，物流业的作用并未得到充分的发挥。未来物流业可通过信息技术、物流联盟提高自身的水平进而提高对制造业的贡献程度，促进制造业的产业结构升级，政府应该加强对物流业的鼓励和支持，实现其与制造业的联动发展。

【关键词】制造业与物流业 联动发展 VAR 模型 脉冲响应函数 方差分解 产业共生模式

1. 引言

尽管制造业与物流业二者之间的内在联系由来已久，但随着制造业转型升级及转变经济增长方式的任务日益迫切，制造业与物流业的联动发展依然引起了理论界和实业界的高度关注。2009 年，《物流业调整与振兴规划》的出台极大地促进了制造业与物流业的联动发展，如长安民生联姻福特，宝供联姻福田，南方物流联姻 TCL，中储联姻中铁快运、中铁集运等（丁俊发，2010），但制造业与物流业在联动发展过程中的总体落实与推进的强度却比较弱，总体上是"雷声大、雨点小"（丁俊发，2010），导致这种现象的原因与二者在联动发展过程中的地位息息相关，这种地位所引起的主动与被动的关系影响着双方的利益分配。如何从产业层面对二者之间联动发展的关系及利益分配进行界定是二者能否实现联动发展以及如何实现联动发展的首要条件。在制造业与物流业联动发展过程中逐步形成了二者之间共同生存、协同进化的关系，共生单元之间相互作用或者相互结合的关系成了研究二者共生模式的主要切入点。共生模式包括共生组织模式和共生行为模式（袁纯清，1998），而共生行为模式是共生单元之间最为关心的话题，这种共生模式的差异以及共生模式之间的动态演化规律决定了共生单元之间利益分配的差异以及双方之间地位的转化。因此，对制造业与物流业联动发展模式的研究以及将其与二者之间的关系及利益分配联系起来有着重要的理论意义和实践价值。

2. 文献综述

在制造业与物流业关系的研究中，更多的是将物流业置于生产性服务业框架下，讨论制造业与生产性服务业之间的关系，这方面的研究已经达到比较成熟的阶段，主要观点有"需求遵从论"（Cohen 和 Zysman，1987；Rowthom 和 Ramaswamy，1999；Klodt，2000）、"供给主导论"（Pappas 和 Sheehan，1998；Karaomerlioglu 和 Carlsso，1999；Eswarran 和 Kotwal，2001）、"互动论"（Park 和 Chan，1989；Shugan，1994；Bathla，2003）和"融合论"（Park，1994；Windrum 和 Tomlinson，1999；Antonelli，2000；Tomlinson，2000；Drejer，2002；Banga 和 Goldar，2004）。他们通过引入柯布—道格拉斯生产函数、运用计量经济学、投入产出分析法、统计学等方法对制造业与生产性服务业之间的关系进行了深入的分析，但对制造业与物流业之间的关系研究甚少。这一方面的理论研究主要侧重于分析制造企业与物流企业之间合作的机理（王佐，2009；王珍珍和陈功玉，2009；王晓艳，2009）以及联动发展的模式（王珍珍和陈功玉，2009；彭本红，2010；吴群，2010）。实证研究中以案例分析的居多，Joseph W. K. Chan（2003）以香港制造业为例，基于因果分析方法，对制造业可采取的有竞争力的第三方物流战略进行了探讨。Ole Mortensen 和 Olga W. Lemoine（2007）总结了供应链与第三方物流进行整合的相关文献以及运作一体化的概念，对电子产品、机械制造等行业与第三方物流服务商之间的合作关系进行了对比研究。除此之外，还有部分学者通过统计分析方法、计量经济学、投入产出分析法等对二者之间的关系进行研究，徐学军（2008）对我国制造业与生产性服务业之间共生行为模式进行研究，其中，通过访谈问卷的方式也对部分的物流企业与制造业之间的关系进行了研究，指出其中的模式主要以非对称性互惠共生为主。王廷中（2002）计算出 1999 年制造业产值占全国的比重与二级以上公路比重的相关系数为 0.738，与内河航道综合密度的相关系数为 0.687。部分学者（韩晓丽等，2009；王珍珍和陈功玉，2009；李松庆和苏开拓，2009）运用灰色关联理论对地区性的制造业与物流业之间的联动发展协调程度进行了测算。

已有研究中对于制造业与物流业之间关系的理论分析的深度远不及制造业与生产性服务业之间关系研究的深度。同时，通过期刊网上检索词中输入题目分别为"制造业"、"生产性服务业"以及"制造业"、"物流业"可以看出，前者的总数共有 123 篇，其中，90% 以上的文章发表在核心期刊上。而后者检索出的总数共有 74 篇，但其中仅有 20% 左右的文章发表在核心期刊上，且核心期刊的层次远低于生产性服务业在核心期刊上发表的层次，这在一定程度上说明了对制造业与物流业之间联动发展的研究有待于进一步加强。

另外，在理论上关于制造业与物流业之间共生行为模式的探讨并没有通过实证研究的方法得出结论，而在实证研究制造业与物流业之间关系的文献中，主要是通过案例、协整检验、投入产出等方法分析了制造业与物流业之间的关系，但是并没有得出其相应的发展模式。为了进一步动态地分析物流业与制造业之间相互影响的程度以及这种影响程度所对应的发展模式，本文将在向量自回归模型（VAR）的基础上研究二者的动态关系，文章中的第三部分是理论模型的构建及分析，第四部分是对我国制造业与物流业对彼此的贡献程度进行的实证检验，最后是得出的结论及建议。

3. 理论模型

产业共生是生态学中的共生理论在产业领域的重要应用,其本质是企业间的长期合作关系,其包含三个方面:共生单元、共生模式及共生环境。袁纯清(1998)将共生模式进一步细分为共生组织模式和共生行为模式,其中共生组织模式是按照共生单元之间联系的程度进行划分,共生行为模式是从共生单元的利益分配角度划分,本文重点讨论了共生行为模式。在制造业与物流业联动发展的共生行为模式中,王珍珍和陈功玉(2009)、彭本红(2010)等人已经分析了偏利共生模式、非对称性互惠共生模式及对称性互惠共生模式达到稳定性均衡的条件。本文将在此基础上,对这些模式之间的相互关系作进一步的分析,以期为下文的实证检验提供理论基础。

制造业与物流业联动发展的模式中,双方之间的互惠关系产生新的能量,这种能量在共生单元之间进行分配,存在着双向的利益交流机制。即联动发展过程中,物流业的发展有利于制造业降低运营成本、节省费用及提高效率,正如日本学者并木信义(1990)所提出的,在国际竞争的舞台上相互角逐的是制造业的产品,而服务业则是在制造业背后间接地规定着制造业的竞争力(刘志彪和郑江淮,2008)。其中,运输成本的降低通过市场传导机制,促进了产业(制造业)集聚(克鲁格曼,1995),物流服务水平的提升有利于改善制造业处于价值链低端的局面,从而提升企业的生产率。而制造业的发展,释放了物流需求(李善同和高传胜,2008),专业化的分工模式带来了物流业规模的扩大,为现代物流提供的先进技术装备,从而提高了物流业本身的运作效率(刘志彪和江静,2008)。但在发展过程中,二者之间的利益分配却是双方长期关注的问题,在物流外包市场上,制造企业往往处于相对主动和比较优势的位置,而物流企业在某种程度上处于被动的地位(王佐,2009),将可能最终阻碍制造业的发展,所以有必要分析不同利益分配模式下达到稳定性的共生条件及现实解释。

3.1 非对称互惠共生模式

非对称互惠共生模式也称为中心外围模式,即制造企业在共生关系中处于核心地位,力量比物流企业强得多,通过规模优势,吸引物流业与之建立互利共生的关系,其产出符合 Logistic 增长规律。物流业则不能脱离制造业而独立存在,从而形成了以制造业为中心,以物流业为依托的"中心外围模型",若没有制造业的物流外包业务,则物流业将无法单独存在,其产出水平将逐步减少并趋于零,因此,其增长曲线满足式(1):

$$\frac{\mathrm{d}y_L}{\mathrm{d}t} = - r_L y_L \tag{1}$$

制造业的存在有利于物流业扩大市场规模,稳定市场需求,这样物流业的产出水平可以进一步描述为:

$$\frac{\mathrm{d}y_L}{\mathrm{d}t} = r_L y_L \left(- 1 - \frac{y_L}{K_L} + \delta_{ML} \frac{y_M}{K_M} \right) \tag{2}$$

物流业的发展有利于制造业提高生产效率,因此,制造业的产出水平可以描述为:

$$\frac{\mathrm{d}y_M}{\mathrm{d}t} = r_M y_M \left(1 - \frac{y_M}{K_M} + \delta_{LM} \frac{y_L}{K_L} \right) \tag{3}$$

其中,δ_{LM} 表示物流企业的自然增长饱和度对制造业的产出水平增长的贡献,δ_{ML} 表示制造业的自然增长饱和度对物流企业的产出水平增长的贡献,$\delta_{LM} > 0$,$\delta_{ML} > 0$。

将式(2)和式(3)联立,转化为代数方程组为,

$$\begin{cases} f(y_M,\ y_L) \equiv r_M y_M \left(1 - \dfrac{y_M}{K_M} + \delta_{LM} \dfrac{y_L}{K_L} \right) = 0 \\ g(y_M,\ y_L) \equiv r_L y_L \left(-1 - \dfrac{y_L}{K_L} + \delta_{ML} \dfrac{y_M}{K_M} \right) = 0 \end{cases}$$

求解得到其均衡点为：$P_1(K_M,\ 0)$，$P_2(0,\ K_L)$，$P_3(0,\ 0)$，$P_4\left(\dfrac{K_M(1-\delta_{LM})}{1-\delta_{LM}\delta_{ML}},\ \dfrac{K_L(-1+\delta_{ML})}{1-\delta_{LM}\delta_{ML}} \right)$

根据非对称性互惠共生的含义，可知仅在 $P_4\left(\dfrac{K_M(1-\delta_{LM})}{1-\delta_{LM}\delta_{ML}},\ \dfrac{K_L(-1+\delta_{ML})}{1-\delta_{LM}\delta_{ML}} \right)$ 满足条件，可对其进行

一阶泰勒展开可得在此点处的稳定性条件为 $0 < \delta_{LM} < 1$，$\delta_{ML} > 1$，$0 < \delta_{LM}\delta_{ML} < 1$ [1]。

从稳定性条件中可知，在非对称互惠共生模式下，物流业对制造业的贡献相对来说比较小，这主要是因为制造业周围存在着大量提供相似服务的物流业，物流业数量众多但总体规模较小，制造业选择的机会比较多；而制造业对物流业的贡献程度比较大，这主要是因为制造业在其中占据着核心地位的作用，制造业规模大，其向物流业下的订单往往就是物流业的订单总量或者占据了订单总量很大的一部分，促进了物流业的发展。如 1994 年，宝供仓储成立之初，其与宝洁的关系就是属于典型的非对称性互惠共生模式，宝洁给宝供的业务量占了宝供业务总量的 90% 以上，很多人将"宝供"理解为"为宝洁供应"，从中也可以看出宝供在业务发展上对宝洁的高度依赖。

3.2 对称式互惠共生模式

对称性互惠共生模式也称为平等型共生是指二者之间达成紧密合作关系，彼此间相互获利，且对对方的贡献程度比较均衡。制造业与物流业的产出水平分别满足以下关系式：

$$\frac{dy_M}{dt} = r_M y_M \left(1 - \frac{y_M}{K_M} + \delta_{LM} \frac{y_L}{K_L} \right) \tag{4}$$

$$\frac{dy_L}{dt} = r_L x_L \left(1 - \frac{y_L}{K_L} + \delta_{ML} \frac{y_M}{K_M} \right) \tag{5}$$

将式（4）和式（5）联立，转化为代数方程组为，

$$\begin{cases} f(y_M,\ y_L) \equiv r_M y_M \left(1 - \dfrac{y_M}{K_M} + \delta_{LM} \dfrac{y_L}{K_L} \right) = 0 \\ g(y_M,\ y_L) \equiv r_L y_L \left(1 - \dfrac{y_L}{K_L} + \delta_{ML} \dfrac{y_M}{K_M} \right) = 0 \end{cases}$$

求解出平衡点为

$$P_1(K_M,\ 0),\ P_2(0,\ K_L),\ P_3(0,\ 0),\ P_4\left(\frac{K_M(1+\delta_{LM})}{1-\delta_{LM}\delta_{ML}},\ \frac{K_L(1+\delta_{ML})}{1-\delta_{LM}\delta_{ML}} \right)$$

对微分方程在平衡点进行一阶泰勒展开可得模型稳定下的条件：

当 $0 < \delta_{LM} < 1$，$0 < \delta_{ML} < 1$ 时，其达到的稳定点为 $P_4\left(\dfrac{K_M(1+\delta_{LM})}{1-\delta_{LM}\delta_{ML}},\ \dfrac{K_L(1+\delta_{ML})}{1-\delta_{LM}\delta_{ML}} \right)$，即双方对彼此的贡献程度相对来说都比较小，可达到系统稳定性的状态。对称性互惠共生模式是系统发展的一种理想状态，但多数情况下无法达到这种状态，非对称性互惠共生模式更是系统的常态。

---

[1] 稳定性点具体的推导过程可参考"王珍珍，陈功玉. 基于 Logistic 模型的制造业与物流业联动发展模式研究［C］. 中国管理科学. 第十一届中国管理科学学术年会论文集，2009."

3.3 从非对称互惠共生过渡到对称性互惠共生模式的中间组织形态

传统的共生模式中主要讨论了非对称性互惠共生和对称性互惠共生两种模式（部分文献中还讨论了偏利共生模式），当然，在非对称性互惠共生模式下，物流业不能独立于制造业而存在，双方之间的利益分配非对称，制造业赚取大部分的利益；在对称性互惠共生模式下，物流业可以独立存在且双方之间的利益分配对称。但在现实生活中，不乏存在如下情况：在从非对称互惠共生模式过渡到对称性互惠共生模式过程中，物流业随着自身实力的增强，可以单独存在，如现实生活中物流业不仅仅与制造业发生业务上的联系，与许多的零售企业也有业务往来，但物流业还没有增强到足以同制造业相抗衡的地位，这时候双方之间的关系属于从非对称性互惠共生模式往对称性互惠共生模式转化的中间组织形态。即双方之间的紧密合作程度以及获利程度存在差异，作为这样的一种中间组织形态，其模型的构建与对称性互惠共生模式一致，差别在于贡献系数存在差异。因此，本文认为产业共生发展过程中除了存在偏利共生这种从寄生过渡到非对称互惠共生的中间组织形态之外，还存在着从非对称性互惠共生过渡到对称性互惠共生的中间组织形态，这种形态与偏利共生并不完全一样，在此情况下，制造业与物流业可以单独存在，但双方对彼此的贡献程度存在差异，而这种差异又没有像在非对称互惠共生模式下的差异那么大。所以，当 $0 < \delta_{LM} < 1, 0 < \delta_{ML} < 1$ 时，其达到的稳定点与对称性互惠共生时候的稳定点一样，根据贡献程度差异程度可以分为对称式和非对称式两种。若制造业对物流业的贡献程度远大于物流业对制造业的贡献程度，则说明二者在发展过程中属于制造业推动型增长模式，制造业对经济增长以及二者的联动发展起重要作用，但物流业并没有发挥其应有的作用。若物流业对制造业的贡献程度远大于制造业对物流业的贡献程度，则说明二者在发展过程中属于物流业拉动型增长模式，物流业对经济增长以及二者的联动发展起着主要的作用，但制造业的作用并没有得到充分的发挥。因此，下文将具体通过 VAR 模型判断制造业与物流业之间的贡献程度的大小。

4. 实证检验

4.1 样本选择及说明

物流业在发展过程中是个复杂的系统，包括运输、仓储、流通加工、包装、装卸、搬运、配送和信息处理等基本功能的有机融合。作为一个国家或地区物流业发展的衡量指标也是多方面的，如物流业增加值、货运量、货运周转量、物流业从业人员等，这些因素在物流业发展过程中均起到了一定的作用，其中，物流业增加值作为一个综合性的指标对一个国家或者地区物流业发展水平的反映比较全面，本文选取物流业增加值作为衡量现代物流业发展的标志。而制造业发展过程中的主要指标包括：制造业总产值、制造业工业增加值、制造业全员劳动生产率以及固定资产投资等要素，相关的研究显示制造业的工业总产值在物流业发展过程中起着主要的作用，因此本文选择制造业的总产值作为衡量制造业发展的指标进行分析说明。数据分析的样本期间选择在1989—2008年间，共20年数据，数据来源于各年份的《中国统计年鉴》。制造业包含30个子行业，这里对各个年份30个子行业的数据进行了加总求和得出了制造业的数据，其中，部分年份的数据缺失，在此情况下参考了《中国工业统计年鉴》及《中国交通年鉴》等年鉴获得最终的数据。

4.2 数据选取及处理

这里对制造业总产值与物流业增加值取对数分析，这主要是因为对数变换能够使得全部原有的绝对观测值缩小，减少变量之间的差异程度以及数据波动和异方差的影响。另外，经过对数变换后，回归的残差从原来数据的绝对误差转变为对数变化后的相对误差，从而缩小了残差的差异，对数变化后的数据分别记为 LNM，LNL，如图 1 所示。

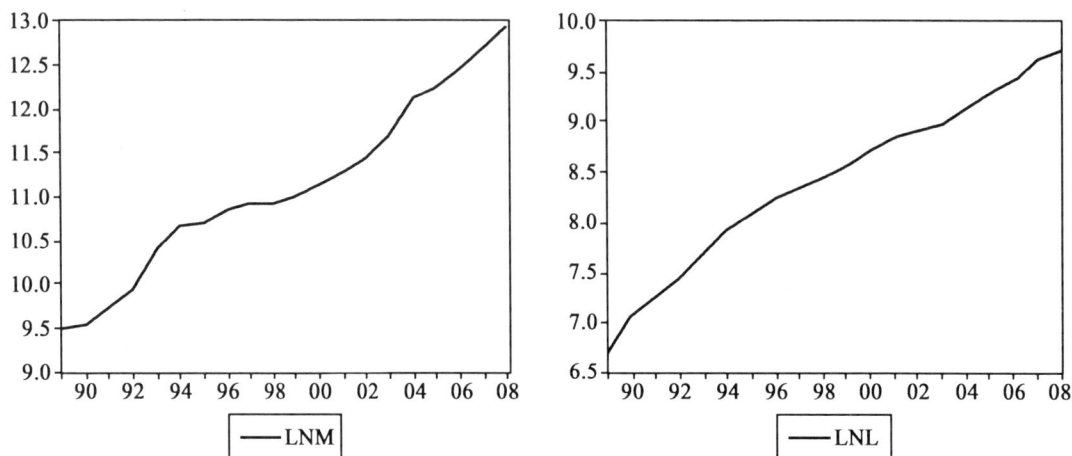

图 1　制造业与物流业序列演化图

4.3　模型检验及分析

VAR 方法是将 VAR 系统中所有变量都视为内生变量对称地引入到各个方程中，从而较少受到既有理论的约束，也可以方便分析各个变量之间的长期动态影响而避免变量缺省的问题，其用于相关时间序列系统的预测和研究随机扰动对变量系统的动态影像，不带有任何事先约束条件[1][2]。

最一般的 VAR 模型表达式为：

$$y_t = A_1 y_{t-1} + \cdots + A_p y_{t-p} + B_1 x_{t-1} + \cdots + B_r x_{t-r} + \xi_t \tag{6}$$

其中，y_t 为 m 维内生变量向量，x_t 为 d 维外生变量向量，A_1，$\cdots$，A_p，B_1，$\cdots$，B_r 为待估计参数矩阵，ξ_t 为随机扰动项，内生变量和外生变量分别为 p 和 r 阶滞后期。VAR 模型在经济、贸易等领域中运用得很广泛[3][4]，本文利用 VAR 模型、脉冲响应函数及方法分解分析，动态地观察制造业与物流业之间联动发展的关系及各自对对方的影响程度。

VAR 回归模型的建立主要是针对平稳时间序列，对非平稳时间序列建立的回归模型可能会产生伪回归问题，多数时间序列是非平稳的，因此，在回归之前，必须先对其进行单位根及协整检验。变量的平衡性检验可以用 Augmented Dickey-Fuller（1979）和 Phillips-Perron（1998）检验，即 ADF 检验和 PP 检验，若存在单位根，即不满足平稳性检验，则需要经过差分后才能平衡。协整检验从考察变量的平稳性入手，把时间序列分析中短期动态模型与长期模型的优点结合起来，探求非平稳经济变量间蕴涵的长期

---

①　恩德斯（Enders，W.）. 应用计量经济学：时间序列分析（第 2 版）[M]. 杜江，谢志超，译. 北京：高等教育出版社，1999：89.

②　高铁梅. 计量经济分析方法与建模——Eviews 应用及实例 [M]. 北京：清华大学出版社，2009：76.

③　孔原，刘览. 现代物流与我国进出口贸易的关系研究——基于 VAR 模型的脉冲响应函数分析 [J]. 价值工程，2009（8）：44-47.

④　杨万平，袁晓玲. 从 FDI 看美国经济波动对我国经济增长的影响——基于广义脉冲响应函数法的实证研究 [J]. 国际贸易问题，2009（8）：52-57.

均衡关系，避免用差分后的序列进行建模时产生的长期调整信息丢失的问题。

本文利用 ADF（Augmented Dickey Fuller Test）检验来确定变量的平稳性，最优的滞后期利用 AIC 和 AC 最小准则进行判定，以保证残差非自相关，具体的检验结果如表 1 所示：

表 1   变量的单位根检验

变量	ADF 检验	检验类型 （c，t，k）	Prob.	1% 临界值	5% 临界值	10% 临界值	结论
LNM	−2.193433	（c，t，3）	0.4612	−4.667883	−3.733200	−3.310349	不平稳
DLNM	−2.865936	（c，0，0）	0.0692 *	−3.857386	−3.040391	−2.660551	平稳
LNL	−1.977283	（c，t，1）	0.5739	−4.571559	−3.690814	−3.286909	不平稳
DLNL	−4.042817	（c，0，0）	0.0069 ***	−3.857386	−3.040391	−2.660551	平稳

注：检验类型中的 c 和 t 表示带有常数项和趋势项，k 表示综合考虑 AIC、SC 选择的滞后期，加入滞后期是为了使残差变为白噪声，D 表示一阶差分，表中的临界值根据 MacKinnon（1996）给出的数据计算，* 表示通过 10% 的显著水平，** 表示通过 5% 的显著水平，*** 表示通过 1% 的显著水平。

从表 1 中可以看出，变量时间序列都是非平稳的，经过一阶差分后均变成了平稳序列，即都是 I（1）的序列，可以采用 Johansen 检验来判断序列之间是否存在协整关系。检验结果如式（7）所示：

$$LNL = 0.825803 * LNM - 0.754944 - U_t \tag{7}$$

$$(20.53346) \qquad (1.683080)$$

$$R^2 = 0.959056 \quad 调整后的 R^2 = 0.956781 \quad F = 421.6230 \quad Prob. = 0.000000$$

对其估计残差进行单位根检验，不含有常数项和时间趋势项，根据 SIC 准则确定滞后阶数，其单位根检验结果如表 2 所示：

表 2   残差序列的单位根检验

		t-Statistic	Prob. ˙
Augmented Dickey-Fuller test statistic		−3.919564	0.0088
Test critical values：	1% level	−3.857386	
	5% level	−3.040391	
	10% level	−2.660051	

从表 2 中可以看出，残差序列在 1% 的显著性水平下拒绝原假设，接受不存在单位根的结论，从而可以认定其残差序列为平稳序列，因此得出本文的结论 1：

制造业与物流业均为一阶差分平稳序列，制造业发展与物流业发展之间存在长期协整关系。

4.4 模型估计结果及分析

VAR 模型的一个重要问题是确定合理的滞后阶数，在选择滞后阶数时，一方面希望滞后阶数足够大，以便能完整反映所构造模型的动态特征；另一方面，滞后阶数越大，需要顾及的参数越多，模型的自由度越少。一般结合 AIC 与 SC 的值同时相对较小时，则选择的 ADF 为恰当的模型。根据模型滞后参数的选择标准，见表 3，对模型进行稳定性检验，我们建立 VAR（1）模型，根据 AR 根图检验，如果被估计的

VAR 模型中所有根模的倒数小于 1，即位于单位圆内，则其是稳定的，从图 2 中可以看出，各个特征方程的特征根均位于单位圆内，模型稳定。进而可以得出 VAR（1）模型参数估计值及检验结果，如表 4 所示。

表 3　　　　　　　　　　　　　　　　　　VAR 滞后阶数选择的标准

Lag	LogL	LR	FPE	AIC	SC	HQ
0	37.80206	NA	3.90e-05	-4.475257	-4.378683	-4.470312
1	44.10204	10.23748*	2.95e-05*	-4.762755*	-4.473034*	-4.747919*
2	46.12300	2.778813	3.92e-05	-4.515375	-4.032507	-4.490648
3	47.80542	1.892729	5.69e-05	-4.225678	-3.549663	-4.191060
* indicates lag order selected by the criterion						
LR：sequential modified LR test statistic（each test at 5% level）						
FPE：Final prediction error						
AIC：Akaike information criterion（AIC 越小越好）						
SC：Schwarz information criterion（SC 越小越好）						
HQ：Hannan-Quinn information criterion						

Inverse Roots of AR Characteristic Polynomial

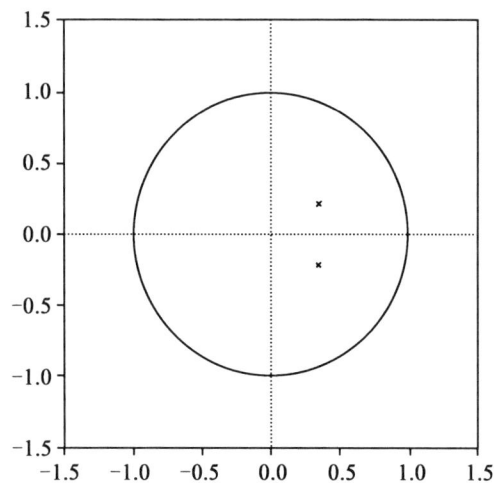

图 2　VAR 单位根 AR 图分布

表 4　　　　　　　　　　　　　　　　　VAR（1）模型参数估计值及检验结果

	D（LNM）	D（LNL）		D（LNM）	D（LNL）
D（LNM（-1））	0.383027	0.150536	R-squared	0.165203	0.367005
	(0.23326)	(0.08892)	Sum sq. resides	0.203312	0.029547
	[1.64206]	[1.69287]	S. E. equation	0.116422	0.044382
D（LNL（-1））	-0.321471	0.315199	F-statistic	1.484221	4.348444
	(0.39869)	(0.15199)	Log likelihood	14.80958	32.16843
	[-0.80631]	[2.07383]	Akaike AIC	-1.312175	-3.240937

86

	D（LNM）	D（LNL）		D（LNM）	D（LNL）
C	0.171452	0.069542	Schwarz SC	−1.163780	−3.092542
	(0.07540)	(0.02874)	Mean dependent	0.188564	0.147464
	[2.27387]	[2.41933]	S. D. dependent	0.119692	0.052400
			Determinant resid covariance（dof adj.）		1.85E-05
			Determinant resid covariance		1.28E-05
			Log likelihood		50.27907
			Akaike information criterion		−4.919897
			Schwarz criterion		−4.623106

注：[ ] 表示 t 值大小，（ ）表示标准误差。

从表 4 中可以建立如下的向量矩阵形式：

$$\begin{bmatrix} DLNM \\ DLNL \end{bmatrix} = \begin{bmatrix} 0.383027, & -0.321471 \\ 0.150536, & 0.315199 \end{bmatrix} \times \begin{bmatrix} DLNM(-1) \\ DLNL(-1) \end{bmatrix} + \begin{bmatrix} 0.171452 \\ 0.069542 \end{bmatrix}$$

此矩阵形式表示制造业与物流业的 VAR 向量模式，基于 VAR 模型的广义脉冲响应函数和方差分解，可以对变量冲击的响应进行测算。

4.5 脉冲响应函数分析

协整分析只是说明各变量之间在结构上的因果关系和长期关系是否均衡，但没有表现出各变量的单位变化通过其内在联系对整个系统的扰动，以及各变量对这些扰动的综合反映，为此需要进一步作脉冲响应分析，进而判断它们之间的长期关系。

脉冲响应函数（Impulse Response Function）是用来衡量随机扰动项的一个标准差冲击对其他变量当前和未来取值的影响轨迹，它能够比较直观地刻画出变量之间的动态交互作用及效应。为了进一步分析 LNM、LNL 这两个变量的动态特征，对其进行脉冲响应分析，即计算一个标准差大小的 LNM 和 LNL 的冲击分别对 LNM 和 LNL 的影响。如图 3 所示，图中横轴表示追溯期数，这里用 10 表示，纵轴表示因变量对个变量的响应情况，实线表示脉冲响应函数，虚线表示正负两倍标准差偏离带。其相应的脉冲响应情况见表 5 及表 6。

表 5 　制造业脉冲响应表

Period	1	2	3	4	5	6	7	8	9	10
D（LNM）	0.11642	0.03669	0.005926	−0.002	−0.00245	−0.001358	−0.00054	−0.000144	−0.00000985	0.0000174
D（LNL）	0	−0.0119	−0.008293	−0.004	−0.00124	−0.000225	5.24E-05	0.0000746	0.0000432	0.0000176

表 6 　物流业脉冲响应表

Period	1	2	3	4	5	6	7	8	9	10
D（LNM）	0.02459	0.02528	0.01349	0.0051	0.00131	0.0000449	−0.00019	−0.00014	−0.0000659	−0.0000222
D（LNL）	0.03695	0.01165	0.001883	−7E-04	−0.00078	−0.000431	−0.00017	−0.0000456	−0.00000314	0.00000552

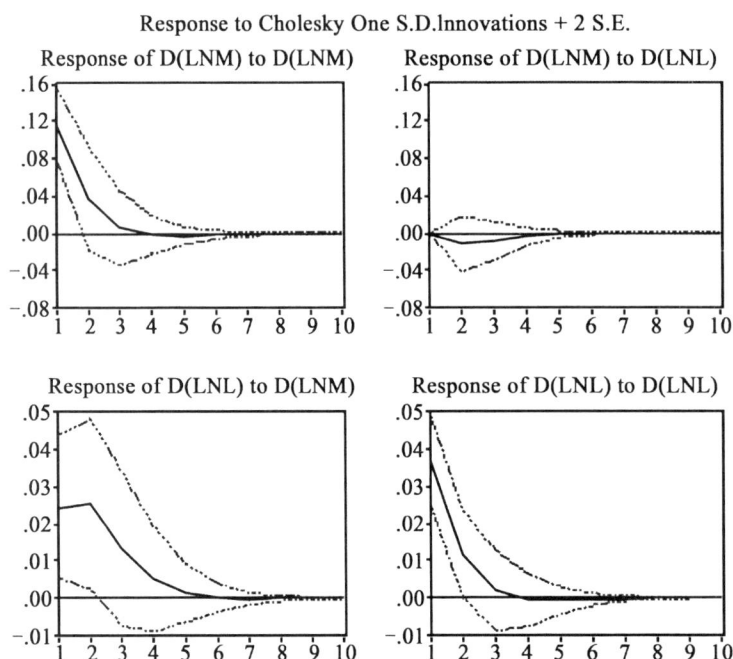

Response to Cholesky One S.D.Innovations + 2 S.E.

图 3　DLNM 与 DLNL 关系的脉冲响应图

　　结合图 3、表 5 和表 6 可知,脉冲响应图在追踪期数越多的情况下基本趋于 0,说明该系统稳定。其中,当在本期给制造业一个正的冲击,在当期引起制造业的反应为 0.1164,之后逐步下降,从第 4 期开始为负值,第 5 期为最低值,之后逐步上升,到第 9 期又为正值,并逐步趋于稳定,即制造业对于制造业冲击所引起的响应呈现双曲线分布。当在本期给物流业一个正的冲击,其在当期不会引起制造业的响应,之后逐步下降,到了第 7 期以后响应为正值,并逐步趋近于 0,制造业对于物流业冲击所引起的响应呈现 U 形曲线分布。即物流业的冲击对制造业影响有个滞后的过程。

　　当在本期给制造业一个信息冲击时,其在当期引起物流业的响应程度为 0.0246,第 2 期达到最大,反应为 0.0253,之后呈现递减的趋势,到第 7 期的时候反应为负值,第 9 期为最低值,之后上升,趋近于 0。当在本期给物流业一个信息冲击时,其在当期引起物流业的反应为 0.0370,第 2 期的反应为 0.0117,之后呈现递减趋势,到了第 4 期的反应转化为负值,第 6 期为最低值,之后上升,到第 10 期接近于 0。即物流业对于自身冲击所引起的响应情况呈现出双曲线的模式,后期的反应相对于前期而言逐步递减。

　　从脉冲响应中可以总结本文的结论 2:

　　制造业发展对物流业的拉动响应大于物流业发展对制造业的拉动响应。随着时间滞后期数的递增,冲击效应逐步减弱,最终趋向于 0。

4.6　方差分解分析

　　虽然脉冲响应函数能够解释各变量对特定的冲击响应的符号及响应的幅度,但是不能比较不同冲击对一个特定变量的响应强度。为了进一步考察两个变量之间相互的波动性,利用方差分解技术对两个变量的预测均方误差进行分解,计算出每个变量冲击的相对重要性。方差分解(Variance Decomposition)是通过分析每一个结构冲击对内生变量变化(用方差表示)的贡献度,它给出了对 VAR 模型中的变量产生影响的每个随机扰动的相对重要性的信息(高铁梅,2005)。它的基本思想是把系统中每个内生变量的变动按其成因分解为与各方程随机扰动项（新息）相关联的各组成部分，以了解各新息对模型内生变量的相对重要性。本文利用方差分解技术分析制造业与物流业相互之间的贡献率。

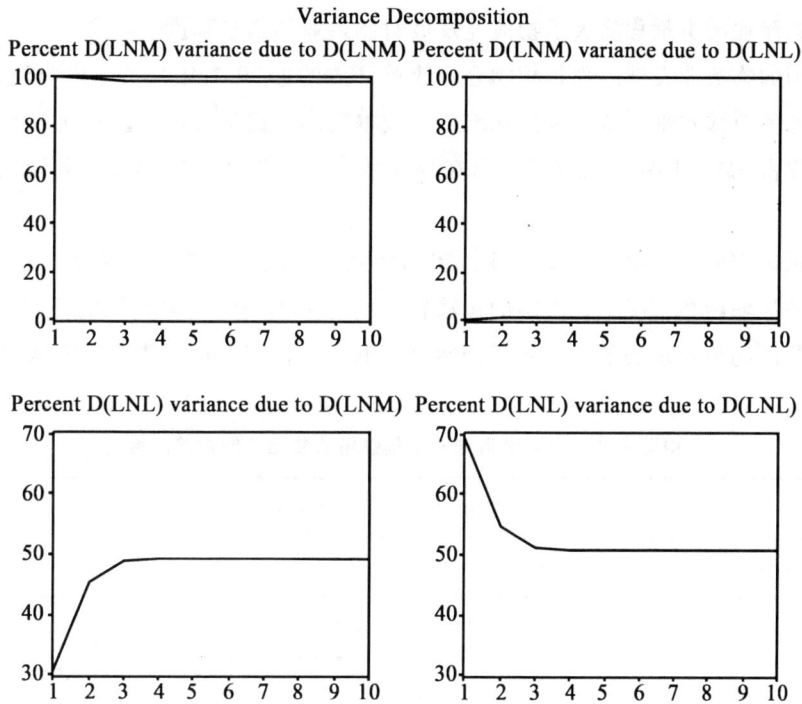

图 4　DLNM 与 DLNL 的方差分解图

表 7　　　　　　　　　　　　　　　　　制造业与物流业的方差分解表

Period	Variance Decomposition of D（LNM）			Variance Decomposition of D（LNL）		
	S. E.	D（LNM）	D（LNL）	S. E.	D（LNM）	D（LNL）
1	0.116422	100	0	0.04438	30.7041	69.2959
2	0.122642	99.06216	0.937845	0.05239	45.3205	54.6796
3	0.123065	98.61451	1.385494	0.05413	48.6619	51.3381
4	0.123141	98.52189	1.478105	0.05438	49.1143	50.8857
5	0.123171	98.51253	1.487474	0.0544	49.1339	50.8661
6	0.123179	98.51238	1.487621	0.0544	49.1308	50.8692
7	0.12318	98.51239	1.487611	0.0544	49.131	50.869
8	0.12318	98.51235	1.487645	0.0544	49.1313	50.8687
9	0.12318	98.51234	1.487657	0.0544	49.1313	50.8687
10	0.12318	98.51234	1.487659	0.0544	49.1314	50.8687

　　从方差分解图 4 和表 7 中可以看出，在制造业发展过程中，物流业对其发展的贡献程度处于逐步上升的阶段，第 1 期为 0%，第 2 期为 0.9378%，从第 5 期开始基本上稳定于 1.49%，物流业对制造业发展总体的贡献度偏小。而制造业发展对其自身的贡献程度则处于下降的趋势，但总体维持在 98.51%。在物流业发展过程中，制造业发展中对物流业的贡献程度随着追溯期数的增多处于逐步上升的过程中，其中，

第 1 期为 30.704%，到了第 4 期以后基本上维持在 49.13% 的水平，而物流业发展对其自身的贡献程度则有所下降，从第 1 期的 69.30% 下降到第 4 期的 50.89%，之后一直稳定于这样的水平上。从中可以总结出本文的结论 3：

制造业发展对物流业的贡献程度大于物流业发展对制造业的贡献程度。

这一结论与我国的物流业发展的现状相吻合：改革开放的近 30 多年来，中国物流业取得了一定程度的发展，但物流服务的总体水平、效率都还比较低，成本较高。据估计，中国物流成本占到 GDP 的 20%，而美国和欧洲国家仅占 5%～10%，说明了中国在物流效率上与发达国家存在着差距（李善同和高传胜，2008）。

世界银行的一项研究中指出中美两国的港口装卸费用相差较小，约 25% 左右，但内陆运输的费用却相差悬殊，在类似的运输距离情况下，中国的运输费用约为美国内陆运输费用的 9 倍。具体如表 8 所示，从中可以看出当前我国物流业发展的整体效率仍然比较低下，物流业对制造业的贡献程度比较低。

表 8 　　　　　　　　　从中国内陆一个省份运送一个集装箱货物至美国内陆的费用

起止地点	物流费用（US $ per TEU）	比重
从中国内陆工厂至大陆港口	2300	63%
大陆港口周转	200	5%
海上运输	750	21%
美国港口	150	4%
美国港口至目的地	250	7%
合计	3650	100%

资料来源：世界银行的一项研究，转引自"李善同，高传胜. 中国生产性服务业发展与制造业升级 [M]. 上海三联书店. 2008. "

另外，物流业发展对制造业的贡献程度偏低也与当前我国制造业的现代物流理念有着较大的关系，目前，我国大多数制造企业对物流的重视程度不够，没有充分认识到物流对降低企业成本、实现顾客满意的重要作用。现有的调查表明在已经引入或准备引入物流的企业中认为物流对企业发展重要的仅占 7.9%（丁俊发，2008）。

除此之外，物流应用程度较低，物流业网络化程度低，物流业专业人才缺乏，物流人员素质较低等因素都使得当前物流业发展对制造业发展的贡献程度偏低。

综上，可以得出本文的结论 4 及结论 5：

当前我国制造业发展对物流业的贡献程度差异较大，二者之间在利益分配上属于非对称形式，但制造业与物流业之间可以相互独立存在，所以就制造业与物流业联动发展的模式而言，二者是处于从非对称性互惠共生向对称性互惠共生过渡的中间组织形态，制造业在利益分配中处于核心的地位，获得主要的利润。

当前我国制造业与物流业的联动发展属于制造业推动型，物流业的作用并未得到充分的发挥，应该提高物流业的服务能力水平，通过加强物流企业之间的联盟提高对制造业的贡献程度，政府应该加强对物流业的鼓励和支持，实现其与制造业的联动发展。

5. 结论及建议

本文运用 VAR 模型对物流业与制造业之间的关系进行研究，这与现有的研究和分析方法存在较大的不同，通过实证研究得出以下结论：

进行对数变化后的制造业总产值与物流业增加值为非平稳序列，进行 ADF 检验后，制造业总产值与物流业增加值均为一阶差分平稳序列；协整分析显示，物流业与制造业之间存在着长期稳定的均衡关系，二者之间的联动发展处于长期变动的过程中；在脉冲响应分析中，短期之内，制造业受到冲击后引起物流业的响应程度大于物流业受到冲击后引起制造业的响应程度，随着时间的过渡，这种冲击引起的响应程度逐步减少并最终趋向于稳定状态；方差分解过程显示，制造业发展对物流业的贡献程度大于物流业发展对制造业的贡献程度，二者差异较大，制造业在联动发展中获得主要的利润，物流业则处于从属的地位，双方在利益分配上存在着不均衡，但可以独立存在，当前经济发展主要依靠的还是制造业的推动，而物流业并没有积极发挥其作用。

当前我国制造业与物流业联动发展的启示是：物流企业在积极发挥其对联动发展的拉动作用过程中，一方面，要依靠信息这一共生界面，不断地提高自身的服务水平，从而提高其对制造业发展的贡献度；另一方面，现有的物流企业之间的合作联盟也是克服自身弱势，提高其在与制造业联动发展中的利益分配的行之有效的措施。对于制造业而言，应积极给物流业发展创造空间，提高物流外包的幅度，减少外包方面的顾忌，加强双方的合作。政府应在联动发展过程中给予物流业一定的指导和支持，推动物流业的发展及其对联动发展的拉动作用。

本文基于共生理论和向量自回归模型检验了制造业与物流业联动发展的模式及关系，我国地区经济发展的不均衡性是当前经济发展的一大特征，在未来的研究中，可结合各个片区的情况，具体实证不同片区制造业与物流业之间的贡献程度。

（作者电子邮箱：wzhzhen@ fjnu. edu. cn）

参 考 文 献

[1] 丁俊发. 解读中国物流业六大变数. http：//b2b. toocle. com/detail--5100666. html. 2010.

[2] 袁纯清. 共生理论——兼论小型经济 [M]. 北京：经济科学出版社，1998.

[3] 冯泰文. 生产性服务业的发展对制造业效率的影响——以交易成本和制造成本为中介变量 [J]. 数量经济技术经济研究，2009，3.

[4] 顾乃华，毕斗斗，任旺兵. 中国转型期生产性服务业发展与制造业竞争力关系研究——基于面板数据的实证分析 [J]. 中国工业经济，2006，9.

[5] 胡晓鹏，李庆科. 生产性服务业与制造业共生关系研究 [J]. 数量经济技术经济研究，2009，2.

[6] 江小娟，李辉. 服务业与中国经济：相关性和加快增长的潜力 [J]. 经济研究，2004，1.

[7] 郑吉昌. 产品服务增值与现代制造企业竞争优势 [J]. 商业经济与管理，2003，8.

[8] 邱灵，申玉铭，任旺兵. 北京生产性服务业与制造业的关联及空间分布 [J]. 地理学报，2008，12.

[9] 陈宪，黄建锋. 分工、互通与融合：服务业与制造业关系演进的实证研究 [J]. 中国软科学，2004，10.

[10] 陈伟达，韩勇，达庆利. 苏州地区生产者服务业与制造业互动关系研究 [J]. 东南大学学报，2007，9.

[11] 王佐. 制造业与物流业联动发展的本源和创新 [J]. 中国流通经济，2009，2.

［12］王晓艳．制造业与物流业联动发展的机理和模式研究［J］．物流技术，2009，7.

［13］王珍珍，陈功玉．制造业与物流业联动发展的竞合模型研究［J］．经济与管理，2009，7.

［14］彭本红，冯良清．现代物流业与先进制造业的共生机理研究［J］．商业经济与管理，2010，1.

［15］彭本红．现代物流业与先进制造业的协同演化研究［J］．中国软科学，2009，S1.

［16］王珍珍，陈功玉．基于 Logistic 模型的制造业与物流业联动发展模式研究［C］．第十一届中国管理科学学术年会论文集，2009.

［17］吴群．制造业与物流业联动共生模式及相关对策研究［J］．经济问题探索，2011，1.

［18］徐学军．助推新世纪的经济腾飞：中国生产性服务业巡礼［M］．北京：科学出版社，2008.

［19］课题组．基础设施与制造业发展关系研究［J］．经济研究，2002，2.

［20］王珍珍，陈功玉．制造业与物流业联动发展的协调度测算［J］．上海财经大学学报，2010，3.

［21］刘志彪，郑江淮等．服务业驱动长三角［M］．北京：中国人民大学出版社，2008.

［22］保罗·克鲁格曼（Paul Krugman）．地理和贸易［M］．张兆杰，译．北京：北京大学出版社，2000.

［23］李善同，高传胜．中国生产者服务业与制造业升级［M］．上海：三联书店，2008.

［24］恩德斯（Enders，W.）．应用计量经济学：时间序列分析（第 2 版）［M］．杜江，谢志超，译．北京：高等教育出版社，1999.

［25］高铁梅．计量经济分析方法与建模——Eviews 应用及实例［M］．北京：清华大学出版社，2009.

［26］孔原，刘览．现代物流与我国进出口贸易的关系研究——基于 VAR 模型的脉冲响应函数分析［J］．价值工程，2009，8.

［27］杨万平，袁晓玲．从 FDI 看美国经济波动对我国经济增长的影响——基于广义脉冲响应函数法的实证研究［J］．国际贸易问题，2009，8.

［28］Park，S. H.．Linkages between industry and services and their implications for urban employment generation in developing countries［J］．Journal of Development Economics，1989，30（2）．

［29］Park，S. H.，and Chan，K. S.．A Cross-country Input-output analysis of intersectoral relationships between manufacturing and services and their employment implications［J］．World Development，1989，17（2）．

［30］Pilat，D.，and Wolf，A.．Measuring the interaction between manufacturing and services［J］．STI Working Paper 2005/5，OECD，Paris.

［31］Wolf，A.．The interaction between manufacturing and services and its potential role for productivity growth. Paper for the intermediate Input-output meeting on sustainability［J］．Trade and Productivity，July，26-28，2006，Sendai，Japan.

［32］Paolo，G.，and Valentina，M.．Technology and international competitiveness：The interdependence between manufacturing and producer services［J］．Structural Change and Economic Dynamics，2005，16（2）．

［33］Wong，Y. C.，and Tao，Z. G.．An economic study of Hong Kong's producer service sector and its role in supporting manufacturing［C］．A Research Proposal，2000.

［34］Cohen，S.，and Zysman，J.．Manufacturing matters：The myth of the Post-industrial economy［M］．Basic Books，New York，1987.

［35］Geo，W. R.．The growth of producer service industries：Sorting through the externalization debate［J］．Growth and Change，1991，22.

[36] Rowthorn, R. , and Ramaswamy, R. . Growth, Trade and deindustrialisation [J]. IMF Staff Papers, 1999, 46, 1.

[37] O'Faeeell, P. N. , and Hitchens, D. . M. . Producer services and regional development: A review of some major conceptual policy and research issues [J]. Environment and Planning, 1990, 22.

[38] Joseph W. K. Chan. Competitive strategies and manufacturing logistics an empirical study of Hong Kong manufacturers [J]. International Journal of Physical Distribution & Logistics Management, 2005, 35, 1.

[39] Ole Mortensen, and Olga W. Lemoine. Integration between manufacturers and third party logistics providers [J]. International Journal of Operations and Production Management, 2008, 28, 4.

Study on the Modes and Relationship of Interactive Development between Manufacturing and Logistics Industry

—Based on the Analysis of Impulse Response Function and Variance Decomposition of VAR model

Wang Zhen-zhen[1]   Chen Gong-yu[2]

(1 Economics School of Fujian Normal University   Fuzhou 350108;

2 lingnan   Collage of Sun Yat-sen University Guangzhou 510275)

Abstract: This thesis analyzes the modes of interactive development between manufacturing and logistics industry based on industrial symbiosis theory, which includes asymmetric mutualism mode, symmetry mutualism mode and transition pattern between them. Furthermore, we introduce the VAR model to test the modes and relationship between manufacturing and logistics industry. The results show as follows: (1) Manufacturing and Logistics industry belongs to I (1) series, with the long-term integration between them from the ADF test.   (2) The impulse response function shows that the response of logistics industry to manufacturing industry is bigger than that of manufacturing industry to logistics industry.   (3) The variance decomposition results show that the contribution from manufacturing to logistics industry is bigger than that from logistics to manufacturing industry. Both of the contribution to each other is rising.   (4) There are great differences between the contribution from manufacturing to logistics industry and from logistics to manufacturing industry. Both of them can exist independently but with asymmetric interest distribution. Manufacturing industry stands in the core status of distribution and gets the main profits.   (5) The logistics industry does not fully take up its role in the interactive development, it can improve its service capabilities by information technology and logistics alliance and the government should strengthen the encouragement and support for the logistics development.

Key words: Manufacturing and logistics industry; Interactive development; VAR model; Impulse response function; Variance decomposition; Industrial symbiosis mode

现代区域物流网络节点选择研究及实证分析[*]

● 海峰[1] 郭强[2] 丁灿[3] 邵校[4]

（1，2，3，4 武汉大学经济与管理学院 武汉 430072）

【摘 要】 轴辐式物流网络将一个或几个物流节点设立为中心枢纽站，而将非中心枢纽站节点的货物流在此集中后再根据目的站进行集运。轴辐式区域物流网络是将区域物流网络中的一个或几个城市设为枢纽城市，货物流从出发地经此送达目的地。由于具有规模经济优势并能有效提高相关资源的利用率，带动节点城市及其所在区域的经济发展，该网络模型得到了广泛的应用。论文主要分析了轴辐式区域物流网络的构建及运作，并以湖北省为例，运用主成分分析法，从定量的角度探讨了现代区域物流网络节点的选择及等级划分方法，对如何从整体上优化湖北省区域物流网络提供了一定的理论指导。

【关键词】 轴辐 区域物流 物流节点 主成分分析

1. 引言

在经济全球化、区域经济一体化背景下，区域、区际之间的经济联系大大增强，作为与区域内外各产业紧密关联的产业，区域物流是区域经济发展的重要基础性产业。在区位、资源、产业基础、交通条件等确定的情况下，区域产业组织和区际产业组织之间物流活动的整体性、一致性和协调性是提高区域产业组织效率和效益，增强区域经济综合实力的关键。区域物流业的发展可以进一步带来商流、资金流、信息流、技术流的聚集，加快区域经济结构和产业布局合理化调整，带动地区和区域经济发展，改变区域经济增长方式，促进新型产业形态形成，优化区域产业结构，促进以城市为中心的区域市场的形成和发展①。

近年来，国内出现的物流热、各省市的物流规划、物流园区和物流中心的规划建设等，足以说明企业、政府和社会各界对物流业促进企业和区域经济发展作用的认同。因此，如何科学地选择物流网络节点使其为区域经济服务也成为物流业发展的首要问题。目前，在物流网络节点的选择方面出现的问题主要表现为：区域物流网络存在着有点无网、有网无流的状况，各省、市的物流网络节点的选择未能从整个区域物流网络的视角出发，致使各物流节点独立运作，未能发挥网络节点的辐射功能，导致大量资源的闲置和浪费。同时，物流网络的规模经济、范围经济和结构经济等作用也未能充分体现，更难以降低区域范围内的物流运作成本，这些都已成为制约区域物流业发展的瓶颈。导致上述问题的原因除了现代物流基础设施匮乏之外，关键还在于：区域物流网络节点的选址和布局缺乏科学的依据。因此，区域物

---

* 本文为武汉大学自主科研项目（人文社会科学）研究成果，得到"中央高校基本科研业务费专项资金"（项目批准号：201040333111-05）及武汉市科技局项目资助。

① 海峰，武兰芬，张丽立. 发展区域物流，推动区域经济 ［J］. 科技进步与对策，2004，9：71-73.

流网络节点选择的研究具有极为重要的理论意义，同时，对落实国家《物流业调整和振兴规划》具有重要的现实意义。

"轴辐"系统研究最具影响的人物 O'Kelly（1987）首先提出了轴辐式网络枢纽设施选址和网络设计的 p-枢纽中值模型（p-HMP）。在此模型中，枢纽的数目 p 是事先给定的，外生的，枢纽没有容量闲置，只考虑运输成本，所有非枢纽节点上的交通流量都必须通过枢纽才能到达另一个非枢纽节点，求枢纽的位置和辐的分派；O'Kelly（1992）再次提出了无容量限制枢纽选址问题模型（UHLP），此模型中枢纽的数量未知，枢纽没有容量限制，考虑运输成本和建设枢纽的固定成本，所有非枢纽节点上的交通流量都必须通过枢纽才能到达另一个非枢纽节点，求枢纽的数量、位置和辐的分派；Current 提出了层级式网络涉及问题，试图找到最小运营成本的运输网络支线；Nicole Adler（2001）对多重分派枢纽选址（Multiple Allocation p-hub Location）问题进行了详细的研究，使其成为轴辐研究的活跃领域，轴辐网络研究逐渐接近现实；国内学者张世翔等（2005）针对长三角地区城市群物流体系的构建，运用了 MAHMP 选址模型进行优化设计与规划，并为该地区区域物流运输通道建设和城市物流发展规划提供技术对策；金凤君等（2005）研究了轴辐伺服理念下的中国航空网络模式的构建；汪传旭（2008）研究了基于轴辐运输系统的区域港口群二级物流运输网络优化；刘沛等（2009）在轴辐模型的基础上，利用遗传算法设计了一个适合其公司的复合轴辐式货运网络，并通过仿真程序运行结果说明了该轴辐式网络降低运营成本的效果。对国内外文献的回顾表明：国内外学者从不同的角度对轴辐式物流网络的构建以及优化作了大量的研究，本文在回顾文献的基础上，提出了一种构建区域物流网络的思路以及区域物流网络节点的选择方法，结合湖北省各市州的统计数据，为湖北省物流网络节点的选择提供了一种方法指导。

2. 轴辐式区域物流网络模式与构建

物流网络（Logistics Network）的形成是基于需求分散性和物流活动多方向性的驱动，以降低物流组织成本和实现物流规模化运作的要求。从地域运动形态看，物流网络是物流中心城市与物流经济带及物流通道所形成的物流经济活动的空间组织的中级形态①。

区域物流网络（Regional Logistics Network）是由区域内物流通道与物流节点有机结合而构成的一种区域物流经济活动的空间组织形态，是区域内外各种经济要素流通、聚集、扩散的基础和平台②。

"轴辐"网络（Hub-and-Spoke Network）的空间形态与自行车轮子相似，是一个节点—路径系统。简而言之，货物从不同的出发地（Spoke）到达不同的目的地（Spoke），或者从相同的出发地到达不同的目的地，在"轴—辐"网络中都必须先到达一个中间地点（Hub），在这里进行转载，然后享受优惠的直达式运输服务，目的是为了集中交通流量，实现规模经济效益。"轴辐"网络起源于航空领域，是航空运输放松管制和航空公司追求网络规模经济和机场（物流枢纽）追求规模经济的产物，是物流网络的特殊网络形式，研究认为：轴辐网络具有规模经济、范围经济、密度经济和结构经济。

"轴辐"物流网络（Hub-and-Spoke Logistics Network）模式已成为不同区域经济发展战略的重要组成部分。"轴辐"物流网络规划和设计的研究是目前国外区域物流研究的热点领域，也是解决区域物流网络布局与优化的主要理论和方法。

---

① 王成金. 试论我国物流经济的空间组织模式 [J]. 经济地理，2005，3：366-368.
② 鄢飞，董千里. 陕西区域物流网络构建研究 [J]. 西北农林科技大学学报（社会科学版）. 2008，2：51-57.

2.1　轴辐式网络的分类

在轴辐式网络中，支柱网络和分支网络的链路空间结构都有如图1所示的形式（Klincewicz，1998）：完全连通形网络（任意一对节点之间都连通）、部分连通形网络（部分非相邻节点之间的两两连通）、星形网络（图1中的A：同一等级节点都只跟更高等级的节点连通）、树形网络（图1中的B：在同一等级节点中形成不同级别的星形，无闭合通路）、环形网络（图1中的D：每一节点只与相邻节点首尾相连，形成闭合通路）和路径形网络（图1中的C：线形网络），因此可以有36种不同的支柱/分支网络模型。

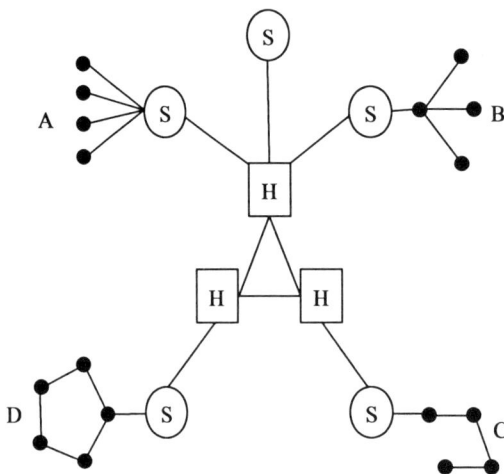

图1　轴辐系统网络类型

2.2　轴辐式区域物流网络的特点及运作

轴辐式区域物流网络是物流网络演化发展的结果。在区域物流服务中，承运人（物流网络运营商——物流企业）提供将货物从出发点运送到目的地的服务。如果没有物流能力的限制，那么对承运人来说，最好的策略就是满载运输。这种策略可以使运输设备的利用率最大化，并将货物或乘客直接运送到目的地。但是，货物装满整车的概率并不大，因为，并不是任何两地间的货流都充足到可以保证承运人满载。因此，在一般情况下，要么延迟发货进行集配，要么在不满载的情况下发货。显然，前者无法满足客户的时间性要求，后者则使物流成本过高。在这种两难的情况下，承运人会把服务进行分解，即把不同托运人的货物组成一个班次，到达某个共同节点（物流园区、中心）后进行分拆、合并，再组成不同的服务班次到达各自的目的地。"合并—分拆—合并"的服务方式就促使了轴辐式区域物流服务网络结构的形成，而有效的区域物流网络结构应该是一种轴辐式的网络结构。运营商之所以会选择轴辐式网络，是因为该网络具有密度经济性、结构经济性、规模经济性和范围经济性①。

轴辐式网络将货流从出发地经过枢纽点送达目的地，相比于直达式的网络，尽管增加了实际运行距离，但使得很多点对点网络中没有的或成本非常大的服务得到了提供或改善，对于物流服务的覆盖面积起到了极大的提高作用。因此，区域物流网络系统的规划最重要的就是枢纽点的选址与设计。在省级物流规划中，省会城市通常都已被定为国家级的物流节点城市，而在其他非省会城市中如何选择某个城市作为物流节点或者如何确定某个物流节点城市的等级就成为省级区域物流网络规划的关键，因此，确定

---

① 李阳. 轴辐式网络理论及应用研究［D］. 上海：复旦大学博士论文，2006.

某个物流节点城市等级的科学方法将会对政府政策及其规划有着重要的指导作用。

2.3 思路设计与计算方法选择

对于轴辐式区域物流网络的构建而言，区域物流网络的节点选取是其整个网络构建的关键。以湖北省为例，对于整个湖北省的物流网络，武汉作为国家级的物流节点城市，毫无疑问是一级节点城市，而要使物流带动省内整体经济的发展，必须要科学合理地构建整个物流网络，除武汉外，其余的物流节点城市应如何选取就成为湖北省区域物流网络构建的主要问题。由于各个城市所处的地理位置、经济发展状况以及交通基础设施等方面的差异，必须要设计一个评分体系对各个城市进行评估，然后根据评分来划分城市的等级，从而将不同的城市进行合理的物流节点功能划分，保证整个区域物流网络的经济性、科学性和合理性。

基于以上的思路和原则，本文选择主成分分析法来作定量计算和分析。主成分分析就是把多个指标化为少数几个综合指标的一种通常使用的统计分析方法。我们设定其综合指标的形式为原始数据指标的线形组合，根据实际需要从中选取几个较少的综合指标，以尽可能多地反映原来指标的信息。虽然这些综合指标是不能直接观测到的，但这些综合指标之间互不相关，且能反映原来那些指标的信息。即将维数较高的各相关指标变量通过线性变换变为维数较低的各互不相关的指标变量，亦即主成分变量，同时，要求主成分变量所包含的指标信息量占原始指标信息量的 80% 以上。这就是主成分分析的主要思想，也是我们利用其进行分析和评价的主要手段。

3. 指标体系设计与数据实证分析

3.1 实例背景介绍

湖北省地处我国中部，长江中游，承接东西，贯通南北，东临我国经济发展速度和水平最高，具有较强的开放和技术优势的地区，西接我国近年来经济发展速度较快，具有较大的资源优势的西部大开发地区。位于东部技术产业密集区和西部资源密集区接合部的湖北省，在全国经济发展中占有重要地位。以武汉为中心，北到北京、天津，南至广州、深圳，东到上海、杭州，西抵成都、西安，距离都在半径大约 1100 公里范围内，湖北承东启西，连贯南北，居中独厚的区位优势和较为发达的综合运输网络，使其进入国内外广阔市场具有通达性和便捷性优势，为湖北现代物流业发展提供了优越的基础条件。

然而，长期以来，由于湖北省内各市州的经济发展不平衡以及物流网络节点布局的不合理，导致各物流网络节点之间的衔接不畅，货物在多交通方式运输中运输周期较长，不能建立高效的多式联运机制，阻碍了物流效率的提高，造成了资源的浪费。因此，本文将采用主成分分析法，通过对湖北省统计年鉴中数据的分析，将湖北省区域物流网络节点进行等级划分，希望能对湖北省区域物流网络的构建提供一些理论指导。

3.2 指标体系设计

本文针对湖北省经济和物流发展现状，认为影响区域物流网络节点城市等级的因素主要有需求因素和环境因素。需求因素又包括了需求现状和需求增长：主要包括地区生产总值、人口、工业企业的个数、工业增加值、社会消费品零售总额、货运量等；环境因素则主要包括公路里程、内河通航里程、铁路运营里程等。在考虑到数据的准确性和影响因素的针对性的前提下，本文提出的影响城市物流能力的变量如下：

X1：GDP；　　　　　　　　X2：第一产业增加值；　　X3：第二产业增加值；

X4：社会消费品零售总额；　　　X5：货运总量；

X6：物流相关产业从业总人数；　　X7：境内公路通车里程；　　X8：境内内河通航里程

3.3　数据分析

通过对 2008 年湖北省统计年鉴以及湖北省各市统计年鉴等相关资料中数据的整理，得到原始数据。运用 SPSS 软件对其进行主成分分析，得到表 1 的主成分列表：

表 1　　　　　　　　　　　　　　　　主成分列表

Compo nent	Initial Eigenvalues			Extraction Sums of Squared Loadings			Rotation Sums of Squared Loadings		
	Total	% of Variance	Cumula tive %	Total	% of Variance	Cumula tive %	Total	% of Variance	Cumula tive %
1	5.207	65.085	65.085	5.207	65.085	65.085	4.913	61.417	61.417
2	1.992	24.894	89.979	1.992	24.894	89.979	2.285	28.562	89.979
3	.558	6.978	96.957						
4	.182	2.278	99.235						
5	.042	.522	99.757						
6	.018	.220	99.977						
7	.002	.021	99.998						
8	.000	.002	100.000						

通过 SPSS 的处理，从表 1 可以看出在特征值大于 1 和累计贡献率超过 85% 的原则下，前三个主成分的累计贡献率已经达到了 91.588%，因此这里选择前三个主成分进行分析。

表 2 为因子载荷矩阵，可以看出 f1 对 X1、X3、X4、X5、X6 的解释力度较大，f2 对 X2、X7、X8 的解释力度较大。

表 2　　　　　　　　　　　　　　　　因子载荷矩阵

	Component	
	1	2
GDP（亿元）	.990	-.132
第一产业增加值（亿元）	.545	.759
第二产业增加值（亿元）	.978	-.177
社会消费品零售总额（亿元）	.989	-.122
货运总量（万吨）	.965	-.196
物流相关产业从业总人数（万人）	.944	-.274
境内公路通车里程（公里）	.323	.819
境内内河通航里程（公里）	.257	.753

表 3 为因子得分矩阵，具体表达式为：

$$W1 = 0.201X1 - 0.015X2 + 0.206X3 + 0.2X4 + 0.206X5 + 0.214X6 - 0.065X7 - 0.067X8 \quad (1)$$

$$W2 = -0.006X1 + 0.395X2 - 0.028X3 - 0.001X4 - 0.038X5 - 0.076X6 + 0.411X7 + 0.375X8 \quad (2)$$

其中，公式（1）和公式（2）中的 X 为标准化后的数据。

表3　　　　　　　　　　　　　　　　　　**因子得分矩阵**

	Component	
	1	2
GDP（亿元）	.201	-.006
第一产业增加值（亿元）	-.015	.395
第二产业增加值（亿元）	.206	-.028
社会消费品零售总额（亿元）	.200	-.001
货运总量（万吨）	.206	-.038
物流相关产业从业总人数（万人）	.214	-.076
境内公路通车里程（公里）	-.065	.411
境内内河通航里程（公里）	-.067	.375

最后，计算每个城市的综合得分，以每个主成分的特征值占三个主成分总的特征值之和的比例作为权重：

综合得分 $$F = \frac{\lambda 1}{\lambda 1 + \lambda 2}W1 + \frac{\lambda 2}{\lambda 1 + \lambda 2}W2 \quad (3)$$

其中，λ 为主成分的特征值。

根据上文中计算所得到的特征值，可以得到公式：

$$F = 0.723W1 + 0.277W2 \quad (4)$$

通过公式（4）计算，得到了各城市的综合得分及排名（见表4）：

表4　　　　　　　　　　　　　　　　　　**各城市的综合得分及排名**

城市	W1	W2	综合得分	排名
武汉	3.79836	-0.22926	2.68270926	1
黄石	0.07021	-0.93041	-0.2069617	9
十堰	-0.31158	0.42051	-0.1087911	8
宜昌	0.18937	0.89231	0.38408438	3
襄阳	0.11405	1.33396	0.45196507	2
鄂州	-0.24088	-1.06412	-0.4689175	14
荆门	-0.1719	0.14053	-0.0853569	7
孝感	-0.03649	0.44199	0.09604896	6
荆州	-0.41477	2.22289	0.31586182	4
黄冈	-0.24943	1.09121	0.12192728	5

城　市	W1	W2	综合得分	排　名
咸　宁	-0.3492	-0.00277	-0.2532389	10
随　州	-0.31678	-0.63309	-0.4043979	12
恩施自治州	-0.45847	0.25265	-0.2614898	11
仙　桃	-0.39344	-0.52801	-0.4307159	13
潜　江	-0.35634	-1.0471	-0.5476805	16
天　门	-0.39545	-0.84733	-0.5206208	15
神农架	-0.47725	-1.51395	-0.7644159	17

3.4 实证结果分析

从分析结果可以看出：

武汉作为湖北省省会，得分远远高于其他市州，以绝对的优势排名第一。无论从经济发展现状还是区域地理位置来说，武汉都是湖北省的中心城市。

襄阳和宜昌分别排名第二和第三，虽然得分和省会相比还有较大的差距，但是要比其他市州的得分高出很多，襄阳汽车产业和农业等非常发达，处于鄂豫交界，地理位置优越，交通便利；宜昌农业、电力和化工等产业发达，地处沿长江经济带，地理位置突出，交通非常便利。这两个城市都处在省域的交通枢纽位置，对周边的市州具有较强的辐射能力，这些优势都为发展物流业提供了良好的条件。

荆州排名第四，其农业、汽车和旅游等产业优势明显，地处省域中部，是省内东西和南北通道的枢纽位置；黄冈和孝感分别位列第五和第六，黄冈得益于沿长江经济带，孝感得益于天河机场周边的临空经济区，加之两者都位于武汉城市圈内，与武汉的合作较为密切，故排名较为靠前。其余市州得分与前面几个城市的差距较大，主要与其经济发展状况、地理位置和交通条件有关。

整体来说，对于原始数据的分析结果基本能够体现湖北省 17 个市州的实际情况，能够反映出各市州的经济发展状况和发展物流的基础条件。

4. 湖北省轴辐式区域物流网络的构建

根据湖北省各市州物流能力的综合得分，同时，综合考虑各市州所处的地理位置、交通基础设施、物流需求和物流发展潜力等，本文初步构建了湖北省轴辐式区域物流网络，如图 2 所示。

湖北省物流节点城市的分类为：武汉为一级节点；宜昌和襄阳两个省域副中心城市为二级节点；其余市州为三级节点。武汉依托其雄厚的经济实力，优越的地理位置以及完善的交通基础设施，可以带动整个"武汉城市圈"的物流业的发展，逐步发展成为武汉物流圈；襄阳和宜昌可以辐射并带动整个"鄂西生态文化旅游圈"内城市的物流业发展，加快山区市州如恩施等地的经济发展。其余市州作为物流节点城市，可以辐射并带动其行政区划里的地级市、县级市以及农村的物流和经济的发展，从而在整体上构建出一个综合区域物流网络。

整个湖北省区域物流网络内的物流节点城市都可以通过交通干线进行互通，依据地理位置和交通基础设施，"武汉城市圈"内的物流节点城市之间的通道主要通过"轴—辐"的方式来构建，即通过一级节点城市武汉向"武汉城市圈"内其他三级物流节点城市辐射；而"鄂西生态文化旅游圈"地域面积广阔，

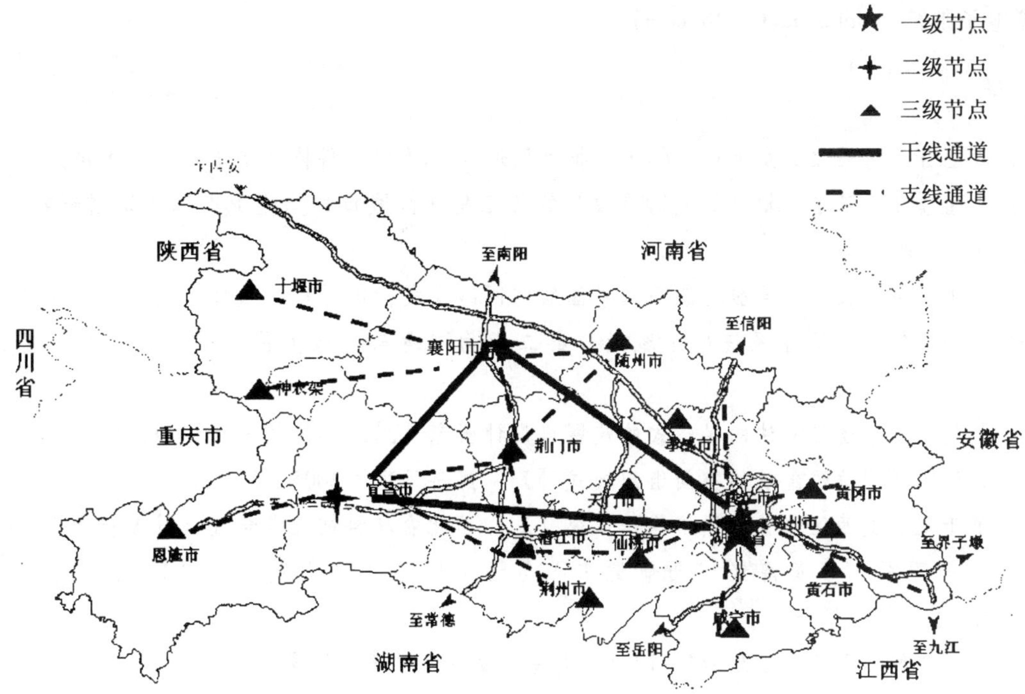

图2　湖北省区域物流网络

因此，二级物流节点城市襄阳和宜昌与其余三级物流节点城市的通道主要通过"轴—轴"的方式进行构建，配合湖北省内发达的高速公路网和铁路网，这些物流通道完全可以覆盖整个省域的节点城市，形成一个发达畅通的轴辐式区域物流网络。

　　本文规划构建的湖北省区域物流网络包括"武汉物流圈"和"鄂西物流圈"两个子网络，"武汉物流圈"能够充分发挥武汉城市圈的区位、交通、经济优势，辐射武汉100公里半径内的黄石、鄂州、孝感、黄冈、咸宁、仙桃、潜江、天门8个三级物流节点城市，重点为武汉城市圈的制造业如汽车、化工、机械、服装等基础产业群和高新产业群的发展服务，以"武汉物流圈"为中心，依托长江航道、沪蓉高速公路、京珠高速公路、福银高速公路、京广铁路和武汉天河机场，对内能够连接鄂西生态文化旅游圈，对外辐射河南、安徽、江西和湖南等省市，有利于将"武汉物流圈"打造成为中部地区物流枢纽区域；"鄂西物流圈"以省域副中心城市宜昌、襄阳、十堰、荆州、荆门、随州、恩施、神农架等物流节点城市为依托，服务鄂西生态文化旅游圈雄厚的汽车、化工、钢铁制造业、农业，以及发达的旅游业，满足鄂西生态文化旅游圈的物流需求，提高各类资源要素在圈内的流通速度和效率，促进鄂西生态文化旅游圈内的物流产业的迅速发展，同时，"鄂西物流圈"与河南、陕西、重庆和湖南接壤，依托其区位、交通优势，鄂西物流圈对外将承担起服务豫、陕、渝、湘等省市间货物中转流通的责任，成为中西部地区重要的物流枢纽。

5. 结论

　　本文基于"轴辐"网络理论，通过主成分分析，对湖北省17个市州的物流能力进行分析计算，得出这17个市州的物流能力排名，从而确定了城市物流节点等级，并且根据地理位置、交通条件以及湖北省总体经济的战略要求，规划了"武汉物流圈"和"鄂西物流圈"两个子网络，从而能够更加合理地优化整个湖北省的区域物流网络，为政府部门以后的物流规划提供一定的理论指导。

（作者电子邮箱：haifenglan@126.com）

参 考 文 献

[1] 海峰，武兰芬，张丽立.发展区域物流，推动区域经济 [J]. 科技进步与对策，2004，9.

[2] 张世翔，霍佳震.基于轴辐式物流网络模型的长三角地区城市群物流配送体系规划研究 [J]. 管理学报，2005，2.

[3] 金凤君，王成金.轴—辐侍服理念下的中国航空网络模式构筑 [J]. 地理研究，2005，24，5.

[4] 汪传旭.基于轴—辐运输系统的区域港口群二级物流运输网络优化 [J]. 系统工程理论与实践，2008，9.

[5] 刘沛，刘超.基于遗传算法的轴辐式物流网络设计研究 [J]. 物流技术，2009，12.

[6] 王成金.试论我国物流经济的空间组织模式 [J]. 经济地理，2005，3.

[7] 鄢飞，董千里.陕西区域物流网络构建研究 [J]. 西北农林科技大学学报（社会科学版），2008，2.

[8] 金凤君，王晖军.环黄海经济圈航运中心与运输网络一体化发展战略研究 [J]. 经济地理，2002，6.

[9] 李阳.轴辐式网络理论及应用研究 [D]. 上海：复旦大学博士论文，2006.

[10] O'Kelly, M. E.. A quadratic integer program for the location of interacting hub facilities [J]. European Journal of Operational Research, 1987, 32.

[11] Current, J., and Pirkul, H. The hierarchical network design problem with Trans-Shipment facilities [J]. European Journal of Operational Research, 1991, 51 (3).

The Research on Choosing Logistics Nodes of Regional Logistics Network Based on the Hub-And-Spoke Theory

Hai Feng[1] Guo Qiang[2] Ding Can[3] Shao Xiao[4]

(1, 2, 3, 4 Economics And Management School Of Wuhan University Wuhan 430072)

Abstract：The Hub-and-spoke logistics network turns one or a few logistics nodes within it to hub centers, goods from other nodes concentrate at the centers and then transported together according to their destination nodes. The Hub-and-spoke regional logistics network turns one or a few cities within the regional logistics network to hub cities, through which goods from the origin are transported to the destination. As it can bring economy of scale, effectively improve the utilization of correlative resources and simulate the economic development of the cities and regions in which the hub cities are located, this network model has been widely used. By using the principal component analysis method, this paper mainly analyzed the construction and operation of the Hub-and-spoke regional logistics network, and taking Hubei Province as an example, explored the method of choosing and grading the nodes of the modern regional logistics network from the quantitative point of view. It provides a theoretical guidance on how to optimize the whole logistics network in Hubei Province.

Key words：The Hub-and-Spoke; Regional logistics; Logistics nodes; Principal component analysis

基于 Supply-Hub 的多供应商——制造商二维协同关系研究[*]

● 李毅鹏[1]　马士华[2]

（1，2 华中科技大学管理学院　武汉　430074）

【摘　要】本文考虑了供应链中的多个供应商与单个制造商的关系协调问题。创新性地提出了基于 Supply-Hub 运作模式的供应链二维协同，不仅实现了传统意义上的供应链纵向协同，而且探索了如何在供应链上游成员之间实现纵向协同的新型关系。首先描述了推式与拉式两种模式的关系与优缺点，然后分析了面向供应驱动的推拉结合模式，从而引出 Supply-Hub 的管理思想，最后举实例探讨了 Supply-Hub 对供应商和制造商进行纵向和横向这两个维度的关系协同的影响和优势。

【关键词】Supply-Hub　多供应商　二维协同　供应链

1. 引言

根据运作管理和供应链的基本原理，流程式生产和加工—装配式生产是两种主要的生产方式。前者如冶金、化工等；而后者如汽车、造船、电脑以及消费类电子产品等。而加工—装配式供应链由于供应商数量较多、地理位置分散、生产流程工艺复杂、管理协调工作繁重，是供应链管理最值得研究的重点领域，因而也是本文所提出的供应链二维协同创新的研究基点。无论是按订单装配（ATO），还是提前装配（AIA），供应链上的企业都会面临双重不确定性和风险：来自上游多个供应商的不确定的供给和来自下游客户不确定的需求。传统的推式（Push）供应链只能以大批量生产、高库存、规模经济的低成本来满足客户的确定性需求；为了解决不确定的客户需求，供应链中的核心制造商可以采用拉式（Pull）模式，从而降低市场风险，而实质上只是把客户不确定性的风险向上游的供应商进行了转移；而供应商更倾向于从拉式回归到推式，特别是在供应不确定、供应短缺的大环境中，供应驱动占据了主导地位。因此，在双重不确定风险中，如何找到推式与拉式的平衡点（trade-off），是供应链二维协同创新的重要研究内容。

供应链协调（supply chain coordination）是国内外许多学者、行业从业者试图解决上述问题的重要手段之一。供应链中的下游客户除了需要低成本、多样化、高质量的产品以外，还常常"催货"，要求较短的产品提前期。如果核心制造商能够完全满足客户要求，就意味着需要维持非常高的多种零部件库存以及成品库存。因此，当制造商面临巨大的库存压力和市场压力时，最优的选择往往是对客户按订单进行

* 本文是国家自然科学基金资助项目"基于 Supply-Hub 的供应物流协同的理论与方法研究"（项目批准号：71072035）的阶段性成果。

延迟装配以消除成品库存，对供应商要求 Just In Time（JIT）的及时零部件供应以较少或尽力消除零部件库存。但从供应商的角度，JIT 的及时供应会减小供货批量、增加供货批次、对供货的准时性提出了更高的要求，最终增加了供应商的运作管理成本。传统的供应链协调就是利用契约规则的制定来平衡供应商—制造商—客户之间的利益冲突，以达到供应链的帕累托改善。通常使用的协调技术包括：数量价格折扣、回购（buy-back）、返现、供应商库存管理（VMI）、激励或惩罚等，往往基于短期（单周期）的合作、使用契约条款来约束相关利益方。而本文提出的供应链协同（supply chain synchronization）思想所强调的是让供应链中各级成员建立长期的战略合作伙伴关系，上游、下游企业联系更加紧密，在整合供应链资源的基础上，通过组织手段和技术手段创新，使供应链上多个零部件供应商的供货能够达到同步并与产品装配、市场需求相匹配，降低由于零部件缺料而导致的产品订单交付延误、库存成本上升以及失去市场等现象，进而提高供应链的整体响应性和灵活性，及时、准确地满足客户需求，最终提升供应链的整体竞争力。

由此，把传统意义上的供应商协调称为纵向（vertically）协同，其调整的是供应商—制造商之间、制造商—下游客户之间的上下级垂直关系；把多个供应商与供应商之间的同级的水平关系称为横向（horizontally）协同。本文提出的供应链二维协同所重点关注的就是如何使多个供应商与供应商之间横向相互配合、共同满足纵向制造商的零部件供应需求，从而彻底改变供应商—供应商之间、供应商—制造商之间的供应链合作关系。因此，本文提出了基于 Supply-Hub 的供应链二维协同模式，重新审视多个供应商、制造商和客户之间的关系；研究在不确定的、供应驱动的环境下，Supply-Hub 的运作机制，以及如何让 Supply-Hub 在两个维度上协同供应链上各个成员企业的关系；并探讨 Supply-Hub 机制下供应链二维协同的绩效提升和各种影响因素；据此为大型生产—制造型企业提供供应链管理的洞见和实践指导。

2. 从 Pull/Push 模式到面向供应驱动

2.1 低成本、规模效应——传统的 Push 模式

传统供应链的生产运作以推式（Push）模式为主，它以核心制造企业为主导、根据长期的市场预测结果来制订整个供应链的生产计划，运营流程是从上游推送到下游，供应链中的每一个节点都把生产出来的零部件或半成品依次推送到其下游节点，直到把最终产品推送到顾客手中。Push 模式在卖方市场的前提下可以获得最低成本，其特征为一切以计划为准绳、供应链成员企业之间是以订单或框架协议形成的短期、松散的合作关系。但是，当顾客需求的变化越来越频繁、产品的生命周期越来越短、市场竞争日益激烈时，Push 模式的供应链成员之间由于缺乏有效的沟通、协调、信息共享等，难以快速地响应市场变化，从而造成较高的生产/研发成本、过量的库存、应急运输成本的增加、较长的产品提前期、较低的服务水平以及顾客满意度。

2.2 需求不确定——从 Push 到 Pull 模式

当供应链中的企业认识到需求不确定性的重大影响时，就开始采用拉式（Pull）模式。该模式可以对不确定的、快速变化、波动的市场需求作出快速反应，能够提高对最终客户的响应性、缩短供应提前期。Pull 模式的特征是以客户需求为出发点；供应链上各节点成员每一个步骤都由下游节点所触发，上游节点需要作出快速响应；通过及时地供应链信息传递或共享，上下游的企业之间形成更加长期、紧密的战略合作关系。因此，Pull 模式可以降低供应链中的总库存成本，缩短零部件、半成本及最终产品的提前期，更及时地满足了顾客的个性化需求。由于该模式推崇的是小批量、多批次生产，及时或实时配送，低库存或零库存，这就

对上游的供应商的管理提出了更高的要求，并增加了下游核心制造商的管理难度和复杂性。

2.3 供应不确定——从 Push 模式的回归到面向供应驱动

由于 Push 模式对上游原材料或零部件供应的及时性、准确性、匹配性和协同性提出了更严格的要求，一旦上游供应商出现不确定的供应，就会给核心制造商带来重大的损失。例如，Apple 公司的 iPhone4 智能手机在 2010 年出现全球缺货，其"忠实"消费者纷纷抱怨甚至转投其他品牌，究其根本原因是其核心零部件 retina 液晶屏的韩国供应商产能不足、合格率低而出现供应不足。2011 年 3 月，日本海啸引发的大地震，本田汽车公司在日本国内的零部件供应商受到破坏而不得不关闭，导致下游的四家整车装配厂因供应中断而停产；同时，东芝公司的上游供应商——半导体工厂和鹿岛钢铁厂——也因为地震而无限期停产，其供应链下游的众多工程项目都面临订单延误、停工或另外寻找更高价格的供应商应急。现代化的、复杂的、大型生产装配使得供应链上往往存在上百家零部件供应商，而一个产品的装配需要多种零部件同时整体齐套（entire kit）供应到指定工位才能完成。根据本研究对武汉神龙汽车、湖北随州专用车改装厂、江苏仪征上汽装配厂等生产线的实地调研以及与供应链管理人员的访谈得知，对于 200～300 家零部件供应商的管理，往往会因为少数几家甚至一家供应商的零部件供应不及时、数量不足或供应中断，整个生产线会发生"停线事故"，损失约为 1 万元每分钟。例如，车悬架和保险杠需要同时装配，当车悬架供应到位时，可能会由于供应商产能不足、调度不科学或天气（如扬州仪征晨雾多）导致运送延时等原因、保险杠的配送会延迟或数量不足，不仅使生产装配停工，而且会产生车悬架库存的持有成本和下游客户的惩罚成本。由此可见供应及供应商在供应链管理中的影响是不可忽视的，业界大有从 Pull 模式回归到 Push 模式的趋势。

其实在现实的供应链运作实践中，完全单一的 Push 模式或 Pull 模式是不存在的，也无法解决实际的管理问题。因此，出现了"推拉结合"的供应链运营战略，而本文所提出的面向供应驱动的 Supply-Hub 运作模式即是在供应链下游需求和上游供应均不确定的环境下，实现"推拉结合"的战略支点和具体运营的"硬环节"。文中的"面向供应驱动"定义为：在市场需求不确定的前提下，以满足客户及时性、低成本、高质量的要求为最终目标，通过协同不确定的多个供应商之间横向的以及不确定的供应商与制造商之间纵向的二维关系，对供应链上游供应的各方进行资源整合与优化，从而实现整个供应链的协同运作与帕累托改善。不同于从供应链下游角度考虑的、基于作业执行层面的需求驱动，供应驱动是着眼于供应链上游的"供应环节"和"供方"思维，实现的是一种供应链战略层面的运作模式。"面向供应驱动"是以 Push 模式的回归为主导、结合了 Pull 模式的、创新型的"推拉结合"模式。其成功实施的关键就在于多个供应商参与的积极性和主动性，而供应驱动把多个供应商从传统的从属地位转变为主动地位。供应商纵向和横向地主动参与协同，尽可能共享生产、库存、交货等信息，以确定最优的生产供应批量和库存水平，可以让整个供应链的成本最优、时间最短、响应最及时。在新产品开发、新零部件替换以及新技术运用等方面，多个供应商积极地、尽早地参与更有利于降低零部件及成品的库存水平，降低新产品成本，提高产品的多样性，向最终客户提供更满意的产品。而 Supply-Hub 是最佳的"推拉结合"点，也是实现面向供应驱动的供应链二维协同的重要机制和物理场所。

3. Supply-Hub 的运作与二维协同机制

3.1 Supply-Hub 管理思想与内涵

Supply-Hub 在国内也称为"集配中心"，提供的是专注于制造业上游供应物流整合的管理服务。如美国的伯灵顿（BAX GLOBAL）就是一个专门为 Apple、Dell 和 IBM 在东南亚的生产装配公司提供零部件物流"集配"服务的第三方物流企业；UPS 为吉他制造业巨擘——Fender 国际公司提供来自世界各地厂家的海陆进货，并完成其配送过程的流线化和集中化的 Supply-Hub 服务。负责整个海尔集团的采购、供应、产品分拨和分销配送环节的海尔物流中心就是事实上的 Supply-Hub，目前，可以做到物流中心城市 6~8 小时配送到位，区域配送 24 小时到位，全国主干线分销配送时间平均为 3.5 天。江铃汽车集团下的江铃发动机厂由 Supply-Hub 提供发动机装配所需零部件的准时配送服务，负责将零部件齐全配套地运往总装线，保证了总装线对各类零部件的配套需求。安徽烟草公司物流中心、武汉神龙汽车公司、东风本田与东本储运公司也均采用了 Supply-Hub 运作模式。一般来讲，Supply-Hub 的地址位于核心制造商附近，大多数供应商在 Supply-Hub 附近都设有自己的仓库。供应商首先根据需求计划安排送货至 Supply-Hub 或者由 Supply-Hub 进行主动循环取货；再根据下游制造商的生产周计划甚至日计划以 JIT 的方式直送到制造商的零部件缓冲区域；最后根据生产线旁工位的实际消耗从缓冲区域实时直送到具体工位。

通过对国内大型生产制造企业的调研，特别是汽车整车装配、消费电子等企业调研的结果显示：采用 Supply-Hub 或类似模式能够按照 JIT 的方式将零部件以齐套的方式直送生产工位，实现小批量、多批次、多品种地混流生产，使生产供应达到了配套和同步，既提高了效率又降低了供应链总成本。

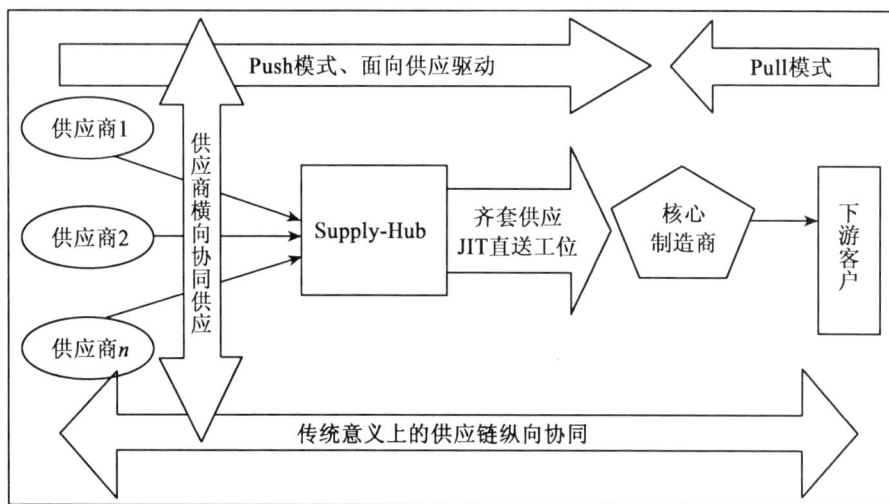

图 1　基于 Supply-Hub 的供应链二维协同结构图

由图 1 可以看出，Supply-Hub 作为众多零部件供应商与核心制造商之间的协同组织，为上游的供应商提供的是"集"的服务，即根据制造商的计划需求集中采购、运输和存储来自多个供应商的各种零部件；为下游的制造商提供的是"配"的服务，即在"集"的前提下按照制造商 JIT 的要求将仓库中的零部件准时、齐套地直送到生产线的各个工位上。"集"的服务最能够体现"横向维度"上的多个供应商之间的协同；"配"的服务是横向协同的效果在纵向上的直接体现。根据供应商和制造商的自身实力情况，Supply-Hub 的运营主体可以是核心制造商（如海尔、安徽烟草等），可以是第三方物流（3PL）或第四方物流（4PL）（如苹果电脑、IBM 等），甚至还可以是大型供应商或供应联盟等。随着供应链管理理念的不断深入发展，独立的第三方及第四方物流渐渐会在 Supply-Hub 运营中发挥更加重要的作用。

3.2　基于 Supply-Hub 的供应链纵向协同

供应链纵向上的供应商—制造商之间的关系协调是 Supply-Hub 能够正常运行的基础和前提。一般由核心制造商先定契约，接着各个供应商根据自身情况做出反应函数，这就形成了一个 Stackelberg 博弈。往往以数量折扣、退货策略、数量弹性、利益共享、提前订货等契约协调方式，用来平衡（trade-off）供应商希望大批量生产、小批次送货、高价格、长提前期与制造商希望小批量、多批次、低价格、频繁送货之间利益诉求的冲突，使得供应链上的各个成员的期望利润最大化。在实现 Stackelberg 均衡的过程中，核心制造商处于主导地位，是 Stackelberg 博弈参与者中的 Leader；供应商是 Follower，总处于从属地位。具体体现在制造商以压价、压量、压时间的方法来保持其强势的竞争地位。相比于这种"事务性"、"对抗性"、不长久，不稳定的松散关系，供应商—制造商之间更应该发展战略的、长期的、更紧密的合作伙伴关系。VMI（供应商库存管理）可以看成单个供应商与单个制造商在纵向上协同的成功运作模式，其意味着制造商把库存的控制权移交给了上游的供应商，供应商根据下游所下达生产计划来确定最优的库存水平和补货策略，以一种全新的合作伙伴关系来使双方的成本最优化并提高响应速度。

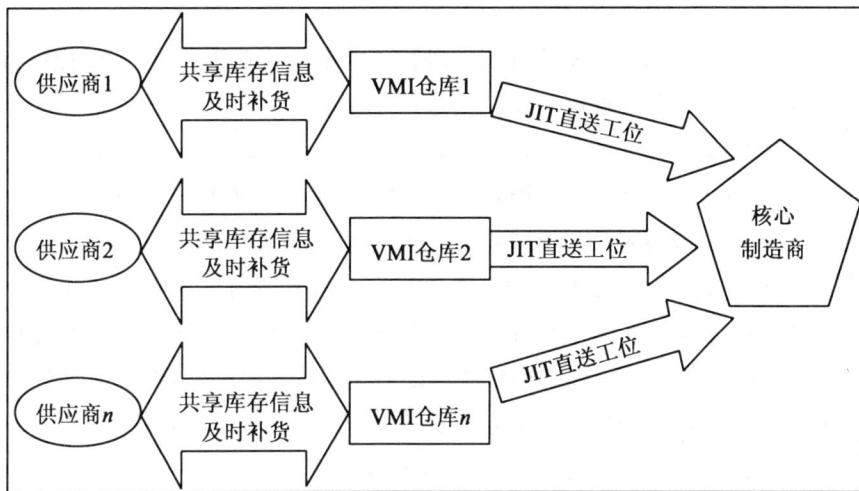

图 2　多对一的分布式的 VMI 运作管理模式

如图 2 所示，实质上可称为供应商"就近设厂"模式。在大型生产—装配型供应链中由于存在上百家供应商，从而形成了多对一的分布式的 VMI 运作管理模式。然而，VMI 只是对供应链的一种局部的、简单的优化控制，这种分布式的模式会导致供应商的前期投资巨大、后期运营成本高，本质上是把不确定的市场需求风险从制造商转嫁给了上游供应商。处于被动地位的众多供应商容易致使供需关系的紧张化，严重地会导致供应链的断裂。比较图 1 与图 2 可以看出，在 Supply-Hub 基础上采用传统的供应商—制造商的协调技术，如信息共享、协同计划、总量折扣、同步化生产与配送、提前订货、交货期优化等，在形成纵向协同后能够显著减少供应链的库存总成本，提高对客户的响应性。因此，Supply-Hub 是把分散运作管理的 VMI 模式进行了资源整合与合作关系再造，用集中的整合管理来从全局的角度优化整个供应链。

3.3　基于 Supply-Hub 的供应链横向协同

在确保供应链纵向协同的前提下，实现多个供应商之间的横向协同是 Supply-Hub 的核心价值创新所在。前者是为了应付市场需求不确定的问题，而后者则是为了解决供应与需求双重不确定带来的供应链风险问题。其中，供应的不确定性除了供应商各自的供应数量、时间、质量等不确定以外，还包括相互关联的供应商与供应商之间的供应数量的匹配性、到货时间上的同步性、生产进度（周期）的一致性等

107

的不确定性或不协同性，而后者才是本文中 Supply-Hub 所解决的主要问题。例如，福特汽车遭遇凡士通轮胎召回事件，先后召回了 13000 万条轮胎，损失达数十亿美元，而福特汽车的所有供应商都承担了 50% 的召回费用（陈雄亮，2004）。由此可见，供应商除了发展与核心制造商的纵向关系以外，还需要再造供应商与供应商之间的新型战略合作关系。

例如，考虑一种最简单的情况，两个汽车零部件供应商（车桥和轮胎）与一个整车装配商。按照生产计划需要在时刻 T 装配 Q 辆整车，这就分别需要供应车桥 $2Q$ 和轮胎 $4Q$。在供应不确定的环境下，可能会出现车桥供应商在 T_1 时刻（$T_1 \neq T$ 且随机分布）只能供应 $2Q \cdot \alpha$，而轮胎供应商在 T_2 时刻（$T_2 \neq T$ 且随机分布）只能供应 $4Q \cdot \beta$，其中，$0 < \alpha, \beta < 1$，并且是随机分布的。这时车桥和轮胎都存储在 Supply-Hub 中，会因为两个供应商横向上的不协同而产生额外的成本：过早到货导致的库存持有成本（当 T_1 或 $T_2 < T$ 时）、晚到货导致下游订单延迟惩罚成本（当 T_1 或 $T_2 > T$ 时）、零部件的实际供应数量不足导致的缺货成本、两种零部件的数量比例不匹配（车桥与轮胎齐套数量应该是 1 比 2）而导致多余零部件的持有成本等。

通过接入 Supply-Hub 的系统信息显示终端（一种信息共享软件系统），不仅供应商与制造商之间能够实时共享下游客户订单、装配计划与进度、流水线边库存消耗、零部件配送状态等纵向信息，而且更重要的是能够共享供应商与供应商之间的生产能力与周期、生产进度、零部件短缺数量、到货（延迟）时间等横向信息。纵向信息共享可以降低"牛鞭效应"、减少供应商的库存成本（Hau L. Lee，1997）；而共享横向信息可以提高相互依赖的供应商的协同供货程度，减少或消除供应短缺和延迟，从而降低额外的惩罚成本和库存持有成本，提高客户订单的满足率。例如，在上述的例子中，当这两个供应商采用的横向信息共享之后，可以实时跟踪彼此的零部件生产与供应状态，调整自己的生产进度和到货时间，至少能够保证 $T_1 = T_2$ 以及车桥与轮胎按 1：2 齐套供应，以消除库存（时间和数量不协同造成的）持有成本。但如果要彻底消除供应延迟和短缺，则在横向信息共享的基础上，采取如多源采购、动态产能调整、订单外包、加急赶工等横向协同技术，以确保两个相互依赖的供应商分别都在规定的时刻 T 供应车桥 $2Q$ 和轮胎 $4Q$，不提前、不延迟、不短缺，这就是实现二维协同的最佳目的。

4. 结语

本文从多个供应商的角度来研究供应链上游成员之间的关系。除了传统的供应商—制造商之间的纵向关系协调之外，创新地提出了基于 Supply-Hub 的多供应商—制造商的二维协同关系。通过新建立的多个供应商之间的横向协同关系，能够更好地满足制造商的及时、快速、小批量、多批次、齐套供货的要求，从而向下游客户提供低成本、高质量和多样化的最终产品。在进一步的研究中，需要建立定量的数学模型来分析 Supply-Hub 的具体库存协同机制和优化策略，以及提前期、批量、激励等因素对二维协同的影响；并需要对多个供应商、制造商进行问卷调查确定如何吸引和鼓励更多的供应链中的成员参与到 Supply-Hub 的二维协同计划中来。

（作者电子邮箱：lyp2357@163. com；shihuama@ hust. edu. cn）

参 考 文 献

[1] 张涛，孙林岩. 供应链不确定性管理：技术与策略 [M]. 北京：清华大学出版社，2005.

[2] 李毅鹏，马士华. 不确定供应链中基于 Supply-Hub 的信息协同研究 [J]. 情报杂志，2011，30 (3).

[3] 赵晓波，黄四民. 库存管理 [M]. 北京：清华大学出版社，2008.

［4］ 鲁其辉，朱道立．含交付时间不确定性的供应链协调策略研究［J］．管理科学学报，2008，11（2）．

［5］ 但斌，肖剑，吴庆．VMI 模式下供应商之间的生产进度信息共享研究［J］．管理工程学报，2009，23（4）．

［6］ 罗兵，曾令玲．一种考虑订货商补贴的 VMI 模型［J］．中国管理科学，2008，16（2）．

［7］ 陈雄亮．整车厂给供应商强加不平等条约［J］．中国商报，2004，3（5）．

［8］ George Stalk, JR. Time -the next source of competitive advantage［R］. Harvard Business Review, 1986.

［9］ Marshall Fisher, Kamalini Ramdas, and Karl Ulrich. Component sharing in the management of product variety: A study of automotive braking systems［J］. Management Science, 1999, 45, (3).

［10］ Ulrich W. Thonemann, and Margaret L. Brandeau. Optimal commonality in component design［J］. Operations Research, 2000, 48 (1).

［11］ Frank W. Ciarallo, Ramakrishna Akella, and Thomas E. Morton. A periodic review, Production planning model with uncertain capacity and uncertain Demand- Optimality of extended myopic policies［J］. Management Science, 1994, 40 (3).

［12］ ZhaoLin Li, Susan H. Xu, and Jack Hayya. A periodic-review inventory system with supply interruptions［J］. Probability in the Engineering and Informational Sciences, 2004, 18.

［13］ Hau L. Lee et al. Information distortion in a supply chain: The bullwhip effect［J］. Manage Science, 1997, 43.

［14］ Fuqiang Zhang. Competition, Cooperation, and information sharing in a Two-Echelon assembly system［J］. Manufacturing & Service Operations Management, 2006, 8 (3).

［15］ Disney SM, et al. The value of coordination in a Two-Echelon supply chain［J］. IIE Transactions, 2008, 40 (3).

［16］ Kevin H. Shang, Jing Sheng Song, and Paul H. Zipkin. Coordination mechanisms in decentralized serial inventory systems with batch ordering［J］. Management Science, 2009, 55 (4).

［17］ Cheung, Ki Ling, and Zhang Sheng Hao. Balanced and synchronized ordering in supply chains［J］. IIE Transactions, 2008, 40.

［18］ Marek Szwejczewski, Fred Lemke, and Keith Goffin. Manufacturer-supplier relationships an empirical study of german manufacturing companies［J］. International Journal of Operations and Production Management, 2005, 25 (9).

［19］ Bowon Kim, and Heungshik, O. H.. The impact of decision-making sharing between supplier and manufacturer on their collaboration performance［J］. Supply Chain Management: An International Journal, 2005, 10 (3).

［20］ Asa Hagberg-Andersson, and Kjell Gronhaug. Adaptations in a supplier-manufacturer network: A research note［J］. European Journal of Marketing, 2010, 44 (1/2).

［21］ Keith Goffin, Fred Lemke, and Marek Szwejczewski. An exploratory study of "close" Supplier-manufacturer relationships［J］. Journal of Operations Management, 2006, 24.

［22］ Hemila, J., and Jarimo, T.. Hub-model utilisation in inbound logistics-A case study from the finnish electronics industry［J］. ICIL 2005: Proceedings of the International Conference on Industrial Logistics, 2005.

［23］ Trappey, C. V., et al. Business and logistics hub integration to facilitate global supply chain linkage［J］.

Proceeding of the Institution of Mechanical Engineers Part B-Journal of Engineering Manufacture, 2007, 221 (7).

[24] MLF Cheong, Bhatnagar, R., and Graves, S. C.. Logistics network design with supplier consolidation hubs and multiple shipment options [J]. Journal of Industrial and Management Optimization, 2007, 3 (1).

[25] Haiqing Song, Vernon N. Hsu, and Raymond K. Cheung. Distribution coordination between suppliers and customers with a consolidation center [J]. Operations Research, 2008, 56 (5).

[26] Wang, C. X.. Optimization of extended Hub-and-Spoke regional port transportation networks with interval cost parameters [J]. Proceeding of the 2006 International Conference on Management of Logistics and Supply Chain, 2006.

[27] Lin, C. C., and Chen, S. H.. An integral constrained generalized Hub-and-Spoke network design problem [J]. Transportation Research Part E-Logistics and Transportation Review, 2008, 44 (6).

[28] Kenneth R. Baker, Michael J. Magazine, and Henry L. W. Nuttle. The effect of commonality on safety stocks in a simple inventory model [J]. MANAGEMENT SCIENCE, 1986, 32 (8).

[29] Hans Sebastian Heese, and Jayashankar M. Swaminathan. Product line design with component ccommonality and Cost-reduction effort [J]. Manufacturing and Service Operations Management, 2006, 8 (2).

Research on Two-Dimension Synchronization Relationship between Multi-Suppliers and Manufacturer based on Supply-Hub

Li Yipeng[1]   Ma Shihua[2]

(1, 2 Management School of Huazhong University of Science and Technology   Wuhan 430074)

Abstract: Consider an issue about relationship coordination between multi-suppliers and single manufacturer in supply chain. Present novelly supply chain two-dimension synchronization based on Supply-Hub operation model, that not only implement supply chain's traditional coordination vertically, but also explore how to build a new relationship among supply chain partners to synchronize them horizontally. Firstly, describe the relation, benefits and flaws in Push and Pull model. Then analyze Push-Pull mixed model faced to supply-driven, and introduction the managerial insight on Supply-Hub. Finally, take an example to study the effect and advantages of Supply-Hub in vertical and horizontal two-dimension relationship synchronization between suppliers and manufacturer.

Key words: Supply-Hub; Multi-Suppliers; Two-dimension synchronization; Supply chain

珞珈管理评论 ［2011 年卷 第 2 辑（总第 9 辑）］   Luojia Management Review No. 2，2011（Sum. 9）

旅游统筹、产业整合驱动：特色民族村寨发展新模式

——基于恩施市枫香坡侗族村寨的调查与思考

● 邓　辉

（中南民族大学管理学院　武汉　430074）

【摘　要】特色民族村寨既是民族文化遗产的重要组成部分，又是民族文化传承与发展的重要载体。本文基于对恩施市枫香坡侗族村寨的实地调研，揭示其所确立和践行的旅游统筹、产业整合驱动的发展模式，不仅是成就枫香坡辉煌的主要因素，而且是特色民族村寨发展可资借鉴的新模式。

【关键词】发展模式　特色民族村寨

1. 缘起：一个不可忽视的发展问题

特色民族村寨是指因特定地理环境和长期文化积淀所形成的，具有反映和代表某一民族地区或某一民族文化个性的典型村落。我国是一个多民族国家，我国许多少数民族在其发展过程中，因特殊地理环境的影响和文化传承方式的差异，形成并留下了众多具有历史意义和文化价值的特色民族村寨。特色民族村寨以其独特的村落生态环境、聚落建筑风貌、居民社会组织及民族民俗风情等，越来越成为人们关注的焦点和有别于一般民族村寨的标志所在。特色民族村寨，对一个民族来讲，既是民族文化遗产的重要组成部分和民族文化传承与发展的重要载体，又是民族地区可资利用与现代发展的稀缺资源。然而，随着市场经济的发展和对外交往的扩大，许多特色民族村寨在市场经济和外来文化的不断冲击下，开始发生蜕变，并遭受着许多人为的破坏，从而导致许多特色民族村寨的变异与消失。保护和利用好特色民族村寨，促进特色民族村寨的可持续发展，不仅是全社会义不容辞的重要职责，而且是民族地区现代化发展过程中不可忽视和必须解决的紧迫问题。

进入 21 世纪以来，党和政府十分重视民族地区的发展，出台了一系列旨在加强团结、维护平等、消除贫困、促进发展的民族政策。先是西部大开发战略，揭开了民族地区大开发、大发展的序幕。接着是为解决"三农"问题，在全国范围内开展的"乡村旅游热"和"新农村建设"，直接推动着特色民族村寨的旅游开发、旅游扶贫与小康农村的建设。这些重大举措的实施，虽然在调整农村产业结构、统筹城乡和谐发展、增加就业、增加农民收入、带动相关产业发展、促进民族文化保护与传承方面发挥着积极重要的作用，但是随着民族地区乡村社区开放开发的深入以及民族乡村社区固有的一些发展制约因素的影响，许多特色民族村寨在利用这些机遇谋求发展的过程中又面临着严重的困惑和巨大的挑战。先是民族村寨旅游开发所带来的负面影响日趋显现出来：民族文化认同感的失落，导致传统民族文化遇到了严重的传承困难；民族价值观的改变，导致传统社会结构的逐渐崩溃；民族文化的乱利用，导致传统民族

文化的粗俗化、商业化与扭曲化；旅游扶贫开发在很多村寨因扶贫心切、匆忙上马，也陷入了"热热闹闹开发、冷冷清清经营、负债累累收场"的怪圈，真正开发成功且长盛不衰的民族旅游村寨并不多。紧接着，在新一轮的新农村建设过程中，许多民族村寨并没有认识到其村寨的特殊性，盲目跟风建设，人为地造成了民族村寨文化生态环境的严重破坏，加速了特色民族村寨的退化与消失。在这种机遇与挑战并存的情形下，特色民族村寨究竟选择怎样的发展方式，才能走出困境，迈上健康、快速和可持续发展的轨道，的确需要认真地总结与探索。正是带着这一问题，笔者选取恩施市一个发展较好并有一定知名度的特色民族村寨——枫香坡进行了调研，期望从其发展实践中探寻特色民族村寨发展的新路子。

2. 特色：枫香坡发展之根基

特色既是特色民族村寨得以存在的价值所在，也是特色民族村寨赖以发展的重要依托。在推进民族村寨发展的过程中，特色民族村寨应该说更有发展条件与优势。枫香坡侗族风情寨位于恩施土家族苗族自治州首府恩施市西南 10 公里处，包括枫香坡、范家坝、金家院子三个村民小组，国土面积约 1.4 平方公里，隶属芭蕉侗族乡高拱桥村。全寨目前有农户 72 户，人口 325 人，60%以上属侗族人口。枫香坡侗族村寨的特色与优势突出表现在以下三个方面：

2.1 侗族村寨与侗族风情

众所周知，恩施州主要是土家族和苗族聚居的地方。侗族主要分布在贵州黔东南和湖南西南部地区。然而在恩施市城郊，不仅分布着恩施州唯一的侗族聚居地——芭蕉侗族乡，而且完整地保留和传承着浓郁的侗族文化。这在湖北以及侗族发展史上也不能不说是一个奇迹，这也正是枫香坡成为恩施州特色民族村寨的原因之一。据历史记载，这里的侗族主要是清代康乾时期从湖南新晃和贵州玉屏等地迁入的，距今已有 200 多年的历史。由于受地理环境和周围民族的影响，居住在这里的侗族一开始就与当地土家族、苗族和汉族杂居，相互往来，相互学习，相互影响，他们在保留侗族传统文化习俗的基础上，也逐渐形成了有别于其他侗族社区的民俗文化。如在生产方式上，这里的侗族虽然延续了侗族传统种植水稻的生产方式，但也从土家人、苗家人那里学会了种植玉米、土豆、茶叶以及畜牧等生产方式。在饮食方面，侗族传统饮食以大米为主，糯米饭是侗族人家日常生活中不可或缺的食品。另外，侗家饮食还一直保留着"无酸不成宴"、"无鱼不成席"、"无糯不成侗"、"无茶不成喜"的讲究。这些传统的饮食习俗，枫香坡侗族不仅完整地保留了下来，而且在和当地土家人、苗族人的交往中，土家人的苞谷酒、油茶汤以及腊蹄、腊肉、熏肉、合渣等也都成了枫香坡侗族人喜爱的食品。另外，在婚恋习俗方面，传统的侗族社区流行着大胆的"拐婚"、"偷婚"和富有诗意的"行歌坐月"、"玩山走寨"的习俗。但在枫香坡，这种传统的习俗已有了一些改变。除了"男女以礼相从，当两姓订盟之初，必先议婚、纳彩、问名、纳币、请期，然后迎亲"以外，这里的侗家人也有"陪十姊妹"、"陪十兄弟"的习俗，与土家族相同。不过，在建筑、服饰、祭祀、歌舞、节日等方面，枫香坡侗族虽然吸收了周边民族的一些元素，但依然整体上保留了侗族的传统习俗。如侗寨标志性建筑——侗寨鼓楼和风雨桥，侗族"萨岁"宗教信仰，侗族传统的侗戏、侗族大歌以及芦笙舞、板凳舞等，侗族传统的牛王节、尝新节等，都被完整地保留与传承了下来。可以说，枫香坡侗族村寨既是侗族传统民俗文化在鄂西活生生的展示窗口，又是侗族传统文化在民族交往中演绎与创新的重要平台，具有重要的文化遗产与文化创新的价值与意义。

2.2 生态茶园与特色产业

枫香坡地处低丘山坡，平均海拔 500 米，森林覆盖率达 68%。气候温和，雨量丰沛，阳光充足，空气湿度大，无霜期长，非常适宜茶树的生长。自古以来，枫香坡就有种植茶树和盛产茶叶的历史，有"人平一亩茶"之说。早在清康熙年间，这里就培育出了享誉四方的"恩施玉露"茶。该茶是湖北第一历史名茶，也是我国为数不多、留存至今的一种蒸青绿茶，以色绿、香高、味醇、形美为其主要特点。虽然新中国成立以来枫香坡曾一度改种水稻，但是从2000年开始，枫香坡进行产业结构调整，大兴茶园，又将大面积水田和山坡地改造成了茶园，恢复了茶叶种植与生产。良好的生态环境和富硒的土壤条件，以及独特的传统绿茶制作工艺，使枫香坡一跃成为芭蕉乡重要的茶叶种植专业村和有机茶生产示范基地。这里所开展的无性系良种茶叶种植和生产的富硒特色绿茶，使"恩施玉露"这一古老茶叶品牌获得了更大的生机与品牌价值。茶叶种植与生产已开始成为枫香坡富民兴村的特色支柱产业。如今，漫步于枫香坡，到处是郁郁葱葱的茶园，茶园中散落着一栋栋别具风格的侗家建筑。生态茶园、林木果园和特色建筑共同构筑成了枫香坡独特的乡村田园景观。茶园不仅为当地居民带来了可观的经济收入，成为当地最重要的特色农业，而且更成为枫香坡侗寨旅游的一个独特看点与重要支撑，吸引着中外游客纷至沓来。

2.3 优势区位与村寨环境

一般而言，保存比较好的特色民族村寨大多位于交通闭塞和信息欠通的山区。枫香坡及其所在的芭蕉乡，可能因为是恩施州唯一的侗族聚居地的缘故，得到了较好的保护与传承，不仅保留了下来，而且获得了比其他特色民族村寨更为优越的发展区位与条件。从地理交通区位来看，枫香坡位于恩施州首府恩施市西南10公里的城郊地带，有较高等级的公路和高密度的班车直通该村，交通极为便利。从旅游区位来看，枫香坡属于城郊民族村寨，独特的侗族风情、成片的生态茶园和著名的"恩施玉露"茶叶品牌，使得枫香坡发展乡村旅游更具优势与前景。尤其是随着进入恩施的高速公路和快速铁路的修通以及恩施机场的改扩建，恩施旅游将迎来更大的发展机遇和发展潜力，枫香坡作为一个城郊特色民族村寨也将更有条件率先建成民族地区乡村旅游示范村。从村寨环境来看，枫香坡低丘环绕、平坝阡陌，林木葱郁、空气清新，茶园飘香、风情万种，既是一个城郊型的"世外桃源"，又是一个宜居宜游的生态家园，具有开发乡村旅游的良好环境。

3. 模式：枫香坡发展之探索

发展是硬道理。无论保护也好，还是开发也好，只要有利于特色民族村寨整体发展的行动都是有价值、有意义的探索。从枫香坡的发展历程来看，枫香坡的发展虽得益于改革开放，但真正快速发展始于21世纪初，其发展模式经过了一个由传统发展模式——特色产业带动模式——旅游统筹、产业整合驱动模式的发展过程。

3.1 传统发展模式阶段（2000年以前）

解放以前，枫香坡侗族一直延续着侗族传统的生产方式——种植水稻。虽然种植水稻不存在气候问题，但是枫香坡这个地方山多田少，不少田地还是蓄不住水的"漏斗田"，因此，水稻种植难度较大，产量较低，水稻的种植尚不能满足当地人的基本生计。为了解决水稻不够吃的问题，枫香坡人开始向当地土家人学习，种植一些适合坡地生长或相对耐旱的玉米、土豆等作物。不过，坡地和旱地种植，土壤贫瘠、灌溉不易，一般都采用粗放式的种植方式。新中国成立后一直到改革开放以前，在"以粮为纲"大方针指导下，枫香坡许多荒地被开垦，耕地面积也有所扩大，但产业结构更加单一，主要以种植水稻为主。改革开放以后，一直到21世纪初之前，枫香坡在主导产业方面，除了种植水稻并依靠科技力量提高水稻产量以外，开始大面积种植烟草和少量的茶叶。但烟草种植不仅劳动强度大，而且受市场影响也较大，其经济效益也不够理想。所以，2000 年以前，枫香坡人基本上是延续着一种传统的发展模式在解决温饱问题，虽然清贫但也显得悠然自得。

3.2 特色产业带动模式阶段（2000—2006 年）

20 世纪末，随着西部大开发战略的实施，枫香坡人在发展机遇面前，抓住和凸显村寨特色，迅速进行产业结构调整。确立了"以茶兴村，以茶富民"的发展思路，提出了"做好一个产业——茶叶产业，打好一张名片——'恩施玉露'"品牌的发展目标，并为此进一步提出了"产业化、规模化、标准化、民营化"的"四化"经营理念和"统一名称、统一工艺、统一质量、统一包装、统一价格"的"五统一"生产标准。一改过去小农业生产方式为现代大农业生产模式。2000 年，枫香坡开始大兴茶园，将所有水田和山坡地全部改成茶园，56 户一共种了 300 亩茶园。当年实现茶叶收入 3000～4000 元/亩、茶叶总收入突破 120 万元的好收成。仅此一项，就实现枫香坡人均纯收入 2000 元以上。在发展茶特色产业的同时，尝到了甜头的枫香坡人又凭借紧邻恩施城郊的区位优势，开始发展特色林果、有机蔬菜和畜牧等产业，同时，开始发展以"农家乐"为主要形式的乡村旅游业，从而形成了"一主多翼"的发展态势。

3.3 旅游统筹、产业整合驱动模式的确立（2006 年以后）

2006 年以来，随着乡村旅游的迅猛发展和新农村建设的全面推进，枫香坡人在总结已有成绩的基础上，围绕发展问题又开始了新的思考。2006 年，枫香坡人紧紧抓住枫香坡秀美田园、特色农业、茶叶品牌和侗族风情等特色资源以及紧邻恩施城郊的区位优势，大胆提出"唱特色戏、打民族牌、走旅游路、建风情寨"的新思路，决定将特色农业、乡村旅游、新农村建设和民族团结进步示范村建设有机结合起来，整体谋划，有序推进，以特色资源为凭借，以特色产业为支撑，以旅游统筹、产业整合驱动为抓手，加快枫香坡经济、社会、文化与生态的整体协调发展，从而拉开了集特色产业、乡村旅游、文化传承和生态家园建设于一体的枫香坡发展模式的序幕。围绕这一模式，枫香坡人大胆地进行如下尝试与实践。

一是借新农村建设之机，加快了基础设施建设和村容村貌的改造，为发展乡村旅游创造良好的条件。

2006 年，枫香坡抓住"百镇千村"工程建设契机，结合整村推进、扶贫式搬迁项目，在高拱桥两边的坝子里，按照"合理布局、分类指导、适度超前、逐步到位"的规划原则和"统一图纸、统一户型、统一朝向、统一层高"的设计要求，规划并建成了一条长 1 公里的侗族风情街，较好地解决了农村"只见新房，不见新村"的问题。这一具有浓郁民族特色的风情街后来成为枫香坡侗族风情寨的重要组成部分和整个芭蕉茶叶交易的重要市场。与此同时，该村还以"五改三建"文明新村建设为载体，动员全村农民积极参与，仅仅用了几个月的时间，先后完成了通村公路、路网建设、安全饮水、通信覆盖、能源改造和景观照明等数项工程，使乡村面貌得到了根本性改变。山变绿了，水变清了，路变宽了，房子变大变亮了，人们的物质生活特别是精神生活，变得更加充实了，呈现出一种"房在茶中，茶在林中，村在园中，富在山中"的别致景象。村寨环境的改善和基础设施的配套，为枫香坡乡村旅游的发展创造了良好的条件。

二是加快乡村旅游开发，并以旅游统筹特色产业的升级与发展，实现旅游产业、特色农业和文化产业的协调互动发展。

枫香坡乡村旅游始于 2006 年。以打造恩施"侗乡风情第一寨"为目标，将村寨建设与景区建设有机结合起来，以建设景区的标准来推进村寨的建设与发展。从 2006 年开始，枫香坡在完成了村寨和侗族风情寨统一规划的基础上，按照"一轴四区"（景观轴、旅游服务区、清水游乐区、茶文化休闲区、侗文化体验区）的空间布局，以高拱桥、枫香坡、朱砂溪和范家坝为核心，在短短不到一年的时间，先后建成入口牌楼、范家坝风雨桥、入村寨门、陆羽茶亭、农耕文化博物馆、鼓楼、1000 米文化长廊、萨岁庙、叮卡谷花桥、踩歌堂等侗寨标志性建筑。同时，完成了景区公共厕所、入口停车场、垃圾处理池、景区游步道和农事体验器具等旅游基础设施。粗具规模的侗族风情寨于2007年"五一"正式开园迎客。

在加强景点和硬件设施建设的同时，为了更好地展示侗族民俗风情，枫香坡还加大了对侗族民俗文化的挖掘、提炼与产业化发展。他们先后组织农户到贵州侗乡进行考察学习，聘请贵州黎平文化馆的老师到枫香坡排练表演侗戏、普及侗族大歌、学侗族日常用语，制作并发放侗族服饰，不断丰富了侗寨文化。在挖掘和学习的基础上，枫香坡先后组建起为旅游服务的农民艺术团和芦笙队、琵琶队等专业性团队。他们身着侗族服饰，为游客表演原汁原味的侗戏、侗歌和侗舞。每当游客到来，他们还定时为游客举行隆重的入寨礼仪式——侗族拦路礼仪，唱侗语拦路歌、敬酒、献侗带、举行抬官人等活动。另外，为了展示和凸显侗族独特的民族饮食，他们在进一步规范和办好现有12家农家乐的基础上，2008年通过招商引资的方式，以"吃在枫香坡"为主题，打造了枫香坡美食一条街，隆重推出枫香坡侗寨十大风味名吃，弘扬和传承着侗族饮食文化。这些文化性的事项与活动，不仅将侗族民俗风情表现得淋漓尽致，提升了侗族风情旅游的品质内涵，而且在保存和弘扬民族文化的同时实现了文化的产业化。

茶叶生产是枫香坡最重要的特色农业，"恩施玉露"是闻名遐迩的茶叶品牌。为了更好地促进茶叶产业的发展，同时，又为枫香坡乡村休闲旅游增添新的魅力，枫香坡在建设侗族风情寨的过程中，注重了旅游元素向茶叶产业的渗透与延伸，以拓展茶叶产业的旅游功能。为此，他们首先对现有的茶园进行了品种改良与景观化改造，以提升茶叶的品质和茶园的观赏效果。同时，他们将茶文化和侗文化引入到茶叶产业之中，增设了茶文化长廊、茶文化景观以及种茶、采茶、制茶、品茶、购茶、观赏茶艺表演等设施、场所或活动，延长了茶文化链和茶产业链，增强了茶特色农业的旅游价值与旅游魅力，实现了特色农业与旅游产业的整合互动发展。2008年，他们又通过各种媒体和营销方式对"恩施玉露"茶叶品牌进行了强力推介与品牌传播，进一步促进了茶产业与旅游产业的整合驱动效应。仅2008年，枫香坡就接待海内外游客30多万人次，旅游综合收入达1000万元，人均纯收入增加到5000多元。旅游业的发展也促进了茶产业的发展与提升。2008年，枫香坡茶农的茶叶收入已突破4000元/亩，全村茶叶总收入也突破了120万元的纪录。

经过短短几年的打造，枫香坡侗族风情寨已开发建成20余处景点，"一轴四区"的旅游格局初步形成，一个集特色休闲农业、民族风情体验和乡村休闲度假的侗乡风情山寨如美丽画卷般地展现在人们面前。也就是在短短几年内，枫香坡由封闭的农耕山寨转变成了"全国农业旅游示范点"（2008）、"湖北省首批新农村建设示范村"（2008）、"湖北省民族团结进步示范村"（2009）和国家2A级景区（2009）。

三是创新管理体制，促进产业整合互动与和谐村寨的建设。

整合的要义之一就在于调整与协同。有效的制度整合与安排也是枫香坡发展模式的重要内容。枫香坡发展之初，在管理体制与经营机制方面也并非一帆风顺，也出现过一些混乱。如在茶叶生产方面，存在农户因各自为政、分散经营导致茶叶品质悬殊和"恩施玉露"品牌难以建立。在发展农家乐方面，也由于经营分散和利益驱使导致争抢客源的低价竞争等。为了更好地推进枫香坡的整体发展，枫香坡人在管理体制与经营机制上进行了大胆创新与实践。在村寨管理方面，枫香坡实行了景区与村寨的整合与统一管理，由枫香坡侗族风情寨管理委员会和高拱桥村村民委员会（简称"两委"）共同管理。"两委"在村寨规划、基础设施建设、环境整治、景区管理和村民利益协调等方面发挥着重要的作用。在村寨经营方面，枫香坡走的是一条"公司带农户"，统一管理、分户经营、统一品牌、联合促销的经营模式。如在茶叶生产方面实行公司+基地+农户"的模式，农户按统一标准分户进行茶叶种植，由专业公司进行统一收购与制作，并统一按"恩施玉露"品牌进行营销。在枫香坡美食城与农家乐关系上，则实行公司和农户统一管理、分户经营、联合促销的联营模式，共同打造枫香坡特色美食品牌。这种管理体制与经营机制的创新与实践，既调动了政府、村民和企业三方面的积极性，有利于村寨的集体行动与合力形成，同

115

时，又较好地避免了因利益不均而出现的无序竞争与低品质服务，从而保护并促进了乡村旅游、特色农业和民族文化传承的有机协调与整合发展。

4. 启示：枫香坡模式之解读

枫香坡模式立足特色资源、重在特色产业、以乡村旅游为旗帜，强化旅游统筹与产业整合驱动，促进了枫香坡经济、社会、生态与文化的协调统一与全面发展。解读这一模式，至少可以带给人们如下启示：

4.1 村寨发展并非单一经济增长而是整体发展

围绕民族村寨的发展问题，不少学者和民族工作者进行过许多有益的探索与实践，并提出了许多发展模式。归纳起来，无外乎两大角度和两大层面。一是开发的角度和经济的层面，主要有旅游开发模式和产业扶贫模式；二是保护的角度和文化的层面，主要有生态博物馆模式和民族文化生态村模式。这些模式虽然从某一方面并在一定时期促进了民族村寨的保护与发展，但同时也带来了许多负面的影响。枫香坡的发展实践很好地处理了生态环境与经济发展、产业发展与文化传承的关系，不仅保护了环境，美化了生态，而且促进了特色茶产业、乡村旅游业和民族文化产业的融通与协调发展，改善了民生，传承了文化，提升了村寨的综合实力。枫香坡发展实践昭示我们：特色民族村寨的发展不单纯是一个经济发展的问题，它还包括社会的进步、文化的发展和生态文明的建设。它既是一个系统工程，也是一个民生工程、文化工程和生态工程。因此，必须转变发展方式，坚持以人为本、以民生为本的原则，以系统、科学的思维来统筹谋划特色民族村寨的整体发展。

4.2 旅游统筹、产业支撑是特色民族村寨可持续发展的有效途径

旅游业不仅具有极强的关联带动作用，而且还具有极强的渗透与融通作用。枫香坡发展之初，虽然注重了特色产业的发展，但是并没有注重旅游的特殊作用。枫香坡模式确立之后，旅游的统筹作用、带动作用和融通作用都得到了很好的发挥。以旅游相号召，大力推进村寨旅游与新农村建设、特色产业、文化传承和生态保护的有机结合，并用发展旅游的理念来统筹上述事宜的发展。一是通过与新农村建设的对接与融通，促成了"枫香坡侗族风情寨"景区的创建，开创了景村同建、景村互动的生动局面。一方面，大大改善了村寨的基础设施与公共设施，美化了村容村貌和生态环境；另一方面，又为村寨旅游的发展创造了良好的条件。二是通过与特色茶产业的对接与融通，不仅优化了茶叶品种结构和茶园景观环境，而且还延长了茶产业链和茶文化链。在进一步壮大茶产业实力和提升"恩施玉露"品牌的基础上，还培育出了独具侗乡特色的旅游新业态——茶文化特色休闲农业，实现了特色农业与乡村旅游的整合互动发展。三是通过与侗族文化的对接与融通，不仅挖掘了侗族文化，传承了侗族文化，而且还借旅游这一平台促进了侗族文化的产业化发展。正是这种整合与融通，促成了枫香坡以旅游为旗帜，旅游产业、特色农业和文化产业合力支撑的发展态势，从而大大增强了村寨整体发展的实力，有利于村寨的可持续发展。

4.3 多方参与、景村同建是加快特色民族村寨发展的重要举措

特色民族村寨的发展涉及诸多利益主体，有政府、有村民委员会、有村寨居民，还有外来投资商。这些不同的利益主体有着不同的利益诉求，发挥着不同的影响和作用。枫香坡模式在实施过程中，一开始就注重了景村同建和景村互动，并按照"政府引导、农民主体、公司参与、统一管理、分散经营、农

企联营、整体营销"的原则，将各方面力量有机整合成发展合力，提高了村寨的开发与管理效率。具体表现在：村寨新农村建设与侗族风情寨景区统一规划，统一建设；村寨与景区由"两委"统一管理，分工负责；村寨经营统分结合、相互配合。这样，既兼顾了各方利益，降低了建设成本，又避免了重复建设与无序竞争，有利于村寨整体形象与整体实力的快速提升，成为特色民族村寨发展可资借鉴的成功范式。

（作者电子邮箱：mddh382@163.com）

参 考 文 献

[1] 姜爱，李永诚. 旅游开发与民族社区文化的变迁——以恩施自治州芭蕉枫香坡社区为个案 [J]. 市场论坛，2009，10.

[2] 谭兵，伍功勋，彭必武. 农民致富助推器——从恩施市芭蕉侗族乡枫香坡的"乡村休闲游"看民族地区如何推进新农村建设 [J]. 民族大团结，2010，4.

[3] 罗永常. 民族村寨旅游开发的政策选择 [J]. 贵州民族研究，2006，4.

[4] 罗永常. 民族村寨旅游发展问题与对策研究 [J]. 贵州民族研究，2003，2.

[5] 黄亮. 少数民族村寨的旅游发展模式研究——以西双版纳傣族园为例 [J]. 旅游学刊，2006.

Tourism as a whole industry integration drive: characteristic minority village development new mode
—Base on investigation about Enshi-Fengxiangpo-dong village

Deng Hui

(Management School of South-central University for Nationalities　Wuhan　430074)

Abstract: Characteristic minority village is both an important part of national cultural heritage, and it is the important carrier of the national culture inheritance and development. Though the field investigation about Enshi "Fengxiangpo-dong village", the article establish and practice reveals the tourism plan as a whole industry integration driven model of development. It is not only the brilliant main factors for Fengxiangpo developing, but also is the new model features of minority village development for reference.

Key words: Development pattern; Characteristic minority village

旅游景区可持续发展制度安排研究[*]

——以云台山风景区为例

● 熊元斌[1]　刘好强[2]

（1，2 武汉大学经济与管理学院　武汉　430072）

【摘　要】制度对旅游可持续发展起着决定性的作用，本文通过对云台山景区不同发展阶段的正式制度与非正式制度安排的分析，从法律法规、管理体制、运作模式、行业管理、社区参与以及旅游伦理等方面解释了制度安排对云台山景区可持续发展的促进作用，通过对云台山景区的制度安排进行评述，为景区的制度变迁提供建议，最终促进旅游景区的可持续发展。

【关键词】制度安排　云台山　可持续发展

1. 云台山景区发展状况

云台山景区位于河南省焦作市修武县境内，总面积190平方公里，拥有全球首批世界地质公园和国家5A级旅游景区、国家级风景名胜区、国家自然遗产等七个国家级称号。从1984年开始旅游资源考察到发展至今，云台山景区的发展速度受到世人瞩目，特别是在过去的十年间，景区旅游人数和旅游收入连续稳定增长（如图1所示)[①]，同时，带动了当地经济的快速发展，被旅游业界称为"云台山模式"。这引起了学界从资源禀赋、景区管理等不同的视角分析其快速发展的原因。但是，对于云台山景区如何保持可持续发展这一重要问题，学者们还未给出较多的解释。而且，从制度经济学的视角来看，诺斯（1994）认为以往所有经济学家提出的各种经济增长决定论，包括资本决定、技术决定、人力资本决定等都是不正确的，所谓的创新、规模经济、教育、资本累积等各种因素都不是经济增长的原因，而是其结果，是其外在的表现，而真正起作用的只有制度因素[②]。余凤龙等（2008）也认为中国旅游的发展实际上伴随着许多相关制度的演变与创新，并明显地与制度变迁相联系，制度是影响区域旅游发展水平和旅游经济差异程度的重要原因[③]。贾生华（2002）也指出旅游管理体制变迁是我国旅游产业演进的重要动因，而不同时期的不同类型的制度创新都是基于特定的环境和诱因的[④]。因此，我们认为云台山景区实现可持续发展是与其制度安排紧密联系的，为了全面认识两者之间的关系，本文将云台山景区的发展分为四个阶

---

* 本文是国家社会科学基金项目"旅游业可持续发展研究"（项目批准号：08BJY127），武汉大学自主科研项目"旅游目的地公共营销研究"的阶段性成果。

① 本文数据资料来源于云台山风景区管理局。

② 道格拉斯·C. 诺斯. 制度、制度变迁与经济绩效［M］. 上海：上海三联书店. 1994：1-30.

③ 余凤龙，陆林. 制度对旅游发展影响研究综述与启示［J］. 旅游学刊，2008，9：90-96.

④ 贾生华，邬爱其. 制度变迁与中国旅游产业的成长阶段和发展对策［J］. 旅游学刊，2002，4：19-22.

段来分析：

第一阶段，景区未开发阶段（1984年以前）。在这一时期，云台山景区所处区域经济的发展建立在"四小"工业的基础上，即小煤窑、小造纸、小水泥、小砖窑。这些污染大、劳动密集程度高但科技含量低、无竞争力的"四小"工业，对云台山旅游资源和生态环境进行着掠夺性开发和破坏，其景观价值未能得到开发和利用。

第二阶段，景区粗放管理阶段（1984—1999年）：这一时期，全国旅游业开始蓬勃兴起，旅游逐渐成为社会消费的热点，在这样的环境作用下，修武县政府认识到了云台山的旅游资源的价值，关停云台山景区范围内的"四小"工业，阻止了其对生态环境的进一步破坏。同时，由于有了旅游业发展的需求，就需要对旅游业发展所依赖的旅游资源和生态环境进行切实有效的保护。因此，在这一阶段，首先成立了云台山景区管理机构，并且在景区管理体制、运作模式和景区规划开发等方面开始了围绕旅游可持续发展的制度建设。但是，在这一阶段，景区管理机构更多地关注旅游资源可被利用的经济价值，而且在景区发展初期，缺乏充分的景区管理经验，再加上较少的游客量未对景区环境带来压力，景区的环保意识也相对较弱。

第三阶段，景区规范经营阶段（2000—2004年）：这一时期，云台山经历了一个快速发展和提升时期，主要表现在景区成为国家级地质公园和国家4A景区，这也要求景区进行新的制度安排，注重景区的规范管理和环境保护，以保障景区的可持续发展。

第四阶段，景区可持续发展阶段（2004年以来）：2004年，云台山景区成功入选世界地质公园，景区的所有利益主体参与景区发展，制度结构不断完善，走可持续发展之路。

制度经济学认为，制度是支配和规范社会中个人行为活动和相互关系的一套行为规范和规则，它旨在激励和约束追求主体福利或效用最大化利益的个人行为。制度安排是指支配经济单位之间和经济单位内部合作和竞争方式的一种安排。制度安排可以是正式的，也可以是非正式的。因此，本文在接下来的部分中，基于制度变迁的视角，从正式制度和非正式制度两个方面分别对云台山景区不同发展阶段与旅游可持续发展相关的制度安排进行评述，探索"云台山模式"背后的本质根源。云台山景区游客量与门票收入统计如图1所示。

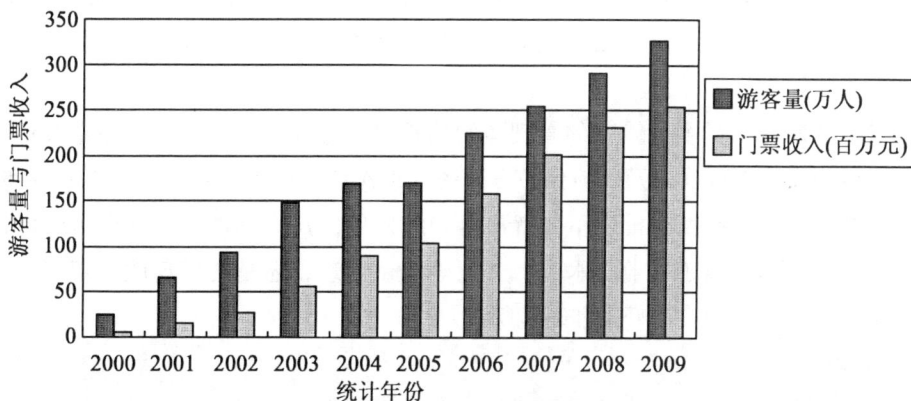

图1　云台山景区游客量与门票收入统计图①

---

①　资料来源：云台山风景区管理局。

119

2. 正式制度对云台山景区可持续发展的作用分析

正式制度主要是通过国家法律法规、政府政策和命令等形式表现出来，由人有意识地设计并有组织地加以保障实施的规则，而制度变迁主要表现在新制度开始发挥作用和旧制度的退出的过程。因此，在云台山景区发展的不同阶段，促进其可持续发展的正式制度安排主要体现在其发展不同阶段的法律法规、管理体制、运作模式、技术标准和社区参与等方面。

2.1 景区未开发阶段

制度安排及其作用的发挥是与其所处的环境相适应的。在景区未开发阶段，云台山不具备旅游业发展的背景和动力，没有专门的旅游管理机构，因此，也就未能产生保障旅游可持续发展的制度安排。

2.2 景区粗放管理阶段

在这一阶段，云台山景区处于起步阶段，景区的正式制度主要体现在管理体制和技术标准方面，还未能从法律层面提供促进旅游可持续发展的制度安排。

2.1.1 管理体制

在构建符合可持续发展要求的制度时，政府扮演着重要的角色。黄少安（2000）认为政府以行政手段推进市场化进程是转型国家必须经历的一个过程①。并且政府为追求一定的政治和经济目标也必须通过制度创新来实现经济增长②。因此，在改革发展的初始阶段，制度以及制度变迁一般是由政府供给和推动。从中国旅游业的发展历程来看，政府不仅具有旅游资源配置的力量，而且也具有巨大的能力解决旅游业发展中的障碍，换句话说，旅游业的制度变迁是政府以行政力量推动的强制性变迁过程。我们也可以通过云台山景区发展初期的政府行为得以验证，在云台山景区发展初期，没有与旅游经济相适应的市场主体存在，在这样的情况下，就会出现市场主体缺位，市场机制的功能不能充分发挥，因此也就需要政府的力量通过制度变革来推动旅游业的发展。1988年4月，云台山成立了最早的开发机构——修武县旅游筹备处，1989年1月更名为修武县旅游管理局。1989年4月，修武县委、县政府根据云台山景区的开发建设存在与地方事宜难以协调的情况，又把修武县旅游管理局更名为修武县云台山风景区管理局，并采取景（云台山景区）乡（岸上乡）合一的管理体制，将景区内的岸上乡党委、乡政府与景区管理局组成一套班子，两块牌子，合署办公。

云台山景区发展初期的"景乡一体"的管理体制的重要优势在于这种体制在制定政策和旅游发展目标时，有利于发挥政府在旅游发展以及环境保护方面的双重作用，有利于将景区开发和环境保护相结合。但是，在景区发展初期，这一制度安排还不能解决可持续发展的所有问题，如云台山景区的茱萸峰、子房湖、百家岩等景点仍分别隶属于林业、水利、文化等单位管理，还是会出现政令不畅、发展不均等问题，在一定程度上阻碍了景区的整体开发和环境保护。

2.1.2 技术标准

技术标准主要是指在云台山景区旅游规划开发以及景区管理中使用的相应技术，包括信息技术、环保技术等，技术因素在推动景区管理和产品不断创新与升级的同时，技术开发水平也促使了景区环境得到有效的保护。1984年，云台山景区资源考察队开始旅游资源考察工作，并在1987年12月，被河南省

---

① 黄少安. 关于制度变迁的三个假说及其验证［J］. 中国社会科学，2000，4：37-49.

② 周业安. 中国制度变迁的演进论解释［J］. 经济研究，2000，5：3-11.

政府公布为第一批省级风景名胜区。1991 年 12 月，完成了云台山景区的第一部总体规划——《河南云台山风景名胜区总体规划》，它为此后云台山景区的各项建设提供了科学依据。1993 年 5 月，云台山被林业部命名为云台山国家森林公园。1994 年 1 月，河南云台山风景名胜区被国务院公布为国家重点风景名胜区。1997 年 5 月，又编制完成了《云台山风景名胜区总体规划》，总体规划的编制以及景区技术标准的不断升级，确定了景区开发建设的基本原则和生态环境保护的战略思想。从景区开发与管理的角度来看的话，技术标准也代表了为景区的开发和管理提供了相应的制度安排。但是，在这一时期的开发过程中，景区的开发建设还更多地表现在景区的基础设施建设和景区规划，以提高旅游的接待能力，但对景区生态环境的保护还存在不足。

2.3 景区规范经营阶段

2.3.1 管理体制

这一时期，云台山景区进入飞速发展的阶段，而这又是由这一阶段的制度安排所推动的。首先，在1999 年，修武县确定将旅游业作为县域经济发展的支柱产业，"旅游兴县"战略推动了云台山景区跨入了飞速发展的轨道。其次，景区"景乡合一"进而"景政合一"的管理模式，政府为景区发展充分授权，使景区在市场主体、企业运作的过程中，得以政令畅通，在最大程度上享有了政府资源配置的诸多优势。这样，云台山景区在各方面都拥有很大的主动权，可以将资金用于基础设施建设和景区持续发展上，为景区在内部与外部都创造了良好宽松的发展秩序和环境。最后，除了政府给予景区充分自主权之外，为整合全县旅游资源，进一步促进旅游事业的发展，2003 年 5 月，修武县政府将云台山和青龙峡两个景区合称"云台山风景名胜区"。2003 年 9 月，修武县委、县政府进一步采取"景政合一"的管理模式，将国家森林公园、子房湖水库、百家岩、青龙峡景区管理局等纳入到云台山景区管理局统一管理框架下，实现了人才、资金、资源、建设、管理上的统一调配、合理使用。2006 年 11 月，又将峰林峡景区纳入云台山风景区管理。这一阶段的改制使云台山景区大大提高了景区的影响力，更加有利于景点间的协调开发和景区的整体环境保护，为景区的可持续发展提供了体制上的保证。

2.3.2 技术标准

这一时期，云台山景区的规划和开发也不段升级，其中，较多地体现在对生态环境的治理和保护上。2000 年以来，云台山风景区管理局重新编制了《云台山风景名胜区总体规划》、《云台山旅游区控制性详细规划》和《云台山旅游深度开发规划》等系列开发规划。按照规划，为了加强景区环境保护，实现持续发展，对景区经营饭店等所有污染项目进行了集中整治，彻底取缔了不安全、有污染燃料，切断了可能污染水质的污染源；对采矿业进行科学规划和合理布局，关闭取缔了 117 家采矿点，在景区全面实施了退耕还林；从 2003 年 7 月开始，引进先进的液体喷播技术，对景区破坏山体进行了绿化、美化，并投资安装了喷灌系统，由专人负责绿化养护，使景区周边资源及生态环境得以有效保护。除了硬件建设之外，更把软件（服务）的提升看做是打造云台山品牌的核心，在景区全面实施了 ISO9001 和 ISO14001 质量环境管理体系，开展了全国文明风景旅游区创建工作，这些技术标准都有助于提升景区的管理水平和景区形象，促进其可持续发展。

2.3.3 行业管理

云台山旅游业的发展带动了整个旅游产业的发展。但是，随着宾馆饭店的剧增，对旅游相关行业的粗放型的管理模式势必造成行业内部的恶性竞争，进而导致服务水平和质量的下降。为此，修武县旅游局先后制定了《修武县旅游定点饭店等级标准》和《修武县旅游定点饭店暂行管理办法》，明确了旅游饭店的硬件设施和服务标准，规定只有取得定点资格后，方可接待旅行社组织的国内旅游团队业务，同时，还制定了《旅游定点宾馆饭店行业诚信经营自律公约》，要求行业内部之间严禁恶性竞争。行业管理规定从制度上保证了行业的经营规范，营造了良好的经营环境和旅游服务质量，为游客提供满意的旅游服务，促进了景区的可持续发展。

2.4 景区可持续发展阶段

2.4.1 法律法规

在经历了景区的飞速发展和入选世界地质公园之后，标志着云台山的资源保护工作已经走上更高的层次，保护意识逐渐强化，保护措施更加健全，保护力度越来越大。而可持续发展制度的确立则需要强有力的法律来加以维护和实施，但是，在我国的旅游业发展过程中，旅游立法明显滞后于旅游产业的发展。因此，云台山景区依据《环境保护法》和《风景名胜区管理条例》等法律法规，结合景区实际，有针对性地制定了《关于加强云台山风景区资源保护管理的规定》等规章制度，从法律层面做好资源保护工作。同时，按照"严格保护、统一管理、合理开发、永续利用"的方针，对景区建设进行科学规划，每次规划都将资源保护作为重要内容，从而保证景区资源保护更加规范化、科学化、合理化。

2.4.2 运作模式

政府主导型旅游发展战略是当今世界许多国家政府所采纳的旅游发展战略，其核心是在坚持政府对旅游经济起主导作用的同时，充分重视市场机制的作用，实现市场资源的合理配置和优化组合①。云台山景区在发展起步阶段就确立了政府主导和市场机制相协调的运作模式，在景区的基础设施建设上，充分发挥政府在资源调配和环境保护上的优势作用，确立保护性开发的基本原则。而在景区山水旅游品牌的营销上，则充分发挥市场机制的作用。政府主导加市场机制的运作模式在云台山发展初期，既提高了云台山水的知名度，也使景区环境得到有效的保护。而在旅游业发展成熟期，应该实行以市场主导、政府调控为特征的市场主导型发展战略模式，这种转变是体现市场在资源配置中的基础性作用，也是适应新的发展形势，进一步发挥和加大宏观调控作用的客观要求②。同时，旅游市场的竞争日趋激烈，随着市场机制的逐步完善，政府主导的发展模式也需要向有限政府主导模式转变。对于云台山景区而言，在可持续发展阶段，云台山也进入成熟期，也需要由政府主导模式向市场化模式转变，2009年12月，云台山景区以焦作云台山旅游发展有限公司和青龙峡旅游服务有限公司为主体，整合神农山索道旅游发展有限公司、青天河游船旅游发展有限公司和云台山国际旅行社为子公司，组建成立焦作云台山旅游（集团）股份有限公司，经营范围涵盖了"食、住、行、游、购、娱"等旅游六大要素。云台山旅游（集团）股份有限公司的成立，说明了云台山景区的发展充分发挥以企业为市场主体的运作模式，云台山景区在规范的公司运作模式下，完善法人治理结构，实现公司规范化运营。这将充分发挥市场在资源配置中的主体性作用，进一步完善市场机制，将提升景区的旅游形象和核心竞争力。

2.4.3 技术标准

2004年，云台山入选世界地质公园。因此，在新的发展阶段就要求云台山景区的管理能力和技术水平不断加以提升。为了降低游客和车辆尾气排放对景区环境和植被地貌的破坏，2005年，景区建成了一个集主体山门、售验票房、游客中心、购物中心及大型绿色生态停车场于一体的综合服务区，并投入使用150辆尾气排放达到欧Ⅲ国际标准的豪华绿色观光巴士，建立了环保高效的内部交通网络，积极规划和实施了环境监测等数字工程系统，实时监控生态环境变化。针对景区的环境保护，2007年10月重新编制

---

① 王娟. 政府主导型旅游发展战略的经济学解释 [J]. 旅游学刊，2001，3：6-7.
② 熊元斌，朱静. 论旅游业发展中的有限型政府主导模式 [J]. 商业经济与管理，2006，11：73-76.

完成了《云台山风景名胜区总体规划》。根据规划，景区保护规划将景区分为三级保护区，并确定了每一级的保护标准。一级保护区：即游客对云台山产生景观特征总体印象的主要游览区域，严禁建设与风景无关的设施，自然资源必须保持其原有风貌，人文资源设置必要的保护设施和进行必要的维修，严格控制游客量等；二级保护区：在保护区内，可以安排少量的旅宿设施，但必须限制与风景游赏无关的建设，限制机动交通工具进入，严禁开采山石，并控制游客量；三级保护区：要有序控制各项建设与设施，并应与风景环境相协调，严禁对景区造成污染的各种生产和活动。除此之外，云台山景区积极开展对外交流，学习吸收世界先进经验，将云台山的资源保护工作与国际接轨，这些措施都为景区的可持续发展确定了新的技术标准。

2.4.4 社区参与

社区参与也是实现旅游可持续发展的重要保障。在景区发展初期，社区居民参与旅游主要体现在经营旅游服务摊点，主要经营旅游商品和旅游纪念品。随着景区知名度的不断提高，游客人数迅速增加，云台山景区所处区域的社区居民开始通过家庭宾馆的形式提供住宿餐饮等旅游接待服务。旅游服务市场的迅速形成，也带来了管理上的问题，出现了欺客宰客、胁迫消费、恶性竞争等现象，不仅严重损害了广大旅游者的消费权益，而且严重影响了云台山景区形象。如何通过制度来规范和约束社区居民的参与行为也成为景区可持续发展所必须解决的问题。为此，景区管理局针对原有的经营摊点，明确了其所有权，规范其经营。对于家庭宾馆业，为了规范家庭宾馆的经营环境，确立了规模经营、家庭经营、承包经营和代理经营四种经营模式，以满足不同层次游客的不同需求。并成立了家庭宾馆协会，制定了"统一结算、统一收费、统一管理"的管理办法，定期对从业人员进行优质服务、文明经商培训，引导村民诚实守信、规范经营，树立了景区居民的良好形象，促进了家庭宾馆行业的健康发展。这一制度安排也起到了显著的效果，如景区附近的岸上乡岸上村，2000年还是贫困村，人均收入只有260元，村民依托旅游业和云台山品牌，2006年人均收入已达到5万元。社区居民参与旅游并从旅游发展中受益，促使社区居民有了更高的主动性和热情去保护环境以实现旅游业的可持续发展。

3. 非正式制度安排对云台山景区可持续发展的作用分析

相对于正式制度，非正式制度是指人们在长期交往中而形成的有关意识形态方面的规则，它包括价值信念、伦理规范、道德观念、风俗习惯和文化观念等。非正式制度的存在为人们减少了相互间交往的摩擦，降低了交往成本，其对正式制度的变迁有巨大的推动作用，同时可以降低制度创新和发展的成本，正式制度和非正式制度配合在一起为社会提供规则并维持秩序的。对于云台山景区的可持续发展，非正式制度主要体现在价值理念和旅游伦理等方面。

3.1 价值理念

人类中心主义者认为造成生态破坏、环境退化及人类与自然关系利益上的冲突的根源不在于人类利益本身，而在于人类对自然认识上的误区。因此，我们应该抛弃人类中心主义，树立生态中心主义的观念。从云台山景区发展历程来看，一般而言，在景区开发初期容易表现出人类中心主义的倾向，这种倾向认为人类在旅游发展中处于主体的地位，就是在人类自身利益的驱使下，对旅游业发展所依赖的自然资源和生态环境进行掠夺式的开发，追求经济利益的最大化，而极少考虑其行为所带来的生态后果。而且在云台山景区开发初期，粗放式的管理模式、社区居民的盲目参与及利益竞争都对景区的生态环境和可持续发展带来巨大的压力，而且随着旅游人数的增加，这一环境压力表现得更加突出，如郭全成

（2010）指出云台山景区游客人数剧增是生态环境恶化的驱动力，是区域生态环境质量变异的重要因素[1]。李若凝等（2010）通过对云台山景区生态安全进行评价后指出云台山处于亚安全状态，一些游客比较集中地段附近的水体水质有恶化趋势，存在较高的生态风险，如果不采取有效措施，加强生态环境和旅游资源的管理，则可能导致旅游区生态安全危机，危及当地旅游业的可持续发展[2]。而随着云台山景区发展的逐步深入，景区管理层也逐渐认识到要实现景区的可持续发展，必须转变落后的经营和发展观念，树立生态价值观的可持续发展理念。价值理念的转变激励了景区采取措施进行环境保护，如绿色环保观光车的投入，生态环境的监控，社区参与旅游的规范等一系列硬件设施和软件服务的改进都是"生态价值观"理念这一非正式制度发挥作用的外在表现，这些措施能够有效地阻止了生态环境的恶化，有利于景区的可持续发展。

3.2 旅游伦理

旅游伦理是人们在旅游活动中所应遵循的道德规范的总和[3]。旅游伦理是作为法律制度之外的保障旅游可持续发展的一个重要方面，可以为旅游可持续发展提供道德层面的支持[4]。在旅游实践上，旅游伦理就是如何处理在旅游活动中的各种关系，旅游景区作为旅游伦理的重要主体之一，不仅要处理景区开发与环境保护的关系，实现人与自然和谐相处，而且还要处理人与人之间的关系。具体而言，就是要注重和加强对景区的所有利益相关者进行旅游伦理教育以实现景区的可持续发展，云台山景区的旅游伦理教育体现在三个层面：第一，是对景区的管理者而言，实现由追求单一的旅游效益向追求经济和生态等综合效益的观念的转变，这也是对环境保护最重要的层面。第二，是对旅游社区居民进行旅游伦理教育，主要是通过对社区参与旅游进行集约化的管理以及保证其分享旅游收益，促使其认识到环境保护对可持续发展的重要意义，从而积极地参与到环境保护中来。第三，是对旅游者的教育，通过游客服务中心的服务和帮助促使游客文明旅游。通过以上几个层面的旅游伦理教育，使景区的利益相关者充分认识到环境保护对旅游景区可持续发展的重要意义，从而约束自己的行为，以促进对旅游环境的保护，实现景区的可持续发展。

4. 云台山景区可持续发展制度安排评价

4.1 强制性制度变迁

林毅夫（1994）认为有两种类型的制度变迁：强制性制度变迁和诱致性制度变迁。强制性制度变迁由政府命令和法律引入和实行。与此相反，诱致性制度变迁指的是现行制度安排的变更或替代，或者是新制度安排的创造，它由个人或一群（个）人，在响应获利机会时自发倡导、组织和实行。从以上分析可以看出，云台山景区的可持续发展是景区强制性制度安排的结果，政府在景区发展的每一阶段都发挥着重要的推动作用。如在景区的开发初期，政府为了通过旅游发展获得旅游收益，景区的规划开发和环境保护必须由政府的强制性制度变迁来推动。景区管理体制的变革、景区开发与管理技术标准的制定、行业管理和社区参与的模式和规则等都是在政府和景区等的强制性力量下制定并实施。换句话说，政府

---

① 郭全成. 基于可持续发展的云台山风景区规划设计研究［J］. 焦作师范高等专科学校学报，2010，1：1-4.

② 李若凝，王晶，程柯. 云台山旅游景区生态安全评价与优化对策［J］. 北京林业大学学报（社会科学版），2010，1：71-75.

③ 李健. 关于旅游伦理的思考［J］. 光明日报，2000-04-11.

④ 李树峰，王潞. 基于旅游伦理的旅游可持续发展［J］. 学术界，2008，5：218-222.

是制度供给的主体。很明显,这种强制性的制度变迁虽然有利于景区的开发管理和环境保护,但是,旅游景区的资源具有自发性垄断特征,另外,加之景区管理主体的有限理性等因素制约,难以完全避免管理者出现机会主义行为。因此,作为政府监管部门还必须加强对景区的管理主体进行监督,真正发挥制度对环境保护的促进作用,实现可持续发展。

4.2 旅游景区产权

长期以来,旅游景区的产权问题一直是制约景区发展和环境保护的主要障碍。我国法律规定,旅游资源属于全民所有,因此,必须寻求代理人来实现对旅游景区的经营管理,正是因为这种委托代理关系,各种产权关系缺乏明确的界定,国家作为国有旅游资源的所有者无法对代理人实现有效的监督,使得在旅游开发和经营过程中出现旅游资源闲置和浪费以及利用的低效率,甚至出现破坏风景资源的现象,难以实现资源的有效保护和旅游业的可持续发展。而从产权理论来看,产权是一组权力,包括占有权、使用权、收益权和转让权。根据产权的可分割、可转让特性,当产权被禁止处置的时候将会降低财产的实际效用,而在不改变所有者性质的前提下,可以使同一资源满足不同的人在不同时间的不同需要,而且只有在产权可以被分割的情况下,才能提高资源的利用效率。因此,为了实现对旅游资源的充分利用,需要对旅游景区产权委托代理结构进行调整,建立一个责权明晰、激励有力、约束有效和各种利益兼顾的旅游景区管理和运营机制,正确地处理好景区风景资源的保护与发展的关系。云台山景区属于典型的公有产权,政府作为代理人来实现对景区的经营管理,在景区的发展初期,这种代理模式对景区发展和环境保护起到积极的作用。并且,云台山景区通过组建云台山旅游集团等体制变革和创新,明确了景区的所有权、经营权和收益权,使景区的产权关系更加明晰,实现了旅游资源的有效利用。但是随着多种旅游经营主体参与到旅游活动中来,仍会产生"搭便车"的行为,如果缺乏对参与主体有效的监督和激励仍将对旅游景区生态环境造成非常严重的破坏。而且,从景区的现有产权界定状况来看,虽然景区实现了所有权和使用权的分离,但是,对于旅游资源的交易和所有者的权利保障等法律问题还没有得到有效的解决,旅游资源的自发垄断和"无价"状况也不利于旅游资源的保护和持续发展。

4.3 政府的地位和作用

在云台山景区可持续发展的制度安排上,实现了由政府主导到有限主导的转变,景区逐渐成为独立的法人实体以实现对景区的独立经营和管理。但是,从目前的组织结构来看,政府和景区管理机构仍存在着紧密的联系,这种联系容易产生企业行为政府化的问题,进而产生职权不清,管理越位的问题。因此,如何认清自己的角色,发挥其在旅游可持续发展中的作用,真正实现从政府指令性决策向市场导向性决策转变,仍将需要新的制度安排进行明确。

4.4 旅游伦理观念

旅游伦理观念是非正式制度,但对正式制度的变迁有巨大的推动作用,可以降低制度创新和发展的成本。旅游伦理观念指引着人们如何处理旅游活动中涉及的各种关系,通过旅游伦理,可以更好地规范人们的行为,实现景区的保护和可持续发展。从云台山景区的旅游伦理观念变革可以看出,在对待旅游发展中的人与自然资源和环境的关系上也发生了巨大的转变,从关注旅游资源带来的经济效益,到注重对环境的保护,进而注重对景区的全面保护,这一变化过程充分体现了景区在经营与发展理念上的变革,它不仅仅激励和约束了人们的行为,而且,它还大大地降低了正式制度变迁的成本,使人们更积极地响应制度变迁,更好地发挥了制度的作用,实现可持续发展。但是,从整体上而言,景区的利益相关者还存在着观念扭曲、伦理道德淡薄等现象，还需要对其进行伦理道德教育，使景区所有利益相关者树立可持续发展的伦理意识。

5. 结论与建议

从以上的分析可以看到，正是一系列的制度安排促进了云台山景区的可持续发展，不仅体现在云台山景区的发展速度上，而且更体现在云台山景区的环境保护，这一制度安排和变迁的过程，创造了"云台山模式"。但是，制度变迁的过程也就是新制度的产生和旧制度的消失、制度结构由不均衡走向均衡的过程。并且，制度的需求和供给以及制度的变迁是与其所处的环境是相适应的，随着社会文化的发展，原有的制度安排则会进入不均衡的状态，这就需要景区要随着环境的变化来适时地供给相应的制度。

5.1 加强政府监管，规范景区管理主体行为

云台山景区已成立了独立的企业实体，企业享有对旅游景区的经营权，政府也实现了由开发管理职能向监管服务职能的转变。因此，政府也应从旅游资源的长远保护和持续利用的角度出发，加强对景区管理主体的监督，避免其对景区的过度开发和出现机会主义行为，真正保障景区对旅游资源的合理开发和使用。同时，还要避免景区为了当前利益而吸引大量游客进入景区，引起游客量超过景区最大容量，进而破坏景区的旅游资源和生态环境。如刘燕（2007）指出在黄金周景区接待游客量远远超过景区最大游客容量，景区数字化监控设施可以对游客数量进行监控，但是景区的超载问题没有得到改善①。政府应加强对生态环境的实时监控，真正发挥制度的激励和约束作用，实现景区的可持续发展。

5.2 完善旅游资源定价和交易制度

云台山景区现有产权制度在一定程度上已实现了景区的所有权和经营权的分离，但景区的经营者在获取经营权的过程中，缺乏竞争主体，这就会使在旅游资源的交易过程中出现旅游资源低价或无价的状况，不利于旅游资源价值的实现和旅游资源的保护。因此，要健全和完善旅游资源的定价和交易制度，吸引多元主体参与到旅游资源的定价中来，真正通过市场化的方式确定旅游资源的价格，保证旅游资源公平和公正交易，实现旅游资源的真正价值，从而自发地形成对景区管理主体的约束，实现旅游资源的合理使用和持续发展。

5.3 促进社区参与和利益分享

社区参与旅游对实现旅游可持续发展具有重要意义。在云台山景区发展的过程中，社区居民的参与为他们带来了巨大的经济收益，促进了其对旅游发展和景区环境保护的认同。但是，要实现景区的持续发展，不仅仅要实现社区居民的利益诉求，而且还要加强其对旅游发展规划、旅游环境保护和旅游社区文化建设的全面参与，将景区发展和社区发展统一起来，真正营造和谐的旅游社区环境，以获取社区居民的支持，实现可持续发展。

5.4 提高旅游伦理道德意识

旅游伦理观念强调正确认识旅游活动中的各种关系，注重人类利益与自然利益、个人利益与他人利益、当前利益与长远利益的和谐发展。通过旅游伦理建设可以引导人们形成可持续发展的价值观念和伦

---

① 刘燕. 论旅游新标准中的"科学管理容量"[J]. 现代商贸工业，2007，12：86-87.

理规范，而旅游伦理建设主要依靠对景区各利益相关者进行伦理道德教育，加强对各利益相关者的自律行为进行监督。对于景区管理者而言，要放弃"人类主体"观念，关注自然主体和自然的价值，摒弃极端"人类中心主义"和极端"生态中心主义"的倾向，建立人类与自然和谐共生的"人类生态"中心主义。对于旅游者而言，要积极倡导文明的旅游方式，自觉遵守对环境的保护措施。总之，通过旅游伦理教育，形成尊重自然的责任意识，完善旅游道德伦理的规范和约束机制，实现景区的可持续发展。

5.5 正式制度与非正式制度的相容性

在制度结构中，正式制度和非正式制度结合在一起共同为社会提供规则并维持秩序。而在制度变迁的过程中，不同制度之间会存在一个相互适应的过程。在制度设计时，就需要关注正式制度与非正式制度的相容性，真正实现两者的相互促进。因此，云台山景区在丰富和完善正式制度的同时，还必须对景区所有利益相关者进行非正式制度安排的培训和教育，使其形成正确的伦理观念，真正能够认识和服从正式制度，自觉地规范自己的行为，最终实现景区的可持续发展。

（作者电子邮箱：liuhaoqiang2000@yahoo.com.cn）

参 考 文 献

[1] 道格拉斯·C. 诺斯. 制度、制度变迁与经济绩效 [M]. 上海：上海三联书店，1994.
[2] 余凤龙，陆林. 制度对旅游发展影响研究综述与启示 [J]. 旅游学刊，2008，9.
[3] 贾生华，邬爱其. 制度变迁与中国旅游产业的成长阶段和发展对策 [J]. 旅游学刊，2002，4.
[4] 黄少安. 关于制度变迁的三个假说及其验证 [J]. 中国社会科学，2000，4.
[5] 周业安. 中国制度变迁的演进论解释 [J]. 经济研究，2000，5.
[6] 王娟. 政府主导型旅游发展战略的经济学解释 [J]. 旅游学刊，2001，3.
[7] 熊元斌，朱静. 论旅游业发展中的有限型政府主导模式 [J]. 商业经济与管理，2006，11.
[8] 郭全成. 基于可持续发展的云台山风景区规划设计研究 [J]. 焦作师范高等专科学校学报，2010，1.
[9] 李若凝，王晶，程柯. 云台山旅游景区生态安全评价与优化对策 [J]. 北京林业大学学报（社会科学版），2010，1.
[10] 李健. 关于旅游伦理的思考 [N]. 光明日报，2000-04-11.
[11] 李树峰，王潞. 基于旅游伦理的旅游可持续发展 [J]. 学术界，2008，5.
[12] 林毅夫. 关于制度变迁的经济学理论：诱致性变迁与强制性变迁 [M]. 上海：上海人民出版社，1994.
[13] 刘燕. 论旅游新标准中的"科学管理容量" [J]. 现代商贸工业，2007，12.

A Study of Institutional Arrangement on Sustainable Development of Tourist Area
—A Case of the tourist area Yuntai Mountain

Xiong Yuanbin[1]   Liu Haoqiang[2]

(1, 2 Economics and Management School of Wuhan University   Wuhan   430072)

Abstract：The institutional arrangement plays a decisive role for sustainable development of tourism. Through analyzing the formal and informal institutional arrangements of Yuntai Mountain in different stages, this study explains how the institutional arrangements promote the sustainable development of Yuntai Mountain in the aspects of laws and regulations, management system, mode of operation, industry management, community participation, tourist ethics, etc. Finally, by reviewing the institutional arrangements of Yuntai Mountain area, this article provides some advices for the institutional changes in the area in order to ultimately realize the sustainable development of tourist areas.

Key words: Institutional arrangement; Yuntai Mountain; Sustainable development

环城市游憩开发系统动力分析及调控*

● 张立明

（湖北大学资源环境学院　武汉　430062）

【摘　要】论文从游憩需求、游憩地及游憩服务三个方面构建了环城市游憩开发系统，从系统动力学角度对各子系统的相互关联以及环城市游憩开发过程的因果关联、系统运行的因果关联、游憩地发展的因果关联进行了系统动力分析。提出了转变传统的游憩开发模式、游憩开发外部不经济性的内部化、游憩系统运行中的地方政府行为调控和建立 ReDSAM 的动态反馈调控机制等调控策略。

【关键词】游憩开发　环城市游憩开发系统　系统调控

环城市地区具有丰富的景观资源，是城市居民出游的重要区域。开发环城市游憩资源既是区域经济社会发展的必要，又是城市游憩系统、城市生态建设和创造新的开放式休闲空间的需要。但环城市游憩开发涉及多个利益相关者，各自的利益诉求不同，对系统的影响方向和程度各不相同。在城市快速扩张的背景下，城市周边出现了景观资源的开发性破坏、环境质量退化、地方传统文化的丧失等不可持续发展现象，急需理论和方法的总结。本文构建了环城市游憩开发系统，从系统动力学角度对系统运行进行了分析，并提出了相应的调控策略。

1. 环城市游憩开发系统构建

1.1　环城市游憩开发系统的界定

系统是由一组相互依存、相互作用和相互转化的客观事物所构成的具有一定目标和特定功能的整体，各构成单元之间通过物质、能量、信息、人员和资金等的流动，实现有机结合，使整个系统的目标和功能得以体现。环城市游憩系统正是这样一个具有特定目标和功能的复杂系统，其开发过程就是优化环城市区域的游憩系统结构、完善游憩系统功能的过程，即通过对游憩者需求规律和行为特征研究，寻求最适宜的游憩资源并在有效保护的基础上进行游憩活动策划、游憩设施布局与建设、游憩路线设计、游憩服务质量的规范和游憩发展政策的制定等。因此，环城市游憩开发系统（Recreation Development System around Metropolis，简称 ReDSAM）是由环城市游憩需求、环城市游憩地和游憩服务等不同属性的子系统相互作用而构成的具有特定结构和功能的开放的复杂系统，其内涵表示为：

ReDSAM $\{ S_1, S_2, \cdots, S_m, E_i, C_i, F_i, R_{el}, O, R_{st}, T, L \}$（$m \geqslant 2$）$\cdots$

＊ 本文是湖北省自然科学基金项目"城市游憩地空间特征研究"（项目批准号：400–2006092380）的阶段性成果。

上式中 S_m 表示第 m 个子系统；E_i、C_i、F_i 分别表示各子系统的要素、结构和功能；R_{el} 为系统关联集合，是 ReDSAM 中的相关关系集，包括子系统间的关联关系和各子系统内部要素间的关联关系，同时，还有 ReDSAM 与区域可持续发展系统（Regional Sustainable Development System，简称 RSDS）的关联关系；O 为 ReDSAM 的系统目标集；R_{st} 为系统限制或约束集；T、L 分别为时间、空间变量；m 为子系统的数量。

1.2 环城市游憩开发系统（ReDSAM）的结构模型

游憩主体及其活动构成的复杂性决定了环城市游憩开发系统结构的复杂性，从游憩部门结构到目的地的地域结构，从游憩地的空间结构到时间结构，从游憩功能需求结构到游憩者市场结构，从游憩产品结构到游憩企业的内部结构，结构问题广泛存在于游憩系统之中。环城市游憩系统是一个由多要素组成的多输入、多输出、多控制变量的可控制的开放系统（见图1），包括游憩需求、游憩地和游憩服务体系三个子系统。三个子系统中的任一系统及其要素的变化都将影响其他子系统并干扰整个系统的结构和功能。通过三个子系统的开发确定游憩需求结构，游憩地类型、规模、等级结构，游憩产品功能结构以及游憩产业部门结构等。

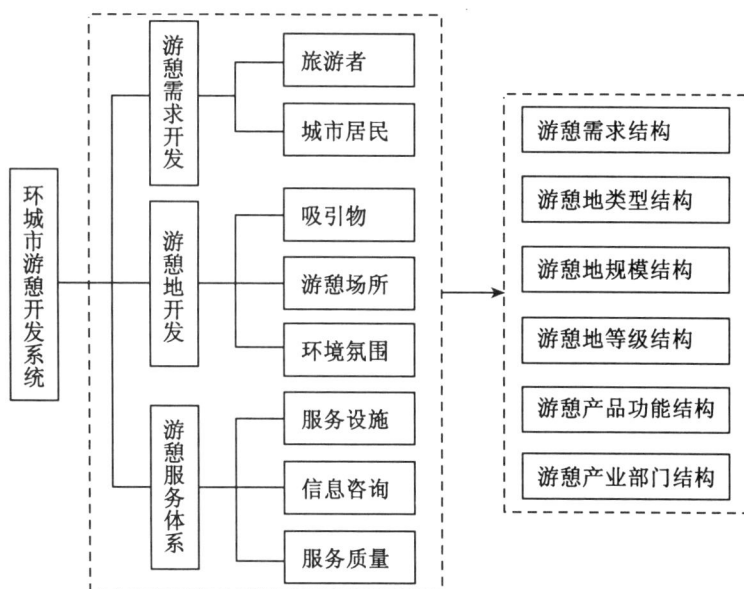

图 1　环城市游憩开发系统构成图

1.2.1 游憩需求开发子系统（Recreational Marketing System）

游憩需求子系统是一个具有多功能、多层次、多类型的游憩需求者群体（含个体游憩需求者和团体游憩需求者）所构成的子系统，该子系统决定了游憩系统存在的可能性，没有游憩需求，游憩系统将不复存在。根据游憩需求偏好及行为特征可将游憩需求子系统划分为多个更次一级的子系统。游憩需求开发的核心是通过研究游憩主体（游憩者）的游憩动机、行为方式以及需求量等找出游憩市场发展规律，用以指导游憩活动、游憩设施及服务的开发，并影响到游憩供给系统、游憩出行服务系统和游憩支撑环境系统的运行。游憩需求子系统具有两个显著的特征：即稳定的游憩者群体，能向目的地输送源源不断的游憩者，与目的地之间具有相对稳定且规模适度的旅游流；相对于游憩地而存在，是现实游憩者的来源地和潜在游憩者的储备地。

1.2.2 游憩地子系统（Recreational Destination System）

游憩地是游憩产品的集中展示地，是游客获得游憩体验的集中场所，由吸引物、设施和服务、游憩地管理三个更次一级的子系统构成。从空间层次而论，游憩地包括景点、景区和目的地三个层次。在游憩开发实践中，由于空间层次的错位，有些只具备开发为单一景区或过境地的区域却按游憩目的地来规划和建设，由于吸引力不够，难以实现从点状旅游地向轴线状旅游带的转变，更不可能出现网络状的区域一体化格局。大量景区的过度城镇化、商业化就是游憩空间层次错位导致的开发失败的典型。实际上，并不是游憩者到访的每一个地方都能成为游憩目的地，游憩目的地是对应于客源地、过境地而言的，它不同于一般的旅游地或景区，是具有独特的形象、具有完善的区域管理与协调机构，能够使潜在游憩者产生出游动机、并作出出游决策、实现其游憩目的的区域。游憩目的地应该同时满足四个条件：即具有独特的市场形象，由 CI、MI 和 VI 构成的形象系统作为支撑；具备诱发人们产生游憩动机、并激发其作出出游决策，由若干景区（点）构成的游憩吸引物体系（含各类物质景观和非物质景观单元）作为支撑；能满足游憩者获取个性化的游憩体验的需要，由多层次、多功能服务设施体系、高质量的服务业管理和环境质量作为支撑；有完善的区域管理与协调机构，由运行有序的各类游憩市场作为支撑①。

如图 2 所示，游憩目的地的构成要素包括游憩吸引物、游憩设施及游憩业管理（含游憩者、游憩从业者）等。其中，游憩吸引物是目的地的核心构成，包括景观类吸引物和节事类吸引物，决定了游憩目的地的层次、主导功能、发展规模和品位，是目的地竞争力的重要影响因素；游憩设施是使游憩吸引物转变为游憩产品的重要驱动因子，缺少了相应的游憩设施（如交通疏散、观览住宿等），将严重影响到目的地的可进入性和可停留性等，并延缓吸引物向游憩产品转化的过程；游憩者和从业者是游憩目的地构成的第三个要素，目的地是一个人协调共生的地域单元，是满足人们游乐、休闲或其他多种游憩体验的场所，大量的游憩者、游憩从业者和目的地地区的居民是形成游憩环境氛围的根本性要素。英国学者布哈利斯（D. Buhalis）从区域管理的角度强调了目的地管理对于目的地发展的重要性，一个目的地的健康、有序和可持续发展离不开一个系统规范的游憩业规划与管理政策司法框架，没有专业化的游憩行业管理和游憩地域管理，不可能形成规范运行的游憩目的地②。

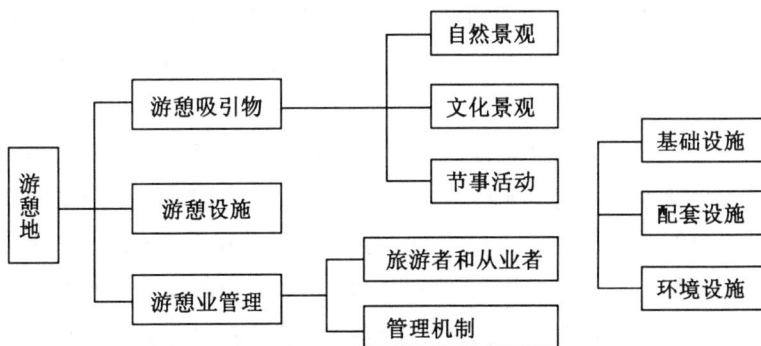

图 2　游憩目的地子系统的要素结构

1.2.3 游憩服务子系统（RSS）

游憩服务系统是诱导人们作出游憩决策并引导人们前往目的地进行游憩消费的重要环节，不仅包括为客人出行服务的各类交通设施，而且也包括由旅行代理商提供的各类旅行咨询、游憩产品预定和服务

① 徐红罡，保继刚．系统动力学原理和方法在旅游规划中的运用［J］．经济地理，2003，5：28.
② 汪德根，陈田等．1980—2009 年国内外旅游研究比较［J］．地理学报，2011，66（4）：26.

等；由政府承担的目的地区域形象推广以及游憩目的地或销售商向人们提供的各类信息服务、游憩产品宣传、营销等也是服务系统的重要组成部分。其中的交通设施包括连接客源地和目的地的交通线路（公路、铁路、水上航线、空中航线、游径等）、交通工具（汽车、火车、飞机、轮船等各种交通工具）和交通站点（车站、码头、港口、机场等）。游憩者从产生游憩动机——游憩产品购买决策——完成游憩活动并获得各种体验的全过程中均体现出了对服务系统的依赖。

2. 环城市游憩开发的系统动力学分析

研究 ReDSAM，是为了解决环城市游憩开发中出现的一些问题，建立 ReDSAM 系统动力学模型应围绕那些环城市游憩开发中随时间而变化和来自反馈回路的问题，如游憩开发的过程是如何实施的？游憩开发中的资源是如何转化为产品的？如何有效保护景观、资源和环境？如何配套游憩产业发展的支撑体系，等等。由于 ReDSAM 是一个复杂的系统，开发过程中涉及的问题相当多，本文仅从 ReDSAM 总目标角度开展研究，即从游客满意和游憩地可持续发展的双重目标的角度认识环城市游憩开发目标，将有助于我们更清醒地认识 ReDSAM 的问题特征及其运行规律，设计游憩地的开发路径，评判 ReDSAM 的运行状态，而不是仅凭游客接待量和游憩地的经济效益来评判游憩业的发展。

2.1 ReDSAM 系统运行的多目标准则

游憩开发过程就是通过对游憩系统组织、结构和功能的改进和优化，控制游憩系统运行方向，实现系统耗散最小而效率最高、效益最大的过程，是游憩系统可持续发展的重要途径。游憩系统运行中常常会出现各种各样的问题，如游客的满意度低、目的地的景观资源被破坏、环境质量下降、地方文化遭到冲击、当地居民与游客发生冲突等。不同游憩地的问题各不相同，且问题的表现形式和程度均不一样。有些游憩资源并没有转化为游客满意的游憩产品和环境，其开发也没有促进当地社区的经济发展，反而增加了沉重的社会负担，引起当地居民的不满，并导致大量的投资浪费。这类问题在快速发展的环城市地区表现尤为明显，由于游憩开发方式不当，游憩产品定位不准确，建设项目和投资结构不合理，导致游憩产品的功能和旅游者的需求脱节，也对游憩地的景观资源造成不同程度的破坏或者不经济的利用。那么，应该建立一个怎样的游憩开发系统目标，才能使上述问题得到解决或者缓解？

由于游憩开发涉及多个利益主体，不同利益主体的目标各不相同，如投资商更加注重投资项目的经济效益，地方政府更注重游憩开发的社会效益以及游憩开发对区域经济的带动功能，而社区居民更关注的是他们能否从游憩开发中获得更多的就业机会、经济收入以及环境质量是否能得到真正的改善，游客则关注游憩产品的功能以及游憩服务的质量，等等。动因不同，则目标价值取向也不同，游憩开发既要充分考虑各利益相关者的利益需求，又要使游憩开发和游憩活动控制在环境承载力以内，因而游憩开发的目标是一个多目标系统。从区域开发角度而论，游憩开发的目标应服从于区域发展的总目标，而区域发展的最佳状态即在于实现可持续发展。从游憩系统所包括的三个子系统（客源子系统、目的地子系统和游憩服务子系统）来看，游憩开发的目的就是要为游客提供满意的服务，促进目的地的可持续发展。尽管涉及游憩开发的各利益主体有不同的动因和目标价值取向，但作为一个结构完整的游憩开发系统，其运行的最终目标是一致的，即谋求 ReDSAM 的可持续发展，该目标又是通过游客的满意度最大和游憩地的可持续发展两个次级目标来实现的（见图3）。

2.2 ReDSAM 的子系统关联分析

ReDSAM 存在于环城市区域自然、社会和经济环境系统之中，不仅各子系统之间相互关联、相互影

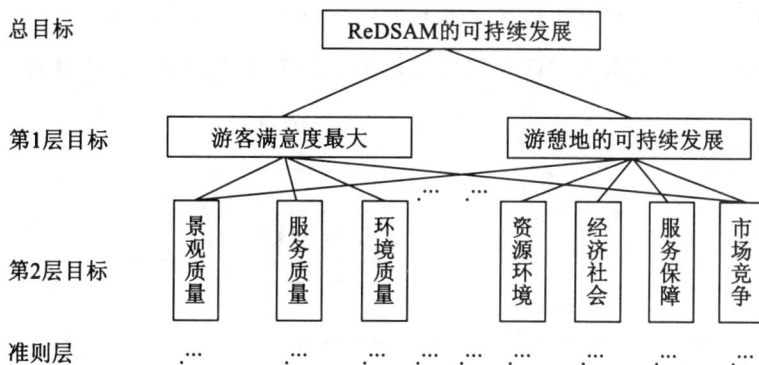

图 3　ReDSAM 的目标准则体

响，而且三个子系统均受到外界环境的影响而呈现出一种非线性的动态变化关系，外界环境会改变游憩供给或需求的平衡关系，并通过供需间平衡关系的改变来影响需求子系统和供给子系统中各要素的相互作用关系，从而将来自于外界环境变化的影响渗透到整个系统中。ReDSAM 是游憩需求子系统、游憩目的地子系统和游憩服务子系统三个子系统相互作用、相互协调的复杂系统，相互之间既有积极的正面影响，又有消极的负反馈。三个子系统相互作用共同组成一个结构紧密的内部系统，在其外围还形成一个由环境、政策、制度、人才、技术等因素组成的环境支撑系统（Support System）。游憩环境支撑体系是游憩系统正常运转的保障因子，包括游憩资源保护、环境保护、游憩行业管理体制、政策法规、游憩服务质量标准建设、人力资源、资金计划、安全控制、医疗卫生等。ReDSAM 形式上表现为物（信息）—人控制系统，实际上是人—人控制系统。系统发展受到政策、法制、管理体制、人力资源、投融资体制等一系列因素的制约，由这些因素构成的游憩环境支撑体系作用于上述三个子系统中的每一个系统，是 ReDSAM 能够健康发展的重要保障，在游憩环境支撑体系中，政府处于特别重要的位置。游憩环境支撑体系不能独立存在，而是依附于其他三个子系统，并对其同时或分别发生重要作用。正是多因素、多结构、多变量的三个子系统按一定方式相互依存或相互制约，决定了复杂系统 ReDSAM 的运行过程和演进方向、结果。

若分别用 Q_1、Q_2、Q_3 表示游憩需求、游憩地和游憩服务三个子系统，则其系统性表现出 Q_1、Q_2、Q_3 各方面系统要素及其环境相互作用的规律，可用贝塔郎菲微分方程组描述。其中，任一要素性状的变化是所有要素性状的函数，而任何一个要素的性状的改变（即 Q_i）又引起其他要素性状的变化。

$$d Q_1 = f_1 (Q_1 、 Q_2 、 Q_3) d_t$$
$$d Q_2 = f_2 (Q_1 、 Q_2 、 Q_3) d_t$$
$$d Q_3 = f_3 (Q_1 、 Q_2 、 Q_3) d_t$$

尽管环城市游憩系统是在特定的环境下运行的，但确定系统边界十分困难。尽管游憩地的资源分布有明确的界限，但资源的开发者、产品的使用者、游憩设施的提供者等均是没有明确的界限的。同一个资源或游憩设施的开发和管理者既可以是当地社区政府或居民，也可以是国内其他地区的资本所有者，甚至还可以是国外资本所有者；游憩产品的使用者既可以是本地居民、也可以是外地居民甚至是入境旅游者。因而，ReDSAM 既离不开它所生存的地域环境，与环境之间存在输入和输出的交互影响，又是在宏观经济社会发展环境下运行的。在系统运行中，宏观经济社会发展创造了源源不断的游憩需求，为游憩资源的开发提供了资金、政策、法制以及客源保障；游憩地为宏观经济社会的发展提供良好的公共游憩空间、游憩产品和游憩服务。环城市游憩系统除了从区域环境中获取一般区域发展所需要的物质、信息和能量外，游憩规划和管理的技术、游憩景区（点）和吸引物建设、各类游憩咨询信息和游憩者都将源源不断地输入到该系统中。输入到系统内的各项要素经过目的地的综合管理和游憩者的体验性消费，最终形成游憩者的游憩经历，并表现为目的地地区的社会、经济和环境效益，以此促进游憩地所在区域的可持续发展（见图4）。

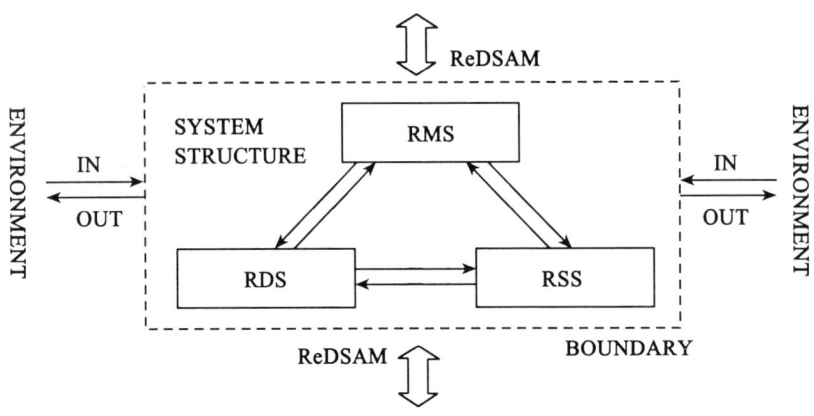

图4　ReDSAM 关联及环境影响

2.3　ReDSAM 的因果关联与反馈分析

因果关联与反馈分析是系统动力学最基本的手段，如果系统的目标、影响因素和问题现状已经明确，就可以通过因果关联分析来找出导致系统行为的反馈过程了。如果环城市游憩业持续发展，则可以初步判断系统中起主导作用的是正反馈；否则，起主导作用的将是负反馈，但无论系统受正反馈影响还是负反馈控制，负反馈对正反馈均起约束作用。

2.3.1　环城市游憩开发过程的因果关联

ReDSAM 中的游憩开发过程可以划分为前期调研、规划、设计、开发和建设等环节，整个过程的因果关联及反馈过程如图5所示。

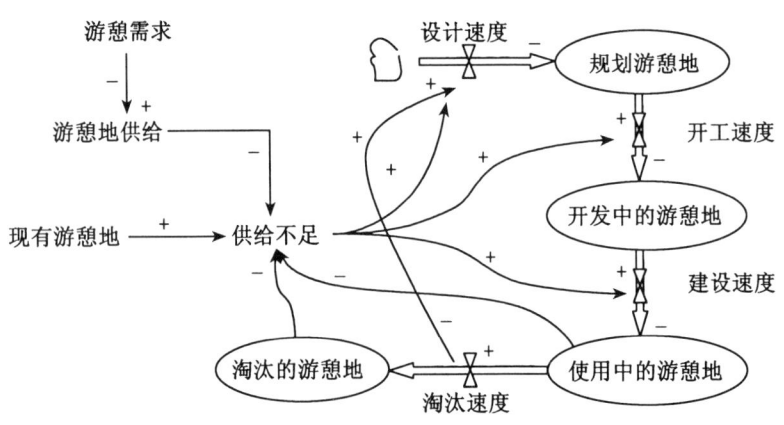

图5　ReDSAM 的系统开发关联与反馈

图5显示出 ReDSAM 的系统开发关联与反馈过程，从关联图中可以看出，环城市游憩开发系统的反馈回路主要有：①正反馈，游憩需求上升后暴露出游憩地供给不足，加快游憩地的规划、设计、开发与

134

建设，满足游憩需求，促进环城市游憩业的发展。②负反馈，有三种情形。第一种情形是由于游憩地供给不足引起的，即当游憩需求上升暴露出游憩地供给不足后，游憩地的规划、设计、开发和建设环节并没有得到正确的反馈而加快运行速度，原有游憩地降低质量以保证获取更多的客源，因而进一步加剧供求矛盾，导致供给更加紧张，抑制游憩需求，影响环城市游憩开发的健康发展；第二种情形是当游憩需求上升暴露出游憩地供给不足后，游憩地的规划、设计、开发和建设速度未能控制，发展速度过快，导致资源、环境、景观的破坏以及游憩服务体系的明显不足和服务质量的明显下降，从而影响到游憩开发系统的可持续发展；第三种情形是当游憩地供过于求后，各游憩地之间采取低价竞争策略、导致服务质量和游憩地环境质量下降、各游憩地及相关企业经营资不抵债而宣告退出有其游憩市场，出现不可持续发展。

2.3.2 环城市游憩开发系统运行的因果关联

在确定了 ReDSAM 的目标和问题后，就可以利用系统的两条基本反馈回路反映其正、负反馈作用机制。如图 6 所示，环境质量、景观质量以及服务质量将控制游客满意度的大小，而游客满意度的大小又将影响到 ReDSAM 的可持续发展状态；环境资源、经济社会状况、服务保障以及市场竞争力的大小将控制着游憩地的可持续发展。反之，游憩地不可持续发展将反馈到四个方面，游憩地可持续发展又将影响到 ReDSAM 的可持续发展状态；且各要素之间也是互为反馈的。环城市游憩需求的增加，将使游憩地供给出现不足，导致负反馈 1、3，出现服务质量下降、环境恶化以及游憩体验降低等问题，从而降低游客满意度而影响系统发展；为满足快速增长的游憩需求，可能出现游憩地和游憩产品的无序开发，导致负反馈 2、4，出现景观质量下降和市场竞争力下降等问题，也将影响系统发展。这与现阶段快速增长的环城市游憩需求背景下，在部分地区所出现的 ReDSAM 不可持续发展的情况一致。为此，要想促进 ReDSAM 的良性发展，可以通过改变系统中反馈的相对强弱来改变系统的行为，如开展市场引导、科学合理地规划建设游憩地、配套相应的服务设施、加强游憩产业管理等政策措施将有效地促进系统的良性发展。

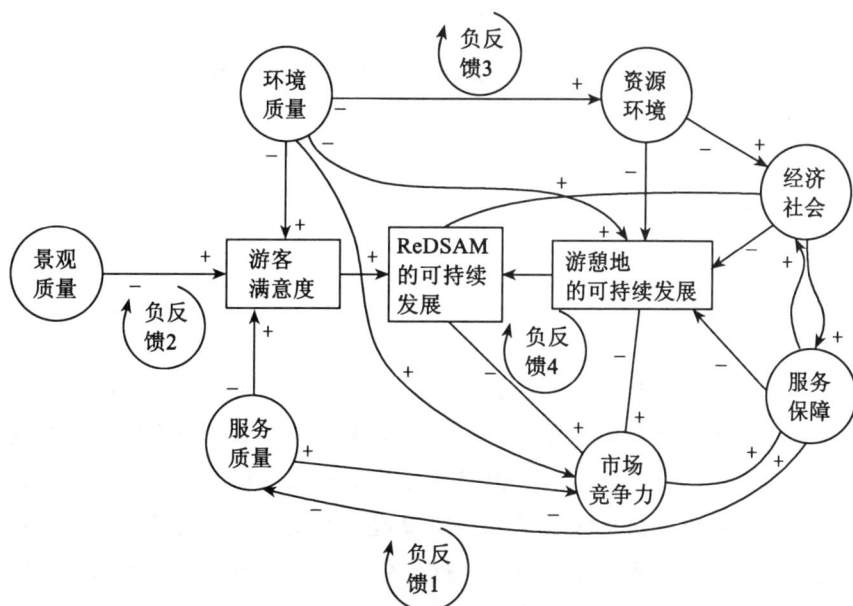

图 6　ReDSAM 的系统运行的因果关联与反馈机制

2.3.3 环城市游憩地发展的因果关联

目前，环城市游憩地发展面临的主要问题是：快速增长的游憩需求在局部地区导致了环城市游憩地开发的无序状态，具体表现为产品重复建设、景观资源保护不力、环境质量下降、地方文化受到冲击，城郊社区的可持续发展水平并没有因为游憩开发而得到提升，影响到环城市游憩业的持续发展①。在明确这些问题后，可以系统动力学的反馈结构来解析部分地区出现的问题，见图7。受游憩需求上升的驱动，到访城市周边游憩地的游客增多，将引发一系列正反馈和5个负反馈，由于游客增加过多过快，导致环城市游憩地的经营水平、管理水平跟不上发展要求，而出现游憩地服务质量问题，即负反馈1、负反馈2；由于游憩地开发过热，导致负反馈3、负反馈4和负反馈5。这5个负反馈作用的前提条件均源于游憩地综合服务质量的下降。因而，要想抑制负反馈的作用，就必须控制游憩地的服务质量，即通过对游憩需求市场的调查、分析与定位研究，发现游憩市场需求特征、数量变化及游憩行为空间变化规划，再通过科学合理的规划与建设新的游憩地、规范市场经营、加强游憩地服务业管理、景观、资源和环境管理等措施来增强正反馈的作用能力。

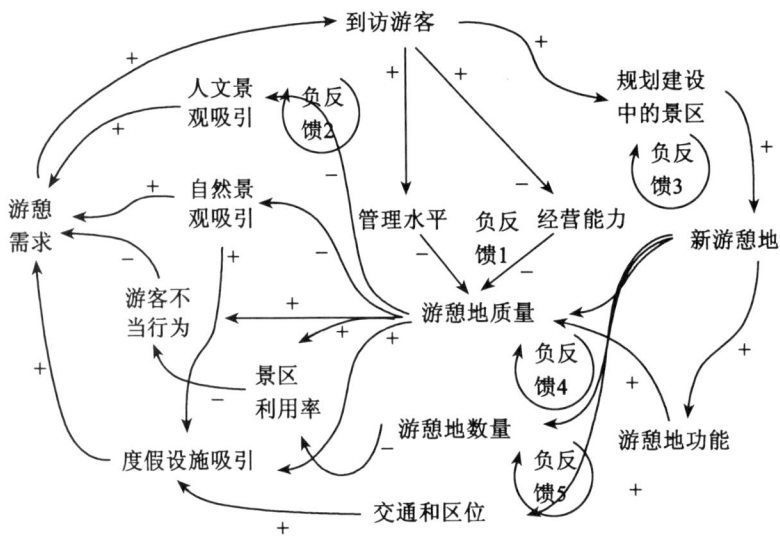

图7 环城市游憩地发展的因果关联与反馈分析

3. 环城市游憩开发系统调控

3.1 转变传统的游憩开发模式

传统的游憩开发更注重游憩活动带来的经济影响，主要追求游憩人次数的增长，往往造成游憩资源的过度开发或破坏性开发、游憩地环境质量下降和地方文化的丧失等多种不可持续发展的现象，严重影响了游憩系统的可持续发展。因此，从根本上转变游憩开发模式，基于社区旅游和生态旅游理念进行游憩开发，是实现游憩系统可持续发展的重要途径。实现这种转变，要求调整游憩发展目标，调整游憩开发、经营和管理的方式，增强旅游者的生态意识，推广生态活动，倡导生态产品的使用和提供生态服务等，配套基于生态旅游理念的游憩产业发展政策。

传统游憩开发模式和基于社区生态旅游的游憩开发具有本质的不同，两者无论在发展目标、主要活动方式、经营方式、管理方式还是在创造的游憩体验、对游憩地的正面或负面影响等方面均有显著的不

---

① 黄泰，保继刚等．城市游憩场点系统结构分形及优化——以苏州市区为例 [J]．地理研究，2010，1：43．

同（见表1）。基于生态旅游理念的游憩开发将更加注重游憩体验的创造、游憩活动方式的选择以及游憩地的生态开发，注重各利益主体的利益协调，更有利于游憩地的可持续发展。为促进游憩开发模式的转变，积极引导社区参与生态旅游是十分重要的途径。社区参与游憩开发、经营和管理，将有效改善和提高社区居民生活质量，维护当地生态系统的完整性，并让旅游者得到高质量的旅游体验，促进可持续发展。为此，应构架一个供社区之间交流的平台和满足社区发展的游憩业管理机构。在建立完善的管理制度方面，政府应当承认社区在自然资源和旅游管理方面的权利，并予以正确引导；允许社区通过多种形式的参与来管理游憩活动。

表1　　　　　　　　　　　　　游憩开发的企业主导模式和社区主导模式比较

比较项目	企业主导模式	社区主导模式
发展目标	游憩人次数最大化；满足大众化游憩活动需求；利润最大化	游憩资源的保护，包括自然保育和文化保护；创造旅游者的各种个性化自然体验；促进游憩地所在社区的可持续发展
活动方式	观光，休闲	自然教育，环境教育，享受自然
游憩体验	舟车劳顿，身心疲惫	接触自然，了解社区，获得知识，陶冶性情
经营方式	企业化运作，忽视社区的利益；为吸引游客不惜破坏资源牺牲环境；全面开发，无计划的空间拓展；交通方式不加限制	以社区为主导，一切服从社区发展的需要，尊重当地居民的意愿；合理适度开发，科学的空间布局；有选择的交通方式
管理方式	缺乏对资源和环境的有效管理；忽视游客管理，一般不限制游客量	生态教育与引导，倡导生态活动方式；强调生态技术和生态材料的使用；限制游客量，加强游客管理
正面影响	创造就业机会；促进经济增长，注重短期利益；促进基础设施改善和社会转型	创造持续就业的机会；促进经济、社会和环境的可持续发展；改善基础设施、提高当地环境质量和社会进步
负面影响	可能导致景观资源破坏；环境污染；可能干扰居民和生物的生活规律；不利于当地文化的传承和保护	改变土地用途，占用大量土地；对地方文化造成冲击；游憩地居民活动（生产生活方式）受到限制
受益者	开发商和游客为净受益者。当地社区和居民的受益与环境代价相抵，所剩无几或入不敷出	开发商、游客、当地社区和居民分享利益，共同受益

3.2　游憩开发外部不经济性的内部化

在对游憩开发的过程中，开发商、经营者在向旅游者提供游憩产品和游憩活动时，必在对游憩地所在社区产生外部经济性或外部不经济性问题。其外部经济性主要表现在带动周边社区的经济发展，促进其基础设施和各项公用设施的建设和改善；外部不经济性主要表现在过度开发引发的环境污染问题、资源破坏问题以及文化遗产传承方面的问题。对于游憩系统而言，外部不经济性问题加剧了游憩地不可持续发展的程度，是游憩系统调控中应重点解决的问题。游憩开发中环境资源问题的外部不经济性是由于企业开发成本的社会化所造成的，要解决这一问题，必须解决企业成本内部化。游憩开发成本内部化的重点在于资源价值化和环境治理的内部化。

3.2.1　景观资源价值化及有偿使用，避免资源的过度利用

马克思在分析自然资源的价值时，指出了自然资源价值的二元性特征，即认为经过人类开发使用的

137

自然资源是由自然资源物质和自然资源资本两部分组成。根据劳动价值论，尽管自然物质没有人类劳动的凝结，但由于其垄断性、稀少性和不可缺性以及人类为保持自然资源消耗与经济发展需求增长相均衡必然会间接投入大量的人力、物力，景观资源已不是纯天然的自然资源，而是经过"人工改造"的自然资源，这种融入了人类劳动的景观资源显然是具有价值的。根据效用价值论，效用是指物品或劳务满足人们欲望的能力。物品的价值在于物的有用性，且价值大小受消费者支付意愿的影响，景观资源能够满足人们多种游憩需求，是具有价值的。景观资源属于环境资源，主要功能是供人们从事各种游憩活动，包括户外运动、钓鱼、打猎、野营、漂流和旅行等。按照环境经济学的原理，其游憩价值包括使用价值和非使用价值，使用价值又细分为直接使用价值和间接使用价值，非使用价值又细分为存在价值和遗产价值；还有一种选择价值，一部分归于使用价值；另一部分归于非使用价值，见表2。

表2　　　　　　　　　　　　　　　　　　景观资源的游憩价值构成

使用价值	直接使用价值	人们参与其中从事各种休闲、游憩活动而愿意支付的费用
	间接使用价值	景观生态价值，如保护野生动植物、水土保持、物质循环、调节气候等
非使用价值	存在价值	人们因为郊野环境的存在或保护生物多样性而愿意支付的费用，是郊野景观自身固有的经济价值
	遗产价值	人们为了郊野环境能永续利用，并作为遗产留给子孙后代享用而愿意支付的费用
选择价值	选择价值	人们为将来的游憩活动或基于该郊野景观的各种活动而愿意支付的费用，包括为自己、他人或子孙后代

景观资源的功能多重性决定了其开发利用方向和途径的多样性，同一处景观资源区可以从事农业生产、布局工业企业、建设城镇、自然保护和游憩开发等一系列人类生产生活活动，使用方向不同，其发挥的综合效益不同。因此，在对某一景观资源进行开发利用之前，应该科学评估其多种利用方式下所具有的价值，并进行多用途价值比较，确定最佳利用方向，并为资源的有偿使用以及投资评估提供基础，确保游憩利用过程中景观资源的自然再生产和社会再生产，促进景观资源的永续利用，有效避免游憩开发中的资源破坏现象。

3.2.2　游憩开发中的环境成本内部化

环境污染并造成社会环境治理成本的加大是游憩开发外部不经济性的必然结果。一般而言，游憩开发中不可避免地会产生废弃物，如废水、废气、固体废弃物等环境污染物，也可能产生视觉景观资源的破坏等。在游憩开发中，对废弃物有达标处理后排放和不达标甚至未经处理排放两种处理办法。受利润最大化的驱使，开发商往往会尽可能减少环境投资，经营者也会尽可能减少环境治理的成本，而将本应由开发商或经营企业承担的环境成本转嫁给了社会，造成游憩开发的外部不经济性，见图8。

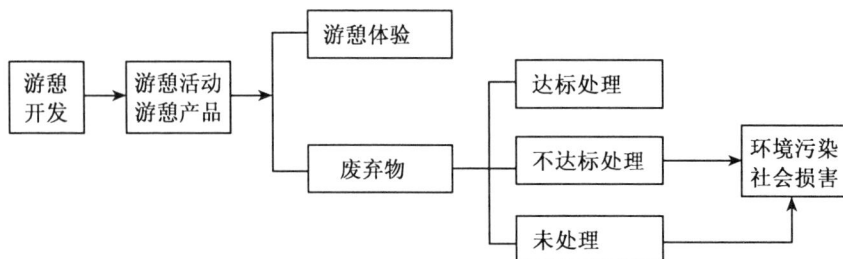

图8　游憩开发中的环境污染与外部不经济性

当出现外部不经济性后，游憩系统的可持续发展将受到严重阻碍。合理调控的最有效途径就是严格制定游憩地环境管理方针，明确环境质量标准；建立并完善生态旅游项目开发和建设的环境影响评估体系和制度，除了对每项游憩开发行为进行环境影响评估外，应开展游憩项目建设前（决策期）的环境评估、建成后（项目交付使用时）的后评估和项目经营阶段（建设期和回收期）的环境监控。通过环境影响评估可保证建设项目选址和布局的合理性，可推广生态旅游理念和绿色生产工艺流程，指导景观环境工程设计，可避免各项基础设施建设和人为活动对景观完整性和生物多样性的破坏。具体评价过程应针对每一个建设工程内容而进行，主要评价内容见表3。根据环境影响评估及其对策研究结论，集中安排游憩活动、布局游憩设施，配置相应的环境处理设施，确保达标排放。

表3   游憩开发项目环境评价内容

环境评价项目	环境评价的重点内容
项目建设工程针对每一个具体的建设项目进行	建设项目的合理性分析
	施工期及营运期的生态环境影响（陆生植物、动物、水土流失等）
	空气、地表水、噪声及震动、固体废弃物等环境要素的污染分析
	生态环境完整性评价（景观格局、景区生态质量、景观完整性和稳定性）
生态保护和污染防治措施评价	生态保护措施评价及建议
	大气污染、地表水污染、固体废物等防治措施及建议
	污染物排放总量控制措施评价
生态环境管理与监测计划	生态环境管理机构设置及主要职责设置的合理性
	生态环境管理计划的有效性
	环境监测计划的可操作性评价

3.3 游憩系统运行中的地方政府行为调控

在游憩系统运行中，地方政府往往因对自身行为边界的把握和行为手段的选择不同而出现不同的行为表现，主要表现在政府干预微观经济活动方面"越位"、调控职能"错位"以及服务职能"缺位"。在干预经济活动方面，地方政府往往借国有资产管理对企业微观经济活动进行过度干预，导致政企不分；在游憩项目的建设中越俎代庖，招商引资，一定程度上影响了游憩系统的市场化进程。在宏观调控方面，突出表现为过分强调运用行政手段直接调控而不是运用经济、法律的手段实施间接调控，导致各地游憩项目的盲目建设、重复建设和乱开发。在游憩系统运行的配套服务方面，地方政府重行业管理，轻社会服务，在培育市场体系、维护经营秩序、创造良好的投资和经营环境等方面未能发挥应有的作用，不能为游憩业的发展提供旅游市场信息咨询、游憩政策制定、推进区域协作、加强资源和环境保护等重要作用。由于地方政府行为的"越位"、"错位"、"缺位"，客观上影响了游憩系统的可持续发展。因此，应从以下几个方面对游憩系统运行中的地方政府行为进行调控。

3.3.1   适应市场经济要求，转变地方政府职能

在游憩系统发展中，地方政府的主要职能是提供公共游憩产品和服务。地方政府应加大公共游憩环境营造，为公众提供更多的公共游憩产品，培育良好的游憩市场，而不应参与竞争性游憩项目的投资。

3.3.2   改革地方政府行为业绩的考评制度

考评中不仅要关注游憩产业的增长速度，而且更要关注增长质量、社会效益和环境效益，重点对区

域游憩资源的可持续利用能力和游憩环境的可持续性进行考核，即将单纯由经济指标考评调整为游憩系统可持续发展状态的考评。从制度上杜绝地方官员为了追求个人升迁，急功近利争投资上项目，避免游憩资源的过度开发和乱开发。

3.3.3 将游憩产业发展的政府主导模式调整为市场主导模式

我国在休闲、游憩及旅游产业的发展上一直实行的是政府主导战略，但在实际运行中，一些地方政府却将"政府主导"演变为了"政府主办"，政府包办了游憩产业发展的方方面面，从市场推广、景点建设到服务设施配套建设等都有政府的直接投资和经营管理，由于政府并不具有独立面向市场的行为能力，大量的政企不分现象导致了产业发展中的市场竞争行为不规范、市场经营次序紊乱，这一问题在谋求地方经济快速发展的功利主义思想支配下愈演愈烈，严重影响到游憩系统的健康发展。因此，倡导市场主导模式，建立一个公平的市场竞争环境、规范的市场经营次序是促进游憩系统可持续发展的重要手段。

3.4 建立 ReDSAM 的动态反馈调控机制

ReDSAM 包括规划、开发建设、经营和管理等多环节，通过对各环节的监控并实施动态反馈控制，可以动态调整、扩展和修复系统的耦合结构，维持系统的内部稳定性、环境变化适应性，促进系统向预期的方向发展，指导游憩系统不断地提高内部各因素之间的方向协同性和结构高效性，增强系统的整体竞争力，加速系统优化历程。规划通常被看做促使游憩系统按预期目标发展，并获得系统支持的目的性施控行为（正反馈）。由于认识和预测系统运行环境随机干扰的能力总是有限的，持续单向的正反馈既可以加强系统的协调性，也可能加剧系统偏离期望目标，导致系统内部结构失衡，甚至发生系统崩溃。游憩规划将日趋重视负反馈的作用，即通过获得偏离感应信息，输回决策体，影响和修正系统的自我决策，以便在系统发展的过程中保持内部结构的稳定性和对外部环境变化的适应性。游憩系统的各个环节之间的信息传递应该是动态的，规划、开发、运行、监管、反馈、沟通、调整等是确保整个系统良性循环的前提。

为此，应构建动态性的跟踪、反馈与控制机制，对游憩系统运行状态进行全过程实时监控①。监控机制包括三个方面：①游憩规划与开发，游憩监控系统。通过对表3中的各项反映游憩地可持续发展的指标进行统计分析，并将其中的部分指标与开发目标进行对比，实现对游憩目的地、游客系统和游憩服务系统的运行状态的实时监控。根据客源市场特征、游憩产品结构、游憩设施利用率、游客消费特征、游客满意度、目的地影响等的差异分析，找出产生偏差的原因；②系统反馈机制。在对游憩系统运行状况监测的同时，根据形成差异的原因，对游憩产品质量、游憩服务能力、游憩政策、目的地经营与管理等进行反馈调整，修正系统目标；③系统协调程序。随着游憩发展环境和市场需求的变化，针对系统反馈意见，对系统进行协调，主要是进行游憩市场的重新定位、游憩地形象的再塑造、游憩产品的再开发、游憩设施的再配置，并根据协调后的系统进行监控。游憩系统的反馈监控机制如图9所示。

4. 结语

环城市游憩开发系统（ReDSAM）是由环城市游憩需求、环城市游憩地和游憩服务等不同属性的子系统相互作用而构成的具有特定结构和功能的开放的复杂系统，它具有整体性和集合性、动态性和开放性、层次性和相关性、反馈性和可控性。ReDSAM 存在于环城市区域自然、社会和经济环境系统之中，不仅各

---

① Darla Hatton MacDonald and Neville D. Crossman. The value of public and private green spaces under water restrictions [J]. Landscape and Urban Planning, 2010, 4.

1. 游憩规划与开发　　　　　　**3. 反馈改进机制**

系统目标

客源市场
旅游资源

系统决策

实施政策

分期目标

旅游市场	新建设施	旅游业	景点
·游客人数	·投资	·基础设施	·消费
·旅游设施	·类型	·服务设施	·保护
·人均消费	·区位		·控制

是 修正系统目标

是 目的地评价　否

是 政策可行性　否

是 服务的持续性　否

是 游客满意度　否

小 差异大小　大

新的有价值的产品

统计对比　差异分析　原因分析

需求统计

供给统计

实际产出与
目标比较
·产品
·设施
·客户
·区位
·满意度
·环境

目的地系统
客源系统
服务系统

预算控制

景点分析

影响评估

·系统稳定性评价
·完善系统结构和功能
·建立新的目的地形象
·建立新的营销渠道

4. 系统协调程序

2. 游憩运行状态监控

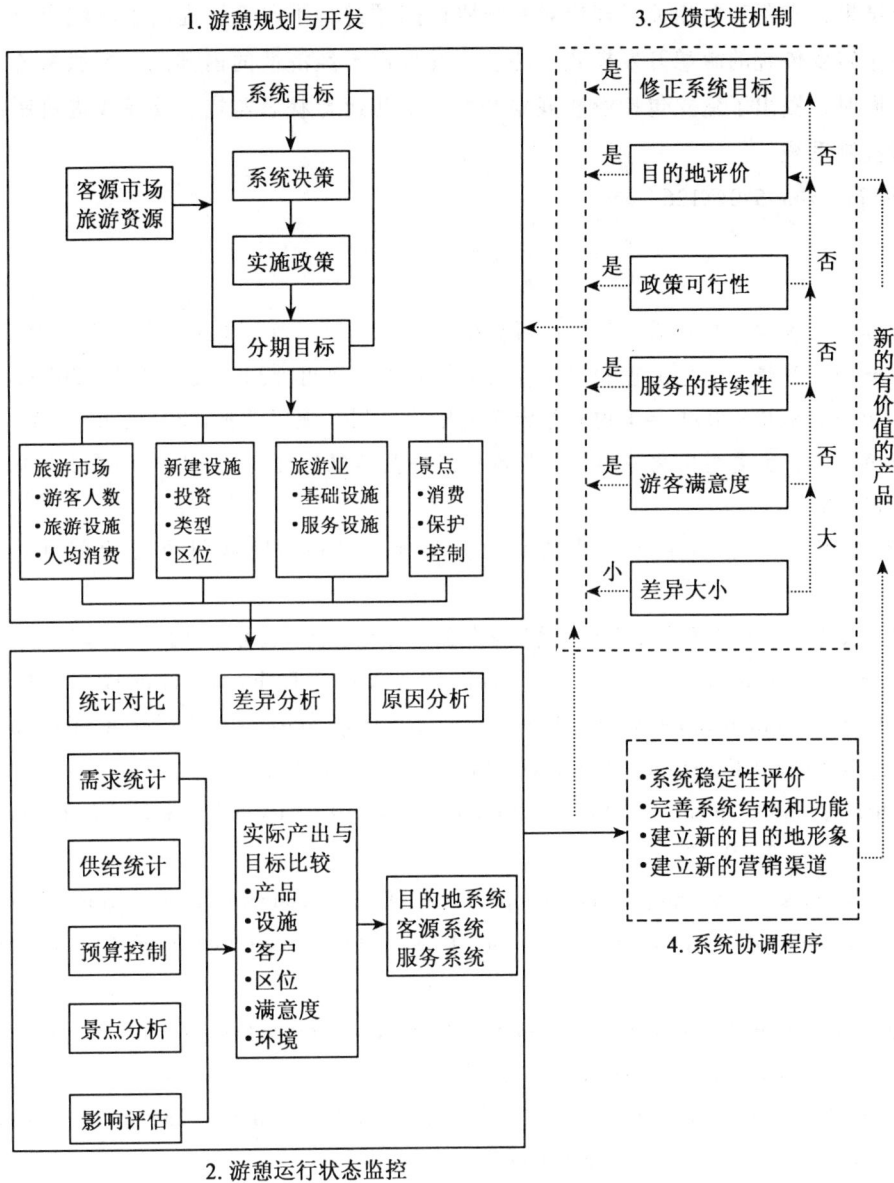

图 9　环城市游憩开发系统的反馈监控机制

子系统之间相互关联、相互影响，而且三个子系统均受到外界环境的影响而呈现出一种非线性的动态变化关系，外界环境会改变游憩供给或需求的平衡关系，并通过供需间平衡关系的改变来影响需求子系统和供给子系统中各要素的相互作用关系，从而将来自于外界环境变化的影响渗透到整个系统中。游憩开发过程就是通过对游憩系统组织、结构和功能的改进和优化，控制游憩系统运行方向，实现系统耗散最小而效率最高、效益最大的过程，是游憩系统可持续发展的重要途径。

从游憩系统所包括的三个子系统（客源子系统、目的地子系统和游憩服务子系统）来看，游憩开发的目的就是要为游客提供满意的服务，促进目的地的可持续发展。尽管涉及游憩开发的各利益主体有不同的动因和目标价值取向，但作为一个结构完整的游憩开发系统，其运行的最终目标是一致的，即谋求 ReDSAM 的可持续发展，该目标又是通过游客的满意度最大和游憩地的可持续发展两个次级目标来实现的。论文将系统动力学理论应用于 ReDSAM 运行的分析，针对开发过程、系统运行和游憩地发展进行了正负反馈分析，揭示了游憩开发过程的因果关联、系统运行的因果关联和游憩地发展的因果关联。根据系统动力学分析结果，应用利益相关者理论对系统协调问题进行了研究，提出了环城市游憩开发中的利益协调的重点在于转变传统的游憩开发模式、游憩开发外部不经济性的内部化、游憩系统运行中的地方政府行为调控。同时，提出了建立包括游憩规划开发、游憩运行状态监控、反馈改进机制以及系统协调程序的动态反馈控制系统。

（作者电子邮箱：zlm3570@126. com）

参 考 文 献

［1］张立明，赵黎明. 旅游目的地系统及空间研究模式研究［J］. 西南交通大学学报，2005，1.

［2］徐红罡，保继刚. 系统动力学原理和方法在旅游规划中的运用［J］. 经济地理，2003，5.

［3］汪德根，陈田等.1980—2009 年国内外旅游研究比较［J］. 地理学报，2011，66（4）.

［4］黄震方，俞肇元等. 主题型文化旅游区的阶段性演进及其驱动机制——以无锡灵山景区为例［J］. 地理学报，2011，6.

［5］黄泰，保继刚等. 城市游憩场点系统结构分形及优化——以苏州市区为例［J］. 地理研究，2010，1.

［6］李仁杰，杨紫英等. 大城市环城游憩带成熟度评价体系与北京市实证分析［J］. 地理研究，2010，8.

［7］Clare A. Gunn. Tourism planning（2nd ed. ）［M］. New York：Taylor and Francis，1988.

［8］Nicholas Dahmann，and Jennifer Wolch. The active city? Disparities in provision of urban public recreation resources［J］. Original Research Article，Health and Place，2010，3.

［9］Kindal A. Shores，and Stephanie T. West. Rural and urban park visits and park-based physical activity［J］. Preventive Medicine，2010，2.

［10］Konstantinos Tzoulas，and Philip James. Peoples' use of，and concerns about，green space networks：A case study of Birchwood，Warrington New Town，U. K. ［J］. Urban Forestry and Urban Greening，2010，2.

［11］Limin Jiao，and Yaolin Liu. Geographic field model based hedonic valuation of urban open spaces in Wuhan［J］. China，Landscape and Urban Planning，2010，1.

［12］Darla Hatton MacDonald，and Neville D. Crossman. The value of public and private green spaces under water restrictions［J］. Landscape and Urban Planning，2010，4.

Systematic Analysis and Regulation on Recreation Development around Metropolis

zhang Liming

（Faculty of Resources and Environmental Science Hubei University Wuhan 430062）

Abstract：The thesis constructed the recreation development system around Metropolis through three different aspects, the need of recreation, recreation places, and recreation service, thus analyzed the connection between each sub-systems, the cause and effect of recreation development process around Metropolis and running rules of the system and recreational areas development. Moreover, the thesis concluded a strategy, to change the stereotype of recreation development, to internalize the diseconomy of outer recreation development, to regulate governmental action in regards of recreation system operation, and to establish ReDSAM regulation mechanism.

Key words：Recreation development；Recreation development system around metropolis；Systematic analysis and regulation

车轮模式：一种推进武汉城市旅游转型的低碳旅游模式

● 邓爱民

（中南财经政法大学工商管理学院　武汉　430074）

【摘　要】随着人类社会的快速发展，世界各国城市发展面临着诸多条件上的制约，城市的发展面临严峻的挑战，这些制约不仅仅包括资源的短缺，而且还包括环境的破坏、空间的缩小、管理上的狭隘，诸多如此的因素使得城市可持续发展面临巨大的障碍。在这个大背景下，"低碳城市"建设的概念应运而生，随后而来的，当然就是低碳旅游。武汉市作为"两型社会"改革试点区域之一，近几年加大了"低碳城市"建设的步伐，然而，武汉旅游业在推进"低碳城市"建设过程中似乎总用不是特别明显，为了能够探明武汉旅游市场格局，更好地发展武汉低碳旅游，提升武汉旅游业形象，笔者综合了武汉低碳城市建设、旅游产品市场两个方面的内容，提出了发展低碳旅游的"车轮模式"。

【关键词】低碳城市　低碳旅游　模式创新　车轮模式

低碳经济是以低能耗、低污染、低排放为基础的经济模式，旨在促进人类的可持续发展，是能源消费方式、经济发展方式和人类生活方式的一次全新变革。低碳旅游作为旅游业中的一种新模式，是2009年5月世界经济论坛《走向低碳的旅行及旅游业》的报告中提出的概念。低碳旅游既符合人与自然和谐发展的理念，也能够在经济上促进社会的健康发展，是"低碳社会"背景下的责任之举，是旅游业发展的重要方向。

1. 低碳城市与低碳旅游

1.1 低碳城市概念与内涵

最早有关"低碳城市"雏形的，是国际社会环境保护思潮显示出人类的"生态觉醒"，在1971年联合国教科文组织发起了"人与生物圈计划"，它明确提出要从生态学的角度来研究城市，并首次提出了"生态城市"（Eco- City）的概念。21世纪，低碳概念也在世界各国为应对全球气候变化给人类带来生存危机致力于减少二氧化碳等温室气体人为排放的背景下诞生。2003年，英国又提出了"低碳经济"的概念，它指出，低碳经济是一种与生态环境相适应的绿色经济，其核心是通过政府引导企业激励市场运作，推动节能减排技术的开发和运用，优化产业结构，朝着低能耗、低排放、高效能的经济发展方式转变。在低碳概念和城市建设的探索中，"生态城市"、"绿色城市"、"健康城市"、"园林城市"、"环保模范城市"等城市发展理论相继产生,现在,"低碳城市"的建设成为新的关注点。

郑琦认为,低碳城市是指以低碳经济为发展模式及方向,市民以低碳生活为理念和行为特征,政府公务管理层以低碳社会为建设标本和蓝图的城市。戴亦欣认为低碳城市着眼于控制城市温室气体排放量,是一种"有助于减少碳排放的城市建设模式和社会发展方式"。夏堡认为建设低碳城市就是在"城市实行低碳经济,包括低碳生产和低碳消费,建立资源节约型、环境友好型社会,建设一个良性的可持续的能源生态系统"。

综上所述,专家和学者对于低碳城市的建设,主要关注以下四个方面:一是思想理念,无论是政府、企业还是居民,都应该将"低碳"作为一种生活生产的理念,任何行为和举措,都应该摄入低碳的概念,将低碳真正融入到社会生产活动中去,当然,低碳理念是在不降低生活水平标准的情况下的;二是技术变革,没有技术作为支撑条件,低碳的理念只能停留在口头,只有实施技术减排,加快新能源新技术运用,才能真正实现低碳化;三是产业结构调整,发展能源消耗与碳排放比较少而且具有优势的产业,使得经济增长的部分包含更多绿色成分,如旅游产业;四是改革消费方式,倡导节约型消费、低碳消费,最终将"低碳"理念付诸到最终的消费行为上来,就能在提升生活品质的情况下降低实现节能减排的目标。

1.2 低碳城市新模式:低碳旅游

在哥本哈根全球气候大会上,中国政府在不附加任何条件的情况下,作出了相对于 2005 年基础上的单位国内生产总值二氧化碳减排 40% ~ 45% 的庄严承诺。因此,无论是中央政府还是各个地方政府,都应当以一种全新的态度应对低碳经济的到来。结合这个大背景,不难看出,在"十二五"期间,是中国经济发展方式转型、调整经济结构的至关重要的阶段。在这一阶段,各级政府不仅需要打好"经济建设"、"现代化建设"、"物质文明建设"这个仗,而且更要在"生态建设"、"环境建设"和"精神文明建设"方面取得突破性成果。因此,建立一个节能减排、资源节约型和环境友好型的现代化生态文明国家,是政府、企业和所有公民的责任和义务。在这种情况下,旅游,作为现代中国公民重要的生活方式和新的国家战略,日益凸显出其在资源消耗、经济带动、综合效益上的优势,它已经逐渐成为中国跨入"生态健康型小康社会"的一个重要工具。因此,倡导低碳旅游,探索旅游发展的新方式,自然而然地成为城市发展的新的思考角度和方式。

低碳旅游是减少城市碳排放量的重要路径。根据 WTO 的相关研究表明,旅游发展中的碳排放量已经占到整个人类碳排放总量的 5% 左右,如果仍维持旅游现有的发展速度,而不采取任何举措,则这一数字将在 2035 年增加 152%。

邵琪伟在 2011 年全国旅游工作会议上指出:"十一五"期间,国内旅游人数平均增长 12%,入境过境旅游人数年均增长 3.5%,出境旅游人数年均增长 19%,全国旅游业总收入年均增长 15%。2010 年,全国旅游业实现总收入 1.57 万亿元,增长 21.7%;国内旅游收入增长 23.5%;国内旅游人数比上年增长 10.6%;入境旅游人数增长 5.8%;旅游外汇收入增长 15.5%;出境旅游人数增长 20.4%。目前,我国已经跃居全球第四大入境旅游接待国和亚洲第一大出境旅游客源国,居民年人均出游率达 1.5 次,旅游直接就业达 1350 万人,旅游消费对社会消费的贡献超过 10%。这说明我国旅游业总体上发展良好,但是我国旅游业的低碳化程度却仍然处于初级阶段,开展低碳旅游的企业仅占少数。2010 年,19 个省区市的 2 万家景区中有 50 家景区成为全国首批"低碳旅游实验区",只占到了 0.25%;全国 13652 家星级饭店和 400 万家餐饮企业中,只有 700 多家被评为以低碳为原则的"绿色饭店",占据的比例可以说是微乎其微。可以说,虽然我国政府在态度上非常重视低碳城市、低碳旅游的建设,但是在现状上不容乐观,任重而道远。

2. 低碳旅游，助推武汉旅游转型

低碳旅游作为一种新的旅游方式，并不是和现存的旅游相矛盾的形式；相反，它是一种现有旅游产品的升级。因此，要使得低碳旅游成为助推武汉旅游转型升级发展，更好地进行武汉低碳城市建设，需要了解两个方面：一是武汉低碳城市建设的情况；二是武汉旅游产品市场的概况，结合这两个方面，才能探索出一套适合武汉发展的低碳旅游发展方式。

2.1 武汉低碳城市建设简况

自2007年12月，武汉城市圈获批为全国资源节约型和环境友好型社会建设综合配套改革试验区以来，武汉城市圈作出了一系列的举措来应对低碳城市建设，建立促进资源节约、低碳经济发展的政策体系。近年来，武汉市单位GDP能耗较大幅度下降，2006—2008年三年标准煤能源消耗累积下降13.04%，累积节能574.73吨煤。2007年，武汉市建筑行业管理部门对新建建筑严格实行建筑节能设计标准，建筑节能审查备案率达到100%。2009年，武汉市政府颁布《武汉市机动车排气污染防治办法》。但是武汉低碳城市建设过程中也存在诸多问题，比如武汉重工业多，分布较分散，一些中小企业环保不到位，污染难以及时处理，同时，武汉近几年房地产业发展迅猛，不达标的高能耗建筑依旧难以解决，急需规范。

2.2 武汉旅游产品市场情况

武汉作为旅游发展的中部重要城市，其旅游资源在国内旅游市场中独具一格。江南三大名楼之一的黄鹤楼、主打荆楚文化的东湖风景区、辛亥革命首义文化园区、华中地区唯一国际标准赛马场等，在很大程度上对旅游者都构成吸引力。为了便于分析，笔者将武汉旅游产品分为五大系列，它们分别是名胜古迹系列、山水系列、都市休闲系列、革命系列和主题公园系列，这些系列中的旅游产品有的已经达到了非常高的资源品级如黄鹤楼、东湖风景区、木兰天池等，它们都是老牌的旅游景区，不仅为武汉带来十分可观的旅游收入，而且还为其旅游形象增色不少；有的旅游产品则是在建设（扩建）中或者在规划中的产品，这些产品大多集中于主题公园类，如欢乐谷和极地海洋世界还未开门迎客，便已受到关注，这些系列的旅游产品详见于表1。

表1 武汉系列旅游产品一览表

系列	项目名称	品级	规模（m²）	特色	经营状况
名胜古迹系列	黄鹤楼	5A	1200	著名历史古建筑及古文化旅游，武汉旅游代表	2006年游客量100多万人次，历史最高
	归元禅寺	4A	4.7万	宗教旅游代表地，其中，罗汉堂最为经典	2009年游客量150万人次，旅游收入2000万元
	古琴台	4A	1万	知音文化和古风古貌	年游客量5万人次，旅游收入70万元左右

系列	项目名称		品级	规模（m²）	特色	经营状况
山水系列	东湖风景区	听涛景区	4A	170万	主打屈子文化，设有沙滩浴场	年游客量200万人次，目前正在扩建吹笛景区（马鞍山森林公园）附近地域
		落雁景区		1000万	主打生态旅游	
		吹笛景区		700万	主打生态旅游	
		磨山景区		1400万	主打楚文化和游乐	
	木兰天池		4A	130亿	国家森林公园，主打生态旅游和木兰文化旅游	年游客量40万~50万人次
都市休闲系列	新世界梦湖公园（原水族公园）		无	6万	主要展示淡水水族，并将园林建筑与水族展示有机地结合起来	从2006年开始由往日水族观赏的主题风格，变成了时尚的五星级的商务休闲场所
	武汉植物园		4A	70万	生态旅游	2001年达50多万人次
	武汉动物园		无	69万	把风景、动物、植物和游乐融为一体的综合性半自然式的动物园	2012年内扩建为85万平方米，届时"大河之旅"主题动物园将建成
	东方马城		申报4A	100万	华中地区唯一国际标准赛马场，马城游园活动被列入武汉国际旅游节项目	2010年10月正式开园
革命系列	首义广场		4A	5.42万	辛亥革命之地，首义文化旅游	公共免费
主题公园系列	未来世界		未知	100万~180万	高科技主题公园	预计年营业额8亿元
	极地海洋世界		未知	3万	极地冰雪风光，华中避暑乐园	2011年12月一期竣工
	武汉海洋乐园		未知	32万	华中地区首个以水为主题的大型体验式室内恒温海景游乐公园	2011年10月竣工
	欢乐谷		未知	54万	华侨城项目，投资14.5亿元	2012年4月正式营运
	国旗主题公园		未知	470万	世界国旗礼仪旅游，联合举办国旗礼仪小姐赛	2010年动工，预计年接待游客1000万人次，年收入50亿元
	世贸嘉年华		未知	86万	内地最大"室内主题乐园"，集旅游、商业、居住为一体	2010年动工，预计2013年完工，年接待游客2000万人次，年营业额100亿元

通过这个表不难看出，武汉旅游产品主要以"文化"产品和"生态"产品为主，为了丰富产品格局，武汉在未来一段时间内加大"主题公园"产品建设，力争实现多元化、现代化旅游产品格局，从结构上来说，在未来，武汉旅游将以"都市旅游"为契机，以自然资源游、文化游、生态度假游、主题公园游等的综合性都市旅游产品。然而从内容和形式上来说，武汉"低碳"旅游的任务任重而道远。然而笔者在前文已指出，"低碳旅游"并不是一种独立存在的旅游方式，而是一种旅游升级的方式，在武汉"都市

旅游"格局中，如果能够恰到好处地融入"低碳"概念，建立"低碳"行业标准，那么未来武汉旅游内容将为"低碳都市旅游"。

3. 车轮模式：实现低碳旅游的途径

综合"低碳城市"和"低碳旅游"的概念和内涵，结合武汉低碳城市建设情况以及武汉旅游产品市场情况，笔者提出车轮模式，来实现武汉低碳旅游途径，以此推进武汉旅游市场发展。车轮模式包括四个要素：低碳、体验、主题和产品。其中，低碳是目标和标准，一切需要以它作为衡量的尺度；体验是核心，只有旅游体验才能将低碳的指标较好地被旅游者所接受，他们才能较好地实行低碳行为，当然，如果政府和企业做好了体验这个文章，那么就等于是把低碳落实到实处了；主题是体验的表现形式，在现代社会，旅游如果缺乏了主题这个元素，那么将在吸引力上大打折扣；产品是最终的具象化，无论是什么样的概念和理念，最终都要通过旅游产品推到市场上，具体见图1。

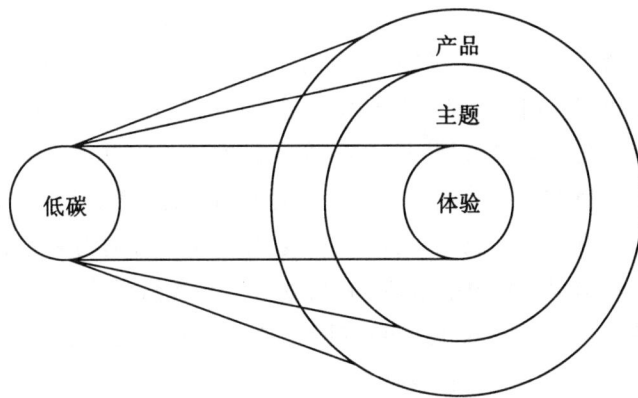

图1　低碳旅游的车轮模式示意图

为了做好武汉低碳旅游的车轮模式，笔者认为需要从低碳、体验、主题和产品四个方面加以规范，其中，低碳是技术性的因素，只有整个旅游大环境真正融入了低碳的理念，那才能够落到实处；体验是核心，笔者认为体验是整个"车轮模式"中最有想象力的部分，如果体验部分做好了，那么就会成为主题和产品部分的"动力源"。

3.1　低碳：将大旅游环境低碳标准化

为了能够规范整个旅游环境，需要从根本、从源头来规范旅游市场和环境的发展，为此，就需要制定一系列的低碳旅游标准。一方面，从理论上解决了低碳量化的标准问题；另一方面，又从口号层面转变为技术层面，真正能够将低碳旅游变为现实。旅游过程中，有非常多的相关行业需要加以低碳规范，如餐饮、交通、旅游项目建设，甚至旅游者的消费方式等，现在我国旅游业与环境保护相关的标准有《生态旅游示范区标准》、国际通用的 ISO14000 认证体系和绿色环球 21 标准等。近期，中国旅游研究院武汉分院正在研究一项有关武汉旅游标准课题，因此武汉旅游相关部门需要一起努力，尽可能将低碳标准融入框架当中去，来引导旅游健康快速发展。比如，将饭店、旅游交通、景区管理等标准列入考核，对高能耗旅游企业可征收环境资源税，以经济手段约束企业的非环保行为。举例来说，景区可以采用"回收——再循环——再生能源"的模式，全面推行分类环保垃圾箱，从而形成旅游景区产业链的循环经济模式，实践低碳旅游。

3.2 体验：旅游消费环境低碳化

体验是新时代的一种全新旅游理念，它注重的是如何将一些晦涩的、难以实现的理论转变为轻松容易接受的又有意思的方法。体验旅游是一种理念，它并不是独立存在的，它依附于现在已存在的旅游形式如观光、休闲、生态旅游，而正是体验这种"包装"使得旅游产品增值了，而这种存在于人们内心中的高价值使得旅游者在消费时，愿意花费金钱和时间享受这一系列值得记忆的事件。现代旅游消费者非常渴望能够全身心地参与到旅游活动中，而不是被动地走马观花，他们渴望具有个性的、时髦的、前卫的旅游形式来刺激他们的生活，而正是基于这样的理念，体验能够比较好地引导整个旅游消费环境低碳化。比如，交通方面，在乡村旅游中，旅游者很希望能够体验到自然原生态的状态，如果街道两旁路灯全部采用太阳能照明，交通主要依靠人力或畜力（牛车、马车），那么这样的交通方式既新颖又低碳。再如，吃的方面，打造有机蔬菜瓜果基地，自主种菜，自主消费，不仅能让游客体验到快乐，而且也身体力行低碳环保的理念。在建设低碳旅游大环境时，可以从以下几个方面入手：

3.2.1 社区参与规划

在旅游市场中，不同年龄层、不同职业的旅游者对旅游产品的功能、特点需求不同，因此，低碳旅游产品要想获得发展，必须根据人们需求的差异性将旅游产品总体市场细分成几个不同特征的目标市场，不能盲目开发。公众参与指的是公众参与规划，监管企业开发行为，制定行业规范，对游客进行教育与沟通，对旅游影响进行评估与监控。一方面，企业会合理对待当地居民感受，适度开发；另一方面，当地居民的积极参与会使得他们有一种自豪感，自觉保护生态环境，并对游客进行教育和沟通，共同树立起低碳、环境保护的意识。科学规划指的是用科学的方法进行体验旅游产品的设计、规划和管理、创新，如波士顿矩阵法（BCG 矩阵）依据预计成长率和市场份额将旅游产品分为放弃或发展的"问题业务"、清理变现的"瘦狗业务"、充分利用的"金牛业务"和重点投资的"明星业务"。政府在规划这类产品时，需要下定"狠心"，将严重污染环境的"瘦狗业务"清除出去。

3.2.2 网络加深体验

在信息化时代，尤其是当前 3G 时代的到来，网络无疑是最快速便捷也是成本最低的方式，同时，也体现了低碳的概念，能将低碳理念传递出去。旅游企业或者旅游相关企业可以通过网络进行整合，通力打造体验旅游平台，形成强大的网络旅游品牌。刘凯指出，旅游网站的趋势是"旅游 2.0"。旅游 2.0 就是将 Web 2.0 的思想运用到与旅游相关的电子商务及网站建设上，是一种对以往旅游类网站建设的思考和改进。他指出，旅游 2.0 模式应用应该在旅游博客（Blog）、数字地图（Map）、旅游标签（Tag）、简单信息聚合（RSS）等。今后的旅游网络，无论是盈利模式还是网站类型都将发生重大改变，这一切都是基于"体验"和"低碳"这个理念上。在国内旅游市场中，旅游者消费一般都采取现金消费或者信用卡消费（酒店），如果能够结合景区通票制度和旅行支票，出现一种旅游市场中的一卡通，利用旅游一卡通，在交通、食宿、游览、娱乐、购物过程中使用，那么无疑是一种非常环保的方式，同时，也会给旅游者带来很好的体验效果。网络还是宣传"低碳"的好方式，2010 年的"地球 1 小时"就是一个最佳的"网络低碳"推广的最佳案例。

3.2.3 主题：旅游产业链低碳化

武汉如果开展低碳旅游，那么在产业链上会涉及众多的企业，只有规范好产业链的每一个环节，才可能促进低碳旅游的全面发展。为了能更好地宣传低碳理念，主题是一个非常好的宣传方式，比如，"地球一小时"的活动，剥开主题的外衣，实际上就是一个"全民关灯试验"，为什么它能有如此大的轰动，就在于这个活动的主题——地球一小时，这契合了人们有关地球母亲的保护心理。武汉是一个高校云集的城市，通过一定的技术性上的主题宣传，能够比较容易地获得大众的认可，比如，技术改革方面，可以通过建立国家重点实验室等方式来重点研究建筑节电、节水技术和太阳能、风能、地热能、生物能等新能源，以及资源循环利用和交通工具节能减排技术等，如果能够将光谷打造成一座"节能光谷"，利用这个主题推广出去，那么光谷旅游知名度可能会提升许多。

3.2.4 产品：低碳旅游最终形式

针对武汉五大系列的旅游产品，笔者认为这五大系列旅游产品缺乏低碳理念，需要在以后的市场营销和产品创意中加入低碳概念。比如，黄鹤楼旅游产品作为武汉市唯一5A级资源，品级高，文化内涵深厚，打出了自己的品牌，但产品单一，重游率不高，需要推出更加丰富的旅游产品，如果在这个时候推出一系列的低碳旅游产品，那么不仅能够提升黄鹤楼的社会知名度，凸显其老大责任意识，而且还能吸引住大众的眼光，为其盈利。再如，东湖风景区与木兰天池这类山水风光产品定位为"集旅游、度假、休闲、娱乐为一体大景区"，资源品级较高，有非常优越的条件发展低碳度假旅游产品。最后是有关武汉主题公园产品，它一直是武汉旅游业投资开发的一个重要领域，旅游业界意识到武汉旅游市场空间巨大，潜力无限，各大主题公园纷纷落户。众多主题项目的上马，填补了武汉这座大都市无大型主题公园的历史空白，目前这些项目尚在筹建或者建设过程中，如果能够引荐上海世博会有关环保建筑的概念，那么武汉主题公园无疑将成为国内首家"全低碳概念"主题公园城市。

旅游产品是由旅游者消费的，因此，最后的归结也集中在旅游者，一切活动都需要旅游者来实现，在旅游产品消费过程中，需要对旅游者进行低碳教育。然而当前旅游者在消费过程中，存在过于追求奢侈的不健康的旅游方式，在旅游产品的设计上，应当告诉旅游者，真正"潮流"的方式不是铺张浪费，而是低碳环保，明确"高端绝非奢侈"，创造良好的社会环境氛围，让旅游者明白低碳旅游的重要性。比如，鼓励顾客尽量少乘坐飞机，减少自驾游，多乘坐环保大巴。再如，住宿选择方面，应该选择绿色酒店、青年旅馆，拒绝使用一次性用品；而食品方面，拒绝铺张浪费，多食用素食，少食用野生产品。

4. 结语

总体来说，低碳经济是国家乃至全世界各国政府都认准了的发展方向，武汉作为"两型社会"试验改革片区，建设"低碳城市"也是今后的努力方向，在这个大背景下，武汉的旅游业一定要认准这一方向，积极发展低碳旅游，积极参与政府生态文明建设与和谐社会建设。只有主动承担起促进社会文明发展的责任，旅游业才能真正起到促进武汉低碳城市建设发展的作用，武汉城市旅游发展才能更加顺利地找到突破口，武汉才能真正最终实现大旅游发展的格局，现在，结构上，武汉旅游已经有了其自身优势，那就应该把握时机，加大低碳旅游的内容建设，这样武汉旅游业才会有更好的发展。

（作者电子邮箱：dam99@163.com）

参 考 文 献

[1] 张坤民. 生态城市评估与指标体系 [M]. 北京：化学工业出版社，2003.

[2] 刘晓，成艾华. 武汉低碳城市发展的路径选择研究 [J]. 中国科技投资，2011，7.

[3] 吴铀生，马胜. 低碳消费是实现低碳旅游的关键要素 [J]. 西南民族大学学报（人文社会科学版），2011，7.

[4] 蔡萌，汪宇明. 低碳旅游城市：旅游城市转型发展的新标杆 [J]. 旅游论坛，2010，6.

[5] 贺新政. 武汉低碳城市建设现状及发展对策 [J]. 现代城市，2010，5.

[6] 刘志林，戴亦欣，董长贵. 低碳城市理念与国际经验 [J]. 城市发展研究，2009，3.

［7］戴亦欣．中国低碳城市发展的必要性和治理模式分析［J］．中国人口·资源与环境，2009，3.

［8］夏堡．发展低碳经济，实现城市可持续发展［J］．环境保护，2008，3.

［9］刘凯．旅游2.0：构建新的旅游服务模式［J］．旅游学刊，2006，9.

［10］DTI（Department of Trade and Industry）. U K energy white paper：Our energy future- creating a low carbon economy［R］. London，TSO（The Stationery Office），2003.

［11］UNWTO，and UNEP（prepared by Scott，D.，Amelung，B.，Becken，S.，Ceron，J. P.，Dubo is，G.，Gossling，S.，Peeters，P.，and Simpson，M . C.）. Climate Change and Tourism：Responding to Global Challenges［R］. Madrid：World Tourism Organization，2008.

"Wheel mode"：A low-carbon tourism model to promote the transformation of Wuhan tourism

Deng Aimin

（Business Administration School of Zhongnan University of Economics and Law Wuhan 430074）

Abstract：With the rapid development of human society, urban development around the world is facing many constraints on the conditions, development of the city is facing serious challenges, these constraints include not only the shortage of resources, including environmental damage, space narrowing, management narrow, so many factors that make urban sustainable development is faced with tremendous obstacles. Under this background, "low-carbon City" concept came into being, and then came low-carbon tourism. Wuhan, as the "Resource-saving and environment-friendly society", increases the development of "low-carbon city" in recent years. However, in promoting "low-carbon city", Wuhan tourism industry is not particularly seems obvious in the construction process. In order to research Wuhan travel market structure and to develop Wuhan low-carbon tourism, and to enhance the tourism image of Wuhan tourism, the author combines the aspects of low-carbon city construction of Wuhan and the tourism market, proposes a "wheel mode" to develop low-carbon tourism.

Key words：Low-carbon city；Low-Carbon tourism；Model innovation；Wheel mode

信号交叉口模糊控制研究综述[*]

● 黄洪桥[1]　　乔健[2]　　樊莹[3]

（1，2，3 西北工业大学管理学院　西安 710072）

【摘　要】交通控制是交通管理的重要手段，模糊交通控制是近年来发展迅速的研究领域，成果十分丰富。本文按控制区域的规模，将这些研究成果分为单交叉口独立控制和多交叉口协调控制两类；根据交通规则假设和实现技术的不同，将每一类分为若干子类。在此基础上，按所属类别和时间顺序总结和梳理主要研究成果的贡献和继承发展关系，分析这些成果的特点和适用性。最后，提出该研究领域需要解决的一些关键性问题，并进一步预测其未来的发展方向。

【关键词】交通工程　交通控制　模糊控制　信号交叉口　综述

1. 引言

城市交通的拥挤、安全和环境污染问题并不完全是机动车数量持续增长的结果，与信号交叉口的交通控制方法也有很大关系。经典数学方法因交通状况的日益复杂，其控制效果越来越不理想，人们开始关注人工智能技术在交通控制领域的应用研究，其中模糊交通控制的研究最具代表性。

模糊数学由 Zadeh 于 1965 年创立，模糊控制技术的诞生则以 1974 年英国学者 E. H. Mamdani 博士的开拓性工作为标志，其本质就是利用计算机实现人的控制经验，它的基本思想是：将人类经验用一系列 IF-THEN 形式的模糊规则表示，IF 后面跟模糊输入变量（即状态变量），THEN 后面跟模糊输出变量（即控制变量）。根据模糊规则和某时刻输入变量的检测值（需化成模糊量），通过模糊推理得出此时的模糊输出量，再通过解模糊（即清晰化）得到精确输出量。模糊控制系统的核心是模糊控制器，它由四个部分组成：模糊化接口、知识库、推理机及解模糊接口。模糊化接口的任务是将精确输入量转化为模糊输入量，这一过程称为模糊化；知识库由数据库和规则库组成，输入/输出变量和模糊规则的模糊子集存放在数据库中，规则库存放模糊控制规则；推理机采用某种模糊推理方法，由采样时刻的输入和模糊规则推导出模糊控制输出；解模糊接口的任务是将输出的模糊控制量转化为精确控制量，这一过程称为解模糊，也叫清晰化。

模糊控制技术有三个显著特点：（1）它具备很强的对复杂、动态和不确定性问题的处理能力；（2）模糊控制模型的结构简单且逻辑清晰，克服了建立复杂数学模型的困难；（3）它与人类面对复杂、不确定性问题时的决策过程非常类似。这些特点正是其成功应用于自动控制、模式识别、人工智能、地质地震、医疗诊断、气象分析、航天航空、车辆驾驶、交通管理、决策评价、企业管理和社会经济等众多领域的主要原因。

---

* 本文是 2011 年西北工业大学本科毕业设计（论文）重点扶持项目和教育部人文与社会科学基金面上项目（项目批准号：09YJAZH072）的阶段性成果。

信号交叉口模糊控制的研究已近 30 年，最近 10 年取得了不少很有价值的研究成果，但是到目前为止，关于这些成果较系统的总结回顾性文献还不曾见到。信号交叉口模糊控制的研究是个从特殊到一般、从简单到复杂的渐进过程。本文据此从控制区域的规模上将其分为单交叉口独立控制和多交叉口协调控制两类。前者又被细分为无转向控制模型、有转向控制模型、相位可调控制模型和相序可调控制模型；后者则被细分为模糊协调控制模型和多智能体协调控制模型。本文对上述几类模型进行了系统性的梳理与回顾。在此基础上，也较详细地介绍了模糊控制的优化和自学习方面的研究进展。最后，总结了该领域下一步需要解决的一些关键性问题、预测了未来的发展方向。

2. 单交叉口独立控制

2.1 无转向控制模型

1977 年，Pappis 和 Mamdani① 首先将模糊逻辑用于信号交叉口控制的研究，他们设计了两路单向单车道且无转向交通的单交叉口控制模型。在每个相位的有效绿灯时间内，当绿灯持续到第 7 秒时，控制器被首次触发，以后每间隔 10 秒被触发一次。被触发后控制器将作出是否延长出当前有效绿灯的决定，每次最多延长 10 秒。控制器最多被触发 5 次，故最长有效绿灯为 57 秒。模型有三个输入变量和一个输出变量，输入变量为上次触发后经历的时间、绿灯方向到来车辆数和红灯方向排队车辆数；输出变量为绿灯延长时间。仿真结果显示，该模型比感应式控制平均减少延误约 20%。

Pappis 模型发表之后，曾出现过几年的研究真空期。随着模糊理论在其他领域的应用不断取得成功，在交通控制领域也逐渐成为研究热点。1993 年，Favilla 等人② 将 Pappis 模型扩展为双向多车道模型（仍然是直行两路单交叉口）。控制器根据绿灯相位到来车辆数和红灯相位排队车辆数决定绿灯延长时间。作者设计了统计适应性策略和模糊适应性策略，前者根据每 10 秒一次的各车道车辆到来统计数据调整控制器输入变量的值域上限；后者用模糊监视器调整控制器输出变量的值域上限，该监视器的输入为绿灯相位结束时的遗留车辆数和当前排队车辆数，输出为控制器输出变量的值域上限调整值。他们根据巴西圣保罗的一个两条主干道交叉口的实际交通数据进行的仿真实验表明，适应性模糊控制优于非适应性模糊控制，但是缺少与其他控制方法的对比结果。

陈洪和陈森发③ 将每个相位的关键车流和非关键车流分开考虑，提出了单交叉口多级模糊控制模型。控制过程是：根据检测器检测到的各方向车辆到达信息，确定两个相位的关键车流和非关键车流。对关键车流的车辆到达情况实施模糊控制，得到有通行权相位的绿灯延长时间初值 e；对非关键车流的车辆到达情况实施模糊控制，得到绿灯延长时间的修正时间 Δe。从而得到控制策略，即绿灯延长时间 $e + \Delta e$。朱文兴等④ 提出了一种单交叉口模糊—遗传算法优化配时方法，把一个周期内的车辆平均延误作为目标函数，根据上一周期和本周期的车流量线性预估下一个周期的车流量，把预估车流量和前两个周期的车流变化作为输入量，用模糊控制器推算出下一个周期的时间长度，然后用遗传算法优化目标函数，从而得

① Pappis, C. P. and Mamdani, E. H. A fuzzy logic controller for a traffic junction [J]. IEEE Transactions on System, Man and Cybernetics, 1977, 7 (10): 707-717.

② Favilla, J., Machion, A. and Gomide, F. Fuzzy traffic control: Adaptive strategies [A]. Proceedings of the Second IEEE International Conference on Fuzzy Systems [C]. San Francisco, USA, 1993, 506-511.

③ 陈洪，陈森发. 单路口交通实时模糊控制的一种方法 [J]. 信息与控制，1997，26 (3): 227-233.

④ 朱文兴，贾磊，杜晓通. 单路口信号灯模糊——遗传算法优化配时研究 [J]. 系统仿真学报，2004，16 (6): 1193-1197.

到最优配时方案。

2.2 有转向控制模型

上述研究初步显示了模糊控制技术的优越性，但无转向交通的假设与实际情况还有较大距离。为此，Kelsey 和 Bisset[1] 提出了具备双向多车道和转向交通处理能力的单交叉口控制模型。其输入为绿灯道路的平均交通流密度、红灯道路的平均交通流密度和当前信号周期长度，输出为绿灯延长时间。模型共有 26 条模糊规则，控制决策每秒进行一次。该模型关于交叉口的假设更符合实际，但缺陷还是较明显：（1）决策过于频繁，可能对系统的响应能力带来较大的负面影响；（2）只考虑了两条固定主干道交通，无法适应主交通流的变化。

Kim 的模型仿真了更加逼真的四相位四路 12 车道交叉口，具备了多路多车道、有转向交通和多相位交叉口的控制能力。为进一步细分交通状况，除了绿灯相位到来车辆数和红灯相位排队车辆数，该模型还在输入变量中引入交通量反映每秒钟从其他交叉口进入的车流量变化，输出为当前绿灯延长时间。根据交通量将模糊规则分为小、中、大三组。不同交通量用不同的模糊规则和最大延长时间。引入交通量并分组模糊规则的目的是使控制决策更好地适应交通需求的变化。但是，因交通量变化最终必然反映在其他两个输入变量的变化中，且模糊系统本身也具备较好的适应能力，故两项改进就显得有些重复，增加了模型的复杂性却降低了运行效率。

Trabia 等人也深入研究了最常见的有转向四路交叉口的模糊控制问题。在他们的模型中，模糊决策过程分两个阶段完成：第一阶段根据各条道路交通流量估计竞争道路之间的相对交通强度；交通强度在第二阶段被用于决定绿灯延长时间。仿真结果显示，平均延误和停车率两项指标均优于感应式控制。该模型的创新在于提出了分阶段控制思想并引入竞争机制，但它完全针对特定的交叉口结构和相位安排设计系统变量和模糊规则，应用范围受到很大限制。

Choi 等人认为，现有模型是针对非饱和交通设计的，无法用于过饱和交通情况。他们设计了适合处理过饱和交通的控制模型。为了反映因上游交叉口交通堵塞而导致绿灯信号损失的情况，除了红灯时间和红灯相位等待车辆数外，还将上游道路的交通拥挤度作为输入变量，输出为绿灯时间。遗憾的是，该模型仅与定时控制进行了平均延误和车辆通过率的对比，其过饱和交通的处理能力是否真的优于其他模糊控制模型并未给出实验结果。樊晓平和李艳[2]提出的单交叉口模糊控制模型，根据红灯相位的等候车辆平均损失和绿灯相位释放车辆的平均增益，实时修正其模糊规则。作者还采用模糊控制系统闭环模型的模糊关系矩阵，证明了在随机产生车辆的情况下模糊控制系统是稳定的。李伟等提出的单交叉口多相位模糊控制方法，不仅考虑了每个相位的车流情况，而且也考虑了绿灯相位的通行时间和红灯相位的等待时间，使得控制决策更能接近人的思维，从而达到更理想的控制效果。

2.3 相位可调控制模型

在几何结构一定的条件下，相位安排对交叉口通行能力的影响很大。为此，Hoyer 和 Jumar 设计了相位安排可变的 12 车道交叉口控制模型，含十个输入变量和两个输出变量，输入变量为不同车道的交通流密度和最后一次相位改变以来所经过的时间，输出为当前绿灯相位的延长时间和下一个相位安排的选择

①　Kelsey, R. L., and Bisset, K. R. . Simulation of traffic flow and control using fuzzy and conventional methods [M]. In: Jamshidi M. (Ed.), Fuzzy Logic and Control: Software and Hardware Applications. Prentice-Hall, Englewood Cliffs, NJ, 1993, 262-278.

②　樊晓平，李艳. 交通信号自适应模糊控制器的设计及稳定性分析 [J]. 控制与决策，2005，20（2）：152-155.

结果。该模型在前人基础上做了如下扩展：（1）双向主干道代替单向道路；（2）多相位代替两相位；（3）考虑了交通流主方向的转变。根据左转车辆的数量变化，由模糊规则决定激活两相位、三相位还是四相位安排，目的是通过增加或减少相位数兼顾效率与安全（相位的数量与效率负相关而与安全正相关）。但是，改变相位安排容易引起驾驶者错觉和紧张心理，实际上还是存在安全隐患。另外，过多的输入/输出变量也使系统变得复杂，运行效率下降。

除了相位安排，相序对交叉口通行能力的影响也很大，Gerson 等人的模型就同时考虑了这两个因素，除了何时改变相位安排外，它还决定相序。在该模型中，当模糊控制器决定何时改变相位时，由相位排序器决定下一步的相位安排和通行顺序。控制器有三个输入变量：绿灯相位排队长度、红灯相位排队长度和信号周期长度，输出变量为改变要求度，它反映了改变相位的期望程度。相位排序器与控制器联合协同运行。相位排序器的输入为红灯相位排队长度和红灯时间，输出为按各相位通行需求大小排序的优先度。当控制器关注东—西方向的通行时间时，相位排序器决定南—北方向的相位安排和通行顺序，反之则反。该模型在文献的模型基础上考虑了相序因素，进一步挖掘了交叉口的通行能力。臧利林等提出的单交叉口模糊控制算法具有相位组合灵活的特点，能够有效解决交通流不平衡问题，更适应城市交叉口实时变化的交通状况。不过，以上两个模型因相位安排的变化仍然潜伏着安全隐患。

2.4 相序可调控制模型

调整相位安排难以兼顾交通效率与安全，调整相序则不同。当车辆等待通行时，驾驶者最关心的是所处相位信号灯的变化，也就是自己何时可以通行；当车辆通过交叉口时，对驾驶者视觉和心理影响最大的是同相位各向车流的行进情况。因此，根据交通情况改变相序不仅安全而且高效。Niittymaki 和 Pursula 的三级单交叉口控制模型就是相位安排固定而相序可变的典型例子。在他们的模型中，第一级负责判断交通情况，不同情况将采取不同的控制策略。第二级为相序选择器，它通过最小化绿灯间隔并尽量使相序紧凑，达到最大化交叉口通行能力的目的。第三级是绿灯时间延长器，它决定终止当前绿灯的时刻。作者不仅做了仿真试验，而且还在实际交叉口进行了现场试验[1]，比感应式控制减少延误 10% ~ 20%。该研究小组第一次在现实环境中证明了模糊控制的潜在优势。但因模糊规则较为复杂且针对性很强，模型需经修改才能用于相位安排和几何结构不同的交叉口。

Murat 和 Gedizlioglu 也开发了一个相位安排固定而相序可变的控制模型，该模型由两个部分组成：信号时间控制器根据交通流和绿灯时间优化信号配时，它的输入为红灯相位最长排队车辆数、绿灯相位到来车辆数和绿灯时间提示器（即未被利用的绿灯比例），输出为信号配时；相位排序器用于寻求最优相序，它的输入为红灯相位最长排队车辆数、下一相位最长排队车辆数和最长排队车道所持续的红灯时间，输出为相序。这两个控制器同步运行。

最近，乔健等人关于单交叉口的模糊控制也展开了一系列深入研究，作者根据车辆的排队长度和平均等待时间衡量每条车道的交通需求紧急程度[2]，并引入完全竞争机制，根据交通需求紧急度选择通行相位和设定通行时间，使交通信号的设定更加科学合理。他们在模型中不仅重视交通效率的提高，而且首次提出交通公平的概念。作者还采用微观仿真技术，将他们的模型与其他几种典型控制方法作了对比和分析。

3. 多交叉口协调控制

---

① Niittymaki, J.. Installation and experiences of field testing a fuzzy signal controller [J]. European Journal of Operational Research, 2001, 131: 273-281.

② 乔健, 宣慧玉. 一种基于通行需求度的单交叉口模糊控制算法 [J]. 系统工程, 2004, 22 (10): 59-64.

3.1 模糊协调控制模型

除了单交叉口独立控制，基于模糊逻辑的多交叉口协调控制近年来也取得了丰硕的成果。1984 年，Nakatsuyama 将 Pappis 模型扩展为单向两交叉口控制模型，每个交叉口由一个模糊信号控制器独立管理，模糊相位控制器控制两个交叉口的相位差，根据对上游交通的预期选择延长下游交叉口的红灯或绿灯信号。作者通过对比分析信号控制器和相位控制器所引起的延误发现，控制效果的好坏依赖于交通流的分布和密度。通过适当协调两个控制器，可进一步减少总延误。两个控制器之间的切换由附加的模糊语句处理。

尽管 Nakatsuyama 的交替策略用于单向主干道交通控制时效果较好，但单向交通的假设显然过于简化，与实际交通还有较大出入。为此，Chiu 和 Chand 设计了无转向交通的双向多交叉口控制模型。每个交叉口根据本地交通信息和邻近交叉口信号配时参数决定自己的信号配时参数。控制器通过调整信号周期、绿信比和相位差减少平均延误和停车次数。根据各交叉口每条道路的饱和度调整信号周期和绿信比。通过模糊规则决定相邻交叉口的饱和度和相位差，使主干道的停车次数最小化。作者仿真了一个六交叉口路网，结果表明该模型优于定时控制。不足之处是假设交通网为非常规律的方格型，很多时候现实情况并非如此。

当交通流变化剧烈时，固定相序不利于配时信号与交通流的匹配，从而导致控制性能下降。Lee 和 Lee-Kwang 发现了 Chiu-Chand 模型的不足，同时，也意识到相序对通行能力的影响，他们提出一种面向任意交通网且相序可变的多交叉口控制模型。模糊控制器根据本地和相邻交叉口的交通信息，通过同步交通信号和调节交叉口的进出流量实现多交叉口的协调控制。相位切换决策由三个模块协作完成，NextPhase 模块从所有红灯相位中选择最紧急的相位，Observation 模块负责监测绿灯相位的交通状况，Decision 模块根据前两个模块的输出决定是否切换绿灯相位。如果被选相位的交通状况比 Observation 模块负责监测的绿灯相位更紧急，则 Decision 模块就把绿灯相位切换到被选择相位；否则，继续当前绿灯相位。

Chou 和 Teng 设计了一个同时适用于单交叉口和多交叉口的控制模型。作者对仿真环境进行了很多通用化设计处理，如考虑了连续的多交叉口、多车道、车辆长度和街道长度等，因此模型无须修改便可直接用于多车道和多交叉口控制。然而，因模糊规则针对四路交叉口设计，故应用范围受到了限制。另外，该模型中多交叉口控制的时间同步策略过于简单，几乎未考虑任何影响因素。杨立才等人提出了双交叉口的分级模糊协调控制算法和应用混沌优化自动调整隶属度函数的思想。仿真结果表明，该算法可以有效减少有主次干道之分的交叉口车辆的平均延误，对交通流量均衡的交叉口的控制效果，也比传统算法有显著提高。

3.2 多智能体协调控制模型

上述基于模糊理论的多交叉口协调控制虽然可行，但其智能性，以及面对复杂路网和交通需求调整控制机制的灵活性还非常有限。近年发展起来的多智能体技术很适合解决复杂分布式协作与竞争问题，具有非常好的发展前景。

芬兰赫尔辛基理工大学是较早将多智能体技术与模糊控制相结合，研究信号交叉口控制问题的机构之一，Kosonen 介绍了一个基于多智能体的多交叉口协调控制模型。该模型采用分布式多智能体控制结构，每个信号组被定义为一个智能体，各智能体之间通过模糊推理进行谈判，决定控制策略。作者设想了两种思路：一种是全分布式协调控制，每个智能体同时与本地和上下游交叉口的智能体进行谈判来确定控制策略；另一种是集中式协调控制，中央控制器根据负载因子最大的交叉口设置一个公共信号周期，并通知各本地控制器为每个红灯信号组在该周期内设定最早和最晚绿灯启动时刻。如果信号组在这两个时刻之间收到通行请求，则绿灯信号启动；否则，下一个相位将作为待启动相位；当前绿灯信号则被通知在该周期内的最早和最晚终止时刻。当一个周期结束后，中央控制器通过模糊规则再设定新的公共信号周期，并通知所有本地控制器。

Choy 等人采取模糊控制、人工神经网络、强化学习和进化算法等多种技术混合与协作的方法，设计了针对复杂交通路网的合作分层多智能体实时控制模型。分层多智能体架构方便了对交通网的分级控制。该架构由三层组成：底层为交叉口控制器智能体（ICA），负责控制预先分配的单个交叉口；中间层为地域控制器智能体（ZCA），负责控制预先分配的若干 ICA；顶层是一个区域控制器智能体（RCA），负责控制所有 ZCA。这样，大规模交通控制就被分割为若干子问题，并分别由各智能体的模糊神经决策模块（FNDM）来处理，低层智能体的决策由所属高层智能体仲裁，用合作分布式问题求解方法实现智能体之间的协调控制。各智能体还具备无监督多阶段在线学习能力。作者以新加坡中央商务区的一部分为对象，仿真对比了该模型与 SCATS 的控制性能，在总延误时间和总停车时间两项指标上，分别比后者减少了40% 和 50%。

4. 控制模型的优化与学习

模糊控制具有较强的推理、知识表达和人类经验与决策过程的模拟能力，是智能交通控制的核心技术。如前所述，模糊规则和隶属度函数通常凭经验确定。但是，当输入和输出变量较多或模型结构较复杂时，经验法很难奏效。另外，不变的控制策略也很难长久适应复杂多变的交通情况。因此，利用其他技术优化控制模型，并使之具备学习能力，是近年来智能交通控制研究的重点之一。在控制模型的结构确定后，模糊规则和隶属度函数是系统性能的主要决定因素，模糊系统的优化和学习目的就是：使系统具备根据交通需求调整模糊规则和隶属度函数的能力。

4.1 控制模型的优化方法

遗传算法的全局搜索能力较强，是最常用的模糊控制优化方法，可分为：（1）只优化模糊规则或隶属度函数；（2）依次优化模糊规则和隶属度函数；（3）同时优化模糊规则和隶属度函数。第一种方法属于部分优化，因此系统能力没有得到充分挖掘。第三种方法需要将模糊规则和隶属度函数同时编码，因染色体很长而导致搜索空间急剧扩大，优化效率将大大下降。因此，第二种方法是最理想的优化方案。

模糊规则的结构较为简单，因此，二进制或整数编码是最常见的编码方法；为简化计算和提高优化效率，常采用三角形或梯形隶属度函数形式，根据精度要求的不同可选择整数或实数编码。二进制或整数编码染色体通常采用简单遗传算法的遗传操作或类似变种；最大—最小算术交叉算法和非均匀变异算法则是实数编码染色体常用的遗传操作算法。近年来，也有个别研究采用多目标遗传算法，寻求同时满足多个目标最优的模糊规则和隶属度函数。在信号交叉口控制问题中，有些目标实际是相互矛盾的（如交通效率和交通安全），不可能找到真正意义上的多目标最优解，因此，多目标最优化研究目前并非主流。不过，可动态调整的多目标优化可能是未来的一个研究方向。基于遗传算法的控制模型优化方法面临的最大难题是：因难以给出合适的适应度函数表达式，而不得不采用仿真方法计算染色体的适应度，耗费了大量时间，优化效率受到很大影响。

4.2 控制模型的学习算法

交通流时刻都处在复杂的动态变化中，即使经过优化的控制模型，也须具备面向环境的学习、记忆和经验积累能力，才能不断地自我调整控制策略以适应这种变化。人工神经网络正好具备这些特点，成为加强控制模型学习能力的主要工具。

1992年，徐冬玲等人设计了一个无转向交通的两相位单交叉口模糊控制模型，并采用三个三层BP神经网络分别实现其模糊化、模糊规则和模糊判决；2004年，许伦辉等人采用三个三层BP神经网络实现了一个有转向交通的多相位单交叉口模糊控制模型。神经网络技术的引入，使这些模糊控制模型具备了自学习和泛化能力。沈国江等人按照分散控制原则在每个交叉口设立一个控制器，它包括三个模块，每个模块都有自己的模糊规则，并用BP神经网络来建立模糊关系以提高控制精度。相序优化模块用来评价除当前绿灯相位外所有红灯相位的交通情况，然后选择交通情况最紧急的相位为下一个优先放行的相位。绿灯判断模块用来评价当前绿灯相位的交通情况，从而对是否该停止放行当前绿灯相位作出判断。相位切换模块根据前两个模块的输出来决定是否需要进行绿灯相位切换。董超俊等人以Hopfield网络为基础，设计了双层反馈神经网络，并将其应用于单交叉口信号的配时优化。董超俊和刘智勇以Hopfield网络和混沌模型为基础，开发了多层反馈混沌神经网络，并将其应用于单交叉口信号的配时优化，也探讨了城市交通系统的混沌特性，并开发了混沌定量判别算法。

然而，对于城市交通控制这类复杂多变的非线性问题，用BP神经网络实现模糊控制模型并非理想的选择。因为，控制模型的评价指标通常为平均延误和停车率，模型输出通常为绿灯延长时间。由于评价指标与模型输出类别不同，而且期望输出事先未知，因此，并不适合采用传统的能监督BP的学习算法。强化学习类算法则很适合求解此类问题，其基本思想是：通过奖惩机制促使控制行为向好的方向发展。

在Bingham提出的神经模糊控制模型中采用前馈网络结构，通过GARIC强化学习算法调整隶属度函数，赋予控制器自学习的能力（也可采用此类算法赋予控制模型模糊规则的自学习能力）。Choy等人的三层多智能体模糊控制模型，采取一种更为复杂的无监督在线强化学习算法（ORL）。智能体在进行多阶段在线学习时，ORL首先被启动，其强化学习信息由高层到低层依次被反向传播给所有智能体。各智能体根据收到的强化学习信息，决定是否调整神经元的学习率和激活忘记机制（一种备选的连接权调节算法）。然后，各智能体采用拓扑权重更新机制调整FNDM模块的神经元连接权。强化学习信息还被用于更新FNDM模块的神经元适应值，如果该值低于某一阈值，则将采用基于进化算法的模糊关系生成器更新模糊关系。承向军等人采用Q-学习方法对基于Agent的单交叉口模糊控制模型进行信号配时优化，在模糊控制规则集的基础上，通过Q-学习来改进控制规则的组合，从而达到改善信号控制效果的目的。仿真结果表明，基于Q-学习的信号控制方法优于定时控制、感应式控制和基于遗传算法的信号控制方法。

5. 结论与展望

从上述三部分内容可以看出，信号交叉口模糊控制的研究已取得了大量成果，但是还远未走向成熟。到目前为止，只有一项研究成果进行过现场试验。尽管相对于经典数学模型，模糊逻辑在解决交通控制这类复杂、动态和非线性问题时常常更加有效，但与实际应用还有较大距离，有很多问题还需要深入研究，归结起来包括以下几个方面：

（1）单交叉口控制模型中，状态变量、控制变量和结构设计的多样化，既说明这方面的研究成果层出不穷，也折射出对通行能力影响因素的认识还有分歧。目前，同类模型的对比性研究还较少，与新出现的数学模型的对比性研究就更少，这既不利于模型研究向纵深发展，也不足以说明模糊交通控制技术的优势。另外，在控制过程中是否应允许相位安排和相位顺序改变、模型中如何处理行人交通、公交优先等，都是需要进一步深入研究的问题。

（2）多交叉口控制模型中，基于智能体的协调机制显示出比基于模糊逻辑的协调机制更大的灵活性，更能适应交叉口几何结构和路网拓扑结构的复杂变化。但是，这方面的研究成果目前还较少，智能体的智能程度也很低，缺乏一般意义下智能体所应具备的基本能力，即自主能力（Autonomy）、社交能力（Sociability）、反映能力（Reactivity）、预动能力（Preactivity）和理性行为（Rationality）。因此，多交叉口协调控制的研究也是重点之一。

（3）针对交通流的复杂变化，除了应通过优化模糊规则和隶属度函数，使控制模型被动适应这种变化外，还应赋予模型在线学习的能力，使之根据需要随时进行模糊规则、隶属度函数，乃至模型结构的自我调节，以主动适应这种变化。因此，设计高效的优化算法和强大的在线学习算法是十分关键的。此外，利用并行计算机技术发展高效的并行或分布式优化和学习技术也值得深入研究。

（4）交通控制问题的复杂性，决定了仅靠一种技术很难完全奏效，模糊控制、神经网络、遗传算法和多智能体等多种技术相融合将是发展趋势。不过，由于这些技术的理论研究落后于应用研究，理论基础还比较薄弱，有待算法的复杂性、收敛性和鲁棒性研究、收敛速度和优化度的估计方法在理论方面有所突破，才能更好地应用于实际。

（5）交通流的控制、分配与导航三者之间密切相关、互为影响，理应作为一个研究整体。但是，由于城市交通流的复杂性，目前这三个分支还是以独立研究为主，三者的联合研究还处在探索阶段，随着对交通流认识的不断深入和技术手段的更加丰富与成熟，三者一体化的研究在未来 5～10 年可望有所突破。

（6）模糊交通控制模型的鲁棒性和稳定性难以用数学方法证明，交通系统的特殊性也使得模型的现场试验难以进行，从而造成了此类研究成果虽然很丰富，但是实际应用经验却很匮乏的尴尬局面。笔者认为，必须在政府机构的大力支持和交管部门的积极配合下，切实加强模糊交通控制的现场试验性研究，才能使这项技术真正从理论研究逐步走向实际应用。

（7）对现实交通的假设都过于简化。比如，绝大多数模型忽略或简化了车辆性能和驾驶者行为的差异性、假设在交叉口控制区域车辆匀速行驶并且不存在换道现象等。实际上这些因素对交通流的流动特征和交通控制的结果均有很大影响。加强这方面的研究将有助于人类更加深刻地认识交通流和建立更加精细和实用的交通信号控制模型。

总之，模糊逻辑的自身特点决定了其作为交通控制的基本技术是非常合适的，大量的研究成果也充分证明了这一点。但是，交通控制问题的复杂性也预示着仅依赖一种技术手段是不够的，多种人工智能技术的融合将是必由之路。随着对通行能力影响因素的认识不断深入和各种技术手段的日臻成熟，信号交叉口模糊控制的研究必将走向实用阶段。

（作者电子邮箱：jian. qiao@163. com.）

参 考 文 献

[1] 张曾科. 模糊数学在自动化技术中的应用 [M]. 北京：清华大学出版社，1997.

[2] 陈洪，陈森发. 单路口交通实时模糊控制的一种方法 [J]. 信息与控制，1997，26（3）.

[3] 朱文兴，贾磊，杜晓通. 单路口信号灯模糊——遗传算法优化配时研究 [J]. 系统仿真学报，2004，16（6）.

[4] 樊晓平，李艳. 交通信号自适应模糊控制器的设计及稳定性分析 [J]. 控制与决策，2005，20（2）.

[5] 李伟，李润梅，何东之. 一种道路交叉口多相位模糊控制方法及其仿真 [J]. 公路交通科技，2005，22（6）.

［6］臧利林，贾磊，林忠琴．基于模糊逻辑的交通信号控制与仿真研究［J］．公路交通科技，2006，23（4）

［7］乔健，宣慧玉．一种基于通行需求度的单交叉口模糊控制算法［J］．系统工程，2004，22（10）．

［8］乔健，宣慧玉，姜锦虎．基于完全竞争机制的交叉口模糊控制模型［J］．系统工程理论方法应用，2006，15（2）．

［9］乔健，宣慧玉，姜锦虎．兼顾效率与公平的模糊交通控制模型［J］．西安交通大学学报，2006，40（1）．

［10］乔健，宣慧玉，姜锦虎．不同控制方法下交叉口通行能力的微观仿真剖析［J］．系统工程理论与实践，2006，26（1）．

［11］杨立才，贾磊，王红．双交叉口两级模糊协调控制算法的研究［J］．系统工程理论与实践，2005，1．

［12］李艳，樊晓平．基于 GA 的城市交叉口信号控制模糊规则优化［J］．系统工程学报，2004，19（1）．

［13］承向军，杨肇夏．一种交通信号自学习控制方法及仿真实现［J］．系统仿真学报，2004，16（7）．

［14］许伦辉，黄艳国，刘文亮．采用遗传算法的交通信号模糊控制器优化设计［J］．交通与计算机，2005，6（23）．

［15］李威武，王慧，邹志君等．应用进化策略的城域交叉路口分级模糊控制［J］．信息与控制，2004，33（3）．

［16］徐冬玲，方建安，邵世煌．交通系统的模糊控制及其神经网络实现［J］．信息与控制，1992，21（2）．

［17］许伦辉，衷路生，徐建闽．基于神经网络的交叉口多相位模糊控制［J］．华南理工大学学报，2004，32（6）．

［18］沈国江，王智，刘翔等．城市区域交通智能控制研究［J］．信息与控制，2004，33（1）．

［19］董超俊，刘智勇，邱祖廉．城市交通控制智能优化配时及仿真［J］．系统仿真学报，2005，17（2）．

［20］董超俊，刘智勇．多层反馈混沌神经网络及其在交叉口优化控制中的应用［J］．公路交通科技，2006，23（6）．

［21］承向军，常歆识，杨肇夏．基于 Q-学习的交通信号控制方法［J］．系统工程理论与实践，2006．

［22］Zadeh, L. A.. Fuzzy Sets［J］. Information and Control, 1965, 8（3）.

［23］Pappis, C. P., and Mamdani, E. H.. A fuzzy logic controller for a traffic junction［J］. IEEE Transactions on System, Man and Cybernetics, 1977, 7（10）.

［24］Favilla, J., Machion, A., and Gomide, F.. Fuzzy traffic control: Adaptive strategies［A］. Proceedings of the Second IEEE International Conference on Fuzzy Systems［C］. San Francisco, USA, 1993.

［25］Kelsey, R.L., and Bisset, K.R.. Simulation of traffic flow and control using fuzzy and conventional methods［M］. In: Jamshidi M. (Ed.), Fuzzy Logic and Control: Software and Hardware Applications, Prentice-Hall, Englewood Cliffs, NJ, 1993.

［26］Kim, J.. A fuzzy logic control simulator for adaptive traffic management［A］. Proceedings of the Sixth IEEE International Conference on Fuzzy Systems［C］. Barcelona, Spain, 1997.

［27］Trabia, M. B., Kaseko, M. S., and Ande, M.. A Two-stage fuzzy logic controller for traffic signals［J］. Transportation Research, Part C, 1999, 7（6）.

[28] Choi, W. , Yoon, H. , and Kim, K. , et al. A traffic light controlling FLC considering the traffic congestion [A]. AFSS 2002 [C]. LNAI 2275, 2002.

[29] Hoyer, R. , and Jumar, U. . Fuzzy control of traffic lights [A]. Proceedings of the Third IEEE International Conference on Fuzzy Systems [C]. Orlando, USA, 1994.

[30] Gerson, B. B. , and Edilberto, R. M. . A fuzzy logic based phase controller for traffic control [A]. Proceedings of the Sixth IEEE International Conference on Fuzzy Systems [C]. Barcelona, Spain, 1997.

[31] Niittymaki, J. , and Pursula, M. . Signal control using fuzzy logic [J]. Fuzzy Sets and Systems, 2000, 116 (1) .

[32] Niittymaki, J. . Installation and experiences of field testing a fuzzy signal controller [J]. European Journal of Operational Research, 2001, 131.

[33] Murat, Y. S. , and Gedizlioglu, E. . A fuzzy logic Multi-phased signal control model for isolated junctions [J]. Transportation Research, Part C, 2005, 13 (1) .

[34] Nakatsuyama, M. , Nagahashi, H. , and Nishizuka, N. . Fuzzy logic controller for traffic junctions in One way arterial road [A]. Proceedings of the IFAC Ninth Triennial World Conference [C]. 1984.

[35] Chiu, S. , and Chand, S. . Adaptive traffic signal control using fuzzy logic [A]. Proceedings of the Second IEEE International Conference on Fuzzy Systems [C]. San Francisco, USA, 1993.

[36] Lee, J . H. , and Lee-Kwang, H. . Distributed and cooperative fuzzy controllers for traffic intersections group [J]. IEEE Transactions on System, Man and Cybernetics, Part C, 1999, 29 (2) .

[37] Chou, C. H. , and Teng, J . C. . A fuzzy controller for traffic junction signals [J]. Information Sciences, 2002, 143 (1-4) .

[38] Kosonen, I. . Multi-agent fuzzy signal control based on Real-time simulation [J]. Transportation Research, Part C, 2003, 11.

[39] Choy, M. C. , Srinivasan, D. , and Cheu, R. L. . Cooperative, Hybrid agent architecture for Real-time traffic signal control [J]. IEEE Transactions on System, Man and Cybernetics, Part A, 2003, 33 (5) .

[40] Kim, J . W. , Kim, B . M. , and Kim, J . Y. . Genetic algorithm simulation approach to determine membership functions of fuzzy traffic controller [J]. Electronics Letters, 1998, 34 (20) .

[41] Kim, J. W. . Genetic algorithm approach to generate rules and membership functions of fuzzy traffic controller [A]. Proceedings of the IEEE International Conference on Fuzzy Systems [C]. 2001.

[42] Chiou, Y . C. , and Lan, L. W. . Adaptive traffic signal control with iterative genetic fuzzy logic controller (GFLC) [A]. Proceedings of the 2003 IEEE International Conference on Networking, Sensing and Control [C]. Taipei, Taiwan, 2004.

[43] Qiao Jian, Xuan Hui-yu, and Jiang Jin-hu. Improvement of genetic algorithm and its application in optimization of fuzzy traffic control algorithm [A]. Algorithmic Applications in Management, Proceedings Lecture Notes in Computer Science 3521 [C]. 2005.

[44] Goldberg, D. . Genetic algorithms in search, Optimization and machine learning [M]. Addison-Wesley, Reading MA, 1989.

[45] Herrera, F. , Lozano, M. , and Verdegay, J. L. . Tuning fuzzy logic controllers by genetic algorithms [J]. International Journal of Approximate Reasoning, 1995, 12.

[46] Michalewicz, Z. . Genetic Algorithms + Data Structures = Evolution Programs [M]. Springer, Berlin,

1992.

[47] Anderson, J.M., Sayers, T.M., and Bell, M.G.H.. Optimization of a fuzzy logic traffic signal controller by a multiobjective genetic algorithm [A]. Road Transport Information and Control, Conference publication No 454 IEE [C]. 1998.

[48] Wei Wu, and Wang Ming-jun. Fuzzy-MOGA-based traffic signal control at intersection [A]. Proceedings of the Second International Conference on Machine Learning and Cybernetics [C]. Xi'an, China, 2003.

[49] Horn, J., Nafpliotis, N., and Goldberg, D. E.. A niched pareto genetic algorithm for Multi-objective optimization [A]. Proceedings of the First IEEE Conference on Evolutionary Computation, IEEE World Congress on Computational Intelligence [C]. 1997, 1.

[50] Barto, A.G., Sutton, R.S., and Anderson, C.W.. Neuronlike adaptive elements that can solve difficult learning control problems [J]. IEEE Transactions on System, Man and Cybernetics, 1983, 13 (5).

[51] Bingham, E.. Reinforcement learning in neurofuzzy traffic signal control [J]. European Journal of Operational Research, 2001, 131.

[52] Berenji, H. R., and Khedkar, P.. Learning and tuning fuzzy logic controllers through reinforcements [J]. IEEE Transactions on Neural Networks, 1992, 3 (5).

[53] Lin, C.T., and Lee, C.S.G.. Reinforcement structure/parameter learning for Neural-network-based fuzzy logic control systems [J]. Transactions on Fuzzy Systems, 1994, 2 (1).

A survey of fuzzy logic control for signalized intersection

Huang Hongqiao[1] Qiao Jian[2] Fan Ying[3]

(1, 2, 3 School of Management, Northwestern Polytechnical University Xi'an 710072)

Abstract: Traffic control is one of the important traffic management means, the study of fuzzy traffic control develops very rapidly in recent years, and the research fruits are very plentiful. In this paper, we first classify theses researches into the independent control for isolated intersection and the cooperative control for multiple intersections according to the size of dominated region, and then classify each class into several sub-classes in the light of the traffic rule assumption and the model implement technologies. Based on this, we summarize the contribution of those important fruits, hackle their inheritance and development relationship, and analyze their characteristic and applicability according to the belonged class and the published time. At last, some unresolved key problems are proposed, and the future development direction is forecasted based on the available researches.

Key words: Traffic engineering; Traffic control; Fuzzy control; Signalized intersection; Survey

淘宝网店铺卖家信用影响因素实证分析

● 国颂[1] 高宝俊[2]

（1，2 武汉大学经济与管理学院 武汉 430072）

【摘 要】本文运用实证分析的方法研究了影响淘宝网店铺卖家信用的相关因素，主要是店铺卖家信用与营业时间、宝贝数量、收藏人气、描述相符、服务态度、发货速度、店铺是否加入消费者保障服务之间的关系。通过统计学软件及淘宝网实时数据对影响淘宝网店铺卖家信用的相关因素的具体情况进行研究，进而得到结果并联系实际进行分析，最终对淘宝网及其卖家提出了相关建议。

【关键词】结构方程 淘宝网店铺 卖家信用评价 相关影响因素

1. 引言

网络购物，作为全球电子商务发展的主要业态，通过国际金融危机的考验，已成为全球成长性最佳的热点行业之一。据统计，2010 年全球网络购物交易额超过 8000 亿美元，预计 2014 年底全球网络购物交易额将超过 10000 亿美元。而我国"网购业"发展步伐也令人瞩目。据 2011 年 7 月 19 日，中国互联网络信息中心（CNNIC）发布的《第 28 次中国互联网络发展状况统计报告》中最新统计数据显示，截至 2011 年 6 月底，中国网民规模达到 4.85 亿，其中，网络购物使用率已提升至 35.6%，用户规模达到 17266 万。我国的网购网民数量激增，截至 2010 年 6 月，我国规模以上电子商务网站总量已达 2.07 万家，并在不断增加，呈现出一股百家争鸣之势。网络购物已不仅仅是一种新的时尚生活方式，而且还发展得愈加快速，并渐渐成为很多人生活的一个重要部分。

网络购物有着与生俱来的优势，如成本低、速度快、买卖双方更易配对等，但也具有信息不对称等购物风险。网上交易，买卖家之间并不知道对方的真实身份，买家也只能通过网上的描述来获得商品信息，而这种信息不对称所导致的风险，促进了卖家信用评价的诞生。信用是一种用来减少信息不对称性的工具，而卖家的信用往往都是立足于过去的交易（Jie Zhang，2006），信用的形成在经济学的博弈论中已经被广泛的研究（C. Dellarocas，2003）。在信息不对称的重复博弈中，建立信用比起"玩"纳什均衡游戏能更好地提高卖家的长期回报（R. Wilson，1985）。近年来，网络信用评价领域的研究也吸引了愈来愈多的注意（Park and Lee，2007），研究显示，网上有较高信用评价的卖家看起来更专业、更有经验、更值得信任，甚至一些买家认为在购买商品时，给更有经验的卖家多付一点钱是值得的（Weinberg B. and Davis L.，2005）。但在长期的研究中，研究者多关注于信用与消费者之间的关系，而对除了消费者评价之外，影响信用的其他因素的研究投入不多。在这一新领域，我们选择了作为我国最大的网络零售平台的淘宝网作为研究对象进行分析。

那么淘宝网店铺的卖家信用的相关影响因素是什么呢？本文将采用实证研究方法，收集淘宝网店铺的相关信息，研究淘宝网店铺卖家信用与其他因素之间的关系。一方面，希望通过对店铺卖家信用影响因素的分析，找到合理提高店铺卖家信用的方法，为那些还在为淘宝网店铺如何经营而苦苦求索的人提供一份经营指南；另一方面，希望店铺卖家信用影响因素的分析结果，能为淘宝网店铺信用评价体系的构建与完善提供线索与支持。

2. 数据收集与处理

从淘宝网公布的信息可以看出，淘宝网店铺的卖家信用评价主要反映为卖家信用（店铺都在努力将自身经营为皇冠卖家），而能收集到的页面相关数据因素主要包括营业时间、宝贝数量、收藏人气、描述相符、服务态度、发货速度、店铺是否加入消费者保障服务（以下称为消保协议）等情况。

在研究了网络爬行程序的原理并咨询了相关数据采集专家的意见以及反复的试验之后，我们选择了Locoy Spider 这款高效的数据采集软件，来进行我们的数据收集工作。

据统计数据结果显示，截至 2010 年 12 月 31 日，淘宝网店铺总数已达 580 万。而想要在同一时间获取所有的现时数据，对于研究者现有的软硬件水平都是不可能达成的，所以我们在考虑保证数据量并尽量减少时间间隔的情况下，采取分组随机抽取的方式，历经 14 天，最终采集到 127213 条随机数据。而经过初步的处理将其中店铺信息不全的 49862 组数据悉数删除掉，留下 77751 组数据。

同时，为保证数据的真实可靠性，我们对数据进行了进一步的筛选，为在一定程度上排除卖家的信用炒作行为以及虚拟交易行为等问题，我们对低信用买家进行的交易进行了删除，即买家信用为"一星"以下（即信用分值为 3 以下）的交易，没有计入样本数据中。这里有两个原因：（1）低信用的买家可能在淘宝网上的购买行为不够成熟，缺乏代表性；（2）低信用买家 ID 可能是由卖家注册并进行的虚假交易，目的是进行信用炒作。虽然淘宝网对这类行为进行了一些限制举措，但是这样的现象在淘宝依然比较普遍，而低信用买家 ID 的获得成本几乎为零，因此，为了交易的真实性，我们将这类交易数据从样本中删除。

然后，我们对数据进行相关统计学处理，店铺是否加入消费者保障服务，这种情况为虚拟变量，根据有、无的特性而采取 0~1 分布，若加入，则为 1；若没有加入，则为 0。

最终，通过上述处理，我们共得到 61322 个卖家的相关信息作为有效样本。

3. 数据分析与理论模型

根据淘宝网站公布的主要店铺信息，我们要研究卖家信用与营业时间、宝贝数量、收藏人气、描述相符、服务态度、发货速度、店铺是否加入消费者保障服务等情况之间的关系。我们要测定这多因素之间的相关关系，便作出以下假设：

假设 1：卖家信用与营业时间、宝贝数量、收藏人气、描述相符、服务态度、发货速度、消保协议等情况之间是线性相关的。

从而建立了如下模型：

$$Credits_i = C_i + \beta_1 time_i + \beta_2 number_i + \beta_3 people_i + \beta_4 describe_i + \beta_5 service_i + \beta_6 speed_i + \beta_7 protocol_i + \varepsilon_i$$

其中：

$Credits_i$ 为淘宝网店铺的卖家信用；

$time_i$ 为淘宝网店铺的营业时间；

$number_i$ 为淘宝网店铺的宝贝数量；

$people_i$ 为淘宝网店铺的收藏人气；

$describe_i$ 为淘宝网的宝贝与描述相符程度评分；

$service_i$ 为淘宝网的卖家服务态度评分；

$speed_i$ 为淘宝网的卖家发货速度评分；

$protocol_i$ 为淘宝网店铺加入消费者保护协议的状态；

ε_i 为随机误差项。

通过 SPSS 数据分析，我们得到以下结果（如表 1 至表 3 所示）：

表 1

Model Summary

Model	R	R Square	Adjusted R Square	Std. Error of the Estimate
1	.266（a）	.071	.071	7192.743

a　Predictors：（Constant），消保协议，收藏人气，宝贝数量，服务态度，营业时间，描述相符，发货速度

表 2

ANOVA（b）

	Model	Sum of Squares	df	Mean Square	F	Sig.
1	Regression	242374683977.904	7	34624954853.986	669.268	.000（a）
	Residual	3172113345876.201	61314	51735547.279		
	Total	3414488029854.105	61321			

a　Predictors：（Constant），消保协议，收藏人气，宝贝数量，服务态度，营业时间，描述相符，发货速度

b　Dependent Variable：卖家信用

表 3

Coefficients（a）

	Model	Unstandardized Coefficients		Standardized Coefficients	t	Sig.
		B	Std. Error	Beta		
1	（Constant）	2113.053	565.067		3.739	.000
	营业时间	2.157	.058	.148	37.176	.000
	宝贝数量	.127	.015	.033	8.551	.000
	收藏人气	.032	.001	.124	31.871	.000
	描述相符	−299.309	138.375	−.011	−2.163	.031
	服务态度	−318.286	167.577	−.012	−1.899	.058
	发货速度	−.632	148.743	.000	−.004	.997
	消保协议	2152.822	63.112	.137	34.111	.000

a　Dependent Variable：卖家信用

回归结果说明：

（1）R Square：R^2，即样本判定系数。$R^2 = 0.071$ 说明卖家信用的变动中只有 7.1% 可以由自变量解释。Adjusted R Square 为调整的判定系数，由于样本数达 61322，十分庞大，所以判定系数调整后几乎不变，仍为 0.071。R 为复相关系数，$R = 0.266$，说明卖家信用与自变量之间的相关程度仅为 26.6%。

（2）Unstandardized Coefficients B 为参数估计值，Unstandardized Coefficients Std. Error 为参数估计值对应的标准误差，分别如上表所示。Std. Error of the Estimate 为估计的标准误差 S，为 7192.743。

（3）回归参数的显著性检验（t 检验）：t 就是 t 统计量值，Sig. 是实际显著性水平即 p 值。我们给定显著性水平 $\alpha = 0.05$，在此水平下，常数项、营业时间、宝贝数量、收藏人气、消保协议的 p 值都小于 α，说明其对卖家信用的线性关系显著。但同时，服务态度、发货速度的 p 值都大于 α，则这两项未通过 t 检验，对卖家信用的线性关系不显著。

（4）回归方程的显著性检验（F 检验）：F 就是 F 统计量值，Sig. 是 F 值的实际显著性水平即 p 值。所以 $F = 669.268$，$p = 0.000$。因为 $p < \alpha$，所以回归方程线性关系显著。

综上，我们需要对模型作进一步的调整。

由于上文分析中，服务态度、发货速度两项的参数未通过 t 检验，故解释变量间可能存在多重共线性。我们可以通过检验解释变量间的简单相关系数，来检验其多重共线性，运用 SPSS，列出各变量之间的相关系数矩阵：

表 4

Correlations

		卖家信用	营业时间	宝贝数量	收藏人气	描述相符	服务态度	发货速度	消保协议
卖家信用	Pearson Correlation	**1**	**.183(**)**	**.048(**)**	**.133(**)**	**-.062(**)**	**-.053(**)**	**-.050(**)**	**.177(**)**
	Sig. 2-tailed)	.	**.000**	**.000**	**.000**	**.000**	**.000**	**.000**	**.000**
营业时间	Pearson Correlation	.183(**)	1	.034(**)	.029(**)	-.117(**)	-.101(**)	-.102(**)	.200(**)
	Sig. 2-tailed)	.000	.	.000	.000	.000	.000	.000	.000
宝贝数量	Pearson Correlation	.048(**)	.034(**)	1	.005	-.018(**)	-.017(**)	-.020(**)	.065(**)
	Sig. 2-tailed)	.000	.000	.	.178	.000	.000	.000	.000
收藏人气	Pearson Correlation	.133(**)	.029(**)	.005	1	-.013(**)	-.011(**)	-.013(**)	.032(**)
	Sig. 2-tailed)	.000	.000	.178	.	.001	.006	.001	.000
描述相符	Pearson Correlation	-.062(**)	-.117(**)	-.018(**)	-.013(**)	1	**.646(**)**	**.617(**)**	-.168(**)
	Sig. 2-tailed)	.000	.000	.000	.001	.	**.000**	**.000**	.000
服务态度	Pearson Correlation	-.053(**)	-.101(**)	-.017(**)	-.011(**)	.646(**)	1	**.759(**)**	-.121(**)
	Sig. 2-tailed)	.000	.000	.000	.006	.000	.	**.000**	.000
发货速度	Pearson Correlation	-.050(**)	-.102(**)	-.020(**)	-.013(**)	.617(**)	.759(**)	1	-.122(**)
	Sig. 2-tailed)	.000	.000	.000	.001	.000	.000	.	.000
消保协议	Pearson Correlation	.177(**)	.200(**)	.065(**)	.032(**)	-.168(**)	-.121(**)	-.122(**)	1
	Sig. 2-tailed)	.000	.000	.000	.000	.000	.000	.000	.

** Correlation is significant at the 0.01 level (2-tailed).

从表 4 结果可以看出，描述相符与服务态度之间的相关系数 $r = 0.646$，描述相符与发货速度之间的相关系数 $r = 0.617$，服务态度与发货速度之间的相关系数 $r = 0.759$，且 p 值也都为 0.000，在 $\alpha = 0.01$ 水平下，$p < \alpha$，r 在统计上是显著的，这三者间有较为显著的线性关系，存在一定的多重共线性。而消除多重共线性的常用方法主要有三种，分别为排除引起共线性的变量、差分法、变换模型。

而与此同时，从表 4 的结果还可以得出，卖家信用与营业时间、宝贝数量、收藏人气、描述相符、服务态度、发货速度、店铺是否加入消费者保障服务情况的相关系数分别为 $r_1 = 0.183$，$r_2 = 0.048$，$r_3 = $

0. 133，$r_4 = -0.062$，$r_5 = -0.053$，$r_6 = -0.050$，$r_7 = 0.177$，并 p 值都为 0. 000，在 $\alpha = 0.01$ 水平下，$p < \alpha$，则 r 在统计上是显著的，但是由于这些 r 值都接近于 0，所以其简单线性相关性都较弱，并非完全的线性关系，且卖家信用的变动中只有 7. 1% 可以由自变量解释，所以假设 1 不成立，所建立的多元线性回归模型并不能满足对实际的描述，同时，考虑到消除描述相符、服务态度、发货速度三组数据之间存在一定线性关系，我们便直接采取变换模型的方法，对问题进行研究，提出以下假设：

假设 2：卖家信用与营业时间、宝贝数量、收藏人气、描述相符、服务态度、发货速度、消保协议等情况之间可能是存在指数变化的非线性关系。于是，我们对该模型中的自变量（虚拟变量除外）与因变量同时取自然对数，再观察其回归结果。

表 5   **Model Summary**

Model	R	R Square	Adjusted R Square	Std. Error of the Estimate
1	.814（a）	.662	.662	1. 12930

a   Predictors：（Constant），消保协议，LNSER，LNTIM，LNNUM，LNPEO，LNSPE，LNDES

表 6   **ANOVA（b）**

Model		Sum of Squares	df	Mean Square	F	Sig.
1	Regression	140652. 575	7	20093. 225	15755. 377	.000（a）
	Residual	71793. 140	56294	1. 275		
	Total	212445. 715	56301			

a   Predictors：（Constant），消保协议，LNSER，LNTIM，LNNUM，LNPEO，LNSPE，LNDES

b   Dependent Variable：LNCRE

表 7   **Coefficients（a）**

Model		Unstandardized Coefficients		Standardized Coefficients	t	Sig.
		B	Std. Error	Beta		
1	（Constant）	1. 557	.134		11. 608	.000
	LNTIM	.353	.005	.190	71. 098	.000
	LNNUM	.101	.003	.078	30. 277	.000
	LNPEO	.503	.003	.603	196. 078	.000
	LNDES	.593	.128	.021	4. 621	.000
	LNSER	−1. 601	.167	−. 050	−9. 566	.000
	LNSPE	.292	.125	.010	2. 347	.019
	消保协议	.631	.012	.156	54. 489	.000

a   Dependent Variable：LNCRE

从表 5 至表 7 的回归结果可知，在对模型取对数（LNTIM 代表 time 的自然对数，其他类推）后，在 $\alpha = 0.05$ 的水平下，$R^2 = 0.662$ 说明卖家信用的变动中只有 66. 2% 可以由自变量解释。$R = 0.814$，说明卖家信用与自变量之间的相关程度可达 81. 4%。同时，F 值为 15755. 377，其 p 值为 0. 000 小于 α，且所有

自变量的 p 值都小于 α，其 t 检验显著。从而可得到回归方程：

$$\ln Credits_i = 1.557 + 0.353\ln time_i + 0.101\ln number_i + 0.503\ln people_i + 0.593\ln describe_i$$
$$- 1.601\ln service_i + 0.292\ln speed_i + 0.63 protocol_i + \varepsilon_i$$

4. 结果分析与建议

（1）$\ln time_i$、$\ln number_i$、$\ln people_i$、$\ln describe_i$、$\ln speed_i$ 以及 $protocol_i$ 的系数都为正，即在其他不变的情况下，随着店铺营业时间、宝贝数量、收藏人气、描述相符、发货速度以及加入消费者保护协议这些变量中任意变量的增加，卖家信用也会相应增加，与人们实际所认定的是相符的。

其中，$protocol_i$ 的系数最大，说明淘宝网网店的是否加入消费者保障协议的情况对于卖家信用的影响最为显著，若一家店铺未加入消保协议，则买家对其产品质量、售后保障等更易产生质疑，对在此店铺购物更加没有信心，而一旦此店铺由未加入消保协议改为加入，消费者的信心会显著增加，卖家信用更会增加，而一旦退出，试想一家店铺之前还加入了，为何退出呢？消费者会更加怀疑，对店铺营业的打击之大毋庸置疑。

而描述相符与收藏人气次之，店铺的产品描述越符合实际情况，消费者对店铺的信任感更强，卖家信用更高，而收藏人气更是消费者对店铺信心的表现，只有相信此店铺，可能还会光临店铺才会对店铺进行收藏，而收藏人数的增加更潜在增加了店铺的销售量，提高了店铺的卖家信用。

营业时间和发货速度对卖家信用的影响相对较小，而宝贝数量对卖家信用的影响最小。

（2）$\ln service_i$ 的系数为负，即在其他不变的情况下，随着店铺服务态度的增加，卖家信用会相应降低。而从图 1 中，我们更能意识到，当淘宝店铺的卖家服务态度评分增长到一定水平后，随着服务态度的增加店铺的卖家信用呈现下降趋势。原因可能有三：

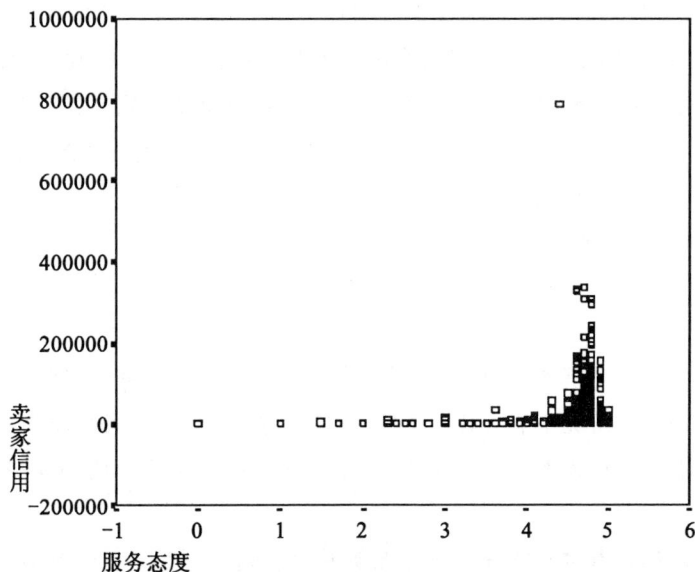

图 1 卖家信用与服务态度关系图

①服务态度的评分数值已经脱离了其所代表的淘宝网店铺的真实水平，例如，某些卖家信用比较低的网店店主，为了吸引顾客，找人刷高自己的卖家服务态度评分。或某些店铺营业时间不长，所以评价人数不多，可能评价很高，甚至是满分 5 分，但是营业时间不长，卖出去的产品不多，所以卖家信用必然

167

不高。

②由于淘宝网日益激烈的竞争，网店店主的服务态度日趋变好，而网店所提供产品和服务的质量却每况愈下。

③买家服务态度的评分受顾客主观因素影响较大。由于评分规则模糊，消费者感性认识的差别导致对用同一个店铺的评分参差不齐。

面对如此情况，一方面，卖家要更加致力于其店铺建设，提供性价比更高的产品与服务；另一方面，淘宝网也要建立起有效的监督体系，买家注册要管理更加严格，不可随意修改买家意见，同时，要严厉打击刷分刷好评的现象，可根据实际调查分析对产品的价格进行分段如 1～10 元，10～100 元，100～1000 元，1000 元以上等，按不同的价格段给出不同信用评分，从而杜绝出现 1 元的产品与 10000 元的产品的好评都为 1 分的现象，抵制卖家通过低价值产品刷分刷好评的行为的滋生。

5. 结论与展望

本文的研究拓宽了国内外对于电子商务信用评价体系的研究，不仅仅局限于好评、中评、差评等评价得分，而且是对其卖家信用的影响因素作了进一步的拓宽，但是不可避免还是存在一定的局限性：（1）在样本的选取上，虽然尽力做到准确无误，但是无法完全排除一些卖家为炒作信用而进行的虚假交易；（2）由于淘宝网上的商品有上架、下架的概念，故每个商品在架上的时间段是彼此不同的，从而可能导致不同时间段宝贝数量的不规律变化，可能今天是 10，明天就是 20，没有变化规律，无法得到纵向时间序列数据对其进行分析，而收集店铺宝贝数量则只是收集当下的一个现时数据；（3）卖家信用评价中还包含好评率这一重要因素，但是考虑到各店铺的好评率基本都在 98% 左右，买家对好评率的依赖性也不高。所以为选取这一指标进行分析，但是一般来说，一个中差评会对以后产品的销售产生比较严重的影响，但是这类数据收集更加烦琐，所以有待进一步研究。

结合以上局限性，在今后的研究中可以收集时间序列的交易数据，研究各随着时间或某个事件发生（如一次差评）对卖家信用的影响，以及对以后交易的影响，以便进行更准确全面的分析。此外，由于不同的产品对信用的依赖程度可能不同，故可以考虑各个不同的商品类别，其信用影响因素的影响程度，以及信用对交易的影响，对此进行各类的对比分析。随着国内电子商务的逐渐发展，市场逐渐趋于成熟，也可以收集多个交易平台的数据进行横向的比较和分析，从而对各个平台的信用评价政策进行对比。

（作者电子邮箱：sinkgao@ gmail. com）

参 考 文 献

[1] 第 28 次中国互联网络发展状况统计报告 [R]. 中国互联网络信息中心（CNNIC），2011，7，19.

[2] 2010 年中国网络购物调查研究报告 [R]. 中国互联网络信息中心（CNNIC），2010，7.

[3] 崔香梅，黄京华. 信用评价体系以及相关因素对一口价网上交易影响的实证研究 [J]. 管理学报，2010，1.

[4] 孟丛，王新春. 基于 C2C 模式的电子商务信用评价模型研究 [J]. 济南职业学院学报，2008，12.

[5] Jie Zhang. The roles of players and reputation：Evidence from eBay online auctions [J]. Decision Support Systems, 2006, 42.

[6] Dellarocas, C.. The digitalization of word-of-mouth：Promise and challenges of online feedback mechanisms [J]. Management Science, 2003, 49 (10).

[7] Wilson, R.. Reputations in games and markets. in：Alvin Roth（Ed.）[M]. Game-Theoretic Models of

Bargaining. Cambridge : Cambridge University Press, 1985.

[8] Namkee Park, and Kwan Min Lee. Effects of online news forum on corporate reputation [J]. Public Relations Review, 2007, 33.

[9] Weinberg, B., and Davis, L.. Exploring the WOW in online auction feedback [J]. Journal of Business Research, 2005, 58 (11).

[10] Pekka Aula. Meshworked reputation: Publicists' views on the reputational impacts of online communication [J]. Public Relations Review, 2011, 37.

[11] Lisa, J. Abendroth. The souvenir purchase decision: Effects of online availability [J]. International Journal of Culture, Tourism and Hospitality Research, 2011, 5 (2).

[12] Enrique P. Becerra, and Pradeep K. Korgaonkar. Effects of trust beliefs on consumers' online intentions [J]. European Journal of Marketing, 2011, 45 (6).

The Empirical Study on the Factors Influencing Credits of Taobao's Cybershops

Guo Song[1]   Gao Baojun[2]

(1, 2Economics and Management School of Wuhan University   Wuhan   430072)

Abstract: This paper has studied the factors influencing credits of Tabobao's cybershops with the method of empirical study. The factors are mainly about the time, the number of the commodity, the people who store it, description, service, delivery speed, whether the shop joined the consumer protection service. By statistical software and real-time data, we did the empirical study on the factors influencing credits of Taobao's cybershops, and ultimately we got the results and then analysed it with the reality. At last, we can give the suggestion to Taobao and its cybershops.

Key words: Structural equation model; Taobao's cybershops; Credits; The factors influenced

应急管理仿真模型动态重构：框架与方法[*]

● 张发[1]　李璐[2]　赵巧霞[3]

（1，2 空军工程大学工程学院　西安　710038；1 西安交通大学管理学院　西安　710049；
3 空军工程大学电讯工程学院　西安　710077）

【摘　要】在突发事件应急管理过程中，系统的边界和结构都可能发生急剧变化，仿真模型需要及时调整，以反映系统的现状，然而传统的模型主要通过手工方式进行调整，难以满足应急管理的要求。本文分析了复杂系统动态演化的主要类型，特别对系统的结构变化从组分构成、关联方式和系统与环境交互三个方面进行了刻画。在此基础上提出一种基于构件的仿真模型动态重构框架、描述模型构件和连接件的基本要素，以及它们之间的交互方式，用 π 演算分析了动态重构所需满足的一致性条件，包括外部行为一致性、状态一致性和应用完整性，最后指出动态重构仿真模型将来需解决的问题。

【关键词】应急管理　仿真　模型　重构

1. 引言

近年来，各种类型的非常规突发事件对社会经济秩序，甚至民众的生命健康造成很大影响，特别是随着交通、信息技术的发展，不同国家、地区之间的联系更加紧密，突发事件的影响范围呈扩大趋势。如何有效地应对突发事件，是公共管理部门迫切需要解决的问题①。

突发事件往往具有明显的不可预测性、高度动态性和信息不完全性。但突发事件一旦爆发，又要求及时作出响应，只有迅速采取正确的干预措施，才能最大程度地减少生命和财产损失。突发事件应急响应面临很大的困难，常规的决策方法局限较多，而仿真方法适合研究结构复杂、参数众多、过程多变的系统，在应急管理领域已有一些成功应用②。

然而，非常规突发事件难以预测，有时会爆发全新类型的事件，试图建立一个覆盖所有类型突发事件的仿真模型是不现实的。另外，在事件应对过程中，事件的发展演化过程不完全相同，事件的响应部门、应急策略与方法也可能不同。因此采用固定结构和参数的模型是不适用的。

本文针对应急管理仿真模型的应用情景，对复杂系统演化的类型进行分析，区分参量变化、组分变化、关联变化、边界变化，指出系统结构变化的重要性。提出一种实现仿真模型动态重构的框架，对其

　＊ 本文是国家自然科学基金资助项目（项目批准号：70971106）的阶段性成果。

① 曹杰，杨晓光，汪寿阳．突发公共事件应急管理研究中的重要科学问题［J］．公共管理学报，2007，4（2）：84-93.

② Tang，A. P.，and Wen，A. H. An intelligent simulation system for earthquake disaster assessment［J］．Computers & Geosciences，2009，35（5）：871-879.

中的部分问题进行了分析，提出解决方法。

2. 应急管理过程的动态性

从总体结构上看，突发事件应急管理主要是五个子系统的相互作用，这五个子系统相互影响，构成了一个体系（System of Systems），如图 1 所示。该体系中的每个构成要素是一个子系统，有各自的组成与演化特点。在突发事件发生、发展过程中，五个子系统之间的关系是动态变化的，更进一步，每个系统内部的结构、参数也是动态变化的。

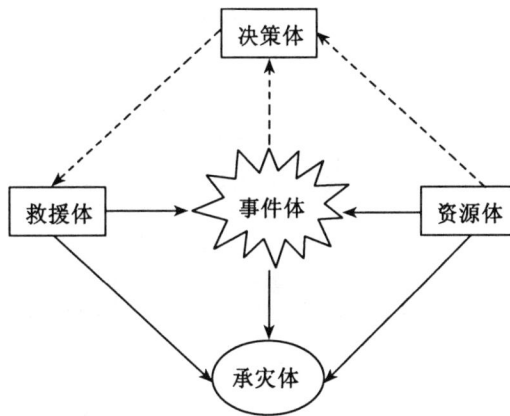

图 1 突发事件应急管理五体耦合模型

作为突发事件应急管理的驱动因素，事件体具有复杂的时变特性。已有的研究如 Heath 的 4R/5R 危机管理模型，对危机管理进行了阶段划分，还有一些学者从突发事件生命周期的角度，指出突发事件的演化从生成到消解，经历五个主要阶段，潜伏生成期、显现与爆发期、持续演进期、消解减缓期、解除消失期。

突发事件总可以看做从一个单源事件节点开始，由于该节点能量的爆发，对相关节点造成影响，当某些条件满足时又导致另一个（或几个）节点能量爆发，于是事件不断蔓延、衍生、转化。另外，随着事件节点能量的释放，或者在救援体的积极干预下，节点的状态发生变化，在某些条件下进入消隐状态。这样就形成了事件的发生、扩散、转化、消解过程，当所有爆发节点的能量减少后，事件结束。

因此，事件体可以看做一个随时间而动态变化的网络，随着阶段不同，网络的节点类型、状态，以及节点之间的关系都是动态变化的。这在事先是无法完全预料的。

决策体负责整个应急响应过程的指挥和管理。决策体系的构成不是静态的，而是随着事件类型、规模、性质而不断进行动态重组。决策单元不是唯一的，即使采用垂直指挥模型，下级单元在服从上级指令的前提下，也有相对独立的决策任务。

同样，救援体、资源体、承灾体的构成、属性、状态等也是随着时间发展而动态变化的。需要注意的是，这些变化不仅仅是某些参量的变化，而且还涉及新的关注对象的引入、对象之间关系的建立、关系强度的调整等结构性问题。

目前的在仿真研究绝大多数采用事先建立现实系统的模型，模型的结构和参数性质都固定，在仿真运行时改变某些变量的取值，获得对系统的认识。如果需要引入新的模型构件，或改变模型构件之间的关系，则必须停止模型的运行，重新建模，需要较长的时间才能重新运行。难以满足应急管理中及时性的要求。

在仿真领域，有一些研究人员关注到系统的快变特性，提出了相应的研究方法，主要有在线仿真①、DDDAS②和共生仿真③。将仿真系统和现实系统连接在一起，不断吸收现实系统产生的数据，根据动态到达的数据对仿真模型参数进行及时调整。但这些方法仅涉及现实系统内部某些参量的变化，而参量变化只是系统演化过程中的一种变化类型。

复杂快变系统的变化类型有多种，不仅某些参量会发生变化，复杂快变系统可能还会发生结构上的明显变化，如何构建适应复杂快变系统多种动态演化类型的仿真系统，将现实系统和仿真系统的联系从手工方式转变为（部分）自动方式，是系统仿真所面临的重大挑战。新的仿真建模范式如图 2 所示：

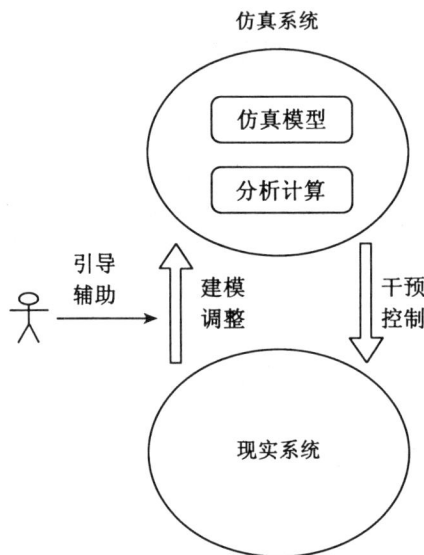

图 2　建模过程自动化

3. 系统动态演化分析

根据 Mitchell 的思想，复杂系统是由大量要素构成的网络，要素之间存在非线性相互作用，涌现出系统的整体特性④。

传统上，系统表示为二元组：

$$S = <E, R>$$

其中，组分集合 $E = \{e_1, e_2, \cdots, e_n\}$，$e_i$ 为系统中的组分（component）。R 为定义在组分集合 E 上的二元关系。

该定义实际采用了静态假设，隐含认为在所研究时间范围内，系统的组分集合没有发生变化，组分

① Mitchell, B., and Yilmaz, L. Symbiotic adaptive multisimulation: An autonomic simulation framework for real-time decision support under uncertainty [J]. ACM Transactions on Modeling and Computer Simulation (TOMACS), 2008, 19 (1): 1-31.

② Celik, N., Lee, S., and Vasudevan, K. et al. DDDAS-based multi-fidelity simulation framework for supply chain systems [J]. IIE Trans., 2010, 42 (5): 325-341.

③ Aydt, H., Turner, S., and Cai, W. et al. Research issues in symbiotic simulation [J]. Winter Simulation Conference (WSC), Proceedings of the 2009, 2010: 1213-1222.

④ Mitchell, M. Complexity: A guided tour [M]. Oxford University Press, USA, 2009: 115-118.

之间的关联关系也没有发生变化。

在动态环境下上述定义有局限性，不能刻画系统的演化特性，需要扩展。按照对系统的一般理解，系统是由多个组分构成的，组分之间有复杂的相互作用。系统与环境存在相对意义上的边界，系统与环境之间可能有物质、能量、信息的交换。

从结构角度看，系统的动态变化有三种主要类型：系统内部组分的变化、组分之间关联关系的变化、系统与环境相互作用的变化。

在这种情况下，不仅需要考虑系统内部组分及组分之间的关联关系，而且还需要考虑系统内部组分与外部环境要素之间的相互作用。定义系统为六元组：

$$S = < E, R, C_{in}, C_{out}, R_{in}, R_{out} >$$

其中，E 为系统的组分集合，R 为定义在集合 E 上的二元关系，C_{in} 为环境中对系统有输入作用的源要素集合，C_{out} 为环境中接收系统输出的目的要素集合，$R_{in} \subseteq C_{in} \times E$ 为从源要素集合到系统组分集合之上的有序二元关系，$R_{out} \subseteq E \times C_{out}$ 为从系统组分集合到环境目的要素集合之间的有序二元关系。

在动态环境中，系统的内部组分、组分之间的关联关系、系统与环境的输入输出关系都可能发生变化。考虑到动态变化之后，就需要从时序角度刻画系统。

系统的结构变化一般只在离散的时间点上发生，所以将时间看做由一系列时刻点所构成的集合，则有时间集合 $T = \{t \mid t \in R^+\}$。定义时序关系 $\delta = \{ < t_m, t_n > \mid t_m < t_n, t_m, t_n \in T \}$，称 $< t_m, t_n >$ 为时序偶。

对于时序偶 $< t_m, t_n >$，如果 $\forall t \in (t_m, t_n)$ 均满足：

$$(E(t) = E(t_m)) \wedge (R(t) = R(t_m))$$
$$\wedge (R_{in}(t) = R_{in}(t_m)) \wedge (R_{out}(t) = R_{out}(t_m)),$$

则称系统对时序偶 $< t_m, t_n >$ 处于结构稳态。

对于某一时序点 t_s，若系统由一种结构稳态 ω_i 转变为另一种结构稳态 ω_j，则称系统发生了结构变迁，记为 $\omega_i \xrightarrow{t_s} \omega_j$，该时序点 t_s 为结构变迁时刻。

动态系统就是一个从时刻 0、结构稳态 ω_0 开始，由多个结构稳态和结构变迁构成的交替序列。即：

$$\omega_0 \xrightarrow{t_1} \omega_1 \xrightarrow{t_2} \omega_2 \cdots$$

在此基础上，可进一步分析系统结构变迁的类型。从系统内部组分、组分之间的关联关系、系统与环境的相互作用三个方面进行分析。

系统内部组分的变化有：

（1）组分的增加、删除。

（2）多个组分聚合为一个组分，一个组分裂解为多个组分。

（3）组分自身的变化，又分为两种类型。一是组分内部发生了变化，但保持外部连接关系不变，如组分的某些属性、规则、函数等可能变化。二是组分发生内部变化，导致外部关联关系发生变化。

组分之间关联关系的变化：

（1）新关联类型的引入。

（2）连接的建立、删除。

（3）连接属性调整，如关联强度、频率等。

系统与环境关系的变化，环境是对系统有影响的要素或受到系统影响的要素集合，这些要素是不可控的，但通过输入、输出关系影响系统的运行，可能的变化类型有：

（1）新增、减少输入（输出）类型。

（2）新增、减少输入（输出）连接。

（3）调整发送（接收）点。

（4）调整输入（输出）连接属性。

4. 仿真模型重构框架

为了及时反映复杂系统结构方面的变化，仿真模型采取基于构件（component）的、可动态调整的体系架构。仿真应用系统在运行过程中可以动态地进行模型配置、维护和更新，其表现形式包括系统中模型构件数目的可变性、构件之间连接关系的可调节性、模型结构形态的动态可配置性。仿真模型的动态重构能力对于适应现实系统难以预测的变化趋势、环境的开放性、用户需求的多变性具有重要意义。

4.1 重构基本过程

仿真应用系统动态重构基本过程如图 3 所示：

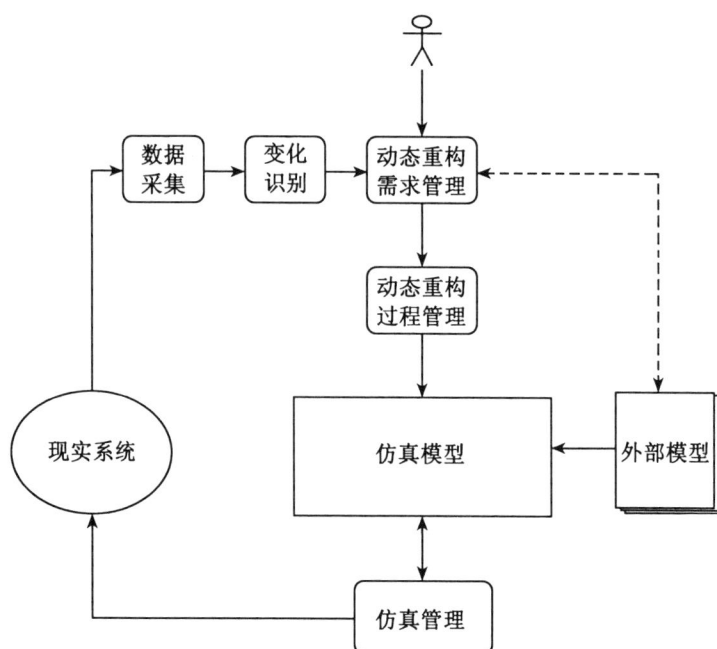

图3 可动态重构的仿真系统基本过程

可动态重构的仿真应用系统和现实系统紧密耦合，仿真应用系统持续采集现实系统的数据，通过结构变化识别算法自动识别现实系统所发生的结构变迁，产生仿真模型动态重构需求。动态重构需求的另一种产生途径是由人工指定，用户或建模人员根据相关知识产生重构需求，如对某模型构件进行替换，获得更好的性能，或要求仿真模型满足新的要求等。需求管理模块对自动或人工产生的重构需求进行分析，判断需求是否可以满足，如查询外部模型库，了解是否有满足要求的模型构件，或者主动发起请求，要求外部提供满足特定要求的模型构件，对模型构建进行审核等。如果判断重构需求可以满足，则向动态重构过程管理模块发出重构指令。重构过程管理模块对模型系统进行干预，使之处于可重构状态，然后按重构算法确定的重构逻辑对系统进行重构，并保证重构过程满足一致性要求。重构完成后，仿真管理模块继续运行仿真任务，获得仿真结果，需要时对重构后的仿真模型进行验证，然后产生干预/控制策略施加于现实系统。

174

4.2 重构过程管理

在可重构的仿真应用系统中，对重构过程的管理是关键。重构过程包括一些基本的步骤，如图 4 所示：

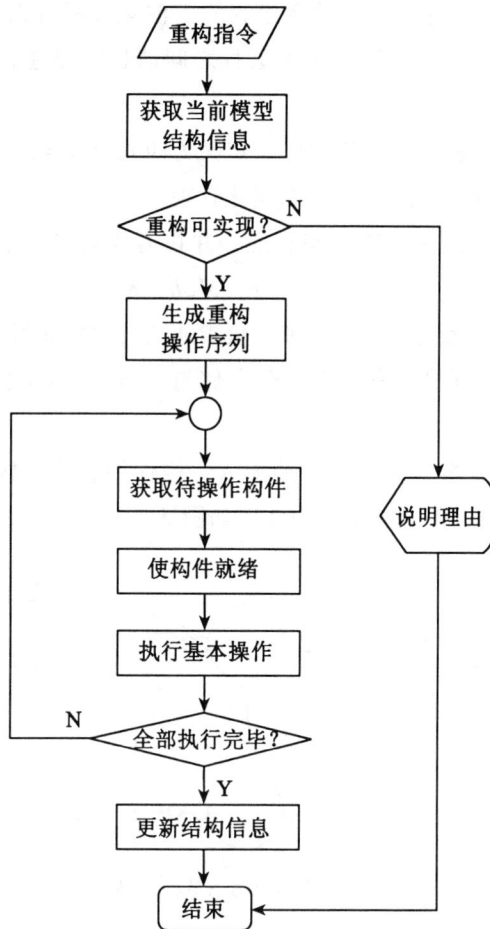

图 4　仿真模型重构流程

实现模型系统动态重构的具体方法有多种，但从结构体系类型上可以归结为两类：集中式管理和分散式管理。

集中式动态重构管理（Dynamic Reconstruction Management，DRM）将所有与重构过程管理有关的功能集中在一个模块中，由该模块实现将模型体系从一种配置状态转换为另一种配置状态。集中式 DRM 逻辑清晰，较容易实现，但随着系统规模增加，管理效率下降。当多个模型体系需要聚合或重组时难以处理。

分散式 DRM 没有集中对重构过程实施管理的模块，需要在仿真软件体系结构设计时实现适当的功能分散方式。一种实现方式是在仿真构件之外引入负责连接关系建立和维护的构件，称为连接件①。模型构件的增加、删除，模型构件之间连接关系的建立、删除、调整等均通过连接件作为中介。在这种体系结构中，模型构件需要具备一定的自我管理能力，能够主动寻找适当的连接件，进行注册、撤销，甚至自

---

① 于振华，蔡远利，徐海平．动态软件体系结构建模方法研究 ［J］．西安交通大学学报，2007，41（2）：167-171.

我消解等。

分散式 DRM 相对集中式 DRM 而言,结构体系更为灵活,系统具有更好的伸缩性和扩展性,容易实现负载平衡,但保证重构过程一致性更为困难,对仿真构件也有特殊要求。

在分散式 DRM 中,模型构件的新增、删除,以及模型构件之间的动态连接,由某个或某些连接件负责管理。在较大规模的软件体系中,多个连接件之间相互协作,合作完成模型体系的动态配置。

可动态重构的仿真模型体系是一个动态耦合系统,它的演化过程可以用进程代数描述、分析和检测。每个构件抽象为一个进程,构件之间的交互抽象为进程之间消息的传递,消息的传递是在消息通道中进行的。

模型构件是一个具有自我管理能力的计算单元,定义为四元组 $C = (Id, P, M, E)$,其中,Id 为标识符,P 为端口,M 为计算功能的内部实现,E 为动态演化管理。

连接件对模型构件之间的连接关系实施动态管理,并在需要时与其他连接构件进行信息共享,实现问题合作求解。连接件定义为七元组 $L = (Id, P, Ch, MCh, Kc, Kl, E)$,其中,$Id$ 为连接件标识符,P 为端口,Ch 为消息传递通道,MCh 为消息通道管理,负责通道的建立和撤销,Kc 存储与该连接件相关的模型构件的标志、访问地址、所提供的服务等信息,Kl 存储与本连接件相关联的连接件的标志、地址信息,E 描述动态连接关系的演化。

由连接件管理的动态重构基本操作有新构件的加入,构件的删除,构件之间连接关系的建立、删除等。一个简单的采用连接件实现 DRM 的模型结构体系如图 5 所示:

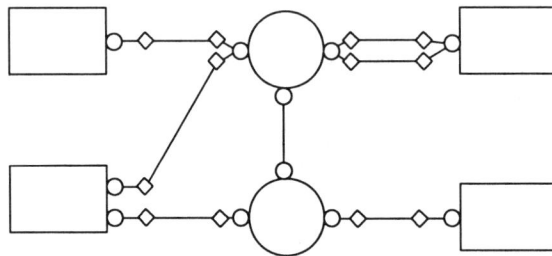

图 5　一个简单的动态结构模型体系

当新的模型构件加入系统时,需要寻找负载较轻的连接件,向该连接件进行注册,该连接件获取构件的 id 和服务描述 s,存储到知识库 Kc 中。注册过程描述为:

$$reginfo(id, s) = (id, s)(\overline{registor} < id, s >)$$

当构件 A 需要 B 提供的某项服务 s 时,涉及三个进程之间的通信行为,抽象为三个进程的交互过程。首先 A 向连接件 L 查询服务信息,

$$requestservice(i, r, l) = \bar{i} < s > . r(z) . \bar{z} < l >$$

表示构件 A 通过通道 i 向连接件发送服务请求 s,然后在通道 r 等待连接件的返回信息 z,即服务组件名,然后通过通道 z 发送请求服务的地址 l 到服务组件。

L 接收到 A 的查询请求后,对其服务知识库 Kc 进行检索,或根据连接件知识库 K_l 向其他连接件发起查询,获得服务提供者构件 B。

服务组件 B 的提供服务进程为:

$$provideservice(p, s) = p(x) . \bar{x} < s >$$

表示通过通道 p 接收服务请求地址 x,然后向通过 x 发送服务 s 到 A。

176

5. 动态重构的一致性

在仿真模型动态重构过程中必须对构件演化行为和整个动态配置过程施加一定的约束，才能保证演化顺利完成，如何保证系统一致性是动态演化的首要问题。保证系统一致性涉及多个层面，最基本的是要保证构件行为的外部一致性，在发生构件更新时，不仅要保证构件接口的兼容，而且还要求构件可观察的外部行为是一致的。另外，对正在运行的系统进行动态配置，可能涉及运行状态的保存和转移，使得系统完成配置后可以继续运行。更进一步，动态配置过程必须保证事务的完整性，如果在动态配置中发生中断，则必须能恢复到原状态。

5.1 外部行为一致性

用新构件替换系统中的原构件是一种基本的重构行为。构件更新有两种基本类型：一种是保持新构件和旧构件外部接口完全一致，只是对内部实现进行了更新；另一种是对原构件进行扩充，增加了新的属性和接口。由于在原配置中，该构件和其他构件有复杂的交互关系，因此要求新构件的引入必须能够在可观察的外部行为上完全替代原构件。

对于功能接口完全匹配的两个交互构件，在运行时演化仍会由于协议的不相容而导致失败。因此构件间能够正确交互不仅需要定义接口规范，而且还要定义交互规范，即构件接口操作调用次序。保证外部行为一致性的条件为①：

构件 C 演化为 C_{DE}，其外部行为分别形式化为进程 P 和 P_{DE}，若要保证系统的外部交互行为一致，则当且仅当 P 和 P_{DE} 为弱互模拟关系。

定义进程代数上的某二元关系 R 为弱互模拟关系，当且仅当：若有进程 P_1，P_2，$(P_1, P_2) \in R$，则对所有操作 $a \in Act$，满足：

（1）若 $P_1 \xrightarrow{a} P_1'$，则存在 P_2'，$P_2 \xrightarrow{\hat{a}} P_2'$，且 $(P_1', P_2') \in R$；

（2）若 $P_2 \xrightarrow{a} P_2'$，则存在 P_1'，$P_1 \xrightarrow{\hat{a}} P_1'$，且 $(P_1', P_2') \in R$；

式中，$\hat{a}$ 表示忽略动作 a 中不可观察的内部动作 τ 的影响。

5.2 状态一致性

由于系统是在运行时进行动态配置，许多构件正在交互过程之中，且某些构件是有状态的。因此在进行动态重构时，首先必须将涉及的构件驱动到静止状态②，然后再处理状态转移问题。状态一致性强调的是：必须将源构件正确收集的状态传给目标构件，而且目标构件通过直接继承该状态或者根据语义约束对其进行转化后正常运行。

在构件状态传递中，源构件和目标构件的对应关系可能是一对一、一对多、多对一或多对多。源构件需要收集什么状态，以及目标构件在接收到来自一个或多个源构件的状态后，是否需要以及如何进行状态转化等问题，都由应用语义决定。

---

① 马川，申利民，王涛. 基于构件动态演化的行为一致性验证方法 [J]. 计算机工程，2010，36（6）：80-83.
② 李长云，李赣生，何频捷. 一种形式化的动态体系结构描述语言 [J]. 软件学报，2006，17（6）：1349-1359.

5.3 应用完整性

动态配置涉及一系列的操作，如构件的替换、连接的建立、状态的转移等。为了保证应用的完整性，可以将重构过程分解为一组事务，对每一事务必须保证其完整性。即某一事务要么没有启动，一旦启动，则系统必须依据自动机的设计按照预定轨迹在状态间进行迁移，并最终到达预定的一致性终结状态。如果迁移过程发生中断，则必须回滚到事务启动前状态。

除了事务完整性约束外，对仿真模型体系重构还需考虑仿真应用意义上的一致性问题，即保证系统配置发生变化后，仿真仍能正确运行，这涉及仿真模型体系功能完整性、交互次序正确性、时钟同步性等诸多问题，这方面的研究尚属空白。

6. 结束语

本文针对应急管理系统的特点，指出应急管理仿真模型需要具备动态重构特性。在一般意义上，对复杂快变系统内部组分、组分关联、内外关系方面的演化特性进行了分析，提出了一种仿真模型动态重构框架，该框架采用分散式动态配置方式，由连接件协调管理仿真模型体系的动态演化行为。为保证演化过程的正确性，从外部行为一致性、状态一致性、应用完整性对系统一致性进行了论述。

本文是对一种新的仿真建模范式的初步探索，还有大量问题需要解决。如从动态重构需求到动态配置描述的转换，动态重构算法的实现，仿真过程的分散配置方法，仿真模型的动态校核、验证等，都需要进行深入研究。

（作者电子邮箱：richter2000@163.com）

参 考 文 献

[1] 曹杰，杨晓光，汪寿阳．突发公共事件应急管理研究中的重要科学问题 [J]．公共管理学报，2007，4 (2)．

[2] 于振华，蔡远利，徐海平．动态软件体系结构建模方法研究 [J]．西安交通大学学报，2007，41 (2)．

[3] 马川，申利民，王涛．基于构件动态演化的行为一致性验证方法 [J]．计算机工程，2010，36 (6)．

[4] 李长云，李赣生，何频捷．一种形式化的动态体系结构描述语言 [J]．软件学报，2006，17 (6)．

[5] Tang, A. P., and Wen, A. H.. An intelligent simulation system for earthquake disaster assessment [J]. Computers and Geosciences, 2009, 35 (5).

[6] Mitchell, B., and Yilmaz, L.. Symbiotic adaptive multisimulation：An autonomic simulation framework for real-time decision support under uncertainty [J]. ACM Transactions on Modeling and Computer Simulation (TOMACS), 2008, 19 (1).

[7] Celik, N., Lee, S., and Vasudevan, K. et al.. DDDAS-based multi-fidelity simulation framework for supply chain systems [J]. IIE Trans., 2010, 42 (5).

[8] Aydt, H., Turner, S., and Cai, W. et al. Research issues in symbiotic simulation [J]. Winter Simulation Conference (WSC), Proceedings of the 2009, 2010.

[9] Mitchell, M.. Complexity：A guided tour [M]. Oxford：Oxford University Press, USA, 2009.

Dynamic Reconstruction of Simulation Model in Emergency Management: Framework and Methods

Zhang Fa[1]   Li Lu[2]   Zhao Qiao-xia[3]

(1, 2 Engineering School of Air force   Engineering University   Xi'an   710038;

1 Management School of Xi'an Jiaotong University   Xi'an   710049;

3 Telecom Engineering School of Air force Engineering University   Xi'an   710077)

Abstract: In emergency management, the target system may change in its boundary and structure. The simulation model should be adjusted in time, to keep pace of the changing of real system. We classified the structural change of dynamic system; analyze its component, relationship among components and interaction between the system and its environment. We proposed a framework of simulation model, which can reconstruct dynamically. The elements and their relationship in this framework were discussed by using process calculus. The consistency in observed behavior, transition of states and integration of application were discussed. Finally, we point out key problems in this paradigm of simulation.

Key words: Emergency management; Simulation; Model; Reconstruction

我国金融市场短期基准利率选择的实证分析

● 李红兵[1,2]

（1 武汉大学经济与管理学院　武汉 430072；2 中国银行深圳市分行　深圳　518005）

【摘　要】本文选取 2006 年 10 月至 2010 年 5 月期间 SHIBOR、银行间国债质押式回购利率、央行票据发行利率和存款基准利率的一年期及一年期以下品种的数据为样本，运用 Granger 因果检验和基于 VECM 模型的弱外生性检验实证分析了我国金融市场短期基准利率的选择。结果表明：各种利率的代表性期限品种分别为 SHIBOR_O/N、REPO_7D、YP_3M 和 DR_1Y；SHIBOR_O/N 在我国的短期利率体系中起到了基准利率的功能，但其基准利率地位有待于进一步强化。最后，本文提出了加强 SHIBOR_ O/N 短期基准利率地位的政策建议。

【关键词】金融市场　基准利率　SHIBOR

1. 引言

经过近 30 年的利率市场化改革，我国已初步形成了以 SHIBOR 为代表的市场化利率和以央行直接设定的存贷款基准利率为代表的管制利率共存的利率体系。在当前利率体系下，我国货币政策的利率传导机制并不完善。最近几年央行多次调整存贷款基准利率，然而其效果备受质疑。其中的一个重要原因是我国缺乏一个能够真正影响资金供求主体决策的基准利率（梁琪、张孝岩和过新伟，2010）。自 2007 年 1 月上海银行间同业拆借利率（SHIBOR）运行以来，央行就努力将其培育成金融市场短期基准利率（易纲，2009）。然而，SHIBOR 能否担任短期基准利率的角色还需要金融市场主体的进一步认可。2010 年，以 SHIBOR 和一年期定期存款利率为基准的利率互换交易分别占 54.5% 和 40.3%；而一级市场发行的以 SHIBOR 为基准的浮动利息债券仅占总量的 13%，其他均以一年期定期存款利率为基准；远期利率协议和企业债券全部参照 SHIBOR 定价，表明 SHIBOR 对债券类产品定价的指导性作用不断增强①。此外，3 月期和 1 年期央行票据发行利率，短期银行间或交易所国债回购利率对我国金融市场的短期利率也有较强影响力。因此，对我国金融市场短期基准利率的研究具有很强的实践价值。

由于发达国家早已完成利率市场化，其对基准利率选择的研究主要集中于其他利率竞争基准利率方面。例如，Wooldridge（2001）提出的企业债券利率与 Gyntelberg 和 Wooldridge（2008）对政府债券利率的基准利率地位的质疑等。目前，国内已有大量基准利率选择方面的研究文献。然而，由于研究思路、研究方法以及样本期间等方面的差异，不同的研究得出的结论也不一致。总体而言，这些既有研究可以分为两类：（1）同期限不同利率的比较分析。温彬（2004）从交易量和交易主体、与货币供应量，国民经济，其他利率的相关性、可测性、可控性和期限结构等方面对再贴现利率、银行间债券

---

① 中国人民银行货币政策分析小组 . 2010 年第四季度中国货币政策执行报告，2010：19-20.

市场利率、银行间同业拆借利率和交易所债券利率作了比较分析，并指出银行间债券回购利率比银行间同业拆借利率更适合作为我国金融市场的基准利率，但还需要完善一系列条件。戴国强、梁福涛（2006）总结出了基准利率的四个基本属性，并提出银行间国债回购利率应作为我国金融市场的短期基准利率。蒋贤锋等人（2008）从资产定价的角度来考察我国基准利率的选择。并指出：在均值—方差框架下，银行间国债回购利率和银行间同业拆借利率的效率并不高，而且这两类利率内部各期限品种的关系并不是单调的，这两类利率中没有谁占据绝对优势。相反，活期存款利率更适合作为我国金融市场的短期基准利率。梁琪、张孝岩和过新伟（2010）选取最近几年我国金融市场上各种利率及其不同期限品种的月度数据为样本，通过实证分析构造了完整的基准收益率曲线，其中，SHIBOR可以作为我国收益率曲线的短端，但基准利率地位仍需强化。（2）SHIBOR基准利率地位的探讨。郭建伟（2007）认为SHIBOR已成为货币市场流动性的有效衡量指标，与货币市场其他利率之间的比价关系逐步呈现出来，因而培育SHIBOR为核心的基准利率体系非常重要。方先明、花旻（2009）使用2007年1月至2008年3月的SHIBOR月度数据实证检验了SHIBOR的基准性和稳定性，结果表明SHIBOR已初步成为我国利率变动的方向标，稳定性较强。李良松、刘永明（2009）在新魏克赛尔主义框架下的实证研究结果表明：SHIBOR的相关性、市场性和抗干扰性表现良好，但是基准性和权威性不足，需要经过较长一段时间的培育方可成为我国金融市场的基准利率。然而，既有研究在进行同期限不同利率的比较分析时，代表性期限品种的选取带有或多或少的随意性，而且这种分析范式并不是很合理，例如，不能确切地认为SHIBOR长期利率决定长期国债回购利率；根据利率期限结构理论，短期利率也可能决定中长期利率水平。另外，大多数实证研究通过Granger因果检验来判断基准利率，忽略了不同利率之间的联动性。

　　针对既有研究的不足，本文的贡献在于：首先选取各种利率的代表性期限品种，然后在代表性期限品种构成的VECM模型中使用弱外生性检验来判断基准利率。本文其他部分安排如下：第二部分为数据与变量选取；第三部分为各种利率代表性期限品种的确定；第四部分为短期基准利率的确定；第五部分为结论与政策建议。

2. 数据与变量选取

　　我国利率体系中可能成为金融市场短期基准利率的主要是SHIBOR、存款基准利率、国债回购利率和央行票据发行利率。其中，国债回购利率分为交易所国债回购利率和银行间市场国债回购利率。银行间国债回购利率又可以分为质押式回购利率和买断式回购利率。2004年至今，相比银行间国债质押式回购交易，银行间国债买断式回购交易和交易所国债回购交易的规模要小得多。交易所国债回购利率容易受股票市场和各种突发性因素的影响。因而，银行间国债质押式回购利率更适合作为基准利率。在实践中，央行同时设定各种期限的存款基准利率，但一年期定期存款利率往往是最先确定的，贷款基准利率以及部分债券的定价均在此基础上按某一点数加成后得到，因而存款基准利率选取一年期定期存款利率，研究存款基准利率的代表性期限品种并没有太大的意义。短期央行票据发行利率主要选取3月期和1年期票据发行利率，因为6月期央行票据的发行频率比3月期和1年期小很多。所选取利率变量的一年期及一年期以下品种的数据来源详见表1。本文选取的样本期间为2006年10月至2011年5月。一年期定期存款利率和3月期、1年期央行票据发行利率数据按实际执行时间进行月度调整。SHIBOR利率数据按照每月交易日报价的算术平均进行月度调整。银行间国债质押式回购利率数据以每日交易额为权重进行月度调整。

表1 变量选取以及数据来源

利率	一年期及一年期以下期限品种	数据来源
SHIBOR	SHIBOR_O/N, SHIBOR_7D, SHIBOR_14D, SHIBOR_1M, SHIBOR_3M, SHIBOR_6M, SHIBOR_9M, SHIBOR_1Y	Wind 数据库
银行间国债质押式回购利率（REPO）	REPO_1D, REPO_7D, REPO_14D, REPO_1M, REPO_2M, REPO_3M, REPO_4M, REPO_9M, REPO_1Y	Wind 数据库
央行票据发行利率（YP）	YP_3M, YP_1Y	Wind 数据库
存款基准利率（DR）	DR_1Y	中国人民银行统计数据库

注：符号含义如下：O/N 为隔夜，D 为天，M 为月，Y 为年。

3. 各种利率代表性期限品种的确定

戴国强、梁福涛（2006）总结归纳了基准利率的四个基本属性：基准性、市场性、相关性和稳定性。基准性体现为基准利率可以作为金融定价的无风险利率，并决定着其他利率。此外，基准性还表现为权威性，即央行通过各种货币政策工具将基准利率始终维持在合意水平，使得基准利率的变动具备政策导向。市场性是指基准利率应能真实反映市场资金供求，并且决定基准利率市场的参与主体众多，信息流通顺畅。相关性是指基准利率的变动能够及时影响到其他利率，并且相关度高。稳定性是指基准利率的波动率应尽可能的小，具备较强的抗干扰性。接下来，本文依据上述四个基本属性来确定各种利率的代表性期限品种。

3.1 相关性

从图1和图2可以看出，样本期间 SHIBOR 和 REPO 各期限品种的走势大致相同。较长期限品种的利

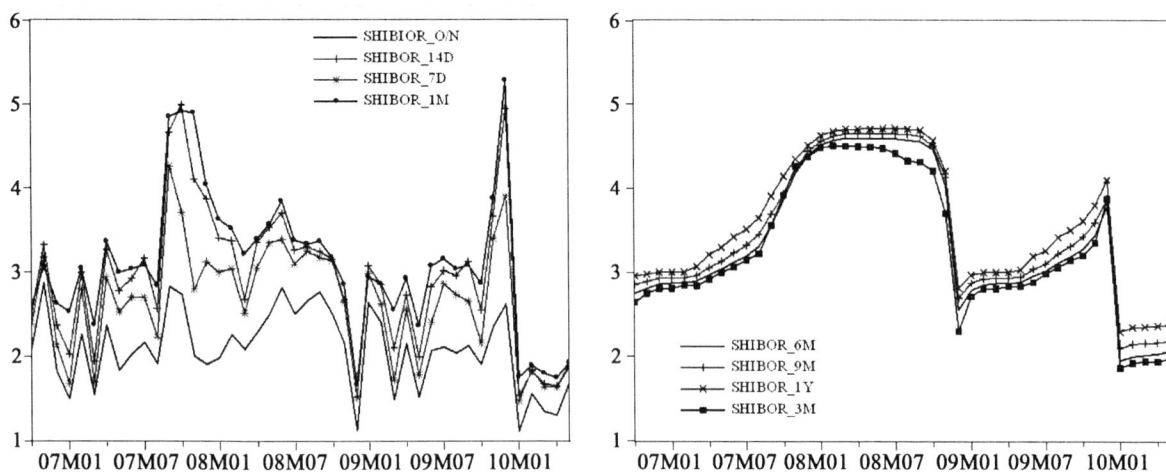

图 1　SHIBOR 各期限利率品种的走势

率水平要高于较短期限品种的利率水平，这表明利率期限结构是向上倾斜的。各种利率的 Pearson 相关性检验结果表明：SHIBOR_O/N、SHIBOR_7D 与 SHIBOR 其他短期品种的相关度很高；REPO_7D 与 REPO 其他短期品种的相关度最高；YP_3M 与 YP_1Y 也表现出良好的相关性。上述相关系数在统计上均是显著的。

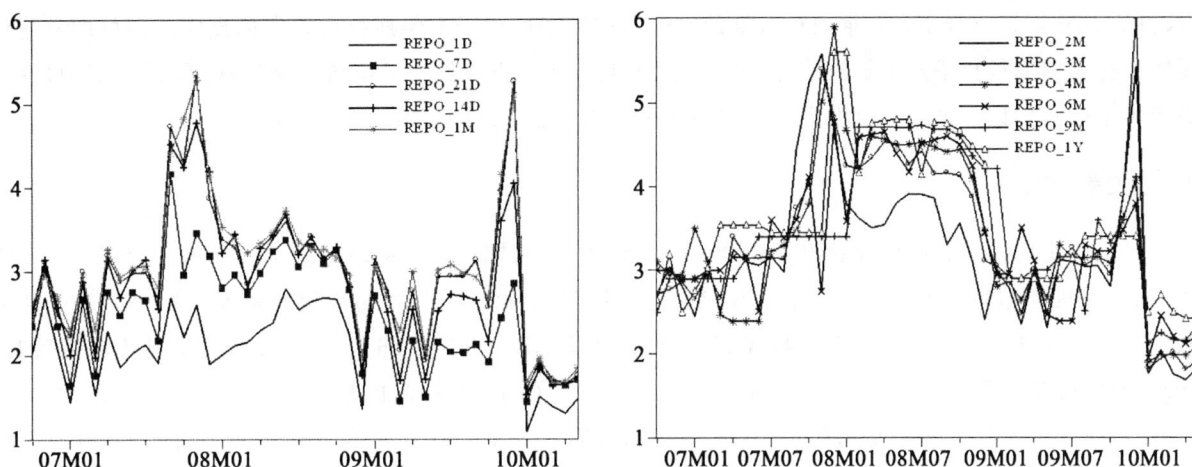

图 2　REPO 各期限利率品种的走势

3.2　稳定性

图 3 给出了 SHIBOR 和 REPO 各期限品种的均值—方差图。可以看出，SHIBOR_O/N、SHIBOR_7D 和 SHIBOR_1Y 的波动性要小一些，并且 SHIBOR_O/N 波动最小；REPO_1D、REPO_7D 和 REPO_6M 的波动性较小，并且 REPO_7D 波动最小。YP_3M 的波动率要大于 YP_1Y，其方差分别为 0.9286 和 0.8128。

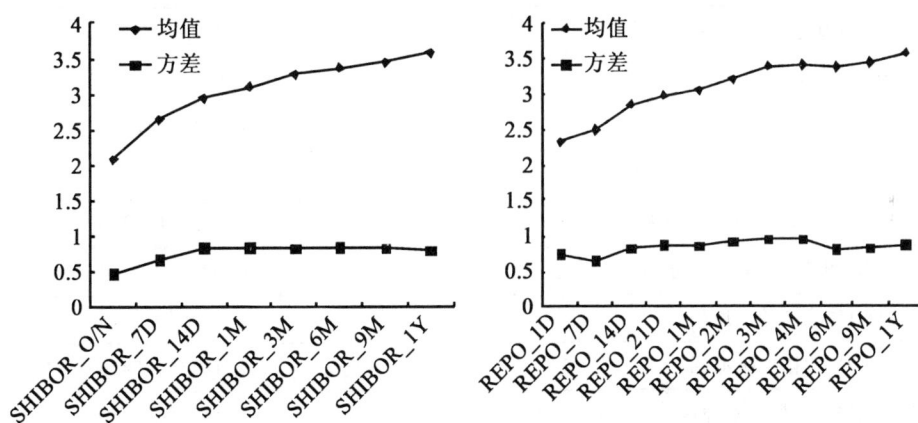

图 3　SHIBOR 和 REPO 各期限品种的均值—方差图

3.3　市场性

有效市场假说认为资产收益率反映了所有市场信息与参与主体的预期，因此绝大部分金融时间序列的走势是随机游走的。本文采用 ADF 检验来判断上述各收益率序列是否含有单位根，进而说明每种利率是否弱式有效，这与戴国强、李良松（2008）的鞅差分检验并没有太大的差异。平稳性检验结果表明：SHIBOR 和 REPO 一月以下品种具有单位根的概率要大一些，其中，SHIBOR_O/N、SHIBOR_7D、REPO_1D 和 SHIBOR_7D 的弱式有效性最强。然而，SHIBOR 和 REPO 期限较长的品种接受单位根的概率较低，而且随期限延长，概率有下降的趋势，原因在于期限较长品种的市场交易并不是非常活跃，其市场化程度需要进一步提高，这与当前我国 3 月期以上 SHIBOR 和 REPO 的实际情况是比较吻合的；YP_3M 的市场性要好于 YP_1Y，这很好地符合了 3 月期央行票据的发行量和连续性优于 1 年期央行票据的现实。较好的市场性也说明央行票据发行利率并不是简单的人为设定，而是一定程度地反映了市场流动性状况。DR_1Y 接受了存在单位根的零假设，表明央行设定的存款基准利率包含着一定的金融市场信息。

3.4 基准性分析

从以上三个属性的分析可以看出，SHIBOR 和 REPO 一月期以下品种较好的符合基准利率属性。本文通过 Granger 因果检验来确定各种利率中其代表性的期限品种。由于 Granger 因果检验的效力依赖于滞后阶数的选取，因此，本文首先在双变量 VAR 系统中依据 AIC、SC 和 LR 信息准则来确定最优滞后阶数。Granger 因果检验结果如表 2 所示。从表 2 可以看出：（1）在 10% 的显著水平下，SHIBOR_O/N 与 SHIBOR_7D 并不存在绝对的从属关系，但伴随概率表明 SHIBOR_O/N 决定 SHIBOR_7D 的可能性要稍微大一些。SHIBOR_1M 均不是 SHIBOR_O/N 和 SHIBOR_7D 变动的 Granger 原因，说明是 SHIBOR_O/N 或 SHIBOR_7D 在决定 SHIBOR_1M 的变动。（2）在 5% 的显著水平下，REPO_7D 是 REPO 其他期限品种变动的 Granger 原因，其他期限品种并不具备充当基准利率的优势。（3）在 5% 的显著水平下，YP_3M 是 YP_1Y 变动的 Granger 原因，这表明 1 年期央行票据发行利率受 3 月期央行票据发行利率的影响。基于以上分析，各种利率的代表性期限品种确定为 SHIBOR_O/N、REPO_7D 和 YP_3M。

表 2 格兰杰因果检验结果

原假设	F 统计量（概率）	滞后阶数
SHIBOR_O/N 不是 SHIBOR_7D 的格兰杰原因	0.2348（0.6306）	1
SHIBOR_7D 不是 SHIBOR_O/N 的格兰杰原因	0.0008（0.9969）	
SHIBOR_O/N 不是 SHIBOR_1M 的格兰杰原因	0.2475（0.0923）	3
SHIBOR_1M 不是 SHIBOR_O/N 的格兰杰原因	0.1673（0.9176）	
SHIBOR_7D 不是 SHIBOR_1M 的格兰杰原因	0.2137（0.0816）	2
SHIBOR_1M 不是 SHIBOR_7D 的格兰杰原因	0.0930（0.9114）	
REPO_7D 不是 REPO_1D 的格兰杰原因	2.8338（0.0493）	2
REPO_1D 不是 REPO_7D 的格兰杰原因	2.1357（0.5426）	
REPO_7D 不是 REPO_14D 的格兰杰原因	3.1688（0.0359）	2
REPO_14D 不是 REPO_7D 的格兰杰原因	0.3862（0.6823）	
REPO_7D 不是 REPO_1M 的格兰杰原因	3.4235（0.0316）	2
REPO_1M 不是 REPO_7D 的格兰杰原因	0.3445（0.7108）	
REPO_14D 不是 REPO_1D 的格兰杰原因	1.3389（0.04237）	3
REPO_1D 不是 REPO_14D 的格兰杰原因	2.5392（0.0451）	

原假设	F 统计量（概率）	滞后阶数
REPO_1M 不是 REPO_1D 的格兰杰原因	3.4979（0.5118）	2
REPO_1D 不是 REPO_1M 的格兰杰原因	5.0369（0.5216）	
REPO_1M 不是 REPO_14D 的格兰杰原因	5.6131（0.0074）	2
REPO_14D 不是 REPO_1M 的格兰杰原因	3.228.3（0.0136）	
YP_1Y 不是 YP_3M 的格兰杰原因	1.5372（0.2305）	2
YP_3M 不是 YP_1Y 的格兰杰原因	4.9308（0.0126）	

4. 短期基准利率的确定

对基准利率选择的既有研究大多通过 Granger 因果检验来判断不同利率的从属关系，如董乐（2008），戴国强、梁福涛（2006）等。然而，Granger 因果检验在处理非平稳时间序列时存在缺陷，即对非平稳时间序列进行 OLS 回归时会出现"伪回归"问题，而且 Granger 因果检验容易忽略各种利率之间的相互联动性。因此，本文尝试在 VECM 模型中通过弱外生性检验来解决这些问题。VECM 模型一般表述如下：

$$\Delta R_t = \sum_1^i \alpha_i \Delta R_{t-i} + \lambda ec_{t-1} + \varepsilon_t \tag{1}$$

其中，R_t 为 k 维利率列向量，α_i 为 k 维系数行向量，λ 为均衡调整系数向量，ec_{t-1} 为协整方程，ε_t 为随机扰动列向量。弱外生性检验就是基于对 VECM 模型中的 λ 施加一定的约束条件（Johansen，1992）。约束形式为 $\lambda = k\pi$，k 为给定常向量，可以为 $k = $（0，0，1）、（1，1，0）、（0，1，0）、（1，0，0）等。这一约束有着重要含义：特定变量对协整方程而言是弱外生性的，即协整关系没有进入这一特定变量所在的方程（肖卫国、袁威，2010）。

4.1 Johansen 协整检验

ADF 单位根检验结果表明，SHIBOR_O/N、REPO_7D、YP_3M 和 DR_1Y 都是 I（1）变量。由于 Johansen 协整检验的效力也依赖于滞后阶数的选取，本文依据 SC、AIC 和 LR 信息准则确定最优滞后阶数为 2。协整检验结果如表 3 所示。最大特征根检验和迹检验均在 5% 的显著水平上拒绝了不存在协整关系的零假设，但都接受了存在一个协整关系的零假设，即四类利率存在唯一的长期均衡关系。这意味着建立 VECM 模型是可行的。

表 3　　　　Johansen 协整检验结果

H_0	最大特征根检验			迹检验		
	统计量	临界值	概率	统计量	临界值	概率
没有	48.3147	47.8561	0.0356	28.5045	27.5843	0.0473
至多一个	20.8102	29.7971	0.3696	10.5677	21.1316	0.6902
至多两个	10.2425	15.4947	0.2625	6.8548	14.2646	0.5064
至多三个	3.3876	3.8415	0.0657	3.3876	3.8414	0.0657

4.2 弱外生性检验

通过对 VECM 模型中的均衡调整系数分别施加（1，0，0，0）、（0，1，0，0）、（0，0，1，0）和（0，0，0，1）约束，可以得到其他所有利率变量对某一特定变量的联合弱外生性检验结果。弱外生性检验结果如表 4 所示。结果表明：在 10% 的显著水平下，其他所有利率变量对 SHIBOR_O/N 呈联合弱外生性。这意味着 SHIBOR_O/N 在我国短期利率体系中起到了重要的基准性作用。相比较而言，DR_1Y 和 YP_3M 的内生决定性要弱一些，这与央行票据和一年期定期存款利率是央行货币政策调控的重要工具有关。然而，较高的显著水平或者较低的置信度表明 SHIBOR_O/N 作为我国基准利率的地位还有待于进一步强化。需要注意的是：当前央行票据作为央行短期货币政策工具对金融市场有着重要影响，3 月期央行票据发行利率对其他短期利率有很强的指导性。随着央行票据市场的不断发展，未来也有可能与 SHIBOR 竞争基准利率地位。另外，我国存贷款基准利率体系也有着完善的期限结构，在我国利率期限结构中起到了衔接短期与长期收益率曲线的作用。随着利率市场化进程的加快，存款基准利率也有可能与 SHIBOR 竞争基准利率地位。尤其是在当前 SHIBOR 基准利率地位还未完全确立的情形下，央行应该继续发挥存贷款基准利率的调控功能。

表4 弱外生性检验结果

λ 约束	χ^2 统计量	概率
REPO_7D、YP_3M 和 DR_1Y 联合	10. 5634	0. 0956
SHIBOR_O/N、YP_3M 和 DR_1Y 联合	8. 4698	0. 1907
SHIBOR_O/N、REPO_7D、DR_1Y 联合	4. 4737	0. 5356
SHIBOR_O/N、REPO_7D 和 YP_3M 联合	4. 8216	0. 5036

5. 结论

本文采用 2006 年 10 月至 2010 年 5 月 SHIBOR、银行间国债质押式回购利率、定期存款利率和央行票据发行利率的一年期及一年期以下期限品种的数据为样本，实证分析了我国金融市场短期基准利率的选择。主要结论如下：依据基准利率的四个基本属性和央行设定存款基准利率的实践，各种利率的代表性期限品种为 SHIBOR_ O/N、REPO_ 7D、YP_ 3M 和 DR_ 1Y；在 5% 的置信度水平下，上述四类利率变量存在唯一的长期均衡关系；在 10% 的置信度水平下，REPO_ 7D、YP_ 3M 和 DR_ 1Y 对 SHIBOR_ O/N 呈联合弱外生性，这表明 SHIBOR_ O/N 在我国短期利率体系中起到了基准利率的作用。但是较高的置信度水平说明 SHIBOR_ O/N 基准利率地位仍需进一步加强。上述结论的政策含义主要如下：（1）央行需要进一步培育 SHIBOR，包括完善 SHIBOR 的报价与成交机制和加强 SHIBOR 市场的监管，以实现 SHIBOR 报价的真实性和竞争性；（2）提高 SHIBOR_ O/N 的权威性。除了金融市场推动和认可外，央行还应该推动 SHIBOR_ O/N 在金融产品定价中的基准性功能的发挥，当 SHIBOR 发展成熟后，央行可以考虑使用 SHIBOR_ O/N 作为货币政策操作目标。

参 考 文 献

[1] 戴国强，梁福涛. 中国金融市场基准利率选择的经验分析 [J]. 世界经济，2006，4.

[2] 戴国强，李良松. 人民币外汇市场弱式有效性的鞅差分检验 [J]. 国际金融研究，2008，3.

[3] 董乐. 银行间回购利率的基准效应研究 [J]. 中国管理科学，2008，3.

[4] 方先明，花旻. SHIBOR 能成为中国货币市场基准利率吗——基于 2007.1-2008.3 间 SHIBOR 数据的经验分析 [J]. 经济学家，2009，1.

[5] 郭建伟. SHIBOR 与利率市场化 [J]. 中国货币市场，2007，10.

[6] 李良松，柳永明. 新魏克赛尔主义下我国基准利率的比较与定位 [J]. 财经研究，2009，6.

[7] 梁琪，张孝岩，过新伟. 中国金融市场基准利率的培育——基于构建完整基准收益率曲线的实证分析 [J]. 金融研究，2010，9.

[8] 蒋贤锋，王贺，史永东. 我国金融市场中基准利率的选择 [J]. 金融研究，2008，10.

[9] 肖卫国，袁威. 1996-2008 中国货币需求非线性实证分析 [J]. 统计研究，2010，1.

[10] 易纲. 中国改革开放三十年的利率市场化进程 [J]. 金融研究，2009，1.

[11] 温彬. 我国利率市场化后基准利率选择的实证研究 [J]. 国际金融研究，2004，11.

[12] Wooldrige, R. D.. The emergence of new Benchmark yield curves [J]. Fourth Quarterly Review: International Banking and Financial Market Developments, 2001.

[13] Gyntelberg, J., Wooldrige, J.. Interbank rate fixing during the recent turmoil [J]. BIS Quarterly Review, 2008.

Empirical Analysis on Choice of Short-term Benchmark Interest Rate for Chinese Financial Market

Li Hongbing[1,2]

(1 Economics and Management School of Wuhan University   Wuhan   430072;

2 Bank of China Shenzhen Branch   Shenzhen   518005)

Abstract: This paper chooses 1 year and less than 1 year term Chinese interest rates' data during 2006M10-2010M5 as sample. These interest rates include Shibor, interbank impawn Repo, interest rate of central bank bill and the benchmark deposit rate. Then, the author does empirical analysis on choice of short-term benchmark interest rate for Chinese financial market by using granger causality test and weak exogenous test based on VECM model. The empirical results show that SHIBOR_O/N, REPO_7D, YP_3M and DR_1Y are most representative, and SHIBOR_O/N functions as short-term benchmark interest rate to some extent with the basis status should be further strengthened. On the basis of above analysis, the author gives some corresponding suggestions.

Key words: Financial market; Benchmark interest rate; SHIBOR

对房地产泡沫微观成因的实证分析[*]

● 赖一飞[1] 周　雅[2] 龙倩倩[3]

（1，2，3 武汉大学经济与管理学院　武汉　430072 ）

【摘　要】在行为金融学逐渐兴起的背景下，本文从房地产泡沫的微观成因出发，探讨了蓬齐对策因子、道德风险因子和群体行为因子这三个微观因子对房地产泡沫的影响，并以上海市房地产市场为例进行了实证分析，并得出这三个微观因子对房地产泡沫解释程度良好的结论，为稳定房地产市场提出了相应的建议。

【关键词】房地产泡沫　蓬齐对策　道德风险　群体行为

1. 引言

最早可考证的房地产泡沫发生于 1923—1926 年的美国佛罗里达房地产泡沫，导致了以美国为首的 20 世纪 30 年代的全球经济大危机。此后，在 90 年代初期破灭的日本房地产泡沫，是历史上迄今为止影响时间最长的房地产泡沫。随后的东南亚金融危机，房地产泡沫也是重要因素之一。2008 年，影响全球经济的美国次贷危机，直接原因就是房地产泡沫的破灭。房地产泡沫的破灭会给经济和社会带来严重的负面影响，因此对房地产泡沫的研究成为国内外学者研究的重点。

影响房地产泡沫的因素众多，现有的关于房地产泡沫成因的研究，较多的是从宏观经济环境或制度政策的角度进行解释，而且关于房地产泡沫成因的现有大多数理论假说都没有得到实证的有力支持[①]。现有研究很少从微观角度对房地产泡沫成因进行解释，主要原因在于房地产泡沫研究的总体框架借鉴了资产泡沫尤其是金融资产泡沫的研究方法和思路，因此研究方法和思路都是采用传统金融学的理论框架，而传统金融学是基于有效市场假说的，该假说下的人是完全理性的"经济人"，因此房地产泡沫成因的研究也仅仅停留在完全理性人的层面上。赫什·舍夫林（Hersh Shefrin）指出，"行为金融学是关于心理因素如何影响金融行为的研究"[②]，行为金融学的逐渐兴起为研究房地产泡沫成因提供了一个新的思路。因此，本文从投资者的心理因素出发，研究房地产泡沫形成的微观原因。

2. 房地产泡沫成因的微观解释

最早将心理学的理论用于投资者行为研究的是法国经济学家 Maurice Allais，他在 20 世纪 50 年代所做的 Counter-example 心理实验揭示出投资者具有"确定性心理效应"，开创了投资者心理研究的先河。随后

---

* 本文受 2010 年度教育部人文社会科学研究规划项目（项目批准号：10YJA630077）资助。

① 谭文垒，胡建民，孙茂龙. 国内外房地产泡沫测度研究进展 ［J］. 建筑经济，2010：73-75.

② ［美］赫什·舍夫林. 行为公司金融 ［M］. 北京：中国人民大学出版社，2007：1-2.

经济学家们认识到：投资者心理对投资行为的影响程度往往比分析信息和精妙的计算更大①。从经济学的角度看，价格泡沫是一种经济状态失衡现象，脱离经济现实的预期引发的投资者过度投机行为是公认的形成价格泡沫的原因。从投资者心理来分析，形成房地产泡沫的微观因素主要有蓬齐对策、道德风险和群体行为。

2.1 蓬齐对策导致房价泡沫

蓬齐对策（Ponzi Games）起源于金融史上一个著名的人物查尔斯·蓬齐，这个人靠着"在90天内支付双倍本金"的承诺，在短短8个月期间，从40000个投资者手中筹集了近1500万美元。他利用从新的投资者手中筹集的钱来偿还给以前的投资者，实际上他是在玩弄"金融连锁信"的游戏。1931年他宣告破产，负债250万美元②。

蓬齐指的是这样一种情形，债务的支付是靠未偿还债务的增加为满足的。同时，作为理性对策，借款者获得的资金都必须大于借款者支付给贷出者的资金，这就意味着必须有越来越多的资金可供贷出，这样一个过程就造成了名义资产价值与实际资产价值之间的偏离，形成资产泡沫③。随着时间的推移，名义资产与实际资产之间的差值越来越大，泡沫程度也就越来越大。在房地产市场中，金融机构的过度信贷便是蓬齐对策的体现，其中，央行用基础货币来维持汇率的稳定使得市场中货币流量增大，同时，商业银行和其他金融机构利用强有力的以政府为主导的"供地融资"为实现货币创造，使得越来越多的资金流入到房地产市场中，同时，也增加了房地产负债的总量，房地产价格与基础价值之间偏离的程度不断增加，这是形成房地产泡沫重要的微观原因之一。

2.2 道德风险导致房价泡沫

道德风险（Moral Hazard）通常被用来描绘个人在获得保险公司的保险以后，减少预防风险的措施，甚至采取冒险行动，结果导致发生风险的概率增大的现象。道德风险的根本原因在于损失和收益不对称，损失可由第三方来承担。

在投资决策中，由于投资人的损失可由另外的人承担，而投资者自己的全部责任只是从风险投资的收益中获得好处。在这种情况下，大量的资金就会流向高风险的投机市场，资金涌入促使价格急剧上扬，进而导致价格出现脱离经济基础的价格泡沫现象。在房地产市场中，投资者在投资初期只看到了房地产盈利的一面，而没有考虑可能出现的价格下跌，因为他们有一个心理准备就是如果出现投资损失就用银行的资金去弥补，这种道德风险导致了投资资产被高估，于是投资者狂热的投机也就必然导致了房地产价格的飞涨和房地产泡沫的扩大。

2.3 群体行为导致房价泡沫

所谓群体行为（Herd Behavior）是指一种行为模仿或被称为观点传染，它是从社会心理学角度来解释经济现象的一种尝试。Becker（1991）记录了人类中的群体行为现象：人们在面对坐落在公路正相对的路两边，在价格、食谱、服务等各方面都十分相似的两家饭店时，大部分人都会选择其中一家饭店，而不是另一家，即使他们不得不排队④。在现实生活中，这种群体行为现象非常普遍。

---

① 刘立，张圣平，张峥. 信念、偏好与行为金融学 ［M］. 北京：北京大学出版社，2007：56-78.

② 李心丹. 行为金融学——理论及中国的证据 ［M］. 上海：上海三联书店，2003：65-70.

③ 鞠方，周建军. 房地产泡沫成因新解：房地产市场货币积聚假说 ［J］. 求索，2008：12-15.

④ 胡昌生. 金融异象与投资者心理 ［M］. 武汉：武汉大学出版社，2005：45-50.

在房地产市场中，个体投资者因为无法掌握市场的全面信息，因此在市场中处于信息劣势地位。"房价只升不降"、"房价还将上涨"等流行观点在市场中传播盛行，这种信息传播方式造成了市场的跟风情绪。同时，由于对市场基本面的认识不足，所以投资者往往更加相信价格趋势显示的技术面分析结论。在群体行为的带动下，投资者很容易模仿其他投资者的行为，价格上升就可能会被解释为未公开的好预期，这种群体投资行为会导致价格的攀升从而形成价格泡沫。

3. 实证分析

本文的实证分析案例采用的是上海市房地产市场，因为改革开放以来上海市房地产市场一直保持快速持续的发展势头。尤其自 2003 年以来，上海市房地产市场随着经济的发展和人民生活水平的提高实现持续高速发展，房价不断上涨。基于此背景，本文选择上海市房地产市场作为本文的研究案例。通过构造以泡沫综合指数为因变量，以蓬齐对策因子（PG）、道德风险因子（MH）和群体行为因子（HB）为自变量的线性回归方程，进行回归分析并得出相关结论。

3.1 泡沫综合指数（Y）

本文采用指标分析法来分析上海市 2003—2009 年的房地产泡沫情况，本文选取的指标为：房价收入比、房价增长率与 GDP 增长率之比、商品房空置率、住宅销售额增长率与社会消费品零售额增长率之比，同时，采用泡沫综合指数来计算房地产泡沫度的数值，公式为：

$$R = \sum_{i=1}^{4} \frac{R_i}{RS_i} \times w_i$$

其中，R_i 为各指标数值，RS_i 为各指标临界值，w_i 为各指标权重。

对于 w_i 的取值，采用层次分析法进行。构造的判断矩阵表如表 1 所示。

表 1   判断矩阵表

	x_1	x_2	x_3	x_4
x_1	1	1	2	1
x_2	1	1	2	1
x_3	1/2	1/2	1	2
x_4	1	1	1/2	1

其中，x_1 表示房价收入比，x_2 表示房价增长率与 GDP 增长率之比，x_3 表示商品房空置率，x_4 表示住宅销售额增长率与社会消费品零售额增长率之比。a_{ij} 表示 x_i 和 x_j 因素的重要性，$a_{ij}>1$ 表示前者比后者重要，其取值区间为 1~5 及其倒数。

求得判断矩阵的特征向量为 $[0.2929, 0.2929, 0.2071, 0.2071]^T$，最大特征根为 λ_{max} 为 4.2678，进行一致性检验：

$$CI = \frac{\lambda_{max} - n}{n - 1} = \frac{4.2678 - 4}{4 - 1} = 0.0893$$

对于 $n = 4$，$RI = 0.9$，$CR = \frac{CI}{RI} = \frac{0.0893}{0.9} = 0.0992 < 0.1$

说明比较判断矩阵是可以接受的，且具有整体满意的一致性。则房价收入比的权重为 0.2929，房价增长率与 GDP 增长率之比的权重为 0.2929，商品房空置率的权重为 0.2071，住宅销售额增长率与社会消费品零售额增长率之比的权重为 0.2071。

通过收集上海市 2003—2009 年的相关数据，分别得到房价收入比、房价增长率与 GDP 增长率之比、商品房空置率、住宅销售额增长率与社会消费品零售额增长率之比的指标数据结果、泡沫度计算结果如表 2 所示。

表2   上海市 2003—2009 年房地产市场指标测度值

时间	房价收入比	房价增长率/GDP 增长率	商品房 空置率	社会消费品零售 额增长率之比	房地产泡沫 综合指数
2003	8.64	1.93	0.2	5.41	1.60
2004	10.47	1.89	0.13	8.20	1.81
2005	10.34	0.48	0.21	-0.37	0.85
2006	10.13	0.41	0.22	0.05	0.90
2007	10.62	1.07	0.19	2.84	1.25
2008	9.51	-0.13	0.23	-2.13	0.58
2009	13.92	6.77	0.15	9.87	2.94

3.2 蓬齐对策因子（PG）

"蓬齐"现象产生的原因在于银行的过度信贷，从而使得房地产市场负债总量的增加，债务的偿还依靠债务的增加来实现，目前银行给予房地产开发企业的贷款额不断增加，因此本文采用下面的公式来表示蓬齐对策因子：

$$PG = \frac{房地产企业本期贷款额}{房地产企业上期贷款额}$$

为了消除贷款总额与泡沫度综合指数之间的数值差异，因此采用本期与上期贷款额的比值来消除这一差异。可以发现，该因子数值越大，表明银行的过度信贷程度越大，则房地产市场上"蓬齐"现象越明显。查阅上海市统计年鉴，得到上海市 2003—2009 年 PG 数值如表 3 所示。

表3   上海市 2003—2009 年 PG 值计算表

时间	贷款额（亿元）	PG
2002	227.57	–
2003	282.71	1.259
2004	358.68	1.269
2005	483.03	1.347
2006	575.1	1.191
2007	558.43	0.971
2008	549.55	0.984
2009	637.14	1.159

3.3 道德风险因子（MH）

道德风险因素主要从房地产开发商的角度来分析，其自有资金比例越低，则其收益和风险的不对等程度越高，产生道德风险的概率越高，因此本文从房地产开发企业的资本结构来分析，得到衡量道德风险因子的公式如下：

$$MH = \frac{房地产企业本期自有资金占自有资金与借贷资金之和的比例}{房地产企业上期自有资金占自有资金与借贷资金之和的比例}$$

由于自有资金比例本身的大小会对泡沫综合指数产生一定程度的影响，因此本文采用本期值与上期值的比例来消除这一影响。从上式可以看出，MH 数值越小，自有资金比例越低，则房地产开发商的道德风险程度越高。通过查阅上海市统计年鉴，得到上海市 2003—2009 年 MH 数值如表 4 所示。

表4　　　　　　　　　　　　　　上海市 2003—2009 年 MH 值计算表

时间	借贷资金（亿元）	自有资金（亿元）	自有资金所占比例	MH
2002	227.57	268.28	0.4589	—
2003	282.71	313.91	0.4739	1.033
2004	358.68	417.80	0.4619	0.975
2005	483.03	527.78	0.4779	1.035
2006	575.1	577.98	0.4988	1.044
2007	558.43	583.75	0.4889	0.980
2008	549.55	595.21	0.4801	0.982
2009	637.14	622.21	0.5059	1.054

3.4 群体行为因子（HB）

群体行为反映了投资者的跟风行为，即原本是为了满足基本购房需求的投资者在投机投资者的影响下转化为投机投资者，本文用房地产三级市场中的存量房交易的相关信息来反映群体行为因子，公式如下：

$$HB = \frac{[t \text{ 期存量房交易量} - (t-1) \text{ 期存量房交易量}]}{(t-1) \text{ 期存量房交易量}}$$

可以得知，HB 数值越大，表明新增存量房的交易越火热，越来越多的人加入存量房的交易中来，这体现出了购房者炒房心理的增长，也即在高额利润的驱使下，越来越多的购房者将买入的房屋卖出以获得投机收益。通过查阅上海市统计年鉴，得到上海市 2003—2009 年 HB 数值如表 5 所示。

表5　　　　　　　　　　　　　　上海市 2003—2009 年 HB 值计算表

时间	存量房交易量（万平方米）	HB
2002	1790.5	-
2003	2306.28	0.262
2004	2726.7	0.182
2005	1971.5	-0.277

时间	存量房交易量（万平方米）	HB
2006	1706.81	-0.134
2007	1992.59	0.167
2008	1413.41	-0.291
2009	2809.45	0.988

3.5 回归方程的建立与检验

采用 SPSS 软件进行回归分析，得到回归方程如下：

$$Y = 2.665 + 1.268PG - 2.921MH + 1.84HB$$
$$(1.796)\ (3.449)\ (-1.779)\ (16.631)$$
$$F = 103.64$$

对模型进行拟合度检验，回归结果显示 $R^2 = 0.99$，$F = 103.64$，说明模型选取的变量能较好的解释房地产泡沫现象。从各变量的 t 检验数来看，各变量对模型的解释程度良好。因此，可以认为蓬齐对策因子（PG）、道德风险因子（MH）和群体行为因子（HB）基本上能够反映泡沫形成的原因。

线性回归模型的假定之一就是不同的误差项之间相互独立，因此各自变量之间不应该存在自相关。由于该模型样本为小样本，因此对该模型进行 Q 检验以说明该模型变量之间的序列相关情况，得到结果如图 1 所示，从图中可以看出各解释变量之间无序列相关，因此该模型不存在一阶自相关。

Sample：2003 2009

Included observations：7

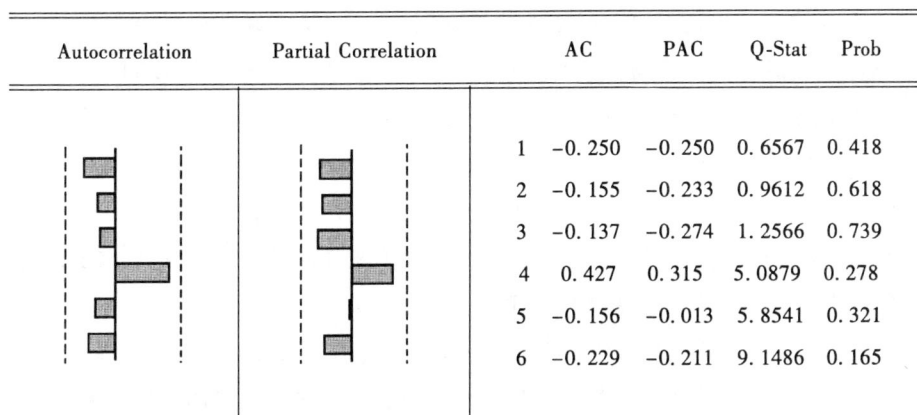

Autocorrelation	Partial Correlation		AC	PAC	Q-Stat	Prob
		1	-0.250	-0.250	0.6567	0.418
		2	-0.155	-0.233	0.9612	0.618
		3	-0.137	-0.274	1.2566	0.739
		4	0.427	0.315	5.0879	0.278
		5	-0.156	-0.013	5.8541	0.321
		6	-0.229	-0.211	9.1486	0.165

图 1 Q 检验结果图

在模型通过检验的基础上对其进行分析，蓬齐对策因子（PG）和泡沫综合指数呈正相关，这意味着银行向房地产开发企业的过度信贷，使得房地产市场的负债总量增加，"蓬齐"现象越来越明显，房地产泡沫现象也越来越严重。道德风险因子（MH）和泡沫综合指数呈负相关，房地产开发商自有资金比例的下降意味着其道德风险程度的升高，因此道德风险程度越高，泡沫综合指数越大，房地产泡沫现象越为严重。群体行为因子（HB）和泡沫综合指数呈正相关，从购房者的角度来看，其跟风心理越普遍，则房地产市场的泡沫现象越严重。

4. 结论

本文从房地产泡沫的微观成因出发，探讨了蓬齐对策因子、道德风险因子和群体行为因子这三个微观因子对房地产泡沫的影响。从分析结果来看，这三个微观因子对房地产泡沫的影响较为显著，为了抑制房地产泡沫的过度膨胀，银行必须控制对房地产开发商的信贷水平，防止开发商"蓬齐"心理预期的增长，同时，必须严格控制房地产开发商自有资金的比例，避免房地产开发商道德风险程度的增加对房地产市场产生的危害，对于购房者的群体行为，应该在一定程度上进行打压，特别是对于那些为了投机需求而进行买卖房屋的购房者，从而减少房地产市场上的从众行为，以维持房地产市场的稳定。

对房地产泡沫基于微观角度的分析为行为金融学在房地产泡沫研究中的应用提供了思路和借鉴，在基于有效市场假说的传统金融学开始让位于行为金融学的时期，研究房地产泡沫的思路和假设也应作相应的调整，从房地产市场各参与者的心理和行为角度出发来研究房地产泡沫，将是房地产泡沫研究的另一片新大陆。本文只是在房地产市场多元复杂的参与主体中选取了颇具代表性的几个因素来进行分析，对其细致全面深入的研究还有待进一步努力。

（作者电子邮箱：lyf37319@163.com）

参 考 文 献

[1] 刘洪玉，张红. 房地产业与社会经济 [M]. 北京：清华大学出版社，2006.

[2] 任宏，王林. 中国房地产泡沫研究 [M]. 重庆：重庆大学出版社，2008.

[3] 黄汉江. 全国房地产研究文选 [M]. 上海：上海财经大学出版社，2010.

[4] 谭文垦，胡建民，孙茂龙. 国内外房地产泡沫测度研究进展 [J]. 建筑经济，2010，3.

[5] 刘立，张圣平，张峥. 信念、偏好与行为金融学 [M]. 北京：北京大学出版社，2007.

[6] 李心丹. 行为金融学——理论及中国的证据 [M]. 上海：上海三联书店，2003.

[7] 王子明. 泡沫与泡沫经济——非均衡分析 [M]. 北京：北京大学出版社，2002.

[8] 胡昌生. 金融异象与投资者心理 [M]. 武汉：武汉大学出版社，2005.

[9] [美] 赫什·舍夫林. 行为公司金融 [M]. 北京：中国人民大学出版社，2007.

[10] 吴艳霞，王楠. 房地产泡沫成因及其投机度测度研究 [J]. 预测，2006，6.

[11] 鞠方，周建军. 房地产泡沫成因新解：房地产市场货币积聚假说 [J]. 求索，2008，3.

[12] 孙伟. 基于 R-B 模型的房地产泡沫 [J]. 预测，2008，5.

[13] 张艳. 基于行为金融学的房地产泡沫成因新探 [J]. 财会月刊，2010，2.

[14] 徐茂松. 房地产市场异常现象的行为金融学研究 [J]. 北方经贸，2010，4.

[15] 任泽洙. 房地产市场噪声交易行为分析——基于进化博弈理论的视角 [J]. 技术经济，2010，1.

An Empirical Study on Microcosmic Causes of the Real Estate Bubble

Lai Yifei[1] Zhou Ya[2] Long Qianqian[3]

(1, 2, 3 Economics and Management School of Wuhan University Wuhan 430072)

Abstract：In the context of the gradually rising behavioral finance, this paper makes a thorough analysis on the microcosmic causes of the real estate bubble, which includes the ponzi games factor, the moral hazard factor and the herd behavior factor. Through the empirical study of the real estate bubble in shanghai, this paper concludes that the ponzi games factor, the moral hazard factor and the herd behavior factor can explain the real estate bubble well. To stabilize the real estate market, this paper proposes some courtmeasures accordingly

Key words: Real estate market; Ponzi games; Moral hazard; Herd behavior

企业隐性激励和绩效的关联[*]

——基于制造业和非制造业的动态面板数据分析

● 唐 亮

（东北师范大学商学院 长春 130117）

【摘 要】在企业中，管理层和总经理的行为对绩效具有重要的影响，本文首先针对隐性激励构建相应的管理层和总经理指标体系，并将上市公司划分为制造业和非制造业两个类型，利用动态面板数据模型估计企业隐性激励和绩效的关联，结果表明，不同行业的上市公司，企业的隐性激励指标对绩效的作用效果存在着巨大的差别，同时，规模和国有股比例指标对不同上市公司的作用效果是类似的，从管理权理论假说的角度来看，管理者的权力主要体现在任职年限，而非总经理任职情况。

【关键词】隐性激励 动态面板数据 企业绩效

1. 引言

在公司治理中，最重要的内容之一就是对管理层的激励，这包括两个层面的内容：隐性激励和显性激励，显然，显性激励是指可以利用货币度量的薪酬、奖金、股权等激励形式，而隐性激励则是指通过替代的威胁、声誉的影响和事业成长的可能等方面的作用影响管理层行为的激励方式。在相关的研究领域，对管理层显性激励的研究成果很多，而隐性激励的研究大多集中在理论模型的构建和理论分析上，主要原因在于隐性激励的指标体系构建存在一定的难度，即使选择了合适的指标，指标的数据获取也存在着重大的障碍。

在隐性激励的理论模型研究中，做出开创性工作的是 Fama（1980），此后，Holmstrom（1982），Kreps 和 Wilson（1982），Mcleod 和 Malcomson（1988），Hayes 等（2000），Lambert（1983），Rogersons（1985），Murphy（1985，1986），Holmstrom 和 Milgrom（1987），Fudenberg① 等（1990），Eirik（2003），Macro Pagani（2006），Gerald 和 Raffi（2006）等人分别构建了代理人市场模型、声誉模型、激励模型、两期模型和多期代理模型，针对代理人、激励、推断、市场力量、合同、风险厌恶等影响隐性激励的因素进行了深入的讨论。

在实证方面，针对隐性激励的相关因素进行研究的研究者较少，更多地集中在企业规模、年龄、任职期间、行业差别等因素，Kersh（1974），Rosen（1982），Kerstuke（1983），Barro（1990），Conyon 和

---

* 本文得到了教育部重点研究基地项目（项目批准号：06JJD790012）的资助。

① Fudenberg, Holmstrom, and Milgrom. Short- term contracts and long-term agency relationships ［J］. Journal of Economic Theory, 1990, 51（1）: 1-31.

Schwalbach（1999）等人认为，企业规模和管理层报酬正相关；Murphy（1986），Barro（1990），Gibbons 和 Murphy（1990）认为 CEO 年龄增加将导致薪酬和绩效的关联更加不敏感；Korr 和 Kron（1992），Mehran（1995）研究了 CEO 报酬的结构、索取权和企业绩效的关系。

在我国，在理论方面进行隐性激励相关研究的有杨皎平等（2010），田增瑞（2009），曹洲涛，杨建梅（2003），岳中志①（2005）等人，研究的思路分别体现在产业集群、创业投资和信息不对称等方面。

在国内的实证研究方面，隐性激励和显性激励的研究往往夹杂在一起，赵琼、任薇（2008）等研究了上市公司高级管理层的激励状况、高级管理层激励与企业业绩之间的敏感性、高级管理层报酬与企业规模、国有股股权比例之间的相关关系；魏刚（2000）、李增泉（2000）、杨瑞龙和刘江（2002）等研究了管理层激励的相关指标和企业绩效的关联，一致的观点是国有股比例对高管报酬存在负面影响；张鸣、陈震（2006）发现企业的年度报酬包含着隐性长期激励的报酬形式，而是否国有控股是影响企业绩效、管理层薪酬的关键变量；而陈志广（2002）的计量分析结果显示，在我国 2000 年沪市的上市公司中，高管薪金报酬与企业绩效存在显著的正相关关系。杜兴强、王丽华（2007）也利用高管薪酬和上市公司业绩的关联进行了实证分析；王克敏、王志超（2007）的研究则表明，高管控制权和盈余管理正相关；吕长江等（2009）认为可以利用股权激励的相关指标将上市公司划分为激励型和福利型公司。

显然，隐性激励和企业绩效的关联是决定公司治理模式，影响公司治理理论的关键角度，当前的研究针对隐性激励的实证结果还相当稀少，因此，从理论上构建隐性激励的指标体系，进而针对隐性激励和企业绩效进行关联研究，在选择大范围样本的前提下，是具有重要的意义的。

另外，行业差别是否显著的影响着隐性激励的效果？如果行业差别对隐性激励具有显著的影响，那么这种影响又是什么程度的呢？

本文在理论上构建隐性激励指标的前提下，首先针对隐性激励和企业绩效进行关联研究，选择动态面板数据模型进行实证分析，进而将上市公司划分为制造业和非制造业两个行业类别，判断行业差别导致的不同结果，文章的结构安排如下：第二部分是理论假设和指标体系选择，第三部分是模型设定，第四部分是实证研究部分，文章的最后给出了结论。

2. 理论假设和指标选择

隐性激励的手段主要体现在三个方面：被替代的威胁；声誉的影响；事业成长的可能。换句话说，隐性激励是以增加管理层自利行为的成本为手段，来实现对管理层行为监督的结果。

2.1 内生激励因素

2.1.1 被替代的威胁

被替代的威胁属于对管理层行为不力的惩罚手段，替代发生在事后，而威胁则在事前，作为企业管理层，判断威胁大小主要源于对以往信息的分析，在这个层面上，威胁是以概率分布的形式存在的，因此，如果管理层变动更加频繁，那么显然这种威胁在概率意义上更具有显著的特征，可以利用更换工作单位的次数来表示被替代的威胁，更换工作次数越多，意味着管理者对被替代的威胁所带来的成本越不看重。

另外，管理层在进行自利决策时，依据成本收益来决策，在判断被替代所带来的成本时，年龄是一个关键的变量，年龄越大的管理者，被替代所带来的成本越低，因此，被替代威胁形成的隐性激励效果

---

① 岳中志. 非对称信息条件下的企业经营者激励契约设计 [J]. 数量经济技术经济研究，2005，2：50-55.

显然会更差。

2.1.2 声誉的影响

声誉是经济个体根据该主体的以往行为及结果进行综合判断的综合体现,管理层在进行自利还是利他决策时,声誉显然也是一个重要的变量,声誉受到影响的成本会具有显然的路径依赖特征,以往声誉好的管理者受到声誉变差的威胁更大,主观上也会将声誉影响视为较高成本。

此外,年龄也是一个重要的影响变量,在年龄越大时,管理者珍视声誉的可能性会越大,而年龄越小,对声誉的看重程度往往更低,因此,年龄大的管理者从声誉的角度来看,自利成本可能会更高。

2.1.3 事业成长的可能

事业成长的可能是隐性激励内在驱动的第三个重要因素,管理层行为受到激励的制约,同时该行为所造成的结果又会显然影响未来的事业成长和声誉,因此,事业成长的可能性越大,管理层会越倾向于提高企业绩效;相反,管理层会更加倾向于自利行为。

年龄也是事业成长的关键变量,如果年龄小,那么未来事业成长的空间会更大,因此,自利行为导致的企业绩效变差的结果,导致未来事业成长空间的减小具有更高的成本,因此,在这个层面上,年龄越小,管理者越倾向于提高企业绩效。

因此,年龄、更换工作单位次数显然内生地影响企业的隐性激励效果。

2.2 外生激励因素

对隐性激励具有外生作用的变量主要包括管理层权力、管理者初始身份、学历、是否创始人、是否外部聘请等指标。

2.2.1 管理层权力

管理层权力会影响隐性激励的程度和效果,管理层权力越大,越易于通过各种行为来改变企业绩效结果,这就是盈余管理,这就导致了管理层自利行为可能遭受更低的成本,因此,管理层权力显然和隐性激励的效果反向相关。

管理层权力的评价指标主要包括管理层任职平均年限、总经理任职情况①两个方面。

2.2.2 管理层学历、是否创始人、是否外部聘请

对隐性激励具有外生影响的还有管理层的学历、是否创始人以及是否外部聘请三个方面的指标,管理层的平均学历越高,可能越重视声誉和事业成长,对被替代的成本也会具有更高的估计,而企业创始人相对于非创始人可能会更加重视企业的自身发展和成长,外部聘请的管理者则可能更加重视被替代的威胁,然而并没有企业创始人对企业的重视程度。

2.3 控制变量

控制变量是对企业绩效具有显著影响,不同的变量值也会影响着隐性激励的效果的变量,包括企业的规模、国有股比例和行业特征。

因此,我们选择三个方面的变量进行研究。内生变量:包括年龄、更换工作单位的次数;外生变量:包括管理层权力、学历、是否创始人、是否外部聘请;控制变量:包括企业所处行业、规模、国有股比例。

表1是变量的描述和缩写形式。

---

① 总经理任职情况可以分为五种类别:总经理不在董事会任职,兼任董事,兼任执行董事,兼任副董事长,兼任董事长。

表 1

变量的分类和描述

变量分类			变量名称	单位	缩写
解释变量	管理层	内生因素	管理层平均年龄	岁	MA
			管理层平均任职年限	年	MWY
		外生因素	管理层平均教育年限[1]	年	ME
	总经理[2]	内生因素	总经理更换单位次数	次	GMC
			总经理年龄	岁	GMA
		外生因素	总经理任职情况[3]	1, 2, 3, 4, 5	GMP
			总经理学历[4]	0, 1, 2, 3, 4, 5	GMD
			任总经理年限	年	GMY
			是否创始人	是 1, 非 0	Founder
			是否外部聘请	是 1, 非 0	Outer
控制变量			国有股比例	%	SSR
			总资产	万元	Assets
			所属行业		IR

注：1. 小学，6；初中，9；高中，12；中专，12；大专，15；大学，16；双学历，16；硕士，19；博士、博士后，22。

2. 若企业总经理职位空缺，则首选代总经理；若无代总经理，则选择董事长；若董事长职位空缺，则选择财务总监。

3. 总经理不在董事会任职，1；总经理兼任董事，2；执行董事，3；副董事长，4；董事长，5。

4. 中学，1：中学，高中，初中；专科，2：中专，大专；本科，3：双学，大学；硕士：4；博士，博士后：5；其他：0。

3. 模型设定

3.1 企业绩效指标选择

绩效指标选择的不同可以体现不同的利益相关者所能获得的利益，而公司治理的目的就在于利益相关者群体的利益最大化，因此，通过选择企业绩效指标可以有效地度量隐性激励对不同利益相关者的作用和影响。

ROA，总资产报酬率，表示为利润总额和总资产的比值，该指标度量了每单位资产创造利润的能力，体现的利益相关者包括债权人和股东。

NROA，总资产净利率，表示为净利润和总资产的比值，该指标度量了每单位资产创造净利润的能力，体现的利益相关者是股东。

EPS，每股盈余，表示为每单位股本的净利润，该指标度量了单位股本的获利情况，体现了所有股东的利润获得程度。

3.2 模型设定

公司绩效必然和以往绩效相关，这缘于公司经营上的自回归特征，而同样重要的，隐性激励的内生变量对公司绩效的作用也必然体现在滞后变量对下期绩效的影响上，因此，构建的模型必然是动态模型，我们利用动态面板数据模型进行分析。

将指标如表 1 进行分类，可以从大的类别上得到管理层指标和总经理指标，控制变量则分别体现在行业、规模和国有股比例上，因此，可以分别构建不同行业的管理层激励模型、总经理激励模型，如下述表示。

3.2.1 管理层模型

$$Y_{i,t} = \beta_0 + \beta_1 Y_{i,t-1} + \beta_2 MA_{i,t} + \beta_3 MWY_{i,t} + \beta_4 ME_{i,t} + \beta_5 SSR_{i,t} + \beta_6 \text{Ln}(\text{Assets}_{i,t}) + \varepsilon_{i,t} \quad (1)$$

其中，$Y_{i,t}$ 分别代表不同的企业绩效指标。

3.2.2 总经理激励模型

为了判断总经理隐性激励指标和企业绩效的关联，构建模型（2）

$$Y_{i,t} = \beta_0 + \beta_1 Y_{i,t-1} + \beta_2 GMA_{i,t} + \beta_3 GMC_{i,t} + \beta_4 GMP_{i,t} + \beta_5 GMD_{i,t} + \beta_6 GMY_{i,t}$$
$$+ \beta_7 \text{Founder} + \beta_8 \text{Outer} + \beta_9 SSR + \beta_{10} \text{Ln}(\text{Assets}) + \varepsilon_{i,t} \quad (2)$$

其中，$Y_{i,t}$ 分别代表不同的企业绩效指标。

4. 模型估计和检验

4.1 数据和样本选择

方军雄（2009）认为自 2004 年起，中国上市公司似乎已逐步建立起基于业绩的薪酬制度，这缘于 2004 年 1 月 1 日《中央企业负责人经营业绩考核暂行办法》的实施。而 2004 年以前，我国上市公司尚未有完善的基于业绩的薪酬制度，因此，本文选择的数据区间为 2004 年到 2009 年共计 6 年的数据。

在公司选择上，我们剔除（1）管理层数据缺失的公司；（2）企业绩效指标缺失的公司；（3）高管薪酬数据缺失的公司；（4）ST 和 PT 的企业；（5）金融和保险业的企业；最后得到符合条件的企业共计 1107 个，其中，制造业上市公司共计 616 家，其他行业合计 491 家，样本总数为 6642 个。

文中所涉及的数据来自于 Wind 数据库和巨灵财经金融服务平台，使用的统计软件为 R2.11.1，二次数据开发利用 VBA 编程得到。

各个变量的描述性统计结果如表 2 所示。

表 2　　　　　　　　　　　　变量的描述性统计量

	制造业（样本数 3696）			非制造业（样本数 2496）		
	均值	中位数	标准差	均值	中位数	标准差
ROA	6.142253	5.4099	10.09833	6.177619	5.46265	10.0659
NROA	3.815617	3.204	9.548992	3.7895	3.27835	9.527277
EPS	0.249965	0.17	0.483402	0.232776	0.19	0.418234
MA	45.99889	46.25403	3.661146	45.86206	46.09091	3.520752
MWY	3.308784	3.192308	1.231649	3.24313	3.098387	1.206035
ME	15.80134	16.11538	1.895256	16.2663	16.55218	1.641299
GMC	2.205898	2	1.413861	2.64383	2	1.499548
GMI	3.921807	5	1.764359	3.832532	5	1.565663

	制造业（样本数 3696）			非制造业（样本数 2496）		
	均值	中位数	标准差	均值	中位数	标准差
GMP	2.753788	2	1.279795	2.820513	2	1.277772
GMA	46.53084	46	6.72733	46.63221	46	6.564445
GMD	3.345779	3	0.918623	3.465946	4	0.899589
GMY	4.369546	3.760274	2.697164	4.528744	3.805479	2.91598
SSR	11.84138	0	22.36752	12.34921	0	22.72025
Assets	438593.5	196412.7	1046862	671983.6	232438.7	3431382
Founder	0.247835	0	0.431814	0.191506	0	0.393565
Outer	0.323593	0	0.46791	0.409856	0	0.491905

各个变量我们都进行了剔除异常值处理，异常值的处理办法根据格林（1998）的方式，计算模型的残差标准化后的结果，并将该结果方差超过 2 的样本剔除。

4.2 模型设定形式检验

首先，我们对模型的设定形式进行检验，由于数据存在着截面过多，时间过短的特征，因此，无法检验截面效应和截面变参数，也无法估计，因此，我们仅仅检验时期特征。

然后，我们给出时期固定效应和随机效应的 Hausman 检验结果如表 3 所示。

表 3 　　　　　　　　　　　时期随机效应的 Hausman 检验

		管理层模型			总经理模型		
		ROA	NROA	EPS	ROA	NROA	EPS
制造业	卡方统计量	19.1627	21.8166	16.0817	25.7652	30.9055	37.1307
	自由度	5	5	5	9	9	9
	伴随概率	0.001792	0.0005673	0.006615	0.002232	0.0003073	2.494e-05
非制造业	卡方统计量	20.5806	24.431	23.6848	9.7784	13.2939	16.3144
	自由度	5	5	5	9	9	9
	伴随概率	0.000972	0.0001794	0.0002496	0.3687	0.1498	0.0606

从 Hausman 检验的结果可知，制造业的相关模型，都在 1% 的概率意义上拒绝了随机效应的原假设，因此，应该采用时期固定效应模型，而在非制造业中，管理层模型也都在 1% 的概率意义上拒绝时期随机效应的原假设，应采用时期固定效应模型，总经理模型则都在 5% 的概率上接受随机效应原假设，说明应该采用时期随机效应。

进而，进行时期变参数的 F 检验，结果如表 4 所示。

表4 时期变参数的 F 检验

		管理层模型			总经理模型		
		ROA	NROA	EPS	ROA	NROA	EPS
制造业	F 统计量	2.7649	2.804	1.0222	2.3833	2.5707	0.9832
	自由度	(25, 3659)	(25, 3659)	(25, 3659)	(45, 3635)	(45, 3635)	(45, 3635)
	伴随概率	6.006e-06	4.331e-06	0.4321	7.118e-07	5.531e-08	0.5042
非制造业	F 统计量	4.8083	4.8963	1.0462	6.2309	6.2773	1.735
	自由度	(25, 2910)	(25, 2910)	(25, 2910)	(21, 2910)	(21, 2910)	(21, 2910)
	伴随概率	4.492e-14	1.902e-14	0.4001	2.2e-16	2.2e-16	0.02009

从 F 检验的结果可知，在制造业的模型中，EPS 的相关模型伴随概率都超过了 0.4，意味着不存在时间变参数效应，其余模型都存在时间效应，而在非制造业的相关模型和管理层模型中，当 EPS 作为被解释变量时，不具有时间变参数效应，其余的模型伴随概率都低于 5% 的显著性水平，因此，都应该选择时间变参数模型进行估计。

在序列相关检验中，我们给出两种检验方法：一种是 Wooldridge 检验；另一种是 Breusch-Godfrey 检验。两种检验的统计量都是卡方统计量，伴随概率意味着接受不存在序列相关原假设的概率，其中，概率 2.20e-16 时意味着伴随概率小于该值。

表 5 给出了序列相关两种检验的结果。

表5 序列相关检验

		管理层模型			总经理模型		
		ROA	NROA	EPS	ROA	NROA	EPS
制造业	Wooldridge 检验	356.726	257.111	43.182	306.471	226.260	40.880
	伴随概率	2.2e-16	2.2e-16	4.99e-11	2.2e-16	2.2e-16	1.62e-10
	Breusch-Godfrey 检验	559.297	564.498	380.906	550.539	556.895	373.531
	伴随概率	2.2e-16	2.2e-16	2.2e-16	2.2e-16	2.2e-16	2.2e-16
非制造业	Wooldridge 检验	57.291	47.853	77.627	60.417	49.074	78.140
	伴随概率	3.76e-14	4.60e-12	2.2e-16	7.68e-15	2.46e-12	2.2e-16
	Breusch-Godfrey 检验	514.456	496.4227	344.3251	522.8049	503.5411	353.7504
	伴随概率	2.2e-16	2.2e-16	2.2e-16	2.2e-16	2.2e-16	2.2e-16

序列相关检验的结果十分明显，任何一个模型都显然的具有序列相关的特征，即应该引入被解释变量的滞后项，进行动态面板数据估计，这也证明了我们的模型设定是合理的。

表 6 给出了各个模型的设定形式。

表6

表6　　　　　　　　　　　　　　　　　　　　各个模型的设定形式

		制造业上市公司			非制造业上市公司		
		ROA	NROA	EPS	ROA	NROA	EPS
管理层模型	变参数	变参数	变参数	不变参数	变参数	变参数	不变参数
	固定/随机	固定效应	固定效应	固定效应	固定效应	固定效应	固定效应
	序列相关	存在	存在	存在	存在	存在	存在
总经理模型	变参数	变参数	变参数	不变参数	变参数	变参数	变参数
	固定/随机	固定效应	固定效应	固定效应	随机效应	随机效应	随机效应
	序列相关	存在	存在	存在	存在	存在	存在

4.3　模型估计

利用表6给出的模型设定形式，使用 R2.11.1 软件进行动态面板数据模型进行估计，其中，随机效应的实现则是采用 Walhus 方法，分别给出制造业和非制造业的模型估计结果。

从表7至表10分别对应制造业上市公司管理层模型、制造业上市公司总经理模型、非制造业上市公司管理层模型、非制造业上市公司总经理模型的估计结果。从模型的总体显著性水平来看，F 统计量的伴随概率都小于2.22E-16，这意味着模型的估计总体是显著的，由李子奈（2010）的观点，在模型样本量巨大的情况下，不必过于看重拟合优度，重要的是模型的总体显著性水平和参数的显著性水平，从这个角度上来看，各个模型的估计结果都是显著的，因此，在正确设定模型和检验模型的基础上，模型的估计效果较好。

表7　　　　　　　　　　　　　　　　　　　　制造业管理层模型估计结果

	ROA		NROA		EPS	
	参数估计	伴随概率	参数估计	伴随概率	参数估计	伴随概率
Y（-1）	0.2846448	2.2e-16 ***	0.25230687	2.2e-16 ***	0.05726755	0.004644 **
MA	-0.0923506	0.0481211 *	-0.07904233	0.0731812	0.00221157	0.691309
MWY	0.5165463	0.0001924 ***	0.46296444	0.0003982 ***	0.00783187	0.523270
ME	0.0958909	0.2626076	0.10880068	0.1783164	0.02431922	0.032549 *
SSR	0.0023991	0.8390076	0.00075439	0.9460526	-0.00122883	0.005968 **
Assets	0.3364054	0.0322237 *	0.32486509	0.0283285 *	0.16053971	3.291e-11 ***
R^2	0.11349		0.09371		0.042455	
调整 R^2	0.11309		0.093375		0.033878	
F 统计量	65.4622		52.8713		18.1561	
伴随概率	2.22E-16		2.22E-16		2.22E-16	

注：'***'表明伴随概率小于0.001%，'**'表明伴随概率小于0.1%，'*'表明伴随概率小于5%，'.'表明伴随概率小于10%。

从制造业上市公司的管理层模型估计的参数显著性来看，无论被解释变量是 ROA、NROA 抑或是 EPS，其滞后项都显著的正相关与当期值，这意味着制造业上市公司的收益存在着显著的路径依赖特征，当前利润水平和前期利润水平显著的相关；管理层的平均年龄在 ROA 和 NROA 作为被解释变量时，参数估计显著为负，而 EPS 的估计结果则不显著；管理层平均任职年限类似，不过参数估计显著为正，只有 EPS 模型中，管理层教育程度符号显著为正，显然的是，总资产规模显著地和被解释变量正相关。

这意味着制造业上市公司利润水平是和前期有关的，而总资产规模越大的制造业上市公司，其利润越高，同时，管理层平均年龄增加会降低收益水平，而任职年限的增加将导致报酬提高。

表8   制造业总经理模型估计结果

	ROA		NROA		EPS	
	参数估计	伴随概率	参数估计	伴随概率	参数估计	伴随概率
Y（-1）	0.285207	2e-16 ***	0.25154535	2e-16 ***	5.5081e-02	0.006236 **
GMA	0.043958	0.10419	0.05184690	0.04217 *	1.3729e-02	1.165e-08 ***
GMC	-0.247935	0.03151 *	-0.28006559	0.01003 *	-2.4370e-02	0.025642 *
GMP	0.086916	0.50267	0.05727250	0.63962	-4.8113e-05	0.995860
GMD	0.368967	0.04431 *	0.43324887	0.01233 *	4.9898e-02	0.002928 **
GMY	0.106099	0.10820	0.08444932	0.17517	-1.2423e-02	0.009016 **
Founder	0.079544	0.85475	0.27110410	0.50857	4.0519e-02	0.378455
Outer	0.175720	0.63684	0.21167453	0.54656	-9.9706e-03	0.736170
SSR	0.001142	0.92292	-0.00083881	0.93995	-1.3724e-03	0.001982 **
Assets	0.214070	0.17724	0.19586337	0.19013	1.6000e-01	3.457e-11 ***
R^2	0.11376		0.09571		0.054806	
调整 R^2	0.11321		0.095243		0.043663	
F 统计量	39.331		32.4292		14.2234	
伴随概率	2.22E-16		2.22E-16		2.22E-16	

注：'***'表明伴随概率小于0.001%，'**'表明伴随概率小于0.1%，'*'表明伴随概率小于5%，'.'表明伴随概率小于10%。

从总经理模型的估计结果来看，被解释变量的路径依赖特征仍然存在，而三个模型都显著的参数估计结果包括总经理更换工作单位次数、总经理学历，总经理年龄除了 ROA 模型不显著之外，其余模型都显著，且总经理年龄和收益正相关，总经理更换工作单位次数和收益负相关，总经理教育程度和收益正相关。

总经理任职年限在 EPS 模型中显著的和绩效负相关，而总经理任职情况则没有显著相关的证据。

非制造业上市公司的管理层模型估计结果在表9中给出，显然的，被解释变量的路径依赖特征依然存在，且管理层年龄、任职年限、公司规模在三个模型中都是显著的，和制造业上市公司不同的是，非制造业上市公司的管理层年龄和绩效正相关，任职年限则和绩效负相关，资产规模和制造业上市公司的结论是相同的。

表9   非制造业管理层模型估计结果

	ROA		NROA		EPS	
	参数估计	伴随概率	参数估计	伴随概率	参数估计	伴随概率
Y (−1)	0.287019	2e-16 ***	0.252247	2e-16 ***	0.06400956	0.0036786 **
MA	0.130423	0.03385 *	0.130388	0.02695 *	0.01761048	0.0007234 ***
MWY	−0.337583	0.03764 *	−0.294940	0.05819	−0.05393156	2.539e-07 ***
ME	0.023067	0.84469	0.041414	0.71386	−0.01619831	0.0961550.
SSR	0.021746	0.12159	0.020123	0.13513	−0.00188927	9.911e-07 ***
Assets	0.351442	0.04112 *	0.333573	0.04293 *	0.11315031	5.864e-12 ***
R²	0.098644		0.078655		0.076482	
调整 R²	0.098202		0.078303		0.060998	
F 统计量	44.5785		34.7741		27.0254	
伴随概率	2.22E-16		2.22E-16		2.22E-16	

注：'***'表明伴随概率小于0.001%，'**'表明伴随概率小于0.1%，'*'表明伴随概率小于5%，'.'表明伴随概率小于10%。

非制造业总经理模型的估计结果如表10所示，在该模型中，总经理的各个指标中，只有是否企业创始人指标在 NROA 和 EPS 作为被解释变量的模型中显著，且符号为正，其余结果则都不显著，这和制造业上市公司显然存在着巨大的差别。

表10   非制造业总经理模型估计结果

	ROA		NROA		EPS	
	参数估计	伴随概率	参数估计	伴随概率	参数估计	伴随概率
Y (−1)	0.286056	2e-16 ***	0.250816	2e-16 ***	5.2638e-01	2.2e-16 ***
GMA	0.039943	0.23633	0.028509	0.37802	9.1873e-06	0.99368
GMC	−0.026119	0.84248	−0.039286	0.75526	−5.6576e-03	0.21112
GMP	−0.101294	0.50624	−0.084542	0.56292	−6.4597e-04	0.90186
GMD	0.193766	0.39040	0.153915	0.47681	2.5680e-03	0.74064
GMY	−0.055402	0.44749	−0.052049	0.45668	−3.7707e-03	0.13252
Founder	0.857008	0.14931	0.979071	0.08597.	4.9460e-02	0.01575 *
Outer	0.256657	0.54744	0.288974	0.47997	4.2604e-03	0.77150
SSR	0.013055	0.33694	0.010362	0.42204	−3.1281e-04	0.50873
Assets	0.391977	0.02257 *	0.399252	0.01526 *	4.5020e-02	1.802e-13 ***

	ROA		NROA		EPS	
	参数估计	伴随概率	参数估计	伴随概率	参数估计	伴随概率
R^2	0.096951		0.093761		0.35521	
调整 R^2	0.096517		0.093305		0.35362	
F 统计量	26.2837		31.7008		134.637	
伴随概率	2.22E-16		2.22E-16		2.22E-16	

注：'***'表明伴随概率小于0.001%，'**'表明伴随概率小于0.1%，'*'表明伴随概率小于5%，'.'表明伴随概率小于10%。

4.4 实证结果分析

在我国，制造业上市公司和非制造业上市公司存在着差别，也存在着相类似的地方。

（1）在制造业上市公司中，影响企业绩效的管理层指标主要包括管理层年龄和任职年限，且管理层年龄越大，绩效越差，任职年限越长，绩效越好；在非制造业上市公司中，管理层年龄和绩效正相关，而任职年限则和绩效负相关。

（2）在制造业上市公司中，影响企业绩效的总经理指标包括总经理更换工作单位次数、总经理年龄、总经理学历，其中，更换工作单位次数和绩效负相关，年龄、学历则和绩效正相关；在非制造业上市公司中，只有是否企业创始人和企业绩效相对显著的正相关，其余指标则不显著。

（3）无论是制造业上市公司还是非制造业上市公司，都具有共同的特征，规模越大，上市公司的绩效越好，而国有股比例指标，只要参数估计显著，就是和绩效负相关的，表明我国上市公司绩效和规模、国有股比例存在着共性的关系。

5. 结论

从我们的估计结果来看，能够有效作用于企业绩效的隐性激励指标包括管理层平均年龄、平均任职年限、总经理学历、年龄、更换工作单位次数等指标，而管理层平均教育年限和总经理任职情况以及是否外部聘请指标则不能很好地解释企业的绩效，这意味着，或者管理层平均教育年限并不能很好地替代管理层的教育程度指标，或者管理层的教育年限对企业绩效并不存在显著的作用，而总经理任职情况似乎和企业绩效无关，然而总经理任职年限则不然，显著的参数估计结果意味着任职年限和绩效负相关，从管理权力假说的角度来看，这意味着管理层权力主要体现在任职年限，而不是任职情况上。

制造业上市公司和非制造业上市公司在隐性激励指标的作用效果上存在着显著的区别，制造业上市公司管理层年龄和绩效负相关，任职年限和绩效正相关，非制造业则恰好相反，这意味着制造业上市公司的管理层越熟悉企业情况，企业绩效越好，然而年龄越大，其自利倾向越强，而在非制造业上市公司中，由于监督和激励的存在，年龄越大，越能体现出经验和谨慎的优势，任职年限越长，权力越大，反而绩效越差。

同时，在制造业上市公司中，总经理更换工作次数越频繁，绩效越差，学历越高，年龄越大，绩效越好，非制造业上市公司则没有体现这样的特征。

无论是制造业上市公司还是非制造业上市公司，规模都显著的会促进绩效的提高，然而，国有股比例较少的显著参数估计结果表明，国有股比例和绩效负相关。

因此，不同行业的上市公司，其管理层隐性激励的效果存在显著的区别，同时，上市公司的绩效提高，也具有共性的特征，针对不同行业的上市公司，对管理层和总经理的监管以及治理措施也应该是不同的。

（作者电子邮箱：tangl123@ nenu. edu. cn）

参 考 文 献

[1] Barro, J. R.. Pay, Performance and turnover of bank CEOs [J]. Journal of Labor Economics, 1990, 8 (3).

[2] Conyon, Martin J., and Schwalbach Joachim. Corporate governance, executive poy and performance in Europe [M]. Executive Compensation and Shareholder Value, Kluwer Academic Publishers, 1999.

[3] Coughlan, Anne T., and Schmidt, Ronald M. Executive compensation, Management turnover and firm performance : An empirical investigation [J]. Journal of Accounting and Economics, 1985, 7.

[4] Eirik G. K. Explicit, and implicit incentive in fund management [R]. Norwegian School of Economics and Business Administration and Norges Bank, 2003, 7.

[5] Fama, E.. Agency problems and the theory of the firm [J]. Journal of Political Economy, 1980, 88 (2).

[6] Fudenberg, Holmstrom, and Milgrom. Short-term contracts and long-term agency relationships. Journal of Economic Theory, 1990, 51 (1).

[7] Gerald, F., and Raffi I.. Dynamic incentives and dual-purpose accounting [J]. Journal of Accounting and Economics, 2006, 42 (3).

[8] Gibbons, R., and Murphy, K. J.. Relative performance evaluation for chief executive officers [J]. Industrial and Labor Relations Review, 1990, 43 (3).

[9] Hayes M. Schaefer S. Implicit contract s and the explanatory power of top executive compensation for future performance [J]. RAND Journal of Economics, 2000, 6.

[10] Holmstrom, B., Milgrom. Aggregation and linearity in the provision of inter-temporal incentives [J]. Econometrica, 1987, 55 (4).

[11] Holmstrom, B.. Managerial incentive problems: A dynamic perspective [C]. in Essays in Economics and Management in Honor of Lars Wahl beck Helsinki Swedish School of Economics, 1982.

[12] Jensen, M. C., and Murphy, K. J.. Performance pay and top-management incentives. Journal of Political Economy, 1990, 2.

[13] Joscow, Paul, Nancy Rose, and Shepard Andrea. Regulatory Constraints on CEO Compensation [J]. Brookings Papers : Microeconomics, 1993.

[14] Kreps, D., and Wilson, R.. Reputation and imperfect information [J]. Journal of Economic Theory, 1982, 27.

[15] Lambert, Richard A.. Long term contracts and moral hazard [J]. Bell Journal of Economics, 1983, 14 (2).

[16] Macleod, W., and Malconson, M.. Reputation and hierarchy in dynamic models of employment [J]. Journal of Political Economy, 1988, 96 (4).

[17] Macro Pagani. Implici tincentives and tournament behavior in the mutual fund industry [R]. Department of Accounting and Finance, San JoséState University, 2006.

［18］Mcguire, John S. Chiu, and Alvar O. Elbing. Excutive Incomea, Sales, and Profits . American Economic Review, Spe. 1962, 52.

［19］Mehran, H. . Executive compensation structure, ownership and firm performance. Journal of Financial Economics, 1995, 38.

［20］Mock, R. . Management ownership and markei valuation : An empirical analysis. Journal of Financial Economics, 1988, 20.

［21］Murphy, K. J. . Corporate performance and managerial remuneration : An empirical analysis ［J］. Journal of Accounting And Economics, 1985, 7.

［22］Murphy, Kevin J . . Incentives, learning and compensation. A theoretical and empirical investigation of managerial labor contracts ［J］. Rand Journal of Economics, 1986, 17.

［23］Murphy Kevin J. . Incentive, learning, and compensation: A theoretical and empirical investigation of managerial labor contract s ［J］. Rand Journal of Economics, 1986, 17（1）.

［24］Murphy, Kevin J. . Corporate performance and managerial remuneration: An empirical analysis ［J］. Journal of Accounting and Economics, 1985, 7.

［25］Robert Massnl . Executive motivation, Earnings and consequent equity performance . Journal of Politcal Economy, 1971, Nov .

［26］Rogerson . Repeated moral hazard ［J］. Econometrica, 1985, 53（1）.

［27］Rosen, Sherwin. Contracts and market for executives contract economics, Lars Werin and Hans Wijkander, eds. Cambridge, MA: Blackwell, 1992.

［28］Rosen, Sherwin. Authority, Control, and the distribution of earnings ［J］. Bell Journal of Economics, 1982, 13.

［29］Lewellen, W. G. and Huntsman, B. Managerial Pay and Corporate Performance. American Economic Review, 1970, Spe.

［30］曹洲涛，杨建梅. 从假设前提的视角反思经营者激励 ［J］. 经济体制改革，2003，6.

［31］陈志广. 高级管理人员报酬的实证研究 ［J］. 当代经济科学 ［J］. 2002，5.

［32］杜兴强，王丽华. 高层管理当局薪酬与上市公司业绩的相关性实证研究 ［J］. 会计研究，2007，1.

［33］方军雄. 我国上市公司高管的薪酬存在粘性吗？［J］. 经济研究，2009，3 .

［34］李增泉. 激励机制与企业绩效：一项基于上市公司的实证研究 ［J］. 会计研究，2000，1.

［35］吕长江，郑慧莲，严明珠，许静静. 上市公司股权激励制度设计：是激励还是福利？［J］. 管理世界，2009，9.

［36］田增瑞. 创业投资中的显性与隐性激励机制研究 ［J］. 复旦学报（自然科学版），2009，6.

［37］王克敏，王志超. 高管控制权、报酬与盈余管理——基于中国上市公司的实证研究 ［J］. 管理世界，2007，7.

［38］魏刚. 高级管理层激励与上市公司经营绩效 ［J］. 经济研究，2000，3.

［39］杨皎平，徐维隆，赵宏霞. 产业集群下经理人隐性激励机制作用效果分析 ［J］. 管理评论，2010，5.

［40］杨瑞龙，刘江. 经理报酬、企业绩效与股权结构的实证研究 ［J］. 江苏行政学院学报，2002，1.

［41］岳中志. 非对称信息条件下的企业经营者激励契约设计 ［J］. 数量经济技术经济研究，2005，2.

［42］张鸣，陈震. 高管报酬隐性激励的实证研究 ［J］. 财经研究，2006，3.

The corresponding of implicit incentive and Enterprise performance

—Based on manufacturing and non-manufacturing by dynamic panel data model

Tang Liang

(Business School of Northeast Normal University　Changchun　130117)

Abstract: The behavior of management and general manager in enterprises has an important impact on performance; this paper first divides listed companies into manufacturing and non-manufacturing, then constructs corresponding management and general manager indicator system on implicit incentive, and estimates the relationship about implicit incentive and performance using dynamic panel data model. The results show that there is an immense different effect about the implicit incentive indicators to performance on different industries, and a similar effect about the scale and proportion of state-owned shares to different listed companies, besides, the power of management is mainly embodied on the tenure of the work other than the representation of general manager from the perspective of the management theory hypotheses.

Key words: Implicit incentive; Dynamic panel data model; Enterprise performance

人力资本定价模型研究述评和展望[*]

● 谢获宝¹　段　蒙²

（1，2 武汉大学经济与管理学院 武汉　430072）

【摘　要】 本文从人力资本群体定价模型和个体定价模型出发，对现有的经典模型进行述评，发现现有模型不能完全满足现代企业人力资本管理的需要，然后分别以契约和宏观经济增长为基础对人力资本定价模型的构建思想进行拓展，并基于"人力资本的投入、个人能力差异和人力资本产出与贡献的整合研究"、"人力资本专用性和专有性视角下的定价研究"、"要素贡献和风险分担双因素决定视角下的定价研究"、"供给、需求和市场均衡视角下的定价研究"和"在股权激励影响下的人力资本定价研究"等视角，展望未来人力资本定价模型理论研究需要深化的方向，使理论探索与实际应用互相嵌入。

【关键词】 人力资本定价模型　契约理论　宏观经济增长理论

1. 人力资本定价模型构建的理论依据和基本分类

"人力资本如何标价？"这个看似笼统实则繁杂的问题从人们意识到它的存在开始，就一直困扰着学术界与实务界。正如美国著名经济学家西奥多·W. 舒尔茨所认为的那样，"人力资本是体现在劳动者身上的，以劳动者的数量和质量表示的资本。劳动者的知识水平、劳动技能的高低不同，决定了人力资本对经济的生产性作用的不同……"更进一步说，人力资本是通过教育、培训、保健、劳动力迁移、就业信息等获得的凝结在劳动者身上的技能、学识、健康状况和水平的总和。由于人本身受宪法保护，法律禁止任何形式的人口买卖活动，因而人并不能以商品的身份进入生产与流通领域。可见，处理人力资本定价问题注定不能像对待物质资本那样仅仅将其视为死的商品估价。然而令人庆幸的是，虽然人力资本不同于物质资本，但人力资本本身却是具有商品属性的：在商品生产和流通过程中，企业投入的人力资本会将自身的部分价值转移到商品中，使商品含有人力资本的价值量，而且劳动者在劳动中转换的自身价值会通过用货币形式的劳动报酬反映出来。这样，我们就可以利用市场解决人力资本的定价问题。而利用市场解决人力资本定价问题正是大多数人力资本定价模型的基础。

综观人力资本定价理论，我们不难发现，尽管不同的人力资本定价模型各具不同的侧重点，但它们却都含有如下相同的特征：

（1）人力资本定价遵循市场竞争法则。正如上文所描述的那样，人力资本的商品属性使其定价遵循市场竞争法则，即市场是解决人力资本定价的场所。在市场经济条件下，人力资本作为一种特殊商品，其价值在市场竞争环境中形成。

* 本文受到国家社科基金项目"我国国有企业高管薪酬管理制度改革研究"（项目批准号：10BGL067）和教育部人文社科规划基金项目"国有控股上市公司管理层关联方持股的隧道效应研究"（项目批准号：10YJA790236）的资助。

（2）人力资本的期望效用是人力资本定价的依据。人力资本对企业的效用包括潜在效用、实际效用和期望效用。潜在效用是人力资本发挥最大作用的效用，实际效用则是人力资本现实发挥作用的效用，而期望效用则是一种预期的效用。人力资本在进入企业时的定价只能根据供求双方对人力资本效用的预期来确定人力资本的价格。如未来收入折现模型（巴鲁克列·列弗、阿巴·施茨，1971）、随机报酬价值模型（弗兰霍尔茨，1985）等就体现了人力资本期望效用的思想。

（3）激励功能是影响人力资本定价模型的重要因素。合理的人力资本定价能调动人力资本所有者的积极性，最大限度地发挥人力资本的潜在效能。如股金收益模型就考虑了股权激励因素。

（4）人力资本定价具有多阶段性和动态性。人力资本正式进入企业后，企业会根据人力资本的实际效用对初始价格进行调整。因此，实务中人力资本定价并不是一次完成的，而是一个多阶段、动态的过程。如未来净资产折现模型（文善恩，1996）、经济价值计量模型（弗兰霍茨、布莱米特等，1968）、调整后的未来工资报酬折现模型（乔治·H.赫曼森，1964）、未来收入折现模型（巴鲁克列·列弗、阿巴·施茨，1971）、随机报酬价值模型（弗兰霍尔茨，1985）等均是通过多阶段实现定价的。

（5）人力资本价格表现形式多种多样。既有工资、奖金、福利、股权等物质形式定价，也有晋升、名誉、表扬等精神鼓励形式定价。多种价格形式相互补充和联系，共同构成完整的人力资本价格体系。如股金收益模型中就考虑了股权因素。

自从费雪在1906年发表的《资本的性质与收入》一文中首次提出"人力资本"的概念，继而西奥多·W.舒尔茨在1960年美国经济学年会上的演说中系统阐述了人力资本理论之后，国内外经济学家对人力资本定价问题进行了深入探究，并基于各自不同的理论假设设计出不同的人力资本定价模型，使人力资本定价问题从模糊的定性问题向更为准确的定量问题转化。在这些模型中占据主流地位的主要分为两大类：人力资本群体定价模型和人力资本个体定价模型。

人力资本群体定价模型将人力资本群体看做研究对象，认为人力资本的价值在群体中才能发挥最大效用，不承认"1+1=2"的原则，而遵循"1+1<2"的效应。在人力资本群体定价模型中，比较有代表性的有由弗兰霍茨、布莱米特等人提出的"经济价值计量模型"（1968），由赫曼森提出的"非购入商誉模型"（1969），由文善恩提出的"未来净资产折现模型"（1996），以及以华为公司为试点的"股金收益模型"。此外，复杂劳动计量模型、劳动者权益模型、生产者权益模型等也是基于人力资本群体定价思想上建立起来的人力资本定价模型。

与人力资本群体定价模型相对应，人力资本个体定价模型则是针对每个个体进行价值评估。比较有代表性的有由乔治·H.赫曼森提出的"调整后的未来工资报酬折现模型"（1964），由巴鲁克列·列弗和阿巴·施茨提出的"未来收入折现模型"（1971），由弗兰霍尔茨提出的"随机报酬价值模型"（1985）等。

随着现代企业委托—代理问题日益严峻，基于契约理论的人力资本定价模型更加契合现代企业人力资本的评估需要，这种定价理论将逆向选择、道德风险因素纳入人力资本定价体系中，深刻地影响着人力资本定价理论的发展。

从"Ramsey-Cass-Koopmans模型"（1970）这一宏观经济增长模型中推导产生的员工工资表达式虽然只是原模型求解的一个中间步骤，但这个"副产品"同样为人力资本定价模式提供了一个全新的思路与视角。尽管这种方法的前提条件比较苛刻，但仍具有其独特的解释力度。

下面，笔者在对现行主流人力资本定价模型进行述评的基础上，分别从契约视角和经济增长视角重新审视人力资本定价理论，并以这两个视角为基础展望人力资本定价模型未来的研究方向。

2. 现有人力资本定价模型述评

2.1 人力资本群体定价模型

人力资本群体定价模型是以人力资本群体为研究对象的，代表性模型有"经济价值计量模型"（弗兰霍茨、布莱米特等，1968），"非购入商誉模型"（赫曼森，1969），"未来净资产折现模型"（文善恩，1996），以及以华为公司为试点的"股金收益模型"等。

2.1.1 经济价值计量模型

由弗兰霍茨、布莱米特等人在 1968 年提出的"经济价值计量模型"把人力资本同其他资本等同起来，认为人力资本的价值在于其为企业组织提供未来收益，因而该模型将企业未来的各项盈余折算为现值，再按照人力资本在全部投资中的比重，将盈余现值的一部分作为人力资本的价值。具体结果表示如下：

$$V = \sum_{t=1}^{n} \left[\frac{P_t}{(1+i)^t} \right] \times \frac{r}{I} \tag{1}$$

其中，V 为人力资本群体价值，P_t 为第 t 期企业预计净收益，i 为贴现率，r 为人力资本投资，I 为投资总额。

该模型按照人力资本与其他资本对企业的贡献来确定人力资本价值，符合资产（背后是资本）提供未来收益的特征。然而，（1）式很直观地反映出这样一个事实，"人力资本价格/企业盈余现值 = 人力资本投资/企业投资总额"，这个结论是值得商榷和检验的。首先，姑且不考虑这个等式理论上是否成立，先来看看人力资本投资的计量：我们知道，人力资本投资一方面表现为企业的人力资本投资，实务中常见的企业人力资本投资主要是在职培训、脱产培训、专业定向培训等，这些培训费用是很容易取得的；然而，企业人力资本接受的投资不仅仅是企业的投资，更大一部分表现在一个人在成长过程中所接受的对个人教育、健康等方面的投资，这一部分投资成本占据了人力资本投资的大部分比例，却没办法轻易取得，而且这部分人力资本投资应用于该企业的部分也是没办法计量的，因此该模型在具体应用时并不实用。其次，令"企业盈余现值 = $C + V$"，其中，C 表示除了人力资本之外的其他资本对盈余现值的贡献，则（1）式可整理为

$$V = \frac{rC}{I-r} \tag{2}$$

我们缺乏实证检验证据来证明（2）式是成立的。最后，经验数据表明人力资本投资收益比物质资本投资收益大很多，但这个模型仅简单地将二者视为线性关系。

2.1.2 非购入商誉模型

1969 年提出"非购入商誉模型"的经济学家赫曼森认为："企业过去若干年收益累计超过同行业平均收益的一部分或全部都可以看成是人力资本的贡献，这部分超额利润应予以资本化并确认为人力资本的价值。"这种思想与确认企业合并中形成的商誉的原理类似，其结果表示如下：

$$V = \frac{P - TA \times \bar{I}}{\bar{I}} \tag{3}$$

其中，V 表示企业人力资本价值，P 表示本企业实际净收益，TA 表示企业总资产，$\bar{I}$ 表示行业平均投资回报率。

"非购入商誉模型"相比"经济价值计量模型"更具有可核实性，然而等式"超额利润 = 企业人力资

本价值"是否成立却是值得深思的,目前,并没有充分的实证研究验证这一命题的正确性。

2.1.3 未来净资产折现模型

我国学者文善恩提出的"未来净资产折现模型",是基于马克思"剩余价值是由劳动者创造的"思想建立起来的。其模型结论表述如下:

$$V = \sum_{t=n}^{T} \frac{V_0 (1 + g_1)^t + M_0 (1 + g_2)^t}{(1 + r)^t} \tag{4}$$

其中,V 表示目标群体的人力资本价值,V_0 表示目标群体在基准期的必要劳动所创造的价值,M_0 表示目标群体在基准期的剩余劳动所创造的价值,g_1 表示必要劳动价值增长率,g_2 表示剩余劳动价值增长率,r 为贴现率,n 为时期数。

"未来净资产折现模型"的定价思路符合马克思的剩余价值论,该模型的亮点在于考虑了人力资本的成长因素,分别引入 g_1、g_2 来代表必要劳动价值增长率和剩余劳动价值增长率,体现出人力资本价值的动态调整特性,虽然 g_1、g_2 的计量和取得并不容易,但这一思想却是值得借鉴和推广的。该模型的不足之处就是没有考虑实物资本的作用,不太符合现实。

2.1.4 股金收益模型

国内有专家为推广使用人力资源会计,以深圳华为集团公司为试点,建立了股金收益模型,将股权激励因素考虑进人力资本定价模型中。在该模型中,对人力资本价值的核算,采用了货币与非货币两种尺度计量。货币计量采用收益模型和成本模型,非货币计量则采用对工作态度、工作能力和工作绩效综合评分模式。其结论表示如下:

(1)收益模型:

$$V = \left[\sum_{t=1}^{n} \frac{I_t}{(1 + i)^t} \right] \times m \tag{5}$$

其中,V 表示公司人力资本价值,n 表示预期人均工作年限,I_t 表示第 t 年的预期人均股金收益,i 表示预期资金成本率,m 表示公司职工人数。

(2)成本模型:

$$V = \sum V_j \tag{6}$$

其中,V_j 表示职工 j 的实际股金收益。

收益模型基于预期值评估人力资本价值,而成本模型则是基于实际值对人力资本价值进行的评估。根据一贯性和可比性原则,公司根据自身具体情况选择的评估模式,一旦选定就应持续使用,不得轻易变更。在股金收益模型中,采用股金收益衡量人力资本价值,体现了现代企业,特别是上市公司薪酬设计的特色。然而,该模型只是简单的引入股金收入,反映了人力资本价格表现形式多样性中的某个方面,却没有将股权激励政策对人力资本潜在价值的激励特点表现出来,更没有进一步反映人力资本的跨期增长,而且用单一的股利收益描述人力资本价值也很苍白无力。

2.1.5 小结

首先,人力资本群体定价模型将被企业雇用的劳动者群体作为研究对象,忽略劳动者单个个体的差异,并认为为企业所用的人力资本只有与物质资本结合起来才能发挥最大效用。这种人力资本价值评估的处理方法对企业一般员工是适用的,但这种方法在评估企业高层管理者人力资本价值时却不见得那么有效。其次,在考虑企业基层员工人力资本价值时,需要特别关注一个常见问题,即"干中学"(learning by doing)。设计"干中学模型"(1962)的经济学家阿罗,把从事基层生产活动员工获得知识的过程在经济增长模型里内生化,由科布—道格拉斯常规模收益生产函数推导出一个规模收益递增的生产函数,并认为来自于日常生产活动经验的积累将最终体现在技术进步上。基层员工的技术进步是人力资本价值提升的表现,而现有的各类人力资本群体定价模型往往忽视了这一因素,人力资本内含的"干中学"价值的评估也是比较有挑战性的课题。最后,企业薪酬激励政策的实施对人力资本潜在效用的刺激也是大多数人力资本群体定价模型所欠缺的。

2.2 人力资本个体定价模型

不同于人力资本群体定价模型的设计思路，人力资本个体定价模型重点关注构成企业人力资本单个个体的价值。比较有代表性的有由乔治·H. 赫曼森提出的"调整后的未来工资报酬折现模型"（1964），由巴鲁克列·列弗和阿巴·施茨提出的"未来收入折现模型"（1971），由弗兰霍尔茨提出的"随机报酬价值模型"（1985）以及比较适用的定额工时定价模型等。

2.2.1 调整后的未来工资报酬折现模型

由美国经济学家乔治·H. 赫曼森在《人力资本会计》（1964）一文中提出的"调整后的未来工资报酬折现模型"，主张将效率因素的影响作为未来工资报酬调整的驱动因素，进而得出调整后的未来工资报酬及其折现值。具体表现形式为：

$$V = \sum_{t=1}^{n} \frac{A_t (1 + g)^{t-1}}{(1 + i)^t} \times a \tag{7}$$

其中，V 表示个体人力资本价值，A_t 表示劳动者的预定或实际报酬，t 表示时间，g 表示劳动者报酬增长率，i 表示选定的折现率，n 表示劳动者服务的年限，a 表示效率系数：

$$a = \frac{\sum_i \left(\frac{E_i}{V_i} \times P_i \right)}{\sum P_i} \tag{8}$$

其中，E_i 表示企业第 i 年投资回报率，V_i 表示行业第 i 年投资回报率，P_i 为权重。

"调整后的未来工资报酬折现模型"的理论依据是企业间盈利水平的差异来源于不同企业人力资本的差别，因而需用效率系数对未来工资进行调整，才能反映人力资本价值。这个模型能准确、动态地反映人力资本价值，但员工未来工资报酬与人力资本所创造的价值之间的对应关系还需具体考虑工资的决定因素才能下论断，因而在某些情况下，员工未来工资报酬未必与人力资本创造的价值相对应。

2.2.2 未来收入折现模型

巴鲁克列·列弗和阿巴·施茨提出的"未来收入折现模型"（1971）认为一个员工的人力资本价值是该员工在剩余受雇期内未来收益或工资报酬的现值，即：

$$V = \sum_{t=1}^{n} \frac{W}{(1 + i)^t} \tag{9}$$

其中，V 表示个体人力资本价值，W 表示预计退休前年度平均工资，i 表示贴现率，n 表示从被企业正式录用到退休的年限。

"未来收入折现模型"考虑了员工预计服务年限，却未考虑因职务调动、升迁等因素导致工资变化对人力资本定价的影响。此外，预计未来工资的折现值未必能够完全描述人力资本价值，比如技术进步为整个社会带来的正外部性价值的一部分应当归属于对该技术进步作出重大贡献的研发人员，而他们的工资却没有将这一价值纳入考虑范围。

2.2.3 随机报酬价值模型

由弗兰霍尔茨提出的"随机报酬价值模型"（1985）认为一个人所具有的人力资本价值应体现为其未来能够提供服务的价值。服务量由员工的生产能力、调动、晋升以及作为该企业成员的可能性等因素决定，并受其在企业目前和未来担任角色及担任该角色可能性等因素影响。在这个模型中，假设员工在企业内担任某职位的可能性是随机的。在这个随机过程中，弗兰霍尔茨建立模型，得出人力资本价值的表述如下：

$$V = \sum_{t=1}^{n} \left[\frac{\sum_{i=1}^{m} R_i \times P(R_i)}{(1+r)^t} \right] \qquad (10)$$

其中，V 表示个人预期可实现价值，m 表示员工可能占据的职位，R_i 为 i 职务的员工提供劳务为企业创造的价值，$P(R_i)$ 为员工占据 i 职位的概率，t 为服务时间（从 1 到 n）。

与前两种模型不同的是，"随机报酬价值模型"以员工为企业提供服务所创造的价值来计算人力资本价值，并考虑到职位的不同，赋予不同职位相应的概率，动态地反映出人力资本定价过程，比较符合现实情况。但该模型同样也面临技术性难题，例如，怎样在不同的服务状态下确定员工服务价值等。

2.2.4 小结

人力资本个体定价模型以单个个人为研究对象，比较适用于评估较为重要的企业核心技术和管理人员的人力资本价值。由于现代企业人力资源关系日趋复杂化，传统的人力资本定价方法和模型已不能完全满足企业人力资本管理的需求。综观现代人力资本评估的重要参评要素，契约和经济增长两个要素分别从微观经济和宏观经济角度深刻地影响着人力资本价值，因此后文将分别从契约理论和经济增长理论展望人力资本定价的理论研究方向和构建更具可操作性的人力资本定价模型的研究展望。

3. 人力资本定价模型的研究展望

3.1 基于"契约理论"的人力资本定价模型的思想

随着市场经济的发展，人力资本价值评估，特别是企业高层管理人员人力资本价值评估备受关注。在公司与高层管理者签订劳动合约时不得不考虑这样一个问题：合约上的薪酬应怎样设计，才能让高级管理者在合约期内保持持续积极的工作状态，当得起公司为其支付的薪酬。由于逆向选择和道德风险等因素的影响，建立在契约理论上的人力资本评估结果不能单纯地仅满足于获得简单的数值，更要求在薪酬结构的设计上"别出心裁"。为此，企业会专门设计"管理者薪酬计划"，试图解决这种复杂情况下的人力资本定价问题。管理者薪酬计划是"公司与其管理人员之间的代理合同，其目的是通过将管理者薪酬建立在一个或多个衡量管理人员经营公司努力程度的指标上，协调公司与管理人员的利益"[1]。

将基于契约理论的信息不对称问题引入人力资本定价模型需要分两种情况考虑：契约签订前逆向选择因素影响下的人力资本定价和契约签订后道德风险因素影响下的人力资本定价。

3.1.1 契约签订前逆向选择因素影响下的人力资本定价

自从阿克劳夫的开创性论文"'柠檬'市场：质量的不确定性和市场机制"（1970）首次分析了柠檬市场之后，契约签订前的逆向选择问题成为评价不同能力水平工人人力资本价值的重要参考因素。在学者们进一步深入分析后，随着劳动力市场工资定位与工人能力的匹配关系的研究，分离均衡与混同均衡结果的出现进一步推动"信号传递"和"信号甄别"理论的设立。借用 Andrew Maas-Claire 与 Michael D. Winston[2] 的贡献，在竞争性劳动力市场中，由劳动力供给方 $\Theta^* = \{\theta: r(\theta) \leq \omega^*\}$ 与需求方 $\omega^* = E[\theta|\theta \in \Theta^*]$ 所决定的工资率 ω^* 是一个竞争均衡的结果，其中，θ 表示职工的工作能力，且 $\theta \in [a, b]$，Θ^* 表示受雇职工能力的集合，$r(\theta)$ 表示能力水平为 θ 的职工就业的机会成本。在竞争性劳动力市场

---

① William R. Scott. 财务会计理论（第 3 版）[M]. 北京：机械工业出版社，2008：194.

② Andrew Maas-Claire, and Michael D. Winston. 微观经济学（第 1 版）[M]. 刘文忻，李绍荣，译. 北京：中国社会科学出版社，2001：609-684.

的供给与需求函数力量的拉动下，则可能存在如下图所示的竞争均衡结果：

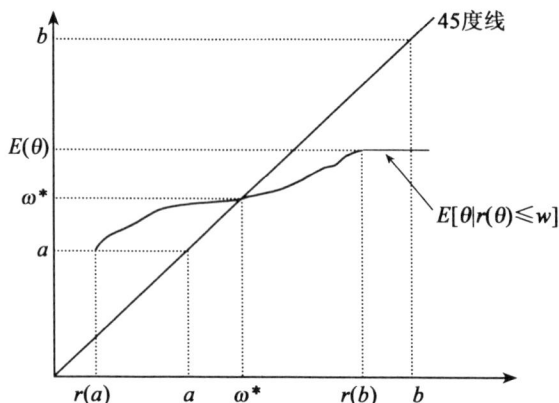

其中，竞争均衡工资水平满足 $\omega^* = E[\theta | r(\theta) \leq \omega^*]$。Andrew 与 Michael 在上述假设框架的基础上建立信号传递模型，并通过系统的分析和证明认为：

（1）在分离均衡状态下，任意分离的贝叶斯精炼均衡结果满足 $\omega^*(e^*(b)) = b$，且 $\omega^*(e^*(a)) = a$，即每种能力的职工均能获得与其能力匹配的工资水平，其中，$e^*(\theta)$ 为均衡状态下职工所选择的教育水平。

（2）在混同均衡中，职工工资则满足 $\omega^*(e^*) = \lambda b + (1 - \lambda)a = E[\theta]$，其中，$\lambda$ 表示当企业观察到工人教育水平 e^* 时赋予能力为 b 的职工的概率。

上述模型分析的结论传达了这样一种思想，即只有在理想状况（分离均衡）下，企业职工才能得到与其能力相匹配的工资，而当企业无法辨认应聘人员真实能力的情况下，就只能提供一个混同均衡的工资 $\omega^*(e^*) = \lambda b + (1 - \lambda)a$，在这种状态下，能力参差不齐的受聘员工得到的是相同的工资，而这个工资水平正好是企业对所有受聘员工能力水平的预期。在现实中，分离均衡几乎是不存在的，企业只能根据混同均衡理论的指导，赋予所有员工相同的工资。要使工资水平更有效地反映职工能力，企业只能根据员工正式工作后的表现来调整工资。

3.1.2　契约签订后道德风险因素影响下的人力资本定价

Andrew 与 Michael 通过建立委托—代理模型，证明并量化了契约签订后道德风险因素对企业效用的负效应。在管理者努力程度可观测的状态下，通过求解最优化企业效用，得到的最优合同是：管理者将主动地选择 e^*（努力程度），使得

$$\int \pi f(\pi | e)d\pi - v^{-1}(\bar{u} + g(e)) \tag{11}$$

最大化，满足最优合同的薪酬则为：

$$\omega^* = v^{-1}(\bar{u} + g(e^*)) \tag{12}$$

且该工资的性质为固定工资。而在管理者努力程度不可观测的状态下，求解的过程将复杂地多。Andrew 与 Michael 通过严格的证明，认为努力程度的不可观测性将会"向下"扭曲最优合同效用。将该模型结果与财务会计理论相联系，笔者认为，导致最优合同扭曲的根本原因在于：努力的不可观测性使得企业不得不将薪酬与企业效益的外部表现（如利润等指标）相联系，而企业的外部表现是非刚性的，这种薪酬设计将使风险规避的管理者承担企业风险，为激励管理者为企业付出理想的努力，企业不得不为管理者薪酬中分担的风险支付管理者效用损失的补偿，该补偿的支付使企业难以达到最优合同效用水平。可见，

管理层薪酬的风险分担模块和激励模块总是会发生冲突,其努力程度的不可观测性总是会导致福利的损失。这个模型正是从理论上严格地解释了为什么管理者薪酬设计会如此复杂和难以调和。

3.1.3 小结

虽然基于契约理论的人力资本定价模型并没有传统的定价模型直观,但该模型却解释了现代企业人力资本定价的根本决定要素及薪酬设计过程中不可调和矛盾的来源。最优合同效用只有在迫使管理者承担企业风险才能实现,这一点认知可以解释为什么在现代管理者薪酬设计方案中,股权激励备受企业欢迎(股权激励使管理者从一定程度上承担了公司的风险),这也反映出实务中薪酬合同的设计理念是期望趋同于最优合同的。

3.2　基于宏观经济增长理论的人力资本定价模型的思想

卡斯与库普曼斯对"Ramsey 模型"(1928)进一步补充和发展所建立的"Ramsey-Cass-Koopmans 模型",本旨在求解企业和家庭的生产和消费的最优化问题,并验证在该模型框架的设计下经济体动态均衡解的性质(存在性、唯一性、稳定性),然而在这个求解的过程中,我们却无意中得到了以家庭为单位的劳动力工资表达式这样一个"副产品",即

$$w(t) = f(k(t)) - k(t)f'(k(t)) \tag{13}$$

其中,f 表示企业的单位劳动力技术产出函数,即 $\dfrac{F(K, AL)}{AL}$(A 为技术,L 为劳动力),k 为单位劳动力技术物质资本 $\dfrac{K}{AL}$(这里 k 中包含了劳动力数量与劳动力技术因素),t 为时间。(13)式直观的经济学含义是"职工工资=职工劳动的边际产出"。由于(13)式是为企业效用最大化而得到的结果,因此,该式对职工工资设计有一定的解释力度。虽然人力资本价值评估很少从这个角度出发,而且该方法的假设条件过于严苛,具体的生产函数也难以模拟,但是我们却能通过该方法得到企业在为人力资本定价时所能承受的底线——企业不可能使工资定位高于同时考虑工人劳动力投入与技术因素情况下的边际产出,因而员工劳动价值的上限就能通过(13)式得到。

3.3　更具可操作性的人力资本定价模型展望

以上两种方法均是人力资本定价理论上的研究思想,是基于理论推理进行模型而构建的,它们只是对思想的数学表达,却无法或很难进行量化分析,更不用谈能取得足够的数据进行实证检验。实务工作中需要的是可操作性强的人力资本定价模型,然而,操作性较强的现有人力资本定价模型虽然能获得相关数据进行量化分析,却往往过于简化,在理论逻辑上存在较大缺陷,缺乏说服力。展望未来,我们需要既能基于理论分析,明确模型构建思想,奠定牢固的理论基础,又能结合实际情况进行调研、梳理和检验的人力资本定价模型,使理论支撑与可实践操作两个要素互为补充,填补人力资本定价模型在思想内涵上的空白,并加强其在实务中的可用性。

人力资本定价模型在填补理论支撑的基础上,应从以下视角加强实务可操作性的思考:

(1)人力资本的投入、个人能力差异和人力资本产出与贡献的整合问题。在构建模型时,应特别注意将人力资本的成长性和学习效应考虑进去,如建立与实际情况最接近的人力资本成长函数。这类模型应沿着解决"投入—产出"问题的基本思路,重点考察人力资本的价值创造过程。

(2)人力资本专用性和专有性视角下的定价模型研究。人力资本专用性是指人力资本在投入特定岗位或职务后很难再移作他用的性质,这种专用性往往产生于特定行业或职业的学习和实践经历,它强调人力资本与特定环境之间在知识、技能或经验上的依赖性。Chong-En Bai 与 Yijiang Wang(2003)通过建

立模型，从理论上证明了专用性对工资的影响。人力资本专有性则是在制度层面强调人力资本对一个企业而言不可或缺的性质：人力资本一旦从企业脱离，将会给企业带来巨大经济损失。专有性资源是一个企业产生、存在和发展的基础，其参与状况直接影响企业的规模及团队其他成员的价值。人力资本专有性和专用型视角下的定价模型是基于资产特征的定价解决方案。

（3）要素贡献和风险分担双因素决定视角下的人力资本定价模型研究。要素贡献和风险分担是基于财务经济学的人力资本定价解决方案。在实务中，人力资本要素贡献体现为人力资本的产出或回报，而风险分担则主要应用于将人力资本在未来的回报折现到当期时折现率的选择。Tom Krebs（2003）讨论了人力资本风险对经济增长、人力资本投资和员工福利的影响，在该模型的基础上我们可以将人力资本的风险因素与要素贡献结合起来设计模型解决双因素影响下人力资本的定价问题。特别值得注意的是，不同性质的企业所对应的要素贡献和风险分担组合是不尽相同的，如"国企—民企"组合、"垄断行业—竞争性行业"组合、"主板—中小板与创业板"组合等所对应的人力资本要素贡献与风险分担组合显然是不同的。

（4）人力资本供给、需求和市场均衡视角下的定价模型研究。将建立在物质资本上的成熟的供需市场理论应用于人力资本定价研究，在原理上是行得通的，但是，如何具体构建具有人力资本特性和各种复杂外部要素影响的人力资本供给、需求函数是一个难题。Nancy L. Stokey（1991）曾利用均衡的方法研究生命有限的人力资本的投资、积累和增长，在不同的外部经济环境（封闭经济／开放经济）下，人力资本投资的选择、均衡解的唯一性与稳定性等问题均涉及复杂精细的证明。联系我国实际情况，如何将我国独具特色的人力资本特征（如高管人员较多的职务消费、高管人员身份的政府化倾向等）融入定价模型尚需深入研究。我们不能机械地照搬国外现有的模型将其应用到我国的人力资本定价问题上来，而应加强理论研究来填补我国人力资本定价需要考虑的独特特征。

（5）股权激励影响下人力资本定价模型研究。现代企业股权激励已成为薪酬结构中的重要组成部分，而如何设计股权激励的量和比例才能促成企业效用最大化正是薪酬计划需要重点考虑的问题。股权激励因素下人力资本定价问题在国内已受到许多学者关注并取得初步成效，如张云龙与汤华然（2010）讨论了人力资本定价模型在有股权激励等因素影响下的改进。我们应通过进一步加强理论研究，再结合实证检验，找到改进和改善我国不同类型企业薪酬结构的途径。

3.4 总结

本文从人力资本群体定价模型和个体定价模型出发，对现有的经典模型进行了评述，发现现有模型不能完全满足现代企业人力资本管理的需要，然后分别以契约和经济增长为基点对人力资本定价模型的理论思想进行了拓展，结合"人力资本的投入、个人能力差异和人力资本产出与贡献的整合问题"、"人力资本专用性和专有性视角下的定价问题"、"要素贡献和风险分担双因素决定下的定价问题"、"供给、需求和市场均衡视角下的定价问题"和"在股权激励影响下人力资本定价问题"等视角，展望未来人力资本定价模型的理论研究趋势和构建可操作性定价模型需要关注的问题。

不难发现，虽然现有的每一种人力资本定价模型都有着自己的侧重点，但其缺陷也是显著的。为什么难以设计出理想的人力资本定价模型？分析人力资本价值的特点，主要存在以下困难：

（1）人们对人力资本的概念和认识不尽相同。目前，人力资本主流概念包括能力观人力资本、投入观人力资本及产出观人力资本等，概念和认识不同导致人们对人力资本价值的理解也不相同。

（2）人力资本价值的发挥受多种因素影响。从个人来看，其价值发挥取决于个人能力、性格、欲望、价值观等；从社会环境看，宏观经济政策、企业管理机制、公司薪酬设计结构和剩余价值分配等因素都会影响人力资本价值的发挥。

（3）人力资本建设过程中资本性支出与费用性支出难以划分。人成长过程中在饮食、教育、医疗保健等方面的消费，一部分用于维持人正常的生存，这部分消费属于费用性支出；而另一部分消费则提高了人自身的素质和创造价值的能力，这部分属于资本性支出，只有这部分的投资才能反映在人力资本价值上。然而，不幸的是这两部分的支出并没有明确的界限，难以划分。

（4）人力资本的无形性。人力资本是一种无形资本，看不见，摸不着，只有在运营中才能体现其价值。从整个社会层面看，人力资本的价值不仅仅表现在经济活动中，而且还表现在其道德、品质、人生观、价值观及其对周围环境的教化和影响，这种价值相比经济活动中体现的价值更加模棱两可，琢磨不透，根本没有办法对其进行定价。

（5）人力资本个体的差异性。虽然人力资本群体定价模型没有考虑企业人力资本个体的差异性，但是随着市场环境的发展，人们越来越关注人力资本个体的定价，群体定价模型已不适应当前经济环境的要求和企业管理实践的需要。因此，深入研究和拓展个体定价模型是人力资本定价模型发展的方向。由于每个人在性格、悟性、能力、潜力等方面均存在差异，因此对个体定价并不能僵硬地照搬固定的思路和方法，也不存在统一的套路和准则指导人力资本定价的过程，因此人力资本定价越来越复杂。

总之，由于人力资本自身独特的性质，导致到目前为止还不存在一套完善的定价机制指导人力资本价值评估。当前比较被人们认可的人力资本定价原则是兼顾"激励原则"与"公平原则"。企业应根据自身的特点和发展的需要，设计出适合自己的人力资本定价模式，并及时根据经验数据调整不同要素在定价过程中的权重，掌握、掌管、掌控好稀缺、易变的人力资本。

（作者电子邮箱：xie_ hb@ 263. com）

参 考 文 献

[1] William, R. Scott. 财务会计理论（第 3 版）［M］. 北京：机械工业出版社，2008.

[2] 李建民. 人力资本通论 ［M］. 上海：上海三联书店，1999.

[3] 冯子标. 人力资本运营论 ［M］. 北京：经济科学出版社，2000.

[4] 张文贤. 管理入股——人力资本定价 ［M］. 北京：立信会计出版社，2001.

[5] 刘仲文. 人力资源会计 ［M］. 北京：首都经济贸易大学出版社，1997.

[6] 刘仲文，谢文龙. 人力资源会计价值计量模式探讨 ［J］. 会计之友，2004，90.

[7] 陈共荣，李鸥. 企业经理人报酬契约的嵌入型结构分析 ［J］. 会计研究，2009，3.

[8] Andrew Maas-Claire, and Michael, D. Winston. 微观经济学 ［M］. 刘文忻，李绍荣，译. 中国社会科学出版社（第 1 版），2001.

[9] Fernando Restoy, and Philippe Weil. Approximate equilibrium asset prices ［J］. Review of finance, 2010.

[10] Longstaff, and Francis, A. . Portfolio claustrophobia: asset pricing in markets with illiquid assets ［J］. The American economic review, 2009, 99 (4).

[11] Hanno Lustig, and Stijn Van Nieuwerburgh. The returns on human capital: good news on wall street is bad news on main street ［J］. The review of financial studies, 2008, 2097-2137.

[12] Yuan Yijun, Wang Meng, and Li Yi. Research on human capital pricing model in M&A ［J］. Value engineering, 2008.

[13] Wen Yuchun. The fuzzy real option pricing of entrepreneur's human capital in venture capital ［J］. Sci-Tech information development &economy, 2006.

[14] Tom Krebs. Human capital risk and economic growth ［J］. The quarterly journal of economics, 2003, 118 (2).

[15] Chong-En Bai, and Yijiang Wang. Uncertainty in labor productivity and specific human capital investment [J]. Journal of labor economics, 2003, 21 (3).

[16] David, R. Dintentass, and Lesliel L. Lawson. Controlling human capital cost in the new millennium [J]. Business quarterly, 2000, 48-52.

[17] Nancy, L., and Stokey. Human capital, product quality and growth [J]. The quarterly journal of economics, 1991, 106 (2).

[18] Becker Gary S.. Investment in human capital: A theoretical analysis [J]. Journal of political ecomomy, 1962.

[19] Becker Gary, S.. Human capital (2th edition) [M]. Columbia University press for the NBER, 1975.

[20] Edward, F., and Denison. Education, economic growth and gaps in information [J]. Journal of political economy, 1962.

[21] George, A., and Akerlof. The market for "lenons": quality uncertainty and the market mechanism [J]. Quarterly Journal of economics, 1970.

A Review of Human Capital pricing Models and its Research Blueprint

Xie Huobao[1]   Duan Meng[2]

(1, 2 Economics and Management School of Wuhan University Wuhan 430072)

Abstract: This paper firstly makes comments on the existing classic human capital pricing models based on the group and individual evaluation models, and finds that classic models cannot fully meet the needs of human capital management in modern enterprises. Then we broaden the model's constructing methods in the views of contract and macroeconomic growth, and prospects its theoretical research directions which need to be deepened from the following perspectives: "the integration of human capital's investment, personal competencies' discrepancy and its output/contribution research", "the study of human capital pricing method on its specific and proprietary properties", "the pricing research under two-element effects: factor contribution and risk-sharing", "human capital's evaluation study in the perspective of supply, demand and market equilibrium" and "human capital pricing research under the influence of the equity incentive", etc, aims at leading the theoretical research and practical application to be embed each other.

Key words: Human capital pricing model; Contract theory; Macroeconomic growth theory

网络派生信任及其治理效果
——以商业银行的中小企业贷款为例

● 寿志钢[1]　杨立华[2]　霍信昌[3]

（1 武汉大学经济与管理学院 武汉 430072；　2，3 香港城市大学商学院 香港 999077）

【摘　要】本文以我国商业银行中小企业贷款业务中的"供应链贷款"与"联保贷款"为研究对象，分析了中小企业嵌入的社会和商业网络如何产生银行信任，以及此类信任对银企关系的治理效果。研究发现，银行会通过网络的学习机制产生对中小企业的关系信任；通过网络的控制机制产生对中小企业的计算信任；关系信任和计算信任均会促进银企之间的关系业绩和抑制中小企业的机会主义行为，但关系信任更有助于促进关系业绩，而计算信任则在抑制机会主义行为方面表现得更为有效。

【关键词】网络　组织间信任　关系业绩　机会主义行为

1. 引言：从金融创新看"基于网络的组织间信任"

"中小企业融资难"是各国银行业的普遍现象，国际金融危机爆发后，这一问题变得尤为突出。业界普遍认为，"融资难"的根本原因是中小企业缺乏必要的信用基础（深圳发展银行，2009），即中小企业的抵押物不足、经营规模小、财务信息不透明，以及缺乏必要的信用记录，都会使银行难以对其还款能力及还款意愿建立足够的信任。然而，近年来，我国的商业银行正尝试着用一些创新的思路和产品去破解这一难题，其中最为值得称道的两类创新产品是：面对中小企业的"供应链贷款"和"联保贷款"（见图 1、图 2）。简言之，前者是指以供应链中有实力的核心企业为切入点，针对核心企业上、下游的供应商和分销商等中小企业而提供的无抵押或低抵押贷款业务（宋炳方，2008）；后者是指 3 家或 3 家以上的中小企业组成联合体，向银行共同申请贷款，并共同承担偿付义务的无抵押或低抵押贷款业务（王利锋，2009）。无抵押或低抵押贷款会给银行带来较大的风险，而这种"风险承担行为（risk-taking behavior）则是信任的重要表现（Mayer et al.，1995）"。不难看出，在这两类贷款业务中，银行对中小企业的信任不只是通过直接接触和交往而产生的，而更多地源于中小企业所嵌入的社会及商业网络，这些网络促使银行相信它们有还款的能力，并且在整个贷款活动中不会有过多的机会主义行为。

然而，此类"基于网络的组织间信任"并没有被当前研究充分捕捉。通过细致的文献回顾可发现，尽管自 20 世纪 90 年代以来，组织间信任的前因和后果已受到丰富的讨论，但该领域的研究大部分从二元视角（dyadic perspective）展开。学者们着重关注的是当事双方如何通过双边层面的接触和交往来构建信任，以及探讨此类信任对组织间关系的治理效果。近期，寿志钢等学者（2011）对"基于网络的组织间信任"的前因进行了探讨，本文则侧重于以网络视角（network perspective），以我国中小企业贷款业务中的"供应链贷款"和"互保贷款"为例,分析"基于网络的组织间信任"对组织间关系的治理效果。

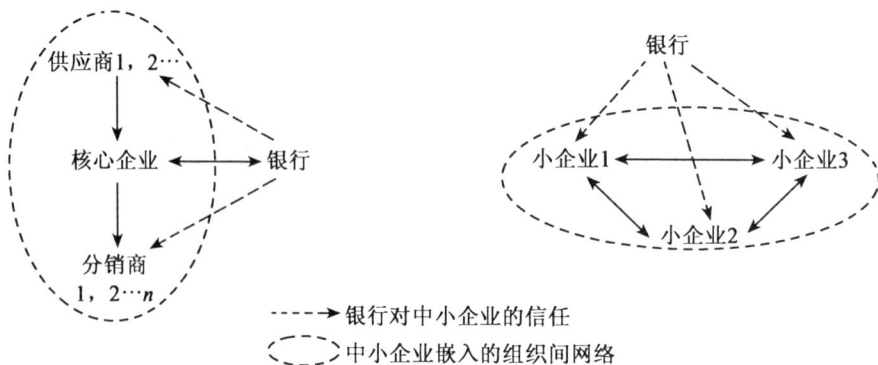

图 1 供应链贷款:基于纵向网络的组织间信任   图 2 联保贷款:基于横向网络的组织间信任

2. 文献回顾

本文主要研究的是由组织间网络所派生的组织间信任,因此需简要回顾当前的相关文献,厘清组织间网络与组织间信任的内涵以及两者的关联,以便对组织间信任的治理效果作进一步的探讨。

2.1 组织间信任的内涵和分类

浩如烟海的信任文献使各领域所涉及的信任定义有所区别,对信任的分类方式也错综复杂。在组织间信任的研究中,学者们往往根据一方对另一方未来行为的期望值(expectation)来定义信任(Cai et al.,2010),即:组织间的信任是指一方对另一方的以下行为具有信心:另一方会履行义务,会以可预计的方式行事,而且即使有实施机会主义行为的条件,也会以公平的方式行事(Das,2011;Zaheer et al.,1998)。这种信心可能源于两个方面:一是受信完成预期任务所需要的能力;二是受信方是否具有完成预计任务的主观意愿(intention)。前者被学者们(Das 和 Teng,1998;Nooteboom,1996)称为能力信任(competence trust),后者则被称为善意信任(goodwill trust)。受信方之所以具有完成预计任务的意愿,又可能存在两种原因:一是受信者确实具有关心他人福利,以公平方式行事的利他品质;二是出于自身利益的考虑,即按照施信者的预期行事会给自身带来更多的利益或者不按预期行事会遭受更大的损失。施信方因为前者而产生的信任被称为关系信任(relational trust)(Rousseau et al.,1998;Saparito et al.,2004),因后者而产生的信任则被称为计算信任(calculus-based trust)(Lewicki 和 Bunker,1995;Saparito et al.,2004)。学者们(Lewicki 和 Bunker,1995;Shapiro et al.,1992)在提出计算信任的概念时还提出了一种基于知识的信任(knowledge-based trust),它源于施信方对受信者个体特质的了解和认知。受信者的个体特质可能包括能力,也可能包括仁爱之心(benevolence),因而,能力信任与关系信任又均属于基于知识的信任。

2.2 组织间网络与组织间信任的关系研究

对组织间网络(interorganizational networks)的研究自 20 世纪 70 年代以后呈几何级数增长(Bergenhoitz 和 Waldstrom,2011;Borgatti 和 Foster,2003),但迄今为此,何谓组织间网络,学界内并

没有形成统一的定义（Provan et al.，2007）。基于本研究的需要，我们使用 Provan 等（2007）的定义，认为组织间的网络是指：为了某些共同的目标，由 3 个或 3 个以上的组织正式联结而成的组织群体。组织间网络与其他类型网络的一个重要区别是，前者往往被正式管理且有明确的目的（Kilduff 和 Tsai，2003）。由于企业间的商业活动往往与社会关系交织在一起（Granovetter，1985），商业关系往往不可避免地会产生社会关系（Adler 和 Kwon，2002）。因此，本研究中的组织间网络是社会网络与商业网络的集合。

社会网络领域中的经典文献普遍认为，企业的社会结构对组织间信任的作用不应当被忽视。Gulati（1998）在讨论网络与联盟的综述性文章时则明确指出，组织间网络对组织间信任的影响是通过两种方式实现的：一是通过网络获得有效的信息建立"以知识为基础的信任（knowledge-based trust）"，二是通过网络的控制力量建立"以计算为基础的信任（calculus-based trust）"。Buskens 和 Raub（2002）使用信任博弈的方法对网络中的这两类信任作了进一步的探讨。他们将因获取信息而产生信任的过程称为学习机制（learning mechanism），因惩罚作用而产生信任的过程称为控制机制（control mechanism）。他们还强调了这两类机制在一个社会网络中可能同时发生。在银行对中小企业的贷款业务中，我们也观察到了这两种不同的信任产生机制。银行一方面可以通过网络中的成员（尤其是核心成员）了解该企业的详细信用资料，另一方面也可以通过网络成员间的相互约束和监督来抑制中小企业的机会主义行为。

尽管当前的理论与实践都认同企业嵌入的组织间网络会对组织间信任产生影响，然而这一领域的实证研究却比较缺乏，只有少数学者（Rindfleisch，2000；Buskens 和 Raub，2002）检验了组织间网络如何影响网络内部的企业间信任，几乎没有学者系统地分析过企业嵌入的组织间网络如何让其赢得当前网络之外的另一家企业的信任，以及此类信任的治理效果。之所以出现这种现象，并非组织间信任不被网络领域的学者所重视，而是在该领域的实证研究中，对组织间信任的讨论通常局限于当前网络内部的组织之间。因此，此类信任往往被当作组织间网络构建的前因，或者被作为网络中的内生变量，成为了反映组织的关系嵌入性或社会资本的内在维度。既然学者们普遍将组织间信任看作组织间网络的内生变量，自然不会有太多的文献将信任作为一个单独的因变量，来检验组织间网络对它的影响。

近期，寿志钢等学者（2011）从社会资本的视角出发，以我国中小企业贷款业务中的"供应链贷款"和"互保贷款"为对象，分析了企业所嵌入的网络关系如何影响网络之外的另一家企业对该企业的信任。然而，尽管组织间信任是一种重要关系治理机制，上述研究却并没有深入探讨此类信任的治理效果。本文旨在通过定性的实证研究，就此问题展开讨论。

3. 研究设计和主要研究发现

3.1 数据收集方法

本研究借鉴了 Uzzi 和 Lancaster（2003）在银行业中开展组织间网络研究所使用的人类学方法，对 29 家开展供应链贷款业务和 32 家开展联保贷款业务的银行进行了调查（其中，有 25 家银行同时开展了两类业务，但由于不同业务的负责人不同，因此在这些样本中，我们访问了至少两位工作人员）。调查主要使用深度访谈的方式收集信息，受访对象均为该银行负责相关业务的经理或行长。同时，我们还请求受访者提供银行制定的业务指南，以便对访谈信息做进一步的验证。在供应链贷款的调查中，每位受访者的平均受访时间约为 1.5 个小时，在联保贷款的调查中，每位受访者的平均约谈时间约为 1.2 个小时。

3.2 主要研究发现

3.2.1 网络类型与信任产生机制

如前所述，组织间网络对组织间信任的影响可通过学习机制和控制机制两种方式实现。通过访谈我们也观察到，在银行对中小企业的贷款业务中，一方面，银行可以通过网络中的成员（尤其是核心成员）了解该企业的详细信用资料（即学习机制）；另一方面，也可以通过网络成员间的相互约束和监督来抑制中小企业的机会主义行为（即控制机制）。然而，通过对商业银行贷款经理的访谈，我们发现不同类型的网络对两类信任机制的倚重有所区别。

中小企业嵌入的"供应链网络"系典型的纵向网络，而联保贷款业务中由 3 家以上的中小企业组成的"贷款联合体"则属横向网络。Rindfleisch 和 Moorman（2001）在对新产品联盟的研究中发现，与同行组成的横向联盟相比，在由供应链或营销渠道成员构成的纵向联盟中，成员之间会有更多的互惠关系。我们发现这一现象同样存在于中小企业贷款业务中。以供应链网络为代表的纵向网络中的企业往往有共同的目标，供应企业的成功更可能对采购企业或分销商的业绩产生积极的影响，反之亦然。而在横向的联保体中，成员不乏当前的竞争对手（例如，工商银行在某地的水产市场上组织的联保体、某银行在汉正街的商户中组织的联保体）。因此，横向网络中的成员之间很可能有一定的商业利益冲突。紧密的关系嵌入会提升企业间的信息分享意愿和信息质量（Rindfleisch 和 Moorman，2001），因此，与横向网络相比，纵向网络中的企业（特别是网络中的中心成员），很可能能够更准确的掌握网络中其他企业的信息。此外，在纵向网络中，成员之间的连带往往更为复杂，企业之间的交往不仅限于供销关系和社会往来，而且还可能涉及新产品开发，甚至股权交易。相对而言，横向网络成员间的关系较为单纯，社会往来是这一连带的主要特征，企业间的经济往来并不普遍（有股权关系的企业被严格禁止组成联保贷款的联合体）。混合式的连带关系（compound relationships）会使企业获得的信息更为全面（Ross 和 Robertson，2007）。由于纵向网络中传递的信息更为全面和准确，因此，我们发现与横向网络相比，在供应链贷款业务（纵向网络）中，银行会更多地利用学习机制来构建对中小企业的信任。

横向网络对信任的影响可能更多地依赖于控制机制。如前所述，有很多贷款联保体中的成员来自于同一个专业市场，相互间存在一定的竞争关系。联保贷款合同又使他们必须相互承担贷款违约的风险。因此，此类横向网络中的成员往往有很强的动机去监督其他成员是否在贷款的获得及使用方面有机会主义行为。然而，纵向网络中企业之间的密切关系却有可能降低网络成员之间的监督动机，有时甚至会带来串谋的风险。因此，我们发现与纵向网络相比，在联保贷款（横向网络）中，银行会更多地利用控制机制来构建对中小企业的信任。据此，我们得出以下命题：

命题 1：与横向网络相比，纵向网络对信任的影响更多地依赖于学习机制，而与纵向网络相比，横向网络对信任的影响更多地依赖于控制机制。

3.2.2 关系信任与计算信任的治理效果

在管理研究领域，组织间信任与合同、专有性投资一样，被作为治理企业间关系的有效方式，它们在抑制企业的机会主义行为和提高双方的关系业绩（relational performance，即这段关系为企业带来的总收益）方面都起来了重要的作用（Bradach 和 Eccles，1989；Poppo 和 Zenger，2002；Wuyts 和 Geyskens，2005）。Liu 等（2009）研究了关系型治理机制（包括信任、关系规范）与交易型治理机制（包括正式合同、专有性投资）的相对和联合效果。此研究的核心结论是，两类治理方式的联合使用会比单独使用的效果更好；交易型治理更适合用于抑制企业的机会主义行为，而关系型治理在促进企业间的关系业绩方面表现更佳。我们认为，此类治理效果的差异不仅存在于关系型治理与交易型治理之间，还有可能存在于不同类型的信任之间。

如前所述，社会网络可能通过两种方式促进组织间的信任：一是通过网络获得与信任对象相关的有效信息建立"以知识为基础的信任"；二是通过网络的控制力量来建立计算信任。尽管"以知识为基础的信任"包含了能力信任和关系信任，但由于当前文献对信任治理效果的讨论并不涉及能力信任，因此，我们在此只关注关系信任与计算信任在治理效果上的差异。

3.2.2.1 关系信任、计算信任与机会主义行为

机会主义是指在交易中通过欺骗来谋取自己的利益（Williamson，1975），包括撒谎、不提供完整的信息、或违背协议精神（John，1984）。在银行对中小企业的贷款业务中，中小企业的机会主义行为表现为：提供虚假的财务信息、掩盖应当向银行提供的信息、不按照贷款协议使用从银行获得的资金（如用于炒股、购买期货等高风险业务）等方面。这些行为均可能显著地增加银行的风险，乃至产生坏账损失。作为一种有效的治理机制，企业间的信任会抑制机会主义行为（Lusch 和 Brown，1996；Poppo 和 Zenger，2002）。这一观点的基本逻辑是，信任可以通过营造一个良好的合作氛围来促进企业间的交易。当交易中的一方对另一方表现出较高的信任时，被信任的一方往往也会以信任相回报。当双方的相互信任程度较高时，双方都更不会去谋求机会主义行为所带来的利益，因为这种利益可能不及企业长期的良好合作所带来的收益（Cavusgil et al.，2004）。然而，也有学者提出了不同的观点。Jeffries 和 Reed（2000）认为，从抑制机会主义的角度来看，过多的信任与过少的信任一样糟糕，因为信任可能会弱化监督，从而使受信方有更多实施机会主义行为的机会；Wicks 等（1999）指出，应当去寻求一种最佳的信任程度，对信任的过度投资及过少投资对抑制机会主义行为都是不合适的。Wuyts 和 Geyskens（2005）的研究也隐含着一个结论，即信任与机会主义行为之间是一个 U 形的曲线关系。因此，从当前的研究来看，学者认为信任对机会主义行为的抑制作用是有限的（Liu et al.，2009）。

然而，如果深入探究信任产生的机制，以上表达也许只适用于因学习机制而产生的关系信任。如果企业的信任由网络的控制机制所产生，由于企业信任与控制机制相伴，那么信任的局限性将不会明显显现。即使交易双方没有形成良好的信任氛围（可能由于归因机制而不会形成信任回报，详见下文的论述），中小企业也会因网络控制力量的约束而降低机会主义倾向。据此，我们得出以下命题：

命题2a：关系信任和计算信任均与中小企业的机会主义行为负相关。

命题2b：相对于关系信任而言，计算信任在抑制机会主义行为方面更为有效。

3.2.2.2 关系信任、计算信任与关系业绩

关系业绩是指交易双方因这一关系而产生的经济利益（Noordewier et al.，1990），可用主观的量表来衡量（Liu et al.，2009）。在银行对中小企业的贷款业务中，具体表现为银行的利润和市场份额、中小企业的贷款总额、期限及利率优惠在多大程度上得益于某一特定的银企关系。如上文所述，交易中的一方对另一方的信任会促进企业间的互信关系，而这种相互信任又会促进双方的关系行为（relational behavior）（Yilmaz et al.，2005），即可能导致双方充分地交流信息、灵活地相互适应、以及面对困难共同承担责任和共同寻求解决办法（Lusch 和 Brown，1996）。这些行为对关系业绩的影响显然是正面的（Liu et al.，2009）。因此，企业间信任通过促进关系行为进而创造更多的关系业绩，这一逻辑似乎顺理成章。然而，我们认为，并非所有类型的信任都能达到这种效果，这一推断可能只适用于关系信任，因控制机制而产生的计算信任未必能够营造有效的互信氛围，因而它对关系业绩的促进作用也许是有限的。

可以用归因理论来解释我们以上的观点。计算信任与控制机制相伴，尽管施信方会因此而承担一些风险行为，但却不一定会让受信方接受到被信任的信号。因为后者很可能将施信方的此类风险承担行为归因于控制系统的作用而不是对方对自己本质的认可。缺乏被信任感的企业自然也很难将信任回报给对方，因此，基于计算的信任并不一定能促进企业间的互信关系。Malhotra 和 Murnighan（2002）主导的实验研究为这一逻辑提供了一定的证据，他们发现尽管具有强约束力的合同（类似于正式控制系统）会促

进和增加合作，但是互动双方会将此类合作归因于合同的约束而非参与者个体的自身特质，此类归因将不利于互信关系的发展。据此，我们可以得出以下命题：

命题3a：关系信任和计算信任均与银行的关系业绩正相关。

命题3b：相对计算信任而言，关系信任对促进企业的关系业绩更为有效。

4. 研究意义和局限

依据中小企业嵌入的社会及商业网络对其发放无抵押或低抵押贷款是近年来我国银行业中的一个较为普遍的现象，我们认为这一现象的本质是中小企业的社会资本如同他们的其他资产一样，增强了商业银行对中小企业的信任。然而，尽管信任被当作是治理企业间关系的重要机制，且组织间信任对企业间关系的治理效果已被充分讨论，此类"基于网络的组织间信任"的治理效果并没有被当前的理论研究所关注。本研究分析了由中小企业嵌入的商业及社会网络如何促进银行对中小企业的信任（包括因学习机制而产生的关系信任和因控制机制而产生的计算信任），以及此类信任如何影响中小企业的机会主义行为和银企双方的关系业绩，对发展组织间的信任理论和治理理论均具有一定的贡献。

本研究所提出的相关命题对我国商业银行顺利开展中小企业贷款业务也具有一定的指导意义。由于在供应链贷款业务中，银行会更多地利用学习机制来构建关系信任，而此类信任对关系业绩的积极影响又更为显著，因而银行在供应链贷款业务中应当注重于对中小企业的机会主义行为的防范。在联保贷款业务中，银行会更多地利用控制机制来构建计算信任，而计算信任对机会主义行为的抑制作用又更为明显，因而银行在开展联保贷款业务时，应当额外关注关系业绩的提升。

尽管我们通过深度访谈，就网络派生信任的治理效果提出了一系列的命题，但这些命题均来自于定性访谈和基于当前文献的逻辑推导，结果的可靠性还需通过实证数据的检验。需要强调的是，由于治理效果并非能够在短期内有效识别，因此相关的实证检验还需要通过一个纵贯研究（longitudinal study）来展开。

（作者电子邮箱：shou_zhigang@ yahoo. com. cn）

参 考 文 献

[1] 宋炳方. 商业银行供应链融资业务 [M]. 北京：经济管理出版社，2008.

[2] 寿志钢，杨立华，苏晨汀. 基于网络的组织间信任研究：中小企业的社会资本与银行信任 [J]. 中国工业经济，2011，9.

[3] 王利锋. 银企信息不对称下网络联保贷款发展分析 [J]. 金融经济，2009，10.

[4] 深圳发展银行，中欧国际工商学院供应链金融课题组。供应链金融：新经济下的新金融 [M]. 上海：上海远东出版社，2009.

[5] Adler, P. S., and Kwon, S. W.. Social capital: Prospects for a new concept [J]. Academy of Management Review, 2002, 27 (1).

[6] Bergenhoitz, C. and Waldstrom, C.. Inter-organizational network studies: A literature review [J]. Industry and Innovation, 2011, 18 (6).

[7] Borgatti, S. P., and Foster, P. C.. The network paradigm in organizational research: A review and typology [J]. Journal of Management, 2003, 29 (6).

[8] Bradach Jeffrey, L., and Robert G. Eccles. Price, Authority, and trust: From ideal types to plural forms [J]. Annual Review of Sociology, 1989, 15.

[9] Buskens, Vincent, and Werner Raub. Embedded trust: Control and learning [A]. Shane R. Thye. Group Cohesion, Trust, and Solidarity [M]. JAI Press Inc. 2002.

[10] Cai, Shaohan, Minjoon Jun, and Zhilin Yang. Implementing supply chain information integration in China: The role of institutional forces and trust [J]. Journal of Operations Management, 2010, 28.

[11] Cavusgil, S. T., Deligonul, S., and Zhang, C.. Curbing foreign distributor opportunism: An examination of trust, contracts, and the legal environment in international channel relationships [J]. Journal of International Marketing, 2004, 12 (2).

[12] Das, T. K., and Teng, B. S.. Between trust and control: Developing confidence in partner cooperation in alliances [J]. Academy of Management Review, 1998, 23 (3).

[13] Das, T. K.. Regulatory focus and opportunism in the alliance development process [J]. Journal of Management, 2011, 37 (3).

[14] Granovetter, M.. Economic action and social structure: The problem of embeddedness [J]. American Journal of Sociology, 1985, 91 (3).

[15] Gulati, R.. Alliances and networks [J]. Strategic Management Journal, 1998, 19 (4).

[16] Jeffries, Frank, L., and Richard Reed. Trust and adaptation in relational contracting [J]. Academy of Management Review, 2000, 25 (4).

[17] John, G.. An empirical investigation of some antecedents of opportunism in a marketing channel [J]. Journal of Marketing Research, 1984, 21 (3).

[18] Kilduff, M., and Tsai, W.. Social networks and organizations [R]. Thousand Oaks, CA: Sage, 2003.

[19] Liu Yi, Yadonag Luo, and Ting Liu. Governing Buyer-supplier relationships through transactional and relational mechanisms: Evidence from china [J]. Journal of Operations Management, 2009, 27.

[20] Lewicki, R. J., and Bunker, B. B.. Trust in relationships: A model of development and decline. In: B. B. Bunker, and J. Z. Rubin (Eds.). Conflict, Cooperation, and Justice: Essays Inspired by the Work of Morton Deutsch [M]. San Francisco: Jossey-Bass, 1995.

[21] Lusch, R. F., and Brown, J. R.. Interdependency, Contracting, and Relational behavior in marketing channels [J]. Journal of Marketing, 1996, 60 (4).

[22] Malhotra, D., and Murnighan, J. K.. The effects of contracts on interpersonal trust [J]. Administrative Science Quarterly, 2002, 47 (3).

[23] Mayer, R., Davis, J., and Schoorman, F.. An integrative model of organizational trust [J]. Academy of Management Review, 1995, 20 (3).

[24] Noordewier, T. G., John, G., and Nevin, J. R.. Performance outcomes of purchasing arrangements in industrial Buyer-Vendor Relationships [J]. Journal of Marketing, 1990, 54 (4).

[25] Nooteboom, B.. Trust, Opportunism and governance: A process and control model [J]. Organization Studies, 1996, 17 (6).

[26] Poppo, L., and Zenger, T.. Do formal contracts and relational governance function as substitutes or complements? [J]. Strategic Management Journal, 2002, 23 (8).

[27] Provan, KeithG., Fish A., and Sydow J.. Interorganizational networks at the network level: A review of the empirical literature on whole networks [J]. Journal of Management, 2007, 33 (3).

[28] Rindfleisch, Aric. Organizational Trust and interfirm cooperation: An examination of horizontal versus vertical alliances [J]. Marketing Letters, 2000, 11 (1).

[29] Rindfleisch, Aric, and Moorman, C.. The acquisition and utilization of information in new product alliances: A strength-of-ties perspective [J]. Journal of Marketing, 2001, 65 (2).

[30] Ross Jr., William, T., and Roberton, D. C.. Compound relationships between firms [J]. Journal of Marketing, 2007, 71 (7).

[31] Rousseau, D. M., Sitkin, S. B., Burt, R. S., and Camerer, C.. Not so different after all: A Cross-discipline view of trust [J]. Academy of Management Review, 1998, 23 (3).

[32] Saparito, Patrick, A., Chao C. Chen, and Harry J. Sapienza. The role of relational trust in Bank-Small firm relationships [J]. Academy of Management Journal, 2004, 47 (3).

[33] Uzzi, B., and Lancaster, R.. Relational embeddedness and learning: The case of bank loan managers and their clients [J]. Management Science, 2003, 49 (4).

[34] Wicks, Andrew, C., Shawn L. Berman, and Thomas M. Jones. The structure of optimal trust: Moral and strategic implications [J]. Academy of Management Review, 1999, 24 (1).

[35] Williamson, Oliver, E.. Markets and hierarchies: Analysis and Anti-Trust implications [M]. New York: The Free Press, 1975.

[36] Wuyts, S., and Geyskens, I.. The formation of Buyer-Supplier relationships: Detailed contract drafting and close partner selection [J]. Journal of Marketing, 2005, 69.

[37] Yilmaz, C., Sezen, B., and Ozdemir, O.. Joint and interactive effects of trust and (inter) dependence on relational behaviors in Long-term channel dyads [J]. Industrial Marketing Management, 2005, 34 (3).

[38] Zaheer, Akbar, Bill McEvily, and Vincenzo Perrone. Does trust matter? Exploring the effects of interiorganizational and interpersonal trust on performance [J]. Organizational Science, 1998, 9 (2).

The Governance Effect of Trust based on Network: Evidence from Loan Business for Small and Medium Sized Enterprises (SMEs)

Shou Zhigang[1]   Yang Lihua[2]   Huo Xinchang[3]

(1 Economics and Management School of Wuhan University   Wuhan   430072;

2, 3 Business College of City University of Hong Kong   Hong Kong   999077)

Abstract: At the context of supplier chain loan and SME co-guarantee loan in Chinese commercial bank, this study analyzes the governance effect of trust based on network. The study results indicate that the banks may build relational trust in SME by learning mechanism, and establish calculative trust in SME through control mechanism. Relational trust and calculative trust both improve relationship performance and restrain SMEs' opportunistic behaviors. However, relational trust is more powerful in improving relationship performance while calculative trust is more effective in restraining opportunism.

Key words: Network; Inter-organizational trust; Relationship performance; Opportunistic behavior

珞珈管理评论 ［2011 年卷 第 2 辑（总第 9 辑）］   Luojia Management Review No. 2，2011 （Sum. 9）

管制俘获理论最新进展评述

● 李 健[1,2]

（1 哈尔滨工业大学管理学院 哈尔滨 150001；2 哈尔滨商业大学管理学院 哈尔滨 150082）

【摘 要】规制经济学一直致力于研究两个宽泛的问题。首先，为什么我们在经济生活中可以观察到规制？其次，什么政治经济过程导致了规制的发生？对这两个问题的不同回答形成了两种对立的理论，即公共利益理论和管制俘获理论。20 世纪 70 年代以来，管制俘获逐渐成为规制经济学关注的核心主题之一，建立一个符合公众利益的政府也是世界范围内规制改革的主要目标。21 世纪初期，这一领域的研究取得了巨大的进展。论文将总结和评论这些研究进展，在此基础上对这一领域的研究前景进行了展望。

【关键词】管制俘获 利益集团 规制改革 交叉学科

1. 引言

管制俘获理论是 20 世纪 70 年代兴起的一种管制理论，它认为规制是周期性、可预见性地被那些产业、专家、商人或其他利益集团或者那些官僚及立法机构所控制。自斯蒂格勒在 1971 年《经济性规制理论》中将首次将经济学的实证方法引入规制研究并创立俘获理论以来，大批经济学家被吸引到政府管制理论的研究中，俘获理论也成为规制理论中较为成熟的部分之一。20 世纪 80 年代以后，信息约束、交易约束和政治约束的引入使激励性规制理论后来居上，相比之下，对管制俘获的研究略显降温。其实，对于管制俘获的研究从未停止，2000 年 9 月，乔尔·赫尔曼、丹尼尔·考夫曼等人在世界银行组织和欧洲复兴开发银行、中美洲发展银行和哈佛国际发展研究院的支持下对 22 个转轨国家中的近 4000 个企业进行了《商业环境与企业业绩调查》（简称 BEEPS），出具了一系列关于转轨国家俘获问题调查的报告。报告显示，俘获现象在拉美、东欧、俄罗斯等经济转轨国家尤为突出。这些国家存在的共同特点是政府官员和垄断企业借助私有化之机，相互勾结掠夺瓜分国家公共财产，致使政府的政治过程完全被垄断资本操纵。在世界银行的调查报告发布后，Yakovlev 等（2004），Vesna Pesic（2007），Matei（2009）等学者陆续研究了俄罗斯、乌克兰、塞尔维亚和罗马等国家和地区的俘获现象。在对富有国家的俘获调查中人们发现，明显的证据证明相对于富有的国家，腐败更多地发生在贫困国家和转轨经济中，而没有证据说明在富有国家俘获程度更低。Andrew Baker（2010）认为 2008 年美国次贷危机的爆发突出反映了国家俘获和影响这种上层腐败形式在西方成熟市场经济国家的普遍存在。伴随着大量的研究成果问世，世界范围内有关俘获问题的研究再度兴起。

20 世纪的管制俘获理论发展可以划分为两个阶段，即 20 世纪七八十年代的传统规制俘获理论和 20 世纪 80 年代至 20 世纪末的新规制经济学的规制俘获理论。总结 21 世纪初期有关管制俘获的研究，我们发现有以下几个方面变化：一是多角度解释俘获动机；二是多工具进行俘获判定；三是多学科关注俘获的影响；四是多环节推进俘获治理。

2. 多角度解释俘获动机

管制俘获理论最初是在对公共利益假说的质疑中产生的，斯蒂格勒将现代经济学的研究方法应用于管制俘获的研究，他发现受规制的产业并不比不受规制的产业具有更高的效率，从而得出政府规制为利益集团服务的结论。贝克尔发展了他的观点，认为政府可能为产业集团服务，也可能为其他利益集团服务，取决于彼此之间压力的对比。公共选择学派引入了租金的概念，从利益集团寻租和规制者创租、抽租两个方面解释管制俘获的动机。新规制经济学引入信息不对称，运用委托代理框架重新解释了管制俘获的发生。总的来看，管制俘获在传统规制经济学和新规制经济学的不断发展中经历了多范式的演进过程，对俘获理论的认识也不断得以深化。

传统的管制俘获理论关注影响市场的买者（规制需求方），新规制经济学中的俘获理论关注影响市场的卖者（规制供给方），俘获供求双方的作用方式作为黑箱而存在。这一时期的理论研究尝试打开这一黑箱，力图解释管制俘获理论未能解决的一些问题：为什么有的企业俘获政府，而有的企业不俘获政府？企业通过什么方式来影响规制者？不同俘获方式给企业造成的结果如何？

在政府俘获的研究中，乔尔·赫尔曼、丹尼尔·考夫曼等将转轨国家中企业影响政府的方式分为两种类型：第一种是政府俘获（State Capture），即企业通过向政府官员提供非法的个人所得来使政府制定有利于自身的法律、政策和规章；第二种是有权势的企业（Influence）的影响，主要是指一些国有企业凭借自身与政府的从属关系和对市场的垄断地位，无须向政府官员提供非法所得就可以使政府制定有利于自身的法律、政策和规章。他们发现采用不同俘获方式的企业特征之间存在明显的区别[1]，俘获者企业（Captor Firms）主要是新进入市场的小型企业；与政府关系不密切，产权很难得到保护；在市场中影响不大，并面临有权势企业的不公平竞争的压力。俘获者企业销售额是其他企业的四倍，投资额是其他企业的两倍多，产权受到保护的可能性是其他企业的五倍以上。有权势的企业（Influential Firms）主要是大型国有企业或原国有企业；一般有很大的市场份额，甚至在市场上占有主导地位并有很好的业绩；产权能得到很好的保护；与政府关系密切且较稳定。有权势的企业销售额是其他企业的两倍多，投资额是其他企业的近两倍。

乔尔·赫尔曼、丹尼尔·考夫曼不仅在宏观上研究了俘获的国家差异（高俘获国家和低俘获国家），而且也从微观上研究了的俘获企业行为特征，促使越来越多的学者在研究管制俘获问题时更加关注企业与政府相互作用的市场结构（决策过程）。

Oliver 和 Holzinger（2008）研究了西方国家企业影响政府的方式，总结为游说和其他沟通关系的活动、竞选捐款、选民培养、公益性捐款、社会舆论、参加各种顾问委员会和提供国会证词及提起法院诉讼和公开抗议等。此外，旋转门（Revolving Door）也是西方企业干预政府规制政策的重要方式，Vidal（2010）发现那些具有产业背景的规制者更倾向于照顾产业[2]。

田志龙等（2003）对比了中国企业与西方国家俘获方式的差异及不同效果，并从企业政治策略的角度将俘获行为划分为规范的政治行为、灰色的政治行为和不规范的政治行为。

---

[1] 其他一些研究也证实了这些结论：如初创企业相对于其他类型的企业更容易卷入俘获行为中。后续研究认为除了企业规模、年限等自身特征的差异之外，人均国内生产总值以及政治稳定性也是造成企业俘获方式差异的重要因素。

[2] 但这也存在很多例外，尤其是在其控制了政治机构时看似并没有对规制决策产生稳健的影响，特别是在位的后期。一个重要的涉及旋转门的开放问题是企业是否雇用前规制者主要在于他们的专业技能或他们游说的潜质。

贿赂是非法的，而仅小部分转型国家对政治捐献、筹资披露、游说限制、利益冲突和资产申报等有法律管制。对俘获的另一种划分是将其简化为直接贿赂和游说两种。一般认为，发达国家的企业更倾向游说影响规制者，而在不发达国家企业常常采用直接贿赂的方式。Campos 和 Giovannoni（2007）通过对25 个国家的近 4000 个企业的腐败、游说和影响研究表明，即使在不发达国家游说也比腐败更有效。

过去研究主要集中在企业通过收买方式俘获政府，Dal Bo 等（2006）强调提供物质上的激励（如行贿）可能不是影响规制者的唯一方式。利益集团为了达到影响公共政策的目的，会同时向官员提供贿赂和威胁。被规制者可以制造"麻烦"，如威胁规制者的生命安全或造成名誉损失也有可能影响到规制政策。这种方式是尤其重要的，因为对那些能力不足的规制者而言更容易上当。尤其是当规制者的工作稳定性脆弱时，这种威胁的力量更大。在这种情况下规制者对于强大的企业利益影响就更小。因此，在那些规制者容易受到暴力或产业散布的谣言威胁的国家里，管制俘获现象更为普遍。

不同俘获方式的成本也是这一时期研究的主要内容。社会福利方面，Begovic（2005）引入内生租金对腐败和游说的福利损失进行了比较，认为当不存在租金时无论腐败和游说都是次优的，当租金很低时，腐败对社会福利影响小；而当租金很高时，游说对社会福利影响小。企业成本方面，无论哪种俘获行为都会给企业形成一种"非正式的抽租"以及与政府打交道的时间成本。Jakob Svensson（2000）在对乌干达的企业进行研究表明：当政府官员的行为直接影响企业时，企业必须贿赂政府官员，贿赂的金额不固定但与企业的承受能力有关①。

3. 多工具进行俘获判定

斯蒂格勒最初通过对电力行业的实证研究得出了受规制产业并不比不受规制的产业具有更高的效率和更低的价格。但他的研究方法遭到了包括 Joskow 和 Peltzman 在内的很多学者的质疑。公共选择学派的学者们依据哈伯格三角形和塔洛克四边形等模型对寻租损失进行了测算，但由于剩余和福利本身就是一种假设，导致人们对租金测算的结果形成巨大偏差。正如 H. T. 科普林所指出的：根本的困难在于，福利是无法衡量的。必须从一开始就认识到，永远也不可能客观地断言，某一个特定的经济状态要比另一个代表着更高的或更低的社会福利。对福利的陈述必须以假设为基础，而这些假设是无法证明的。新规制经济学强调信息的不对称是形成俘获的原因，但现实中双向不对称信息的存在使委托代理框架的分析和应用受到极大的限制，就连拉丰也不得不承认新规制经济学很难进行实证，迄今为止在激励理论中信息不对称仅作为一种假定而存在，无法进行直接检验。

俘获行为的隐蔽性使传统管制俘获理论只能依据理论模型和经验进行分析，缺乏有力的实证成为该理论被人诟病的重要缺陷之一。近期的研究丰富和发展了管制俘获判定的实证方法，主要包括以下几种：（1）硬数据法（hard data）。这种方法结合与俘获有关的"硬数据"：即可以通过一些相关数据的测量，如银行贷款的数额（Li，2008）、实际税率（Richter et al.，2009）、规制政策数量（Slinko et al.，2005）等硬数据来了解管制俘获的严重程度。（2）案例研究法。Koten（2008）观察到欧盟允许其成员国在不完全分拆（合法）或完全分拆（不合法）之间进行选择，并猜测 2004 年以前加入欧盟的旧成员进行低效率的分拆是受其本国利益集团游说影响的结果。Manuel Guerrero（2010）以墨西哥传媒的三个具体事件作为证据说明了尽管媒体的力量分散但依然可以通过强有力的组织俘获当局政府。Alston（2010）研究了巴西失地农民运动的案例，说明利益集团可以通过操纵传媒影响选民，进而游说政府出台有利他们的规制政

---

① 在经济学的许多研究中俘获是经常与"腐败"交织的。在遇到这一问题时，在此使用了那些与企业购买政府官员便利的研究，但抽离了受政府官员骚扰和勒索的有关腐败的部分文献。

策。（3）计量模型法。这种方法通过一些可得到的与俘获有关的其他社会经济变量，利用计量回归的方法，来间接估计和测量俘获，或是确定俘获的成因和影响。对俘获进行计量分析背后的逻辑是：俘获水平与其他社会经济变量之间存在着比较稳定的关系。这方面的研究可见 Smyth 和 Soderberg（2010），Thomas（2009）。（4）主观测量法。由于多数直接通过私下方式进行，很难了解俘获的真实本性和程度，俘获黑数的存在使得客观测量法往往不能很好地说明问题，一些学者试图通过问卷调查获取人们的主观感知法来测度俘获。世界银行的 Hellman，Jones（2000）等人在 BEEPS 的调查中采用了两种政府俘获的主观测量法：一种是依据调查中承认通过向政府官员行贿以"购买"法规政策而给其业务带来直接影响的企业在这个国家所有被调查企业中所占的比例来确定这个国家的俘获经济的程度；另一种是通过行为鉴别法来判断俘获者企业，是指那些在调查中承认为了购买法规政策而向政府官员提供贿赂的企业。Olken（2009）利用主观感知法对印尼公路工程中的俘获问题进行测量。对比主观感知和现实之间的差距发现主观感知法测量结果基本上反映了现实情况。

这些研究方法从定量和定性研究的角度提供了大量的证据支撑，为俘获的实证研究提供了多样化的工具和方法，进一步充实了管制俘获理论，但不同方法各有利弊（见表1）。

表 1 管制俘获的判定与测量方法

测量方法	研究方法	研究角度	简单评述
硬数据法	定量	客观	优点是数据有较稳定的来源，且比较直观。但往往更多的反映事前行为，而且由于俘获行为的隐蔽性，往往导致测量结果不准确。
案例研究法	定性	客观	案例研究对评估俘获以及俘获参与者之间的关系的形成过程是特别有用的。但这些案例往往仅就某一特定事件而言，证明了俘获的存在。由于缺乏普遍一致的研究框架和方法论，并不能说明俘获存在普遍性，而且无法用来对比和作时间序列分析，对俘获的严重程度也无法估算。
计量模型法	定量	客观	计量模型在使用过程中受到很多条件的限制，特别是相关的特征变量赋值也存在一定难度。
指数测量法	定量	主观	由于测度指数主要是基于主观评价而得到的主观数据，存在系统偏差（systematic biases），被调查者有意隐瞒，目的性和倾向性，指标的内生偏差等。

4. 多学科关注俘获的影响

近期有关俘获的研究中，俘获在交叉学科范畴内得到讨论：经济学主要研究俘获行为与产业效率、社会福利和经济增长的相关性，政治学主要从通过利益集团影响政府决策而对社会利益和民主制度影响的角度来论证，管理学主要从组织理论和企业战略理论角度探讨俘获行为对企业的绩效影响，社会学更为关注这种关系嵌入性给网络个体带来的实际效用。在这一过程中，俘获的概念不断地被拓宽，发展了包括政府俘获（state-capture）、利益集团（Interest Groups）、政治联系（state-business connection）、异质性社会资本（Heterogeneity social capital）等一系列相关研究领域和方向。

经济学方面，直观的理解是由于利益集团增多，游说、寻租等非生产性的政治行为相应增加，人们在政治领域消耗更多的资源，而不是将有限的资源投入到生产中，导致投资减少、增长变缓。在直接测度方面，Coates 等（2007）、（2010）研究了俘获行为对投资额、资本集聚、技术进步、产出增长、生产效率和股票价值等的影响，认为利益集团的寻租活动产生了硬化效应（sclerotic effect），并且观察到这种硬化效应在发达国家要比发展中国家作用更强，在民主国家效果更大。除直接研究外，也有一些学者从间接研究的角度分析了管制俘获的影响。Kwhaja 和 Mian（2005）的研究中并未包含被规制企业，但显示了当被俘获的官员给企业提供租金时所造成的社会成本是十分巨大的。他们研究了巴基斯坦国有银行给有政治联系的企业贷款时存在的扭曲现象，估计俘获导致的社会成本扭曲产生了相当于 0.3% ~ 1.9% 的 GDP 损失。Dal Bo 和 Rossi（2004）使用了一种测量腐败的工具测量所有公共部门官员的腐败程度而不仅仅是规制者，但包含腐败对受规制产业的影响。他们发现如果中拉丁美洲国家如巴西有最低的腐败水平，则电力部门可以减少 12% 的雇员并减少 23% 的开支。

政治学关注利益集团活动比经济学更早，近期的研究明确地由普通的"政治市场"（中间选民模型）假定转向更加现实的分析框架。在某种程度上它吸取并深化了古典学者关于政治经济学的研究（Marx and pareto），政治学中的多元利益集团（Bentley 和 Truman），以及其他一些关注特别社会群体政治影响的标签"派系"、"阶层"或"精英"。在政策制定者和利益集团之间相互作用问题上，坚持方法论上的个人主义并模型化下列事件：集团形成/调整—集团决策—集团活动—政治决策—政府行为—集团形成/调整。由于集团形成/调整的复杂性，以往研究都回避这一问题而将利益集团的存在给定并且单独行动。相对于以往的政治学研究，当代政治学文献更加严谨，强调使用数理模型，并密切注意利益集团对政策结果的影响。Dur（2008）提出了三种方式测量俘获影响：过程追踪，评估"归因影响"和衡量实现的优先程度。为实现这些目的，开发了三角测量法、方法选购（method-shopping）以及大规模的数据搜集等方法。

政治学的定量研究中，一致认为文本数据是政治过程中最广泛最有效的证据来源。内容分析被用于对丰富的数据来源进行系统的研究。最新的有关定量内容分析的创新是 Slapin 和 ProKsch（2008）提出的 WORDFISH。这是一种统计缩放模型，允许对政策文本进行预先估计，通过观察词语在文本中出现的频率而不需要参考文献，用于分析的文件需要大量的对参与者政策倾向的词语陈述。Kluver（2009）在 Slapin 和 ProKsch（2008）的基础上提出一种定量文本分析法（quantitative text analysis），通过对比利益集团政策偏好和最终政策结果，可以得到决策过程的胜者和败者。以往政治学对利益集团影响的观点是模糊的，借助新的定量分析工具人们发现：工会以及议会院外游说集团等这样一些利益集团的分利活动会降低社会效率和总收入，并使政治生活中的分歧加剧，造成"制度僵化"。

在管理学领域，政治联系（political connection）作为企业重要的俘获方式得到较多关注。其中，又包含两个主要问题：（1）什么因素或者什么程度，这些公司是否参与到政治联系中；（2）政治联系反过来影响企业绩效的程度如何。普遍认为企业政治联系的动机是为了获取资源、竞争能力、竞争优势、市场地位和财务业绩（罗党论和唐清泉，2009）、（吴文锋等，2009）。一些实证研究认为政治联系与企业高绩效的关系是不确定的。孙俊华、陈传明（2009）发现企业家掌握的政府关系与企业绩效之间并不像人们期待的那样有强烈的正向关系。恰恰相反，企业家掌握过多的政府关系容易导致企业的低效，这在单独关于国有企业的研究中也得到证实。梁莱歆和冯延超（2010）分析了形成这种因素的原因，认为企业在从事政治关联的同时，也受到了政府为实现扩大就业、促进社会稳定目标而进行的反向政治干预，政治关联企业往往雇用了更多的工人并支付了更高的薪酬。

在社会学领域中，传统观点认为俘获是发生在政府和企业之间的交换，这种交换既包括经济交换也包括社会交换。张闯（2008）关于渠道结构的研究可以帮助我们从社会学的角度了解俘获的成因。由于网络中的权力分布存在巨大差异，政府与企业之间的关系类似于一种权力—依赖网络，在网络结构中处于权力弱势的企业可以将俘获作为平衡运作的方式之一有效地改善其在网络中地位。

随着现代社会学理论不断发展，交换理论与网络分析紧密结合，政府与企业之间的二元互动关系逐渐向网络方向拓展，研究视角从过去的"关系嵌入"向"结构嵌入"转换，即从"经济行为及其结果是如何被二元关系影响的"向"上述行为及其结果是如何受到关系网络结构影响的"转换。例如，通过社会关系网络影响，如果某一企业通过俘获政府受益，那么也会带动与这个企业有社会网络联系的其他企业参与俘获行为；相反，在政治体系中，如果某一官僚得到了实惠，则其他官僚也会效仿这种寻租行为。

Coughlan 等（2001）认为网络对寻求利益最大化的个体有益但可能对于提升整体绩效并没有直接的益处。Burt（2008）从结构洞（structural holes）的角度俘获行为的影响，使国家、社会和企业三元关系中出现了无连接或非等位的情形，企业利用网络作为通路为其提供高结构自主性，享受了较高的投资回报率（信息利益和控制利益）。然而，网络的嵌入性也是有风险的，它在为行动者提供各种资源的同时，也为其行为施加了一定的限制。

社会学领域的研究描述了一个竞争场域中的社会结构如何为企业带来机会，并由此影响企业与政府之间的关系的。然而，作为一门新兴的学科，社会学在分析俘获现象时也存在缺陷。由于很难通过直接观察或问卷的方式调查出彼此之间的社会网络联系，致使社会网络分析在解释俘获行为时主要通过抽象的理论分析进行描述，相关社会网络分析工具的实证应用并不多见，相信随着未来这方面的研究会日益丰富。

5. 多环节推进俘获治理

微观的证据只提供了有限的研究范围：覆盖了少数企业。学者和政策制定者们投入大量的努力改进宏观政策。由于传统的规制理论主要以西方为研究对象，忽视了发展中国家的特点，导致西方规制实践（best practice）在向转轨国家进行政策转移（policy transfer）时存在普遍的适用性问题。这一时期的研究广泛吸取转轨国家规制改革失败的教训，强调规制改革的整体性，三个环节的改革尤其值得关注。

5.1 引入竞争

近期研究对放松规制的两种方式私有化和引入竞争的效果开展了广泛的讨论，相对于私有化的不确定性，引入竞争的作用得到了一致认可（Zhang et al.，2008）（Young，2010）。引入竞争的传统方式旨在降低产业的市场力量，却忽视了政治改革阻力的克服及企业整体效率的改进。这方面的一个积极研究成果是 Hansmann（2010）在不对称规制的基础上提出的"双重规制"（regulation dualism）。双重规制通过允许现有商业精英在旧的体系下经营，而允许另一些企业在一个新的更有效率的规制体系下发展。双重规制常用的策略如祖父条款和菜单规制①等，但又加入一些与效率相关的动态因素。双重规制的一个范式是巴西"新市场"改革中承诺允许公司出于保护重要的少数股东考虑不在那些精英控制的公司强制推行。双重规制不仅在美国和欧洲的国家已经得到广泛应用，而且也适合应用于发展中国家，但德国"新市场"（Neuer Markt）的失败说明双重规制依然存在缺陷，要求复杂的实施办法来实现。

另外，几乎所有的文献都将引入竞争局限在市场领域，Sachdeva（2010）认为有必要在政府和地区之间引入竞争，他研究了 20 世纪 70 年代中期美国各州为了吸引企业进入而通过降低规制标准所实行的规制竞争减少了俘获现象。虽然规制竞争的实质是标尺竞争在政治领域的应用，但却从另一个角度给我们防范和治理俘获一些有益的启示。

---

① 祖父条款（Grandfathering treatments）是一种规定，某些人或者某些实体已经按照过去的规定，从事一些活动，新的法规可以免除这些人或者这些实体的义务，不受新法律法规的约束，继续依照原有的规定办事。菜单规制（Menu regulation）是将多种规制方案组合成一个菜单，以供被规制者选择的一种综合性规制方式。

5.2 改变政治程序、强调官员问责

管制俘获往往是由于决策过程缺乏透明度以及决策权的私人参与，反管制俘获要求对政治程序进行改革。传统研究侧重于权力分配、部门设计等规制结构的安排，最新的文献研究了任命方式、任命期限的差异对规制者被俘获的激励。Boubakri 等（2008）认为存在一种迹象即选举方式可能驱动规制结果。如果规制者更多地是由上级任命的话，则规制者将规制失灵的理由归结于任命他们的政府或立法者。一些实证研究说明：通过选举产生的规制者更倾向于维护消费者的权益。但一些转轨国家的研究令我们担忧，就是这些国家普遍缺乏有能力的、专业化的规制者，在这种情况下选举是否更有效是值得研究的问题。另一些文献考虑了任职期限长短对俘获行为的影响。虽然任职期限长使合谋在长期关系中更容易维持，但是任职期限太短使规制者感到尽量不要找麻烦（rock the boat）。最优的任职时间应该平衡两种相反的考虑（Dal Bo et al. 2006）。

对抗俘获的主要挑战是创造机制，确保这个领域的问责制。传统的以选举为核心的垂直问责（vertical accountability）在转轨国家并未起到有效的制约作用，近期的研究提出了两种新的问责机制，即平行问责（horizontal accountability）和社会问责（societal accountability）。平行问责主要是指权力相等的国家机构之间的互相制约，如议会和政府之间的互相监督。社会问责是一种基于非选举的问责方式，它依赖于各种各样的公民协会的行动和运动，依赖于媒体以及各种揭发政府错误行为的行动，将各种新的议题导入公共议程或者激活平行机构的运作。这种问责机制的效果强调有效地组织起来的、活跃的公民社会，以对政府的政策施加影响。实践证明平行问责和社会问责机制在防范俘获方面效果显著（Chen-Dong Tso，2009）。

5.3 广泛参与国际双向合作和地区多边合作

有效的治理俘获需要通过国际或地区间的有效合作。国际社会可以通过提供必要的帮助支持民主改革、竞争性的经济和改善治理。国际协作既可以通过与国际组织机构双向合作（如韩国与世界银行的国际合作）也可以地区协作的方式在邻国之间实行多边合作（如美国的反腐公约）。发展中国家的资源限制、缺少现代管理技术、缺乏透明度和问责性以及公共行政机构普遍的腐败行为在短期内很难改变，在这种情况下参与国际双向合作和地区多边合作就显得尤为重要。

Kabir 等（2010）介绍了三方伙伴关系（tripartite partnership，简称 TPPS）作为一个成功的合作经验，它允许发展中国家设计一个协作型治理结构应对规制改革失败产生的高成本和政治化。在 TPPS 模型中，多边合作机构（Multi-lateral agencies，简称 MLAS）提供财政和技术上的援助或成为一个积极的发展伙伴强加于发展中国家的某些项目之上，包括提供资助、设计质量标尺以及估计项目成本。国家保证为私人部门提供行政、机构和规制支持以至于发展能够按照公众期望进行；私人部门为增加公共部门的效率提供了新的管理技巧和竞争力，这为便利发展活动、鼓励 TPPS 提供了政策支持。TPPS 在发展项目中要求在特定的规则和条件下，通过捐助机构聘请私人部门，这些规则和条件形成了政策执行的框架。策略性的目标增加了公共服务提供的效率，强化了问责性以及透明度以促进善治。关键的假设是三方协作治理结构是基于承诺的明晰和可信，借此发展中国家的治理实践可以实现改进。

总之，管制改革是一个系统工程，涉及政府、行业、企业、公众等多个层面和主体，涉及产权、治理、竞争、运营、价格、规制等多种内容，涉及众多外部约束条件和配套措施。而且，这些主体、内容、条件与措施之间又是彼此相互联系，互补性和制约性非常强。在这种存在互补性和制约性的情况下，仅仅关注个别的改革会使人们看到错误的转型全景。

（作者电子邮箱：bichenfei@163.com）

参 考 文 献

[1] 田志龙，高勇强，卫武．中国企业政治策略与行为研究［J］．管理世界，2003，12.

[2] 罗党论，唐清泉．政治关系、社会资本与政策资源获取：中国民营上市公司的经验证据［J］．世界经济，2009，7.

[3] 吴文锋，吴冲锋，芮萌．中国上市公司高管的政府背景与税收优惠［J］．管理世界，2009，3.

[4] 孙俊华，陈传明．企业家社会资本与公司绩效关系研究——基于中国制造业上市公司的实证研究［J］．南开管理评论，2009，2.

[5] 梁莱歆，冯延超．民营企业政治关联、雇员规模与薪酬成本［J］．中国工业经济，2010，10.

[6] 张闯．社会网络视角下的渠道权力结构与策略研究［M］．东北财经大学出版社，2008，5.

[7] 石军伟，付海艳．企业异质性社会资本及其嵌入风险——基于中国经济转型情景的实证研究［J］．中国工业经济，2010，11.

[8] 马骏．政治问责研究：新的进展［J］．公共行政评论，2009，4.

[9] Stigler, G. J. The theory of economic regulation［J］. The Bell Journal of Economics and Management Science, 1971, 2 (1).

[10] Hellman, J. S., Jones, G., and Kaufmann, D.. Measuring governance, corruption, and State capture-how firms and bureaucrats shape the business environment in transition economic［R］. Policy Research Working Paper Series, 2000.

[11] Evgeny, Yakovlev, Ekaterina, and Zhuravskaya. State capture: From yeltsin to putin［R］. CEFIR/NES Working Paper series, 2006.

[12] Vesna, and Pesic. State capture and widespread corruption in serbia［R］. CEPS Working Document No. 262, 2007.

[13] Matei, Ani, and Popa, Florin. State capture versus administrative corruption. A comparative study for the public health service in Romania［R］. MPRA Paper No. 17566, posted 28, 2009.

[14] Andrew, Baker. Restraining regulatory capture? Anglo-America, crisis politics and trajectories of change in global financial governance［J］. International Affairs 2010, 86.

[15] Hellman, J. S., Jones, G., and Kaufmann, D.. Seize the state, seize the day: state capture, corruption, and influence in transition［J］. World Bank Policy Research Working, 2000.

[16] Christine Oliver, and Ingo Holzinger. The effectiveness of strategic political management: A dynamic capabilities framework.［R］. The academy of Management, 2008.

[17] Blanes I. Vidal, Jordi Draca Mirko, and Fons-Rosen, Christian. Revolving Door Lobbyists［R］. 5th Annual Conference on Empirical Legal Studies Paper, 2010.

[18] Nauro, F., Campos, and Francesco Giovannoni. Lobbying, corruption and political influence［J］. Public Choice, 2007, 131 (1-2).

[19] Dal Bo, P., and Di Tella, R.. Bribe and Punishment in a Theory of Political Influence［J］. American Political Science Review, 2006, 100 (1).

[20] Jakob Svensson. Who must pay bribes and how much? Evidence from a cross-section of Firms. The world bank policy Research working paper 2486, 2000.

[21] Koplin, H. T.. Microeconomic analysis［M］. New York: Harper and Row, 1971.

[22] Hongbin Li, Lingsheng Meng, and Qian Wang. Political connections, Financing and firm performance:

236

Evidence from Chinese private firms [J]. Journal of Development Economics, 2008, 87 (2).

[23] Brian Kelleher Richter, Krislert Samphantharak, Jeffrey, and Timmons, F.. Lobbying and taxes [J]. American Journal of political science, 2009, 53 (4).

[24] Irina Slinko, Evgeny Yakovlev, and Ekaterina Zhuravskaya. Laws for sale: Evidence from Russia [J]. American Law and Economics Review, 2005, 7 (1).

[25] van Koten, S., and Ortmann, A.. The unbundling regime for electricity utilities in the EU: A case of legislative and regulatory capture? [J]. Energy Economics, 2008, 30 (6).

[26] Manuel Alejandro Guerrero. Broadcasting and democracy in Mexico: From corporatist subordination to state capture [J]. Policy and Society Associates, 2010, 29 (1).

[27] Lee, J., and Alston. Interest groups, Information manipulation in the media, and public policy: The case of the landless peasants movement in Brazil [R]. NBER Working paper series. No. w15865, 2010.

[28] Russell Smyth, and Magnus Soderberg. Public interest versus regulatory capture in the Swedish electricity market [J]. Journal of regulatory Economics, 2010, 38 (3).

[29] Diana, W., and Thomas. Deregulation despite transitional gains The brewers guild of cologne 1461 [R]. Public Choice, 2009, 140 (3-4).

[30] Joel, S., Hellman, Geraint Jones, Daniel Kaufmann, and Mark Schankerman. Measuring governance, corruption, and state capture. How Firms and Bureaucrats shape the Business Environment in Transition Economies [R]. The world Bank policy Research Working Paper 2312, 2000.

[31] Benjamin, A.. Olken [J]. Journal of Public Economics, 2009, 93 (7-8).

[32] Dennis Coates, Jac, C., Hecklman and Bonnie Wilson. The political economy of investment: sclerotic effects from interest groups [J]. European Journal of political Economy, 2010, 26 (2).

[33] Dennis Coates, and Bonnie Wilson. Interest group activity and long-run stock market performance [J]. Public Choice, 2007, 133 (3-4).

[34] Khwaja, A., and Mian, A.. Do lenders favor politically connected firms? Rent Provision in an Emerging Financial Market [R]. Quarterly Journal, 2005.

[35] Dal Bo, E., and Rossi, M.. Corruption and inefficiency: Theory and evidence from electric utilities [R]. University of California, Berkeley, Mimeo, 2004.

[36] Anderear Dur. Measuring interest group influence in the EU [J]. European Union Politics, 2008, 9 (4).

[37] Slapin, Jonathan, B., and Sven-Oliver Proksch. A scaling model for estimating time-series party positions from texts [J]. American Journal of Political Science, 2008, 52 (3).

[38] Heike Kluver. Measuring interest group influence using quantitative text analysis [J]. European Union politics, 2009, 10 (4).

[39] Wuyts, Stefan, Stefan Stremersch, Christophe Van Den Bulte, and Philip Hans Franses. Vertical marketing systems for complex products: A triadic perspective [J]. Journal of Marketing Research, 2004, 41.

[40] Acquaah, M.. Managerial social capital, strategic orientation and organization performance in an emerging economy [J]. Straregic Management, 2007, 28 (12).

[41] Coughlan, A. T., Anderson, E., Stern, L. W., and EI-Ansary. A. I.. 2000 Marketing Channels, 6th ed. Beirjing: Tsinghua University Press, 2001.

[42] Ronald, S. , and Burt. Industry Performance and indirect access to Structural Holes. Industry performance and Indirect Access to Structural Holes [J]. Advances In Strategic Management, 2008, 25.

[43] Yin-Fang Zhang, and Parker Kirkpatrick. Electricity sector reform in developing countries [J]. Journal of Regulatory Economics, 2008, 33.

[44] Patricia, T. , and Young. Captured by business ? Romanian market governance and the new economic elite [J]. Business and Politics, 2010, 12 (1) .

[45] Hansmann, Henery, Gilson, Ronald, J. , and Pargendler, Mariana. Regulatory dualism a development strategy: corporate reform in Brazil, the U. S. and the EU [R]. Faculty Scholarship Series, 2010.

[46] Amit, M. , and Sachdeva. Regulatory competition in European company law [J]. European Journal of Law and Economics, 2010, 30 (2) .

[47] Narjess Boubakri, Jean-Claude Cosset and Walid Saffar. Political connections of newly privatized firms [J]. Journal of corporate Finance, 2008, 14 (5) .

[48] Troy Quast. Do elected public utility commissioners behave more politically than appointed ones? [J]. Journal of regulatory Economics, 2008, 33 (3) .

[49] Chen-Dong Tso. Regulatory compeition and accountability: Comparing universal service in telecommunications in Australia and Taiwan [J]. Australian Journal of Public Administration, Mar, 2009, 68 (1) .

[50] Md. Humayun Kabir, Quamrul Alam, and Julian Teicher. Tripartite partnership and collaborative Governance: The bangladesh experience. irspm, working papers, 2010.

Latest progress of regulatory capture theory: A Review

Li Jian[1,2]

(1 Management School of Harbin Institute of Technoligy Harbin 150001;

2 Management School of Harbin University of Commerce Harbin 150082)

Abstract: The economics profession has devoted substantial effort to answering two broad questions. First, why do we observe state intervention in economic life? And second, what are the politico-economic processes that shape state intervention? The distinct answers to the two questions bring forth public interest hypothesis and regulatory capture hypothesis. Since 1970s, regulatory capture has been a central theme in regulatory economics, and to create a government more accountable to citizenries has been the main aim of regulatory reforms worldwide. At the beginning of 21th century, great progresses have been made in the area of political accountability studies. This paper will provide a summary and review of these progresses, followed by an elaboration of prospects for further research in this field.

Key words: Regulatory capture; Interest groups; Regulatory reform; Interdisciplinary

案例与情境相结合的《管理学》教学方法创新及其效果：实验数据的实证研究

● 赵美英

（淮北师范大学经济与管理学院　淮北　235000）

【摘　要】现有《管理学》教学方法及创新的研究文献多数为定性分析，本文首次用实验方法搜集数据，实证研究了案例与情境等教学方法对于学生成绩的影响，从而得到和比较不同教学方法的效果。结果发现：案例与情境相结合的教学方法效果最为显著，其次是案例教学法，而情境教学法的作用稍弱，传统教学方法作用不显著；进一步的分析得出，案例与情境相结合的教学方法对于男生的作用效果强于女生，对学习成绩后进学生的积极影响大于优秀学生。同时，论文还对《管理学》教学方法的创新以及案例与情境相结合方法的实际应用进行了详细分析。

【关键词】案例情境　教学方法　有效性　实证研究

1. 引言

《管理学》是管理学科中软科学的一门基础课程，同时，又是一门范围极广的综合性学科。《管理学》既是科学又是艺术，该课程要求学生了解西方各管理学派的思想及特点，系统掌握管理的基本思想、基本原理、基本方法，同时，结合中国的国情，思考如何学习、借鉴发达国家的先进管理经验、方法，以便迅速提高我国的管理水平。但由于长时期观念落后，传统教学模式仍占据课程教学的主导地位，使得《管理学》教学过程存在一些问题。这些问题主要包括：第一，传统教学模式仍占主导，学生参与性较弱；第二，教师角色定位存在偏差，过分依赖多媒体教学；第三，书本知识陈旧，案例选用不恰当；第四，教学大纲中有些内容陈旧，没有及时将新知识和新理论充实在书本体系中（马斌和孙红艳，2010）。

如何利用现有的教学条件，改革传统的教学模式，使其符合课程目标和要求，使学生学以致用是值得每一位从事《管理学》专业课教学教师进行深入探索和深思的问题。在实践中，情境与案例相结合的教学方法是一个行之有效的方法，不仅能够调动学生的积极性，避免传统枯燥的"填鸭"式教学，而且也有利于学生理解理论和知识，并提高他们的应用能力；同时，由于大学生大多缺乏实践的工作经验，往往不能够很好地理解管理学的知识，而通过案例分析和情境模拟则能够帮助他们深入地掌握和应用管理原理与理论。我们在实际教学中的经验发现，案例与情境相结合的教学方法是最有效的管理学教学方法。本文的目的即在于，用实验数据分析和检验案例与情境教学法的实际效果，并同其他方法进行比较，揭示实践中《管理学》教学方法的真实作用，并为实际教学提供指导。

在现有的国内外文献中，对《管理学》教学方法的研究多数为定性分析，从实证角度并以规范的经济管理学分析范式进行研究的文献并不多见。从国外文献看，对《管理学》教学方法进行分析的文献多数为 MBA 教学中的案例等方法剖析，也有一些从定量角度的教学方法进行有效性研究。主要文献有：Leidner 和 Jarvenpaa（1995）提出使用信息技术提高管理学教学质量，并从具体措施和方法上进行了详细分析。Webster 和 Hackley（1997）使用实验数据，从实证角度分析了远程学习中，管理交流、教育和信息系统发展对于学习效果的影响。Alavi（1994）实证分析了计算机应用教学的效果，使用实际数据的研究结果发现，计算机在教学和学习中的辅助作用非常明显。Voss（2002）分析了运营管理教学中的案例方法，指出案例设计、发展和形成的问题。Eisenhardt（1989）探析了运用案例分析推导管理学理论的方法，分析了问题提出、假设检验以及案例分析与逻辑推理的过程。Dencer 和 Higgins（2010）系统研究了管理学教学中使用在线的案例学习方法，从多角度分析了具体的实践措施以及实际效果。

在国内文献中，多数是从定性角度剖析《管理学》教学方法的内容和创新。如邱志强（2007）探讨了《管理学》课程实践教学方法，指出要加强案例教学、情境模拟和角色演练。雷金荣（2009）分析了《管理学》实践教学中的案例教学、小组活动、模拟训练以及管理活动设计训练等实践教学方式方法。陈黎琴和赵恒海（2006）对《管理学》案例教学方法进行了研究，从案例教学目标、教学方案设计及案例选择等三个方面进行了分析。贾敬全（2007）分析了《管理学》案例教学体系完善的思路和方法。通过分析管理学案例教学中存在的问题，提出了建立适合培养跨世纪管理人才的案例教学理论体系的思路。刘燕娜等（2009）研究了《管理学》教学中的参与式方法，剖析案例研讨、情境参与和角色扮演、管理模拟与战略规划等教学形式的运用。王志莲（2002）讨论了《管理学》课程的案例教学方法。从目前可查的文献看，仅有一篇文献从实证角度对《管理学》的教学方法及有效性进行了评估，即冯国珍（2010）采用问卷调查的分析方法分析了《管理学》课程中实践教学方法的效果，发现理论与实践相结合的互动式、体验式、模拟法、项目驱动式和自主学习式的实践型教学方法有很好的效果。

从现有文献看，对《管理学》教学方法效果的定量研究非常匮乏，而这一结果对于评价和提升《管理学》教学的质量和绩效具有重要价值。这是基于这一目标，本文根据作者的实际教学经验，在系统分析《管理学》教学方法的创新基础上，指出案例与情境相结合的方法效果最为显著。同时，采用实验方法实际评估了案例教学法、情境教学法以及案例与情境相结合的方法对于学生考试成绩的影响，以测度这三种方法的教学效果。发现案例与情境相结合的方法效果最为显著，而案例教学法对于学生成绩的提升作用大于情境教学法，细致的分析发现，这三种方法对于学习成绩中等和较差学生的效果最为显著，而对有优秀学生的效果较差；同时，情境与案例方法对于男生成绩的提升效果强于女生，对于年龄较小的学生成绩提高效果大于年龄较大的学生。

本文的创新点主要在于首次用实验方法实证评估了《管理学》教学中各种方法的实际效果，指出案例与情境相结合的教学方法是最有效的，同时，得出的结论对于指导《管理学》教学的现实具有重要价值。以下内容的安排为：第二部分是分析案例与情境相结合的《管理学》教学方法和创新；第三部分是实验和数据；第四部分是实证结果；第五部分是结论与启示。

2. 案例与情境相结合的《管理学》教学方法创新

案例教学是成功的"管理学"教学中不可缺少的部分，它将部分真实生活引入课堂，使学生在一段相当短的时间内就案例般地经历一系列的管理事件和问题，接触各式各样的知识情境。案例的引入给学生提供了一个逼真的练兵场。案例教学通过让学生尝试解决问题，可以提高学生主动学习和内化知识、独立思考、综合分析和创造性地解决问题的能力。案例教学法自 20 世纪初被美国哈佛商学院运用于管理教学以来，已为越来越多的管理教学实践证明为一种行之有效的、具有特殊效果的教学方法。

"情境模拟"教学,形式很多。就管理专业而言,开展"情境模拟"教学,应当围绕本专业某一管理问题,收集素材,编写案例,让学生扮演案例中的各种角色,把自己置身于实际情境中,使学生在表演过程中领悟有关管理的原理、程序和操作方法,分析案例,提高学生解决问题的能力。因此,情境模拟教学法是从案例分析法中派生出来的一种新的教学方法,实质上是案例教学法的拓展和深化。

由此可见,案例与情境教学法具有较多的相同点,两者的结合使用往往能够起到事半功倍的作用,从作者的亲身教学实践看,效果显著。以下我们详细分析这两种教学方法,以及管理学教学的其他创新方法。图1列示了这些主要的方法。

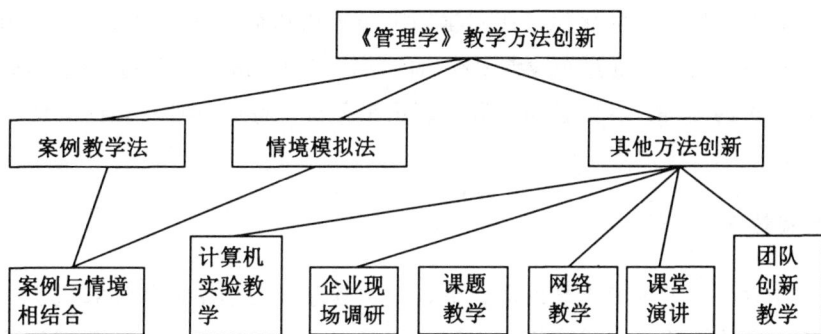

图1　《管理学》创新教学方法总结

2.1　案例教学法

案例教学以管理案例为教学内容,在学习与讨论案例的过程中,学生以决策人的身份识别和定义问题,分析各种可行方案并制订计划,通过身临其境的解决问题式的学习过程,将管理理论应用于管理实践中。这种教学方法虽然不是深入企业现场,但它将部分真实生活组织情境、社会环境引入课堂,使学生亲临其景地经历一系列管理事件和问题,接触各式各样的组织情境,给学生提供一个逼真的练兵场,使他们边"干"边学习,用所学的管理理念去分析问题、探索问题、解决问题,也能起到较好得很实践教学的作用。案例分析教学的实践证明,案例教学法不但可以起到有利于深化理论教学,有助于巩固所学知识的作用;而且还有利于启发学生思维能力,有利于学生创造能力的培养,对提高实际管理能力有着不可替代的作用。

2.2　情境模拟法

情境模拟教学方法从不同角度划分可以有多种形式:一是从模拟的主体上划分,可分为教师模拟、学生模拟、师生共同模拟以及师生与当事人的"共同模拟";二是从模拟的目标划分,可分为管理问题介绍训练,接待冲突当事人训练,询问事故情况训练,调查市场训练,与政府机关打交道训练,协商、谈判训练,沟通训练,企业计划报告编写训练,职业道德训练等;三是从模拟的对象上划分,可分为真情实景模拟,虚拟场景、片段模拟,疑难问题、事件处理模拟,各类管理角色模拟等。例如,真情实境模拟教学以"人员招聘"为实例,首先要做好确定拟招聘职位、招聘职位工作分析、提交个人简历、面试测评表格、分组等前期准备工作。实施过程中应聘者抽签决定面试次序、时间。考官主持面试,采取同组应聘者回避的制度,以增强面试过程的科学性和结果的公正性。为加强现场观众(未参加面试的同学)的参与意识,选出2~3名观众代表对此次面试活动的过程及结果进行点评。最后由任课教师对整个面试过程进行现场综合讲评。

情境模拟训练把学生带入一个虚拟的假定情境中，人为制造种种复杂疑难的情节，让学生去面对困难、矛盾和冲突，独自去处理、解决矛盾，从中观察学生应付管理突发事件的态度和解决管理疑难复杂问题的能力。教学过程可以采用现场演示评议法、跟踪拍摄回放法、分组对垒法、角色换位法等方式进行模拟训练，这样可以活跃课堂气氛，增强学生的参与性，调动学生的积极性，增加他们管理实战的感觉和经验，取得较好的教学效果（雷金荣，2009）。

2.3 企业现场调研

企业现场调研是学生直接亲临企业，接触管理实践现场，并进行调研活动。企业现场调研，一方面，可以加深同学对中国企业管理的感性认识，使同学们更加感觉到企业管理的真实性；另一方面，学生往往是带着问题到企业去调研的，是通过企业调研找出问题答案的，这样就有利于促进理论与实践的结合，不但加深同学对管理理论的理解，也促进同学运用理论来分析企业中管理存在的问题以及找出解决问题的方法（邱志强，2007）。

2.4 计算机模拟实验教学

对于一些可以运用计算机处理的管理问题，借助有关程序，由学生操作计算机实现对管理的模拟过程。计算机模拟实验目前主要用于定量决策方法模拟实验，也就是应用相关的管理软件运用计算机进行企业经营决策的定量分析。企业在一定的市场条件和企业有限的资源的条件下，如何进行决策，安排企业的生产经营使企业获得较为理想的利润，通过计算机模拟都可求得较为满意的答案。运用计算机模拟决策，使同学更加深入和熟练地掌握各种决策方法，并提升采用计算机解决问题的能力。

2.5 课题教学法

课题教学就是以课题为纽带，将各种知识点加以结合，使学生通过课题研究过程理解知识、分析问题，最后达到理论与实践相结合，理论服务于实践的教学方法。此方法往往可以作为最后考察学生对《管理学》课程学习效果的手段。教师可以提前给学生若干课题，如《某公司的差异化战略研究》、《中小型企业的组织结构设计现状分析》等，学生5~6人为一个课题组，明确分工，先选定一个课题，拟定课题研究进度，最后以研究报告呈现学习成果。教师在给定学生课题前先详细讲解课题研究的一些基本要求和步骤，教会学生基本的学习方法。针对我国现阶段高等学校学生思维能力现状，推行课题教学，一方面，有利于学生通过直接经验学习和掌握知识；另一方面，可以帮助学生形成良好的思维习惯，提高分析和解决问题的能力。

2.6 团队创新教学法

团队创新教学法，即以团队学习为中心，以素质培养为目的，有效激发学生的创新能力的一种教学方法。具体来说，就是把学生分成若干学习团队，实行教师指导，组长负责制，把抽象的教材教学内容划分成若干部分并分别设置不同的"学术专题"，将这些学习专题分配给不同的学习团队，由各团队全体成员主动探索，发现问题、研究问题、解决问题，共同努力完成教学任务。每个学习团队最终必须把学习成果向全体同学展示，学习成果的展示不拘形式，可以充分发挥学习团队成员的个性和特长。这样既锻炼了学生的能力，又调动了学生的学习积极性，增加了学习的兴趣。

2.7 网站教学法

教师可以建立自己的网页，并设立相关专栏，提供课下辅导资料、案例等。运用留言板开辟课下讨论区，一方面，可以使学生能够对所学的内容畅所欲言，从而加深知识的巩固；另一方面，学生可以以无记名的形式对老师的教学方式提出建议，使教师充分关注学生的真实需求；此外，还有利于师生之间的平等交流，增进有效沟通，提高教学效率和质量。

2.8 课堂演讲法

课堂演讲法，用管理原理，去说明生活中的一些小事情。这种教学方法可以使学生加深对管理的一些原理的认识，使学生产生学习管理的兴趣，真正做到学以致用。另外，可以锻炼学生的表达能力，增强他们的自信心，为将来走上管理岗位做准备（宋晓倩，2009）。

3. 检验教学方法效果的实验、实证模型和数据

在分析了《管理学》教学方法创新的内容后，我们需要进一步了解的是，这些方法是否有效，在多大程度上有效，不同的方法效果之间有何差异，哪种方法的效果最优，这些问题的答案对于提高《管理学》教学效果和方法评估具有重要价值。以下我们通过一个实验来分析和回答这些问题，而实验的方法是经济和管理学研究中常用的实证方法之一。

3.1 实验情况

为了有效检验和评价案例和情境教学法在《管理学》教学中的作用，我们进行了实际实验，并采集数据进行实证研究。我们的实验选择在淮北师范大学两个学期（2007—2008 第 1 学期和 2008—2009 第 2 学期）的 4 个班级（05 经济、127 人，06 经济、120 人，08 国贸、78 人和 09 市场、110 人）的《管理学》实际教学中，方法是对《管理学》教学中的"决策技术方法"进行讲解实验，该部分内容包括：决策的软方法（头脑风暴法、维尔菲法、电子会议），以及决策的硬方法（确定型决策、风险决策、不确定型决策、悔值法）；教学共 3 课时，一次教学时间。我们对于不同的班级采取不同的教学方法，4 个班级的教学方法分别为：传统紧扣书本方法，案例教学法，情境模拟法，以及情境与案例相结合的方法；对于案例教学，我们选择海尔集团发展战略决策的案例；对于情境模拟法，我们采取模拟择业选择决策，让学生根据教学内容分别进行个人决策和小组集体决策；实际教学中，根据课时量不变（3 课时）的原则，对每种方法中传统讲解的详细程度进行调整，且所有 4 个班级的教学都是由同一老师进行，从而避免了不同老师讲解的差异。教学结束后一个星期，对该部分内容进行考试测验（满分 100 分），并收集每个学生的考试成绩、年龄、性别、本学期期末考试的平均成绩等信息，用以进行实证研究。表 1 列出了实验的情况。

表 1 　　　　　　　　　　　《管理学》教学方法效果评估的实验情况

实验时间		教学内容	教学方法	实验方法	数据整理
2007—2008 第 1 学期	2008—2009 第 2 学期	决策的技术方法	分别对 4 个班级采用传统教学法、案例教学法、情境模拟法以及案例与情境相结合的方法	教学结束 1 周后进行测验考试，考试内容完全相同，授课老师相同	对这些接受不同教学方法学生的测试成绩按照个体分别汇总和整理

实验时间		教学内容	教学方法	实验方法	数据整理
（1）05 经济：共 127 人，参加测验 122 人；（2）06 经济：共 122 人，参加测验 120 人	（1）08 国贸：共 81 人，参加测验 78 人；（2）09 市场：共 110 人，参加测验 106 人	共 3 课时，分别包括决策的软方法和决策的硬方法两个部分内容	案例方法选择海尔集团发展战略决策；情境模拟选取择业选择决策。	同年度内两个班级的考试时间一致，避免了泄题可能；不同年份实验的间隔时间有 1 年半，相互泄题可能性很小；且测验为非正式考试，抄袭可能性也较小	不仅记录和整理这些学生的测试成绩，而且还记录他们的年龄、性别、测试年度内期末考试平均成绩、专业、籍贯等信息

3.2 实证分析方法

我们进行实证分析的方法是常用计量实证分析的 OLS 回归，根据所需研究问题的实际情况，建立如下的回归模型方程：

$$\ln CJ_i = \alpha_1 + \alpha_2 CASE_i + \alpha_3 QJ_i + \alpha_4 CASEQJ_i + \alpha_5 REG_i +$$
$$\alpha_6 \ln AGE_i + \alpha_7 \ln ACJ_i + \alpha_8 Gender_i + \alpha_9 ZY_i + \alpha_{10} JG_i + \varepsilon \tag{1}$$

上式中，CJ 表示不同教学方法下的测试成绩（满分 100），CASE 表示案例教学法，QJ 表示情境模拟法，CASEQJ 表示案例和情境结合的方法，REG 表示通常的（Regular）传统教学方法，AGE 表示学生的年龄，ACJ 表示学生测试当年的平均期末考试成绩（满分 100），Gender 表示学生性别，ZY 表示学生专业，JG 表示学生籍贯。为了消除异方差以及使回归结果更加简洁，我们在实证分析时，对测试成绩、学生年龄、学生平均期末考试成绩三个变量取对数。表 2 列出了这些不同变量的详细说明。

3.3 数据

实证分析中所用数据全部来自实验以及对于学生情况的记录，其中测试当年平均期末考试成绩来自学生教务部门的统计。表 3 是实证分析所用数据的描述性统计，观测样本共有 426 个观测值；其中，我们对 05 经济采用的是案例教学法，共有 122 人，占样本点总量的 28.63%；对 06 经济采用的是传统教学法，共有 120 人，占样本点总量的 28.17%；对 08 国贸采用的是情境模拟法，共有 78 人，占样本点总量的 18.31%；对 09 市场采用的是情境与案例相结合的教学方法，占样本点总量的 24.88%。从测试成绩和期末平均成绩的均值看，学生测试成绩高于期末平均成绩，说明我们的教学方法和效果好于平均水平。

表 4 给出了各种类型学生在不同的教学方法下测试成绩的均值情况。显然，对于每一种类型的学生，案例与情境相结合的教学方法下学生测试成绩最好，其次是案例教学法，以及情境教学法，成就最差的是传统教学方法。由于男女生的学习勤奋程度不同，一般来说，女生更勤奋，所以有必要将男生和女生区分开；另外，不同的教学方法对于不同学习成绩学生的影响也有差异。因此，我们进一步区分男生和女生以及前 30% 优等生、后 30% 后进生以及中间 40% 中等生，发现案例与情境教学法对于男生成绩的提升作用大于女生，对于差生测试成绩的提高大于中等生，中等生测试成绩提高又多于差生。

表 2   **实证研究中变量及其描述**

变量类型	变量	名称	描述
因变量	CJ	测试成绩	实验中，课程教学后的考试成绩
自变量	CASE	案例教学法	为一虚拟变量，若该学生接受的是案例教学法，则取值为1；否则为0
	QJ	情境模拟法	为一虚拟变量，若该学生接受的是情境模拟教学法，则取值为1；否则为0
	CASEQJ	案例情境相结合	为一虚拟变量，若该学生接受的是案例和情境模拟相结合的教学法，则取值为1；否则为0
	REG	传统教学法	为一虚拟变量，若该学生接受的是传统教学方法，则取值为1，否则为0
控制变量	AGE	学生年龄	学生的年龄，用以控制不同年龄段学生理解能力差异带来的考试成绩差异
	ACJ	测试当年期末平均成绩	用以控制学生自身学习成绩的差异带来的测试成绩差别，控制后剩下的则是不同教学方法的影响
	Gender	学生性别	为一虚拟变量，当该学生为男生时，取值为1，女生取值为0；用来控制不同性别学生在考试中的成绩差异
	ZY	学生专业	为一虚拟变量，在我们的实验数据中，主要包括经济学专业国际贸易和市场营销专业三种，用以控制不同专业学生由于《管理学》基础的不同对于考试成绩的影响
	JG	学生籍贯	为一虚拟变量，对不同的省份学生进行控制，区别不同省份由于招生时成绩差异的存在带来的对测试成绩的影响

表 3   **实证分析所用数据的描述性统计**

变量	观测值	均值	标准差	最小值	最大值
测试成绩	426	76.1986	86.1267	43	92
案例教学法	426	0.2863	0.5287	0	1
情境模拟法	426	0.1831	0.3785	0	1
案例情境相结合	426	0.2488	0.4837	0	1
传统教学法	426	0.2817	0.5012	0	1
学生年龄	426	21.1652	20.1986	17	23
期末平均成绩	426	74.2016	98.9982	38	99
学生性别（男生为1）	426	0.4198	0.9852	0	1

表4 各类型学生在不同教学法下的实验测试成绩均值情况

类别	总体	男生	女生	每班前30%优等生	每班后30%后进生	每班中间40%中等生
案例教学法	78.5962	78.1208	79.1276	86.2674	68.1286	84.2369
情境模拟法	77.1856	77.0127	78.2109	85.9989	67.2896	82.1762
案例情境相结合	79.1258	78.5629	79.9817	87.7624	70.1275	86.1982
传统教学法	70.5621	69.1276	71.1289	81.2653	50.7253	76.8954
整体	76.1986	75.5672	76.6541	85.8625	60.1275	81.004

注：这里的前30%，后30%以及中间40%是按照学生期末考试平均成绩进行划分的。

4. 实证结果

在实证分析中，采用的方法是OLS回归，并且为了进一步区分不同类型学生群体对于不同教学方法的反应，将分别进行总体回归和分样本回归，所有结果见表5。列（1）是总体样本回归结果，列（2）～（6）是分样本回归结果。

从总体上看，无论是整体样本的回归结果，还是分样本的回归结果，都一致地表明，案例教学法、情境模拟法以及案例与情境相结合的方法对于学生的测试成绩具有显著的正向提高响应；同时比较而言，案例与情境相结合的教学方法的有效性最强，其次是案例教学方法，而情境模拟法的积极作用稍小。以整体样本的回归结果看，案例与情境相结合方法的影响系数为0.1653，案例教学法的系数为0.1276，而情境模拟教学法的系数为0.1026，结果对比显然易见。因此，案例与情境相结合的教学方法是一项重要而有效的《管理学》教学方法。

从其他变量的回归结果看，传统教学法对于测试成绩的影响不仅不显著，而且系数很小，仅对整体样本和40%中等生样本存在显著的正向影响作用。学生年龄对于测试成绩的影响也不显著且系数很小，仅有男生样本以及后进生样本存在显著影响，可能是因为大学在校生的年龄差异较小，不存在明显的因为年龄差异导致的理解力和考试成绩的差距。期末考试平均成绩对于测试成绩的影响显著，且正相关性很强，这是因为每个学生的智商以及考试能力存在差异，这是引起学生测试成绩差别的主要原因。学生性别（男生）对测试成绩的影响为负，但显著性不高且系数较小，这可能是因为女生学习较为勤奋，在考试上比男生表现突出的结果。学生专业对于测试成绩的影响不显著，这也可能是所测试的学生样本都是经济管理类，他们之间由于专业差别导致成绩差异的可能性较小。学生籍贯对于测试成绩的影响不显著，说明来自不同省份学生之间的考试能力差异并不存在。

进一步对比不同分样本的回归结果，先看男生和女生，发现案例教学法、情境教学法以及案例与情境相结合的方法对于男生测试成绩的提高效应大于女生，即这些教学方法的效果对男生更加显著。原因可能是女生本身较为勤奋，其成绩提高依赖于教学方法改进的难度较大；另外，男生的理性思维较强，通过案例和情境等方法容易激起他们的学习积极性，能够更加容易地理解和领悟知识的内涵，故而效果更加明显。再比较不同层次学生的分样本回归结果，发现案例和情境教学方法对于后进生成绩的提高效果最强，中等生其次，而对优等生的作用稍为微弱。以案例和情境相结合方法的回归系数结果为例，优等生的系数为0.0927，中等生的系数为0.1767，而后进生的系数高达0.2978。这一差异的结果的原因可能在于：第一，成绩较好的学生，进一步提高成绩的难度会较大，而成绩较差的学生进一步提高成绩的难度会小得多，故而从实际成绩提高数据看，教学方法的改进对成绩越差的学生会愈加明显。第二，优等生本身会发挥主观能动性并好好学习，所以教学方法的改进对于他们的影响不大，而差生则不同，教学方法的好坏直接影响他们的成绩。第三，案例与情境教学法容易激起学生的学习热情和兴趣，这对不爱学习的差生会非常有效，故而他们表现最明显。

表5　　　　　　　　　　　　　　　　　　　　　实证回归结果

变量	(1)	(2)	(3)	(4)	(5)	(6)
	总体回归	男生	女生	前30%优等生	后30%后进生	中间40%中等生
案例教学法	0.1276**	0.1397**	0.1101**	0.0927**	0.2017***	0.1565***
情境模拟法	0.1026**	0.1198**	0.1009	0.0827	0.1063***	0.1189***
案例情境相结合	0.1653***	0.1875***	0.1526***	0.0927***	0.2978***	0.1767***
传统教学法	0.0682*	0.0514	0.0756	0.0189*	0.0927	0.0678*
学生年龄	0.0126	0.0643**	0.1203	0.0879	0.0234**	0.0251
期末平均成绩	0.6524***	0.6634***	0.6724***	0.6524***	0.2189***	0.5213***
学生性别（男生）	-0.0789**			-0.0768**	-0.0649	-0.0617*
学生专业	YES	NO	NO	NO	NO	NO
学生籍贯	NO	NO	NO	NO	NO	NO
N	426	179	247	128	170	128
R^2	0.7276	0.7628	0.7756	0.7267	0.7754	0.7216

注：YES表示该变量存在显著影响效应，NO表示变量没有显著的影响效应。

回归结果的稳健性直接关系以上分析是否可靠，所以进行稳健性检验至关重要。以上的分样本回归结果与总体回归结果一致已经为稳健性提供了一方面的证据，以下我们对整体样本的回归进行进一步的检验，结果见表6。方法是逐步增加控制变量的数量，检验结果是否有重大变化，发现几种教学方法的回归系数方向以及显著性都没有变化，只是随着控制变量的增加，其系数有所减小，这是因为控制变量分离了其中的效应，从而使得结果更加符合现实。从回归的拟合度R^2看，随着控制变量的增加，其值不断增加，这说明方法的拟合度更高了。表6的结果表明，以上的回归结果是稳健可靠的，结果分析也是有效的。

表6　　　　　　　　　　　　　　　　　对整体样本回归的稳健性检验

变量	(1)	(2)	(3)	(4)	(5)	(6)
案例教学法	0.1781**	0.1675**	0.1529**	0.1386**	0.1299**	0.1276**
情境模拟法	0.1452**	0.1386**	0.1197**	0.1120**	0.1089**	0.1026**
案例情境相结合	0.2102***	0.1927***	0.1829***	0.1793***	0.1782***	0.1653***
传统教学法	0.1208**	0.0972**	0.0812**	0.0726*	0.0713*	0.0682*
学生年龄		0.0518	0.0416	0.0216	0.0182	0.0126

变量	（1）	（2）	（3）	（4）	（5）	（6）
期末平均成绩			0.7256 ***	0.7123 ***	0.6625 ***	0.6524 ***
学生性别（男生）				-0.1728	-0.0819 *	-0.0789 **
学生专业					NO	YES
学生籍贯						NO
N	426	426	426	426	426	426
R^2	0.5673	0.5987	0.6217	0.6672	0.6993	0.7276

注：YES 表示该变量存在显著影响效应，NO 表示变量没有显著的影响效应。

5. 结论和启示

本文分析了《管理学》教学方法的创新，从实践出发指出案例教学法以及情境教学法是实际教学中有效的方法，并进一步认为情境与案例相结合的教学方法是《管理学》教学中最有效的方法。为了检验这些方法的效果，论文首次在实验的基础上搜集数据，实证回归分析的结果发现，案例与情境相结合的方法是最有效的教学方法，而案例教学法的效果又好于情境模拟法。分样本的分析得出，案例与情境教学法对于男生的效果好于女生，对于差生的效果好于优秀学生。

论文结论揭示了《管理学》教学中教学方法的效果，得出案例与情境相结合的方法是最行之有效的，而作者在实际教学中一直使用该种方法，取得了很好的效果。这对我们进行《管理学》教学实践具有重要指导价值和意义，说明了案例教学是不可少的，而配合以情境模拟则能够起的更好的效果。

案例与情境相结合的教学方法在实践中可以将两者同时进行，在分析完案例的基础上，就案例设置情境，进行实际模拟学习。具体方法步骤可分为：（1）做好案例的选择。过于简单的案例，起不到锻炼学生的作用，失去了演练的意义，过于复杂疑难的案例，会使学生无从下手，因此案例的选择要恰当，给学生开辟一个自由发挥的空间，让学生从多角度多层次去发现问题、思考问题，提供多种意见。（2）设置情境，做好角色的说明。根据选择好的案例进行改编，设置特定的情境，使之有利于学生的表演。根据改编后的案例，结合学生的实际情况，详细安排其中的角色数量、角色的说明、角色之间的关系等问题。（3）当模拟结束后，要进行评价和总结。首先，各演练小组要对本组的演练总结，谈谈本组在角色安排，剧情模拟中的有关考虑。涉及的有关管理问题，小组为什么要作出这样的决策，有没有其他方案，所做的模拟活动有什么理论依据等，以便相互了解。其次，其他小组的学生对模拟小组的表演发表看法，指出模拟过程中有哪些比较成功的地方，有哪些不足之处，有哪些属于创新，有哪些值得学习与借鉴，同时，也应当根据案例的内容，谈谈模拟管理活动与管理知识有没有出入，理论和实践有没有脱节，对模拟的案例本身进行深入的分析和讨论。最后，教师要对案例进行深入的分析和总结，并对各演练小组的方案和演练内容进行总评，除了必要的表扬和批评外，关键是要引导学生从模拟活动中吸取教训，提升专业技能，提高专业素质。

（作者电子邮箱：meiyingzhao@163.com）

参 考 文 献

[1] 陈黎琴，赵恒海. 管理学案例教学方法及其实施 [J]. 首都经济贸易大学学报，2006，1.

[2] 冯国珍.《管理学》课程实践型教学方法应用效果调查和分析 [J].上海商学院学报，2010，3.

[3] 贾敬全.管理学案例教学体系完善的思路与方法 [J].铜陵学院学报，2007，5.

[4] 雷金荣.管理学实践教学中的几种方法及运用 [J].丽水学院学报，2009，6.

[5] 刘燕娜，肖友智，戴永务，余忠.基于参与式方法的《管理学原理》教学研究 [J].福建农林大学学报（哲学社会科学版），2009，3.

[6] 马斌，孙红艳.高校《管理学》教学的方法和理论研究 [J].河南城建学院学报，2010，3.

[7] 邱志强.《管理学》课程实践教学方法的探讨 [J].广西大学学报（哲学社会科学版），2007，10.

[8] 宋晓倩.高校《管理学》教学方法探讨 [J].科技信息，2009，24.

[9] 王志莲.浅谈《管理学》课程的案例教学方法 [J].中山大学学报论丛，2001，1.

[10] Alavi, M.. Computer-mediate collaborative learning: an empirical evaluation [J]. Management Information Systems Quarterly, 1994, 18 (2).

[11] Eisenhardt, K. M.. Building theories from case study research. The Academy of Management Review, 1989, 14 (4).

[12] Leidner, D. E., and Jarvenpaa, S. L.. The use of information technology to enhance management school education: a theoretical view [J]. MIS Quarterly, 1995, 19 (3).

[13] Dence, R., and Higgins, M.. Enabling online case-based learning for management students using blackboard [J]. Journal for Excellence in Teaching and Learning, 2010, 33 (2).

[14] Voss, C., Tsikriktsis, N., and Frohlich, M.. Case research in operations management [J]. International Journal of Operations & Production Management, 2002, 22 (2).

[15] Webster, J., and Hackley, P.. Teaching effectiveness in technology-mediated distance learning [J]. Academy of Management Journal, 1997, 40 (6).

Case and Scene Simulation Teaching Methods Innovation of Management and its Effects: Empirical Analysis Based on Experiment Data

Zhao Meiying

(Economics and Management School of Huaibei Normal University Huaibei 235000)

Abstract: Existing management teaching method research literatures are mainly qualitative analysis, the paper uses experiment method to collect data and empirically researches effects of case and scene simulation teaching methods to student test core for the first time. The results reveal that case and scene simulation method has the most significant effect, and then case method and the last one is scene simulation method. Further analysis finds that the case and scene simulation teaching methods have more active influence on male students than female students, and have more effective influence on junior students than on students with excellent records. Additionally, this paper also analyzed management teaching methods innovation and applications of case and scene simulation method in detail.

Key words: Case and scene simulation; Teaching method; Effectiveness; Empirical research

《珞珈管理评论》 投稿体例要求

一、来稿请用 A4 纸单面打印，打印稿邮寄至湖北省武汉市武昌珞珈山武汉大学经济与管理学院《珞珈管理评论》编辑部；邮编：430072。相应的电子稿请发至我们为投稿所设的电子邮箱：ljglpl@163.com。

二、在第 1 页只需写出论文的中文标题和英文标题、作者姓名、单位、通信地址、邮编、电话及电子信箱地址；第 2 页及以后的内容是文章标题、摘要、关键词、正文、注释和参考文献。

三、来稿以 8 000 字左右为宜。限于财力和人力，来稿一律不退。

四、投稿者来稿时提供：100～200 字的论文摘要（浓缩基本观点），不需要译为英文。

五、来稿注释一律用脚注，请勿用尾注。注释采用实注，详细标出引文页码；不要采用国外的虚注（即括号中人名加年代的注释法）；参考文献则一律放在文后，不必标注引文页码。请遵照"参考文献著录规则"将正文中的脚注与文后的参考文献规范化。

附录：参考文献著录规则

1. 脚注在正文中的标注格式

1.1 按正文中引用的文献出现的先后顺序用阿拉伯数字连续编码，并将序号用右上标①、②、③标示。

1.2 同一处引用多篇文献时，将各篇文献序号间用"，"间隔。如遇连续序号，可标注在一起。

1.3 中国著者姓名的汉语拼音按 GB/T 16159—1996 的规定书写，名字不能缩写。

欧美著者采用名在前姓在后的著录形式，欧美著者的名也可以缩写，不能省略缩写点；如用中译名，可以只著录其姓。

1.4 作者在 3 人以下全部著录，3 人以上可只著录前 3 人，后加"，等"，外文用"，et al."，"et al."不必用斜体。责任者之间用"，"分隔。

1.5 版本的著录采用缩略的形式。

1.6 正确著录期刊文献的年、卷、期

1.7 脚注中各部分的顺序为：

作者. 题名(或加其他题名信息). 版本项. 出版地:出版者,出版年:引文页码(报纸需标注日期及版面).

1.8 对于电子出版物除按照此著录规则外，还需在最后增加［引用日期］. 获取和访问路径。

1.9 正文采用脚注，脚注信息详细到页码。

2. 参考文献的标注

参考文献的标注与注释（即脚注）方式基本一致，只是不需要标注页码。注释（即脚注）放在正文中，参考文献放在正文后。

特别声明：本集刊已经在武汉大学经济与管理学院网站《珞珈管理评论》栏目中将所有过刊全文录入，以飨读者查找及阅览之需！

本集刊的网络链接：http：//jer. whu. edu. cn/ljglpl/CN/volumn/home. shtml

投稿地址：湖北省武汉市武昌珞珈山 武汉大学经济与管理学院《珞珈管理评论》编辑部

邮编：430072　　投稿信箱：ljglpl@163.com

电话、传真：027-68755911